江苏省示范高职院校重点专业建设成果
江苏省高职教育高水平骨干专业建设成果
高等职业教育建筑设计类专业“十三五”规划教材

T20天正建筑设计实例教程
从入门到精通

主　编　叶财华
副主编　陈　鹏　李　薇　张兴刚

WUHAN UNIVERSITY PRESS
武汉大学出版社

图书在版编目(CIP)数据

T20 天正建筑设计实例教程从入门到精通/叶财华主编.—武汉:武汉大学出版社,2019.4

高等职业教育建筑设计类专业"十三五"规划教材

ISBN 978-7-307-20732-5

Ⅰ.T…　Ⅱ.叶…　Ⅲ.建筑设计—计算机辅助设计—应用软件—高等职业教育—教材　Ⅳ.TU201.4

中国版本图书馆 CIP 数据核字(2019)第 027080 号

责任编辑:邹　莹　　　责任校对:杨赛君　　　装帧设计:范　英

出版发行:**武汉大学出版社**　(430072　武昌　珞珈山)

(电子邮箱:whu_publish@163.com　网址:www.stmpress.cn)

印刷:武汉乐生印刷有限公司

开本:880×1230　1/16　印张:14　字数:453 千字

版次:2019 年 4 月第 1 版　　2019 年 4 月第 1 次印刷

ISBN 978-7-307-20732-5　　定价:56.00 元

前　言

T20-Arch(天正建筑)软件是由北京天正工程软件有限公司利用AutoCAD平台开发的最新一代建筑软件。天正建筑软件以其先进的建筑设计理念,服务于建筑施工图设计,成为建筑CAD制图的首选软件之一,深受中国建筑设计师的喜爱。天正建筑软件符合国内建筑设计人员的操作习惯,贴近建筑绘图实际,并且具有很高的自动化程度,在国内使用广泛。

本书共11章,脉络结构合理,内容通俗易懂,系统全面地介绍了天正建筑软件的基本功能和相关应用。本书按照建筑设计的流程安排相关内容,所有功能介绍都以“功能说明+课堂实例”的形式进行,并且所举实例典型实用,便于读者理解所学内容,又能活学活用。

书中每个章节的最后部分都有实战演练,以“某小型办公楼建筑”为案例,从头至尾贯穿始终,将各个知识点串联起来,深入地讲解了天正建筑施工图的绘图流程,综合演练了本书前面所学的各类知识,以达到巩固提高、积累实战经验的目的。

本书由泰州职业技术学院叶财华担任主编,泰州职业技术学院陈鹏、李薇、张兴刚担任副主编。本书有配套的教材附件,内容包括书中所有案例的操作视频和素材文件,已放在出版社官网(http://www.stm-press.cn)上,读者可自行下载。

鉴于编者水平有限,书中难免有错误疏漏之处,敬请读者批评和指正。

编　者

2019年1月

目　录

1 概　　述

本章导读

T20-Arch 天正建筑软件是由北京天正工程软件有限公司基于 AutoCAD 平台开发的建筑设计软件，它以先进的建筑对象概念，服务于建筑施工图设计，不仅可以减轻工作强度，还可以提高出图的效率和质量。同时，基于天正建筑对象创建的建筑模型已经成为天正电气、天正给排水、天正日照和节能等系列软件的数据来源。

本章主要介绍天正建筑软件的基本知识，使读者对天正建筑软件有一个全面的了解和认识，为后续章节的深入学习打下坚实的基础。

学习目标

✧ 熟悉天正建筑软件的特点和工作界面。
✧ 掌握天正建筑软件的设置方法。

1.1 天正建筑软件概述

天正公司自 1994 年开始以 AutoCAD 为图形平台成功开发建筑、暖通、电气、给排水等专业软件，是 Autodesk 公司在中国大陆的第一批注册开发商。多年来，天正公司的建筑 CAD 软件在全国范围内取得了极大的成功，可以说天正建筑软件已成为国内建筑 CAD 的行业规范，它的建筑对象和图档格式已经成为设计单位之间、设计单位与甲方之间图形信息交流的基础。随着建筑设计市场的需要，天正日照设计、建筑节能、规划、土方、造价等软件也相继推出，基于天正建筑对象的建筑信息模型已经成为天正系列软件的核心，并逐渐被大多数建筑设计单位接受，成为设计行业软件正版化的首选。

天正 T20 系列软件通过界面集成、数据集成、标准集成及天正系列软件内部联通和天正系列软件与 Revit等外部软件联通，打造真正有效的 BIM 应用模式。其具有植入数据信息、承载信息、扩展信息等特点。

1.1.1 T20 天正建筑软件功能亮点介绍

T20 天正建筑软件参考大量用户意见，重点提高了软件的易用性、稳定性，形成了独一无二的 T20 风格界面。T20 将绘图过程中常用的命令分类提取出来，同类功能以选项板的形式(如文件视图、图层、尺寸标注、编组选项板等)分别呈现在界面的上方和下方，使功能和特性更容易被使用者发现和应用。用户可在选项板上直接单击按钮激活相关命令，无须反复点选多级菜单寻找命令，力争通过最少的单击，访问最常用的操作命令。

T20 天正建筑的对话框风格更加锐利、时尚。统一尺寸的对话框，人性化的功能分区，界面上展示出的每一个细部尺寸均经过精心规划，为的是尽最大可能不占用绘图空间，创建出更加亲和的界面，完善设计交互体验。界面中原创图标近百个，友好的图标设计来自对建筑设计的深刻理解，在方寸之间表达功能的含义，使用户快速联想、快速熟悉、快速记忆。

1.1.2 天正建筑软件与 AutoCAD 的关系

天正建筑软件需要在 AutoCAD 平台上运行，不同版本的天正软件需要在与其相对应的 AutoCAD 平台上才能运行。T20 天正建筑软件支持 32 位 AutoCAD2004～2014 以及 64 位 AutoCAD2010～2014 平台。

因为天正建筑软件是在 AutoCAD 基础上二次开发的，所以操作方式与 AutoCAD 大同小异，但同时也保持了自身的特点。在天正建筑软件中，可以使用基本编辑、夹点编辑、对象编辑、对象特性编辑、特性匹配等 AutoCAD 通用的编辑功能。此外，在天正建筑软件中编辑图形对象时，可以使用鼠标双击天正对象，直接进入对象编辑或者对象特性编辑。

1.1.3 天正建筑软件与 AutoCAD 的兼容性

由于天正自定义对象的导入会产生图纸交流的问题，普通 AutoCAD 不能观察与操作图档中的天正对象，为了保持紧凑的 AutoCAD 文件的容量，天正默认关闭了代理对象的显示，使得标准的 AutoCAD 无法显示这些图形。此时可以使用图纸转换，解决两者的交流问题。

表 1-1 给出了图纸提供方与接收方软件环境不同时，解决图纸交流问题的存盘方法，用户插件要求升级到 T20 格式，对应于 T20 天正建筑。

表 1-1　　图纸提供方与接收方软件环境不同时的存盘方法

接收环境	R15(2000—2002)	R16(2004—2006)	R17(2007—2009)	R18(2010—2012)	R19(2013—2014)
R14	另存 T3	另存 T3，再用 R2002 另存 R14	另存 T3	另存 T3	另存 T3
其他平台无插件	另存 T3	另存 T3	另存 T3	另存 T3	另存 T3
其他平台 T20 插件	直接保存	直接保存	直接保存	直接保存	直接保存

在安装天正软件后，首次运行时，系统会出现提示框，提醒用户选择该天正软件在对应的 AutoCAD 平台上运行。如果用户所选择的 AutoCAD 版本与目前电脑中所安装的天正软件不兼容，则用户需要更换 AutoCAD 版本，以适应天正软件，保证其正常运行。

1.2 软件交互界面

T20 天正建筑软件针对建筑设计的实际需要，对 AutoCAD 的交互界面做了必要的扩充，建立了自己的菜单系统和快捷键，新提供了可由用户自定义的折叠式屏幕菜单、新颖方便的在位编辑框、与选取对象环境关联的右键菜单和图标工具栏，保留 AutoCAD 的所有下拉菜单和图标菜单，从而保持 AutoCAD 的原有界面体系，便于用户同时加载其他软件。

T20 天正建筑软件在保留 AutoCAD 所有菜单项和图标的基础上，对 AutoCAD 交互界面进行了扩充，添加了天正特有的折叠菜单及工具栏，方便用户使用，如图 1-1 所示。

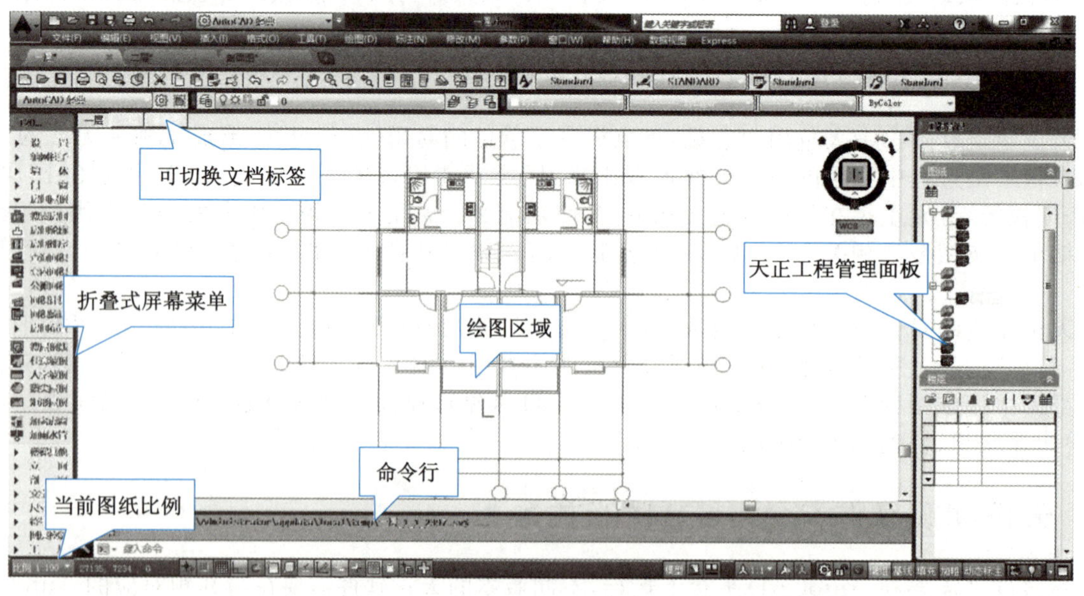

图 1-1　天正建筑软件交互界面

1.2.1 折叠式屏幕菜单

T20 天正建筑软件的主要功能都列在折叠式三级结构的屏幕菜单上，上一级菜单可以单击展开下一级菜单，同级菜单互相关联，展开另外一个同级菜单时，原来展开的菜单自动合拢，如图 1-2 所示。二到三级菜单项是天正建筑的可执行命令或者开关项，全部菜单项都提供 256 色图标，图标设计具有专业含义，以方便用户增强记忆，更快地确定菜单项的位置。当光标移到菜单项上时，AutoCAD 的状态行会出现该菜单项功能的简短提示。

折叠式屏幕菜单效率最高，但由于屏幕的高度有限，在展开较长的菜单后，有些菜单项无法完全在屏幕上可见，此时可用鼠标滚轮上下滚动菜单快速查找当前不可见的项目。

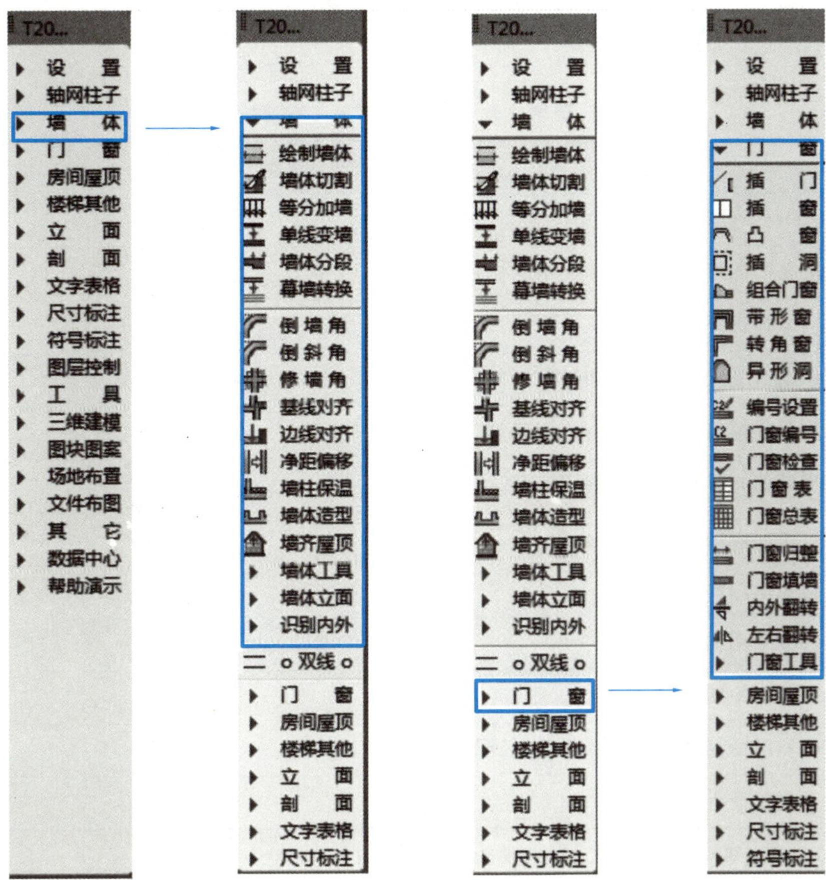

图 1-2 折叠式屏幕菜单

注：单击 T20 菜单标题右上角按钮，可以关闭菜单，使用热键“Ctrl+”或命令“Tmnload”，可以重新打开菜单。

1.2.2 默认与自定义图标工具栏

天正图标工具栏由 3 条默认工具栏以及一条用户自定义工具栏组成，默认工具栏 1 和 2 使用时停靠于界面右侧，把分属于多个子菜单的常用天正建筑命令收纳其中。T20 提供了“常用图层快捷工具栏”，可进一步提高效率。光标移到图标上稍做停留，即可提示各图标功能。

用户自定义工具栏与常用图层快捷工具栏(图 1-3)默认设在图形编辑区的下方，由 AutoCAD 的 toolbar 命令控制其打开或关闭。用户可以键入【自定义】(ZDY)命令选择“工具条”页面，在其中增删自定义工具栏的内容，不必编辑任何文件。

(a)

(b)

图1-3 自定义工具栏与常用图层快捷工具栏
(a)自定义工具栏;(b)常用图层快捷工具栏

1.2.3 热键定义

除了AutoCAD定义的热键外,天正建筑软件补充了若干热键,以加速常用的操作,表1-2是常用热键定义与功能。

表1-2 天正建筑软件常用热键定义与功能

热键	定义与功能
F1	AutoCAD帮助文件的切换键
F2	屏幕的图形显示与文本显示的切换键
F3	对象捕捉开关
F6	状态行的绝对坐标与相对坐标的切换键
F7	屏幕的栅格点显示状态的切换键
F8	屏幕的光标正交状态的切换键
F9	屏幕的光标捕捉(光标模数)的开关键
F11	对象追踪的开关键
Ctrl++	屏幕菜单的开关
Ctrl+−	文档标签的开关
Shift+F12	墙和门窗拖动时的模数开关(仅限于2006以下)
Ctrl+~	工程管理界面的开关

注:2006以上版本的F12用于切换动态输入,天正新提供显示墙基线用于捕捉的状态行按钮。

1.3 参数设置

天正建筑软件为用户提供的参数设置功能通过【天正选项】、【自定义】两个命令进行设置,天正建筑把以前在AutoCAD的"选项"命令中添加的"天正基本设定"和"天正加粗填充"两个选项页面与【高级选项】命令三者,集成为新的【天正选项】命令。单独的【自定义】命令用于设置界面的默认操作,如菜单、工具栏、快捷键和在位编辑界面。

1.3.1 基本设定

"基本设定"页面包括与天正建筑软件全局相关的参数,这些参数仅与当前图形有关,也就是说这些参数一旦修改,本图的参数设置会发生改变,但不影响新建图形中的同类参数。在对话框右上角提供了全屏显示的图标,更改高级选项内容较多时可选择使用。

单击【天正选项】菜单命令后，从中单击“基本设定”“加粗填充”“高级选项”选项卡可进入各自的页面。

如图1-4所示，在选项卡下方，有“恢复默认”“导出”“导入”“确定”“取消”“应用”“帮助”共7个按钮，提供了方便的参数管理功能。

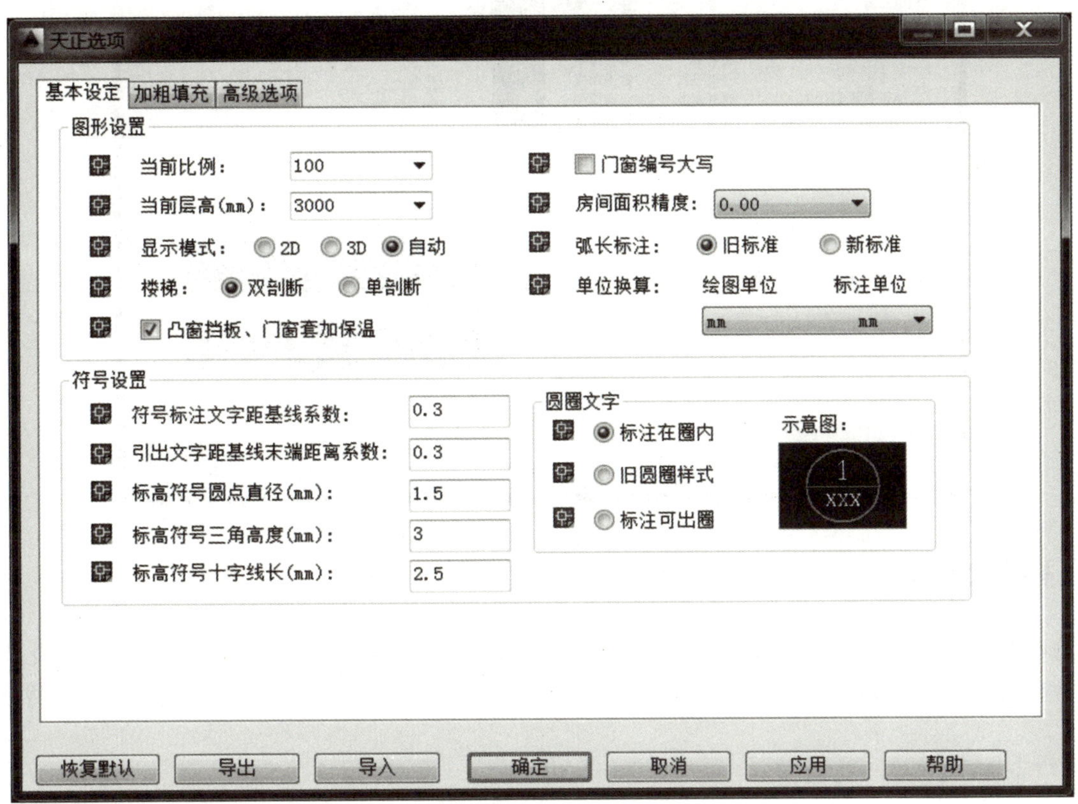

图1-4　“基本设定”选项卡

1.3.2　加粗填充

加粗填充专用于墙体与柱子的填充，提供各种填充图案和加粗线宽。加粗填充控制说明见表1-3。

表1-3　加粗填充控制说明

控件	内容
墙柱向内加粗	墙柱轮廓线加粗的开关，勾选后启动墙柱轮廓线加粗功能，加粗的线宽由电子表格控制
墙柱图案填充	墙柱图案填充的开关，勾选后启动墙柱图案填充功能，填充的图案由电子表格控制
启用详图模式比例	本参数设定按详图比例填充的界限，在比例较小(如1∶100)时采用实心填充的方法，在比例较大(如1∶50)时采用图案填充的方法
填充图案预览框	提供了“标准填充图案”“详图填充图案”与“线图案填充图案”三种填充图案的预览

如图1-5所示，加粗填充共有普通填充和线图案填充两种填充方式，适用于不同材料的填充对象，后者专门用于墙体材料为填充墙和轻质隔墙。在【绘制墙体】命令中有多个填充墙材料可供设置，共有标准和详图两个填充级别，按当前比例设定不同的图案和加粗线宽，由用户通过“比例大于1∶××启用详图模式”进行参数设定，当前比例大于或小于设置的比例界限后切换模式，有效地满足了施工图中不同图纸类型填充与加粗详细程度不同的要求。

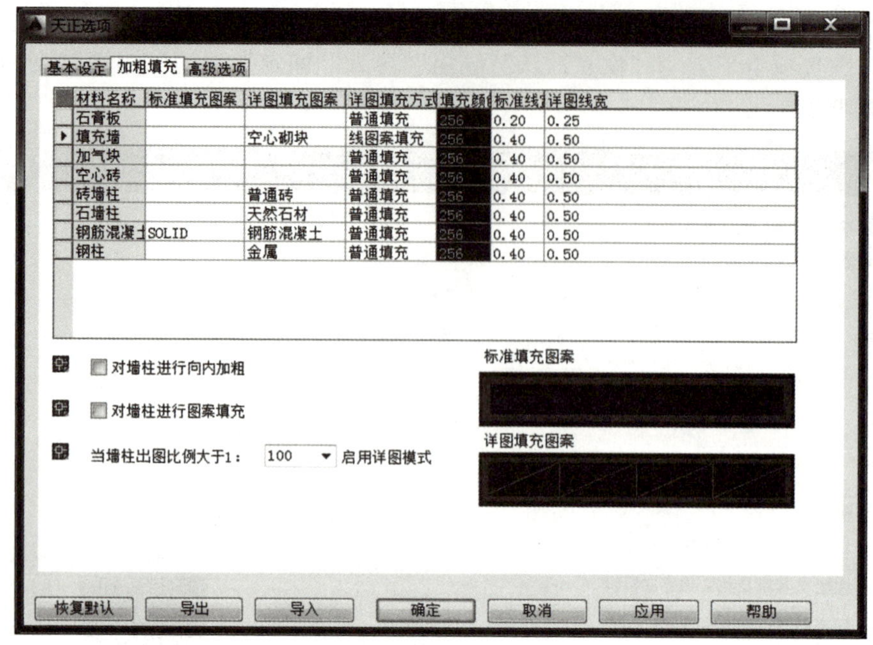

图 1-5 “加粗填充”选项卡

1.3.3 高级选项

高级选项是控制天正建筑全局变量的用户自定义参数的设置界面，除了尺寸样式需专门设置外，这里定义的参数保存在初始参数文件中，不仅用于当前图形，对新建的文件也起作用。一般情况下保持默认即可。

1.4 文字样式与图层管理

1.4.1 文字样式

【文字样式】命令功能为天正自定义的扩展文字样式，由于 AutoCAD 的 SHX 形字体由中西文字体组成，中西文字体分别设定参数控制中英文字体的宽度比例，本命令可以与 AutoCAD 的 SHX 字体的高度以及字高参数协调一致。

单击【设置】→【文字样式(WZYS)】，显示“文字样式”对话框，如图 1-6 所示。

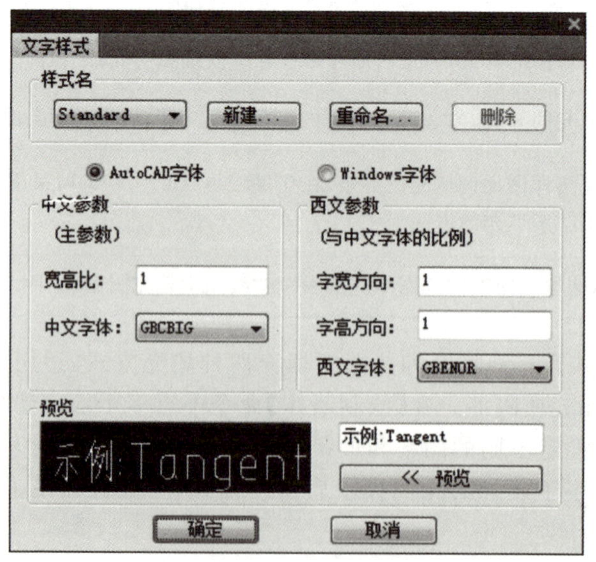

图 1-6 “文字样式”对话框

设置对话框中的参数，单击“确定”按钮后，即以其中的文字样式作为天正文字的当前样式进行各种符号和文字标注。表 1-4 为“文字样式”对话框中各控件的功能说明。

表 1-4　“文字样式”对话框中各控件的功能说明

控件	功能
新建	创建新的文字样式，首先给新文字样式命名，然后选定中西文字体文件和高宽参数。单击“确定”按钮后作为当前文字样式
重命名	给文件样式赋予新名称
删除	删除已经创建的文字样式，仅对图中没有使用的样式起作用，已使用的样式不能被删除
宽高比	表示中文字宽与中文字高之比
中文字体	设置组成文字样式的中文大字体(Bigfont)，选择 Windows 字体时应选择其中的汉字字体
字宽方向	表示西文字宽与中文字宽的比，选择 Windows 字体时不起作用
字高方向	表示西文字高与中文字高的比，选择 Windows 字体时不起作用
西文字体	设置组成文字样式的西文字体，选择 Windows 字体时不起作用

1.4.2　图层管理

【图层管理】命令为用户提供灵活的图层名称、颜色和线型的管理，其中线型是在天正建筑中新增的，同时也支持用户自己创建的图层标准，特点如下：

(1)通过外部数据库文件设置多个不同图层的标准。

(2)可恢复用户不规范设置的颜色和线型。

(3)对当前图的图层标准进行转换。

系统不对用户定义的标准图层数量进行限制，用户可以新建图层标准，在图层管理器中修改标准中各图层的名称、颜色和线型，对当前图档的图层按选定的标准进行转换。

2 轴网柱子

本章导读

轴网是建筑物平面布置图和墙柱等结构定位的重要依据，柱子在建筑中主要起承重作用，有时也起装饰作用，建筑物中凡是起承重作用的构件都由轴网来定位，而对于非承重构件、次要构件等则可以用附加轴线定位，也可用与相邻轴线有关尺寸的方法来定位。

本章主要讲述轴网的绘制与编辑方法，以实例的方式详细阐述。

学习目标

✧ 能够创建并编辑轴网。

✧ 掌握轴网的标注并能够对轴号进行编辑。

✧ 掌握柱子的创建和编辑方法。

2.1 轴网的概念

轴网是由两组到多组轴线与轴号、尺寸标注组成的平面网格，是建筑物单体平面布置和墙柱构件定位的依据。完整的轴网由轴线、轴号和尺寸标注三个相对独立的系统构成。

2.1.1 轴线系统

轴线的操作比较灵活，为了使用时不至于给用户带来不必要的限制，轴网系统没有做成自定义对象，而是把位于轴线图层上的 AutoCAD 的基本图形对象，包括 LINE、ARC、CIRCLE 识别为轴线对象。天正软件默认轴线的图层是“DOTE”，用户可以通过设置菜单中的【图层管理】命令修改默认的图层标准。轴线默认使用的线型是细实线，这是为了绘图过程中方便捕捉，用户在出图前应该用【轴改线型】命令改为规范要求的点画线。

2.1.2 轴号系统

轴号是内部带有比例的自定义专业对象，是按照《房屋建筑制图统一标准》(GB/T 50001—2017)的规定编制的。默认情况下，它在轴线两端成对出现，可以通过对象编辑单独控制隐藏单侧轴号或者隐藏某一个别轴号的显示。天正建筑轴号对象的大小与编号方式符合现行制图规范要求，保证出图后号圈的大小是 8 mm或用户在高级选项中预设的数值，软件限制了规范规定不得用于轴号的字母，轴号对象预设有用于编辑的夹点，拖动夹点可以实现轴号偏移、改变引线长度、轴号横向移动等功能。

2.1.3 尺寸标注系统

尺寸标注系统由自定义尺寸标注对象构成，在标注轴网时自动生成于轴标图层 AXIS 上，除了图层不同外，与其他命令的尺寸标注没有区别。

2.2 创建轴网

轴网创建包括直线轴网和圆弧轴网，创建方法有多种，主要包括：

(1)使用【轴网柱子】→【绘制轴网】(HZZW)生成标准的直线轴网或圆弧轴网。

(2)根据已有平面布置图使用【轴网柱子】→【墙生轴网】(QSZW)生成轴网。

(3)在天正轴网图层(DOTE)中利用 CAD 命令绘制轴网。

2.2.1 绘制轴网

直线轴网用于生成正交轴网、斜交轴网或单向轴网，由【绘制轴网】命令中的“直线轴网”标签执行，命令支持拾取已有轴网参数的方法。

单击【轴网柱子】→【绘制轴网】(HZZW)命令后，显示“绘制轴网”对话框，如图 2-1 所示，单击“直线轴网”选项卡，输入开间间距。

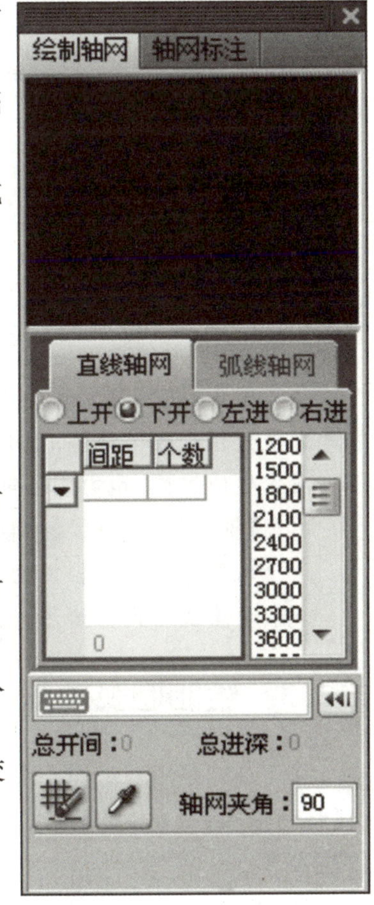

图 2-1 “绘制轴网”对话框

(1)直接在键入栏内输入轴网数据，每个数据之间用空格或英文逗号隔开，输入完毕后按回车键生效。

(2)在电子表格中输入轴间距和个数，常用值可直接单击右方数据栏或下拉列表的预设数据。

“绘制轴网”对话框中各控件的说明如下。

上开：在轴网上方进行轴网标注的房间开间尺寸。

下开：在轴网下方进行轴网标注的房间开间尺寸。

左进：在轴网左侧进行轴网标注的房间进深尺寸。

右进：在轴网右侧进行轴网标注的房间进深尺寸。

个数：尺寸栏中数据的重复次数，单击右方数值栏或下拉列表获得，也可以键入。

间距：开间或进深的尺寸数据，可单击右方数值栏或下拉列表获得，也可以键入。

键入：键入一组尺寸数据，用空格或英文逗点隔开，按回车键，数据输入到电子表格中。

轴网夹角：输入开间与进深轴线之间的夹角数据，默认为夹角 90°的正交轴网。

拾取：提取图上已有的某一组开间或者进深尺寸标注对象获得数据。

删除轴网：将不需要的轴网进行批量删除。

✧【练习 2-1】 绘制直线轴网。

绘制步骤如下。

如图 2-2 所示，上开间键入：4 * 6000，7500，4500；下开间键入：2400，3600，4 * 6000，3600，2400；左进深键入：4200，3300，4200；右进深与左进深相同，不必输入。

轴网夹角为 90°，即得正交直线轴网。

若将轴网夹角输入 75°，则为斜交直线轴网，如图 2-3 所示。

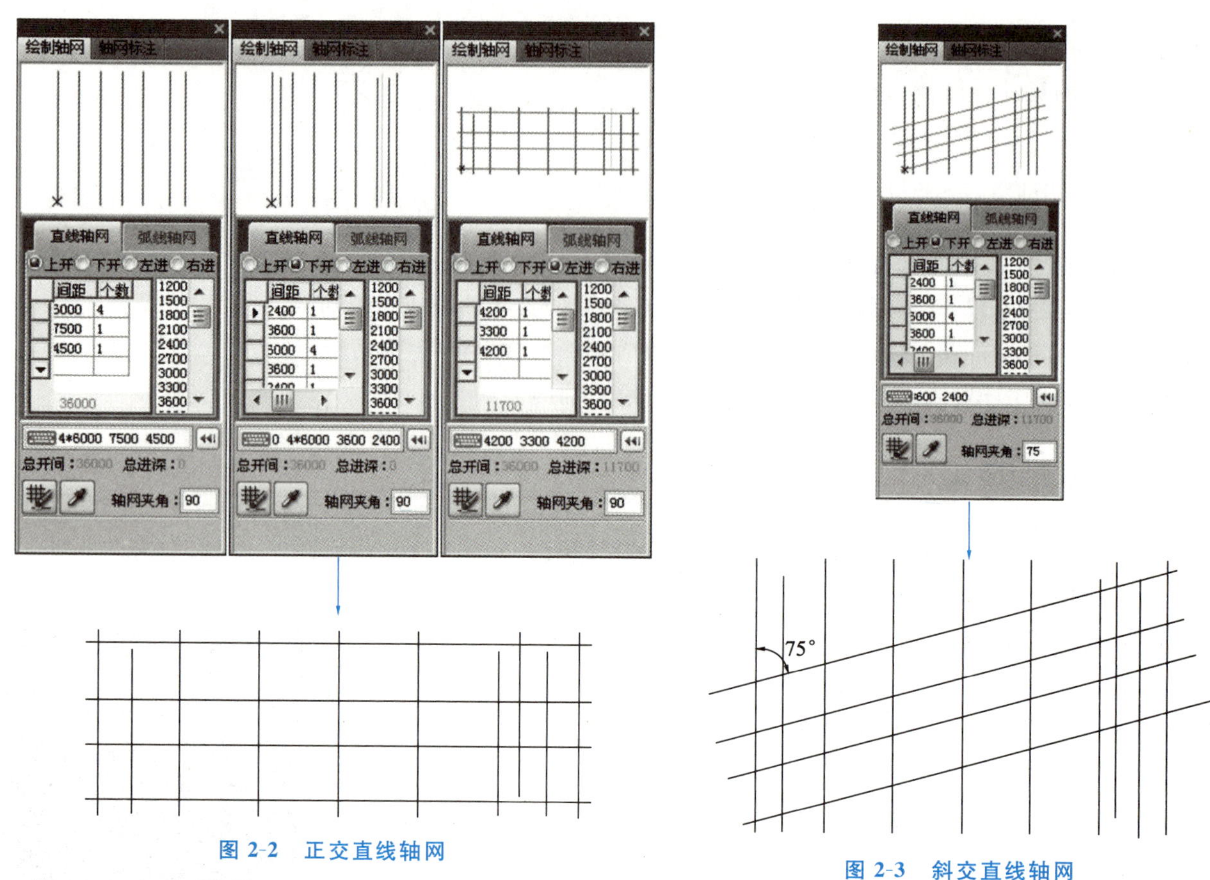

图 2-2　正交直线轴网

图 2-3　斜交直线轴网

2.2.2　墙生轴网

在方案设计中，建筑师需反复修改平面图，如加、删墙体，改开间、进深等，用轴线定位有时并不方便。为此天正提供根据墙体生成轴网的功能，建筑师可以在参考栅格点上直接进行设计，待平面方案确定后，再用本命令生成轴网；也可用墙体命令绘制平面草图，然后生成轴网。

单击【轴网柱子】→【墙生轴网】(QSZW)命令后，命令行提示：

请选取要从中生成轴网的墙体:(点取要生成轴网的墙体或按回车键退出)

点取要生成轴网的墙体，则在墙体基线位置上自动生成没有标注轴号和尺寸的轴网。

2.2.3　绘制圆弧轴网

圆弧轴网是由一组同心弧线和不过圆心的径向直线组成，常组合其他轴网，端径向轴线由两轴网共用，由【绘制轴网】命令中的【弧线轴网】选项卡执行，如图 2-4 所示。T20 天正建筑中弧线轴网夹角新增支持小数输入。

“弧线轴网”选项卡中各控件的说明如下。

进深：在轴网径向，由圆心起算到外圆的轴线尺寸序列，单位为毫米。

夹角：由起始角起算，按旋转方向排列的轴线开间序列，单位为角度。

轴夹角：开间轴线之间的夹角数据，常用数据从下拉列表获得，也可以键入。

个数：栏中数据的重复次数，单击右方数值栏或下拉列表获得，也可以键入。

内弧半径＜:从圆心起算的最内侧环向轴线圆弧半径,可从图上取两点获得,也可以为0。

起始角:X轴正方向到起始径向轴线之间的夹角(按旋转方向定)。

逆时针、顺时针:径向轴线的旋转方向。

共用轴线＜:在与其他轴网共用一根径向轴线时,从图上指定该径向轴线不再重复绘出,点取时通过拖动圆轴网确定与其他轴网连接的方向。

键入:键入一组尺寸数据,用空格或英文逗点隔开,按回车键数据,输入到电子表格中。

拾取:提取图上已有的某一组圆心角或者进深尺寸标注对象获得数据。

删除轴网:将不需要的轴网进行批量删除。

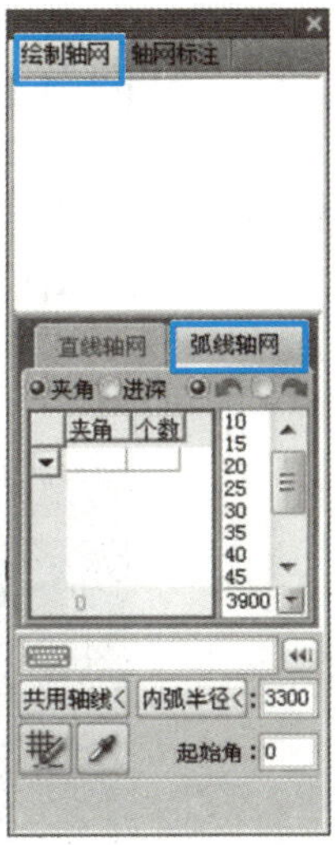

图2-4 “弧线轴网”选项卡

2.3 轴网的标注与编辑

2.3.1 轴网标注

轴网绘制完后需要对轴网进行标注,同时对轴网绘制准确性进行检查。

轴网的标注包括轴号标注和尺寸标注,轴号可按规范要求用数字、大写字母、小写字母、双字母、双字母间隔连字符等方式标注,可适应各种复杂分区轴网的编号规则。系统按照《房屋建筑制图统一标准》(GB/T 50001—2017)的规定,字母I、O、Z不用于轴号,在排序时会自动跳过这些字母。

【轴网标注】(ZWBZ)命令对始末轴线间的一组平行轴线(直线轴网与弧线轴网的进深)或者径向轴线(圆弧轴线的圆心角)进行轴号和尺寸标注,并自动删除重叠的轴线。

单击【轴网标注】菜单命令后,显示图2-5所示的对话框,默认的“起始轴号”在选择起始轴线和终止轴线后自动给出,水平方向为1,垂直方向为A,当然也可在编辑框中自行给出其他轴号。

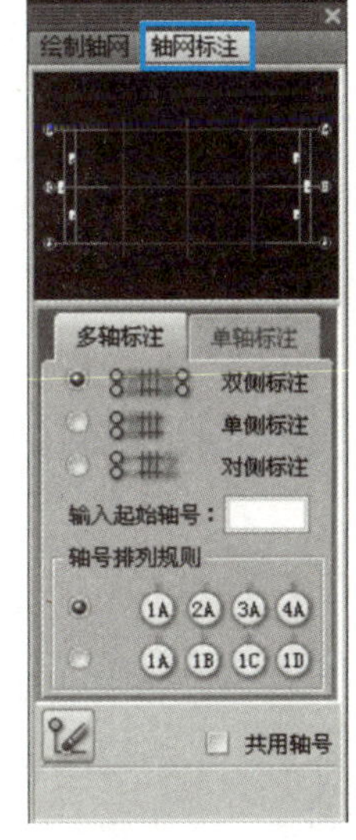

图2-5 “轴网标注”对话框

✧【练习2-2】 轴网标注。

轴网标注步骤如下。

(1)按Ctrl+O组合键,打开本书配套附件“第2章\直线轴网素材”。

(2)在命令行中输入“ZWBZ”并按空格键或回车键,分别选择开间两侧的竖直线作为起始轴线和终止轴线进行水平轴网的标注。

(3)继续选择两端的水平轴线作为起始轴线和终止轴线进行垂直轴网的标注,如图2-6所示。

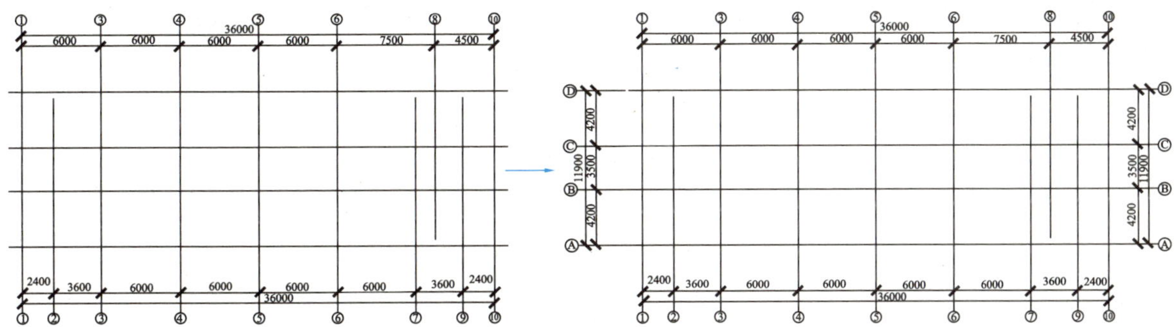

图2-6 轴网标注

2.3.2 单轴标注

【单轴标注】(DZBZ)命令只对单个轴线标注轴号,轴号独立生成,不与已经存在的轴号系统和尺寸系统发生关联。单轴标注不适用于一般的平面图轴网,常用于立面与剖面图、详图等个别单独的轴线标注,按照制图规范的要求,可以选择几种图例进行表示,如果轴号编辑框内不填写轴号,则创建空轴号。具体参数控制如图 2-7 所示。

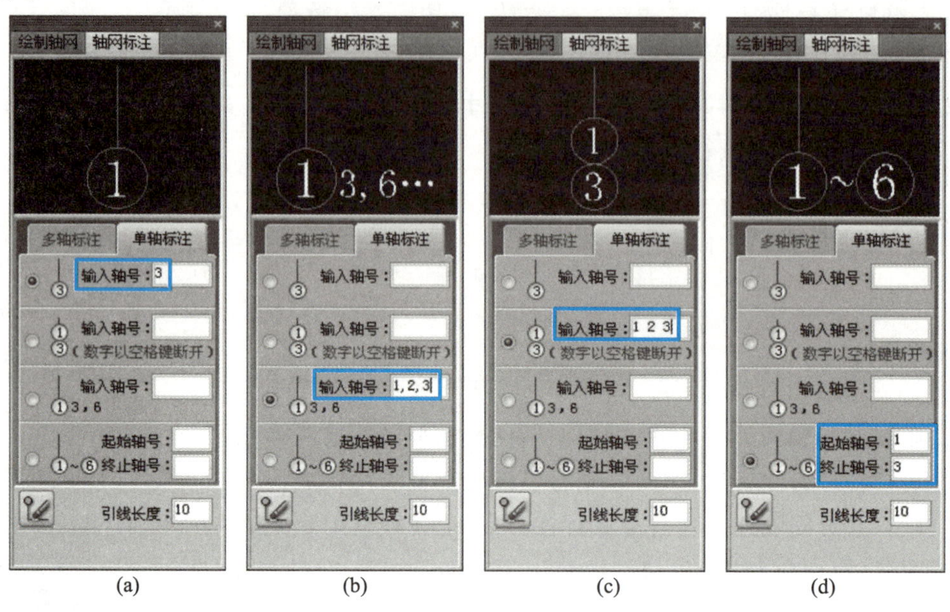

图 2-7 单轴标注

(a)单个轴号;(b)非连续多轴号 1;(c)非连续多轴号 2;(d)轴号连续排列

2.3.3 添加轴线

【添加轴线】(TJZX)命令应在【轴网标注】命令完成后执行,功能是参考某一根已经存在的轴线,在其任意一侧添加一根新轴线,同时根据用户的选择赋予新的轴号,把新轴线和轴号一起融入已有的参考轴网中,命令行会提示是否重排轴号,在非附加轴线时可重排轴号,已有的参考轴网可以是直线轴网或弧线轴网。

✧【练习 2-3】 添加轴线。

如图 2-8 所示,添加轴线的步骤如下。

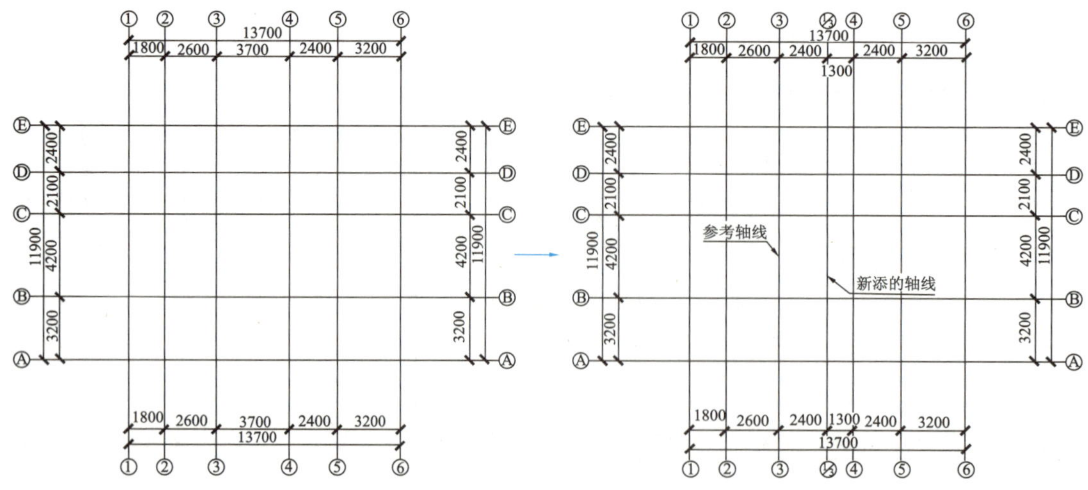

图 2-8 添加轴线

(1)按 Ctrl+O 组合键,打开本书配套附件“第 2 章\添加轴线素材”。

(2)单击【添加轴线】(TJZX)菜单命令后,点取 3 号轴线作为参考轴线。

命令行提示:

新增轴线是否为附加轴线?(Y/N)[N]:

距参考轴线的距离<退出>:2400(用户此时将光标移到参考轴线新添轴线的一侧,键入距参考轴线的距离)

是否重排轴号?[是(Y)/否(N)]<Y>:Y(根据要求键入 Y 或 N,为 Y 时重排轴号)

2.3.4 轴线裁剪

【轴线裁剪】(ZXCJ)命令可根据设定的多边形与直线范围,裁剪多边形内的轴线或者直线某一侧的轴线。

✧【练习 2-4】 轴线裁剪。

如图 2-9 所示,轴线裁剪的步骤如下。

(1)按 Ctrl+O 组合键,打开本书配套附件“第 2 章\轴线裁剪素材”。

(2)单击【轴线裁剪】(ZXCJ)菜单命令后,命令行提示:

矩形的第一个角点或[多边形裁剪(P)/轴线取齐(F)]<退出>:(点取③轴与Ⓓ轴交点为起点)

另一个角点<退出>:(点取⑤轴与Ⓑ轴交点为终点)

命令:* 取消 *

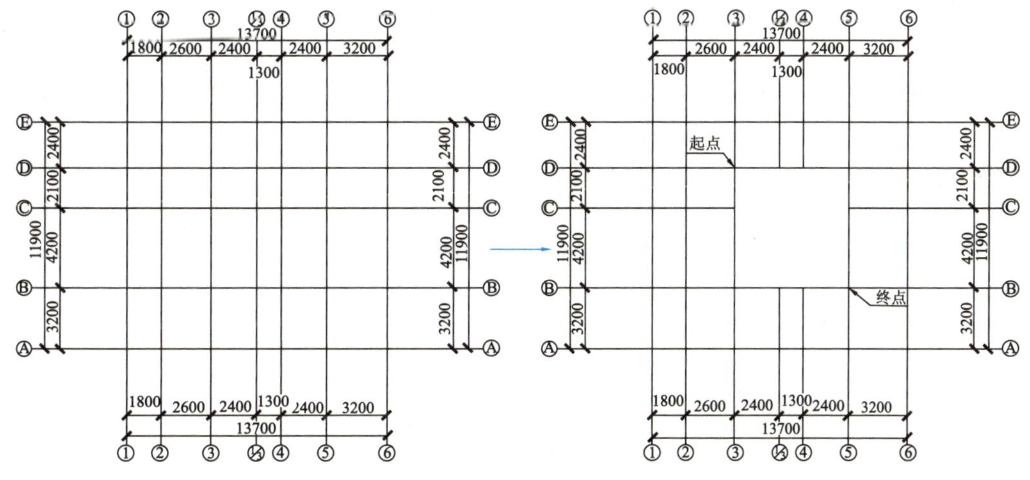

图 2-9 轴线裁剪

2.3.5 轴网合并

【轴网合并】命令用于将多组轴网的轴线,按指定的一个到四个边界延伸,合并为一组轴线,同时将其中重合的轴线清理。目前本命令不对非正交的轴网和多个非正交排列的轴网进行处理。

单击【轴网合并】(ZWHB)命令后,命令行提示:

请选择需要合并对齐的轴线<退出>:(圈选多个轴网里面的轴线,对同一个轴网内的轴线没有合并必要)

请选择需要合并对齐的轴线<退出>:(选取或者按回车键结束选择)

请选择对齐边界<退出>:(在图上显示出四条对齐边界,点取需要对齐的边界,命令开始合并轴线)

请选择对齐边界<退出>:(继续点取其他对齐边界)

请选择对齐边界<退出>:(按回车键结束合并)

图 2-10 为选取两组轴线后，用户在四条可选的对齐边界中选择了右方和下方的边界的命令执行结果。

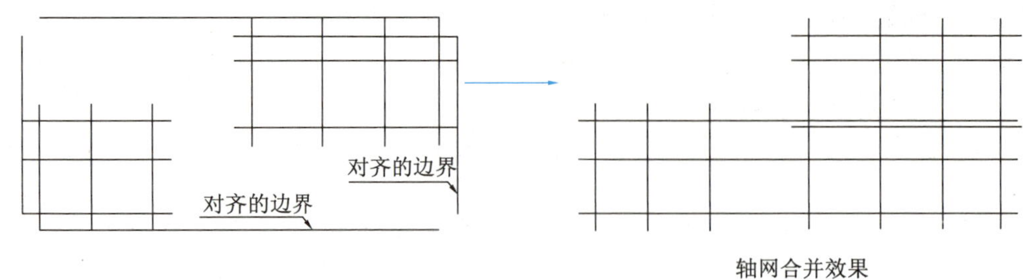

图 2-10 轴网合并

2.3.6 轴改线型

【轴改线型】(ZGXX)命令的功能是在点画线和连续线两种线型之间切换。建筑制图要求轴线必须使用点画线，但由于点画线不便于对象捕捉，常在绘图过程使用连续线，而在输出的时候切换为点画线。

2.4 轴号的编辑

轴号对象是一组专门为建筑轴网定义的标注符号，通常就是轴网的开间或进深方向上的一排轴号。按国家制图规范，即使轴间距上下不同，同一个方向轴网的轴号是统一编号的系统，用一个轴号对象表示，但一个方向的轴号系统和其他方向的轴号系统是独立的对象。

天正轴号对象中的任何一个单独的轴号可设置为双侧显示或者单侧显示，也可以一次关闭/打开一侧的全体轴号，不必为上下开间(进深)各自建立一组轴号，也不必为关闭其中某些轴号而炸开对象进行轴号删除。

2.4.1 添补轴号

【添补轴号】命令可在矩形、弧形、圆形轴网中对新增轴线添加轴号，新添轴号成为原有轴网轴号对象的一部分，但不会生成轴线，也不会更新尺寸标注，适合为以其他方式增添或修改轴线后进行的轴号标注，命令行会提示是否重排轴号。

✧【练习 2-5】 添补轴号。

如图 2-11 所示，添补轴号的步骤如下。

(1)按 Ctrl+O 组合键，打开本书配套附件"第 2 章\添补轴号素材"。

(2)单击【轴网柱子】→【添补轴号】(TBZH)菜单命令后，命令行提示：

请选择轴号对象<退出>:(点取与新轴号相邻的已有轴号对象，不要点取原有轴线)

请点取新轴号的位置或[参考点(R)]<退出>:(光标位于新增轴号的一侧正交同时键入轴间距)

新增轴号是否双侧标注?[是(Y)/否(N)]<Y>:Y(根据要求键入 Y 或 N，为 Y 时两端标注轴号)

新增轴号是否为附加轴号?[是(Y)/否(N)]<N>:N(根据要求键入 Y 或 N，决定新轴号编排规则)

是否重排轴号?[是(Y)/否(N)]<Y>:Y(根据要求键入 Y 或 N，为 Y 时重排轴号)

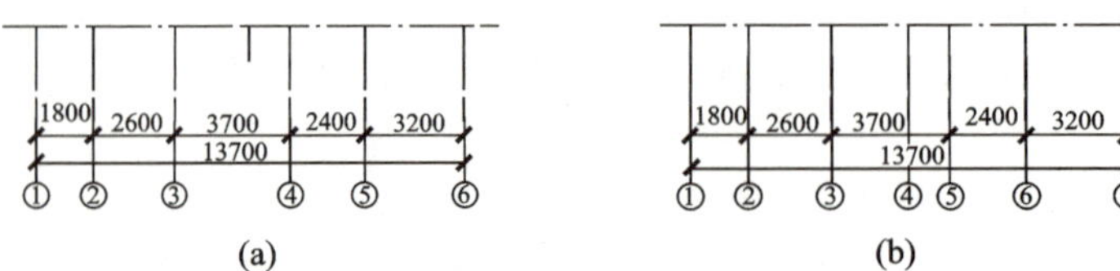

图 2-11 添补轴号

(a)打开素材；(b)添补轴号结果

2.4.2 删除轴号

【删除轴号】(SCZH)命令用于在平面图中删除个别不需要的轴号情况，被删除轴号两侧的尺寸应并为一个尺寸，并可根据需要决定是否调整轴号，可框选多个轴号一次删除。

✧【练习 2-6】 删除轴号。

如图 2-12 所示，删除轴号的步骤如下。

(1)按 Ctrl+O 组合键，打开本书配套附件“第 2 章\删除轴号素材”。

(2)单击【轴网轴子】→【删除轴号】(SCZH)菜单命令后，命令行提示：

请框选轴号对象<退出>:(使用窗选方式选取多个需要删除的轴号)

请框选轴号对象<退出>:(按回车键退出选取状态)

是否重排轴号?[是(Y)/否(N)]<Y>:Y(根据要求键入 Y 或 N，为 Y 时其他轴号重排，为 N 时不重排)

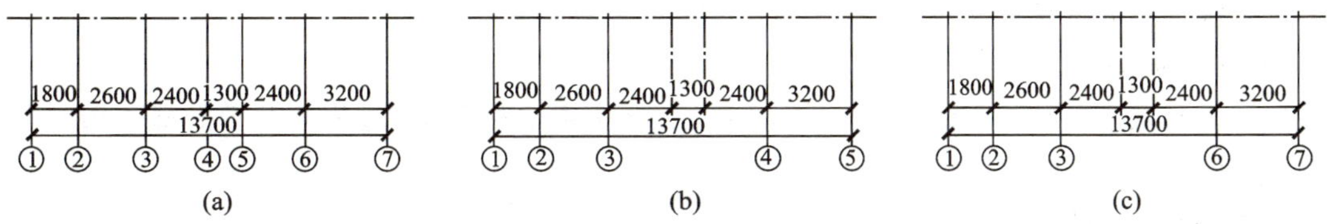

图 2-12 删除轴号

(a)打开素材；(b)重排轴号结果；(c)不重排轴号结果

2.4.3 轴号隐现

【轴号隐现】(ZHYX)命令用于在平面轴网中控制单个或多个轴号的隐藏与显示，功能相当于轴号对象编辑操作中的“变标注侧”和“单轴变标注侧”，为了方便用户使用改为独立命令，两者功能完全兼容。

本命令分两个模式操作，其中“单侧隐藏”和“单侧显示”意思是隐藏和显示用户选择的一侧轴号，另一侧轴号不变，键入 Q 后改为“双侧隐藏”或“双侧显示”模式，一起关闭/显示两侧的轴号。要注意，轴线和轴号不是同一个对象，轴线的显示可用【局部隐藏】命令单独处理。

✧【练习 2-7】 轴号隐现。

按 Ctrl+O 组合键，打开本书配套附件“第 2 章\轴号隐现素材”，如图 2-13 所示。隐藏原来显示的轴号，单击【轴网柱子】→【轴号隐现】(ZHYX)菜单命令后，命令行提示：

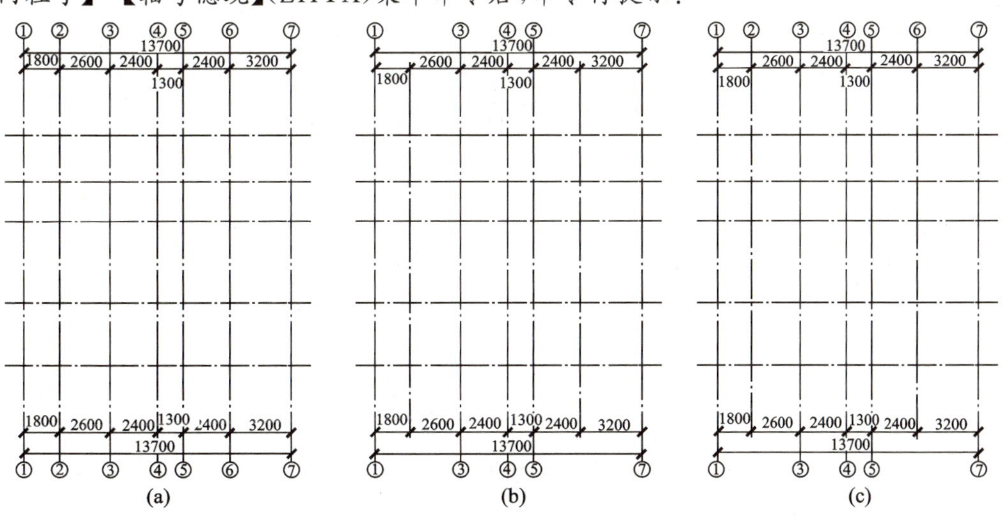

图 2-13 隐藏原来显示的轴号

(a)打开素材；(b)双侧隐藏结果；(c)单侧隐藏结果

请选择需隐藏的轴号或[显示轴号(F)/设为单侧操作(Q),当前:双侧隐藏]<退出>:(给出两点框选,框选要隐藏的轴号②)

请选择需隐藏的轴号或[显示轴号(F)/设为单侧操作(Q),当前:双侧隐藏]<退出>:(给出两点框选,框选要隐藏的轴号⑥)

请选择需隐藏的轴号或[显示轴号(F)/设为单侧操作(Q),当前:双侧隐藏]<退出>:(按回车键退出,结果如图 2-13 所示)

单侧隐藏和重新显示隐藏的轴号请读者自行尝试。

2.4.4 主附转换

【主附转换】(ZFZH)命令用于在平面图中将主轴号转换为附加轴号或者将附加轴号转换为主轴号,本命令的重排模式是对轴号编排方向的所有轴号进行重排。

✧【练习 2-8】 主附转换。

(1)主轴号变附加轴号。

按 Ctrl+O 组合键,打开本书配套附件“第 2 章\主附转换素材”,单击【轴网柱子】→【主附转换】(ZFZH)菜单命令后,命令行提示:

命令:ZFZH TCHAXISNO

请选择需主号变附的轴号或[附号变主(F)/设为不重排(Q),当前:重排]<退出>:[框选要变为附加轴号的主轴号③(含附加轴号无影响),如图 2-14 所示]

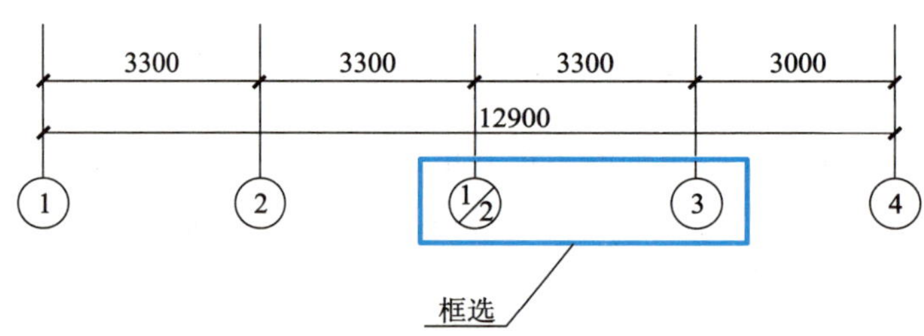

图 2-14 框选要变为附加轴号的主轴号

请选择需主号变附的轴号或[附号变主(F)/设为不重排(Q),当前:重排]<退出>:(按回车键退出命令,主轴号③转换为附加轴号②/②,如图 2-15 所示)

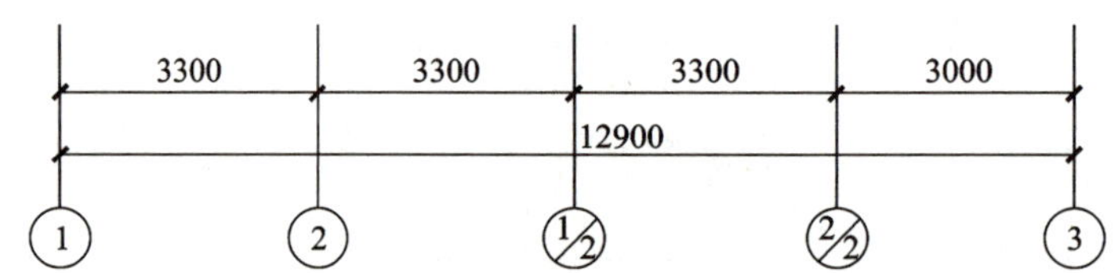

图 2-15 主轴号变为附加轴号结果

(2)附加轴号变主轴号。

单击【轴网柱子】→【主附转换】(ZFZH)命令后,命令行提示:

请选择需主号变附的轴号或[附号变主(F)/设为不重排(Q),当前:重排]<退出>:(键入“F”,改变模式,把附加轴号变为主轴号)

请选择需附号变主的轴号或[主号变附(F)/设为不重排(Q),当前:重排]<退出>:(框选要变为附加轴号的附加轴号①/②,如图 2-16 所示)

请选择需附号变主的轴号或[主号变附(F)/设为不重拍(Q),当前:重排]<退出>:(按回车键退出命令,附加轴号①/②转换为主轴号③,如图 2-17 所示)

注:如果键入“Q”,设置为不重排,命令仅仅改变选中的轴号,对轴号编排方向的其他轴号不做改变。

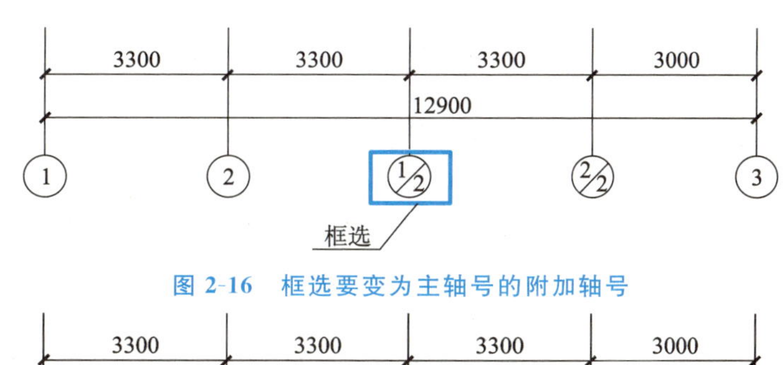

图 2-16　框选要变为主轴号的附加轴号

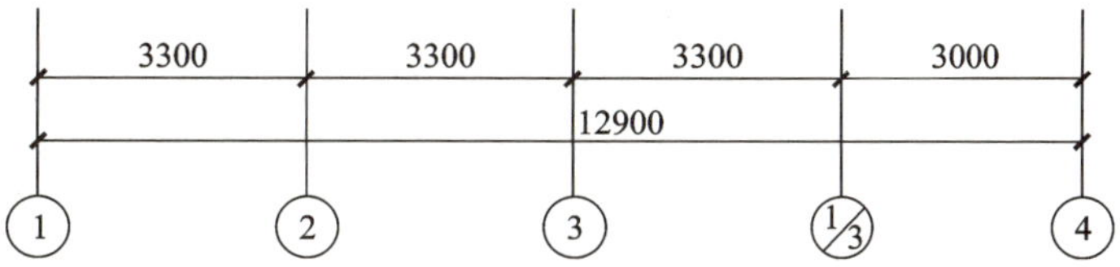

图 2-17　附加轴号变主轴号结果

2.5　柱子的创建

柱子在建筑设计中主要起结构支撑作用，有时候也用于纯粹的装饰。各种柱子对象定义不同，标准柱用底标高、柱高和柱截面参数描述其在三维空间的位置和形状；构造柱用于砖混结构，只有截面形状而没有三维数据描述，只服务于施工图。

在实际的建筑物中，柱子的样式是多种多样的，T20 天正建筑将其划分为标准柱、角柱、结构柱 3 种，用户可以根据实际需要选择创建柱了类型。

2.5.1　标准柱

在轴线的交点或任何位置插入矩形柱、圆柱或正多边形柱，后者包括常用的三、五、六、八、十二边形断面，还包括创建异形柱的功能。插入柱子的基准方向总是沿着当前坐标系的方向，如果当前坐标系是 UCS，柱子的基准方向自动按 UCS 的 *X* 轴方向，不必另行设置。

创建标准柱的步骤如下：

(1)单击【轴网柱子】→【标准柱】(BZZ)命令，在弹出的对话框中设置柱的参数，包括截面类型、截面尺寸和材料，或者从构件库中取得以前入库的柱，如图 2-18 所示。

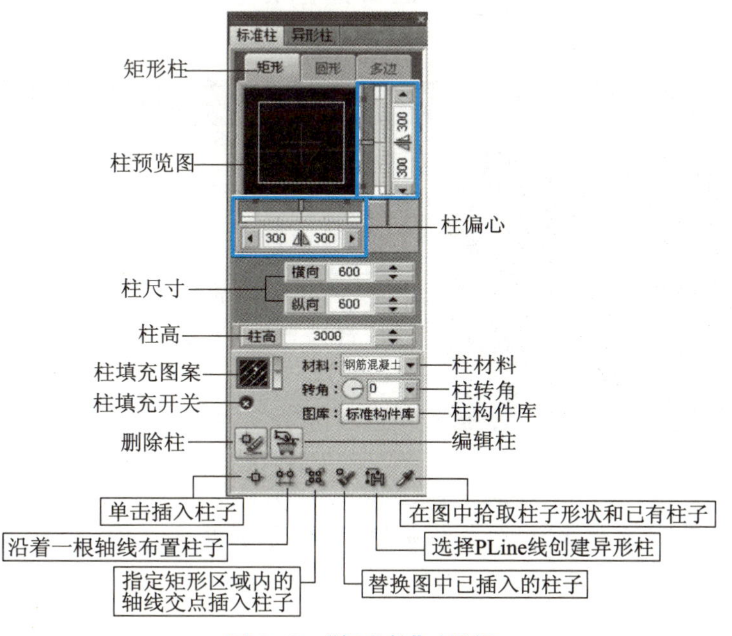

图 2-18　“标准柱”对话框

(2)单击下面的工具栏图标,选择柱子的定位方式。

(3)根据不同的定位方式回应相应的命令行输入。

(4)重复(1)~(3)步或按回车键结束标准柱的创建。

✧【练习 2-9】 创建标准柱。

(1)按 Ctrl+O 组合键,打开本书配套附件“第 2 章\创建标准柱素材”。

(2)单击【轴网柱子】→【标准柱】(BZZ)菜单命令,在弹出的对话框中设置柱的形状为矩形,选择轴网交点依次插入柱子,结果如图 2-19(b)所示。

(3)设置标准柱的形状为圆形,选择轴网交点依次插入柱子,结果如图 2-19(c)所示。

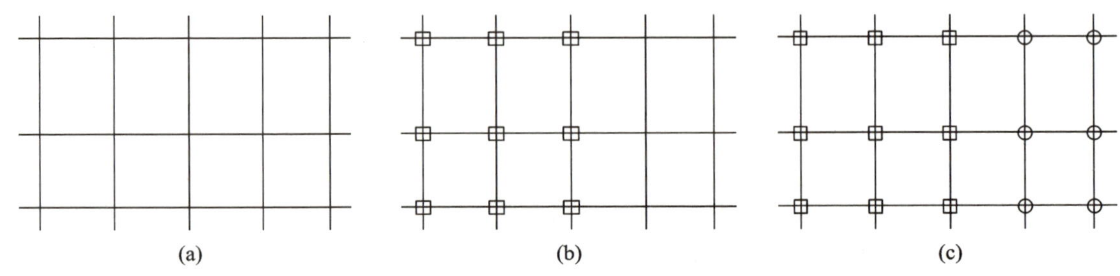

图 2-19 创建标准柱

(a)打开素材;(b)矩形柱;(c)圆形柱

2.5.2 角柱

在框架结构的房屋设计中,常在墙角处运用 L 形或 T 形平面的角柱,以增大室内使用面积,或为建筑物增大受力面积。一般在墙角处插入形状与墙一致的角柱,可修改各肢长度以及各分肢的宽度,宽度默认居中,高度为当前层高。生成的角柱与标准柱类似,每一边都有可调整长度和宽度的夹点,能方便地按要求修改。

✧【练习 2-10】 创建角柱。

(1)按 Ctrl+O 组合键,打开本书配套附件“第 2 章\创建角柱素材”。

(2)单击【轴网柱子】→【角柱】(JZ)菜单命令,命令行提示:

请选取墙角或[参考点(R)]<退出>:(点取要创建角柱的墙角或键入 R 定位)

(3)选取 T 形墙角位置,此时弹出“转角柱参数”对话框,设置角柱参数,单击“确定”按钮创建 T 形角柱,如图 2-20 所示。

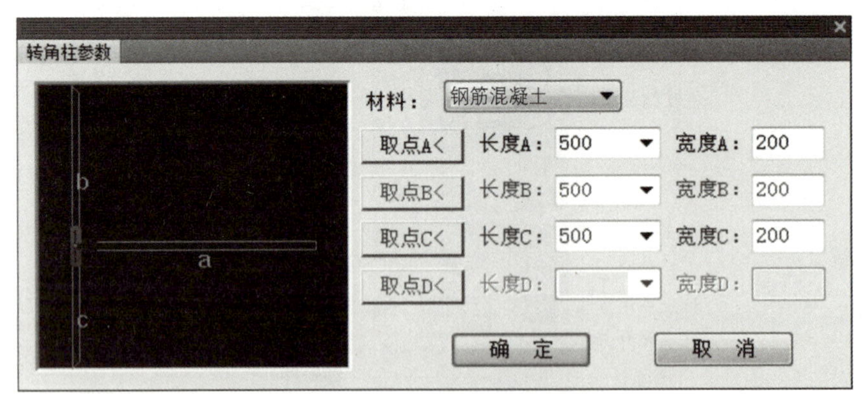

图 2-20 设置 T 形角柱参数

(4)选取 L 形墙角位置,此时弹出“转角柱参数”对话框,设置长度 A 为“400”,长度 B 为“600”,单击“确定”按钮创建 L 形角柱,如图 2-21 所示。

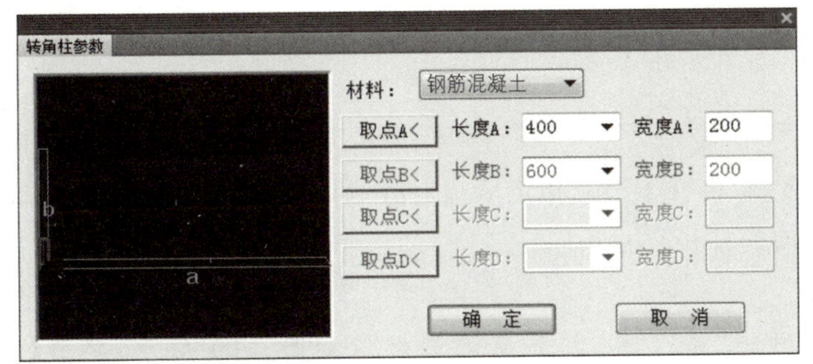

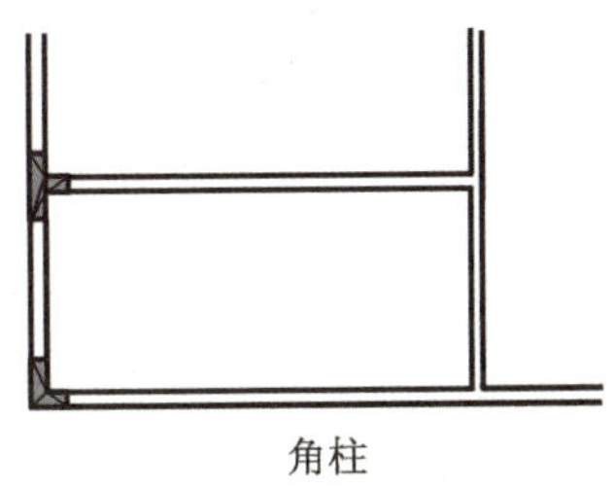

图 2-21 设置 L 形角柱参数

2.5.3 构造柱

在多层砌体房屋墙体规定部位，按构造配筋和先砌墙后浇筑混凝土柱的施工顺序制成的混凝土柱，通常称为混凝土构造柱，简称构造柱。

单击【轴网柱子】→【构造柱】(GZZ)命令，在墙角交点处或墙体内插入构造柱，柱子的宽度不超过墙体的宽度，默认为钢筋混凝土材质，仅生成二维对象。使用该命令绘制的构造柱是专门用于施工图设计的，对三维模型不起作用。目前本命令还不支持在弧墙交点处插入构造柱。

单击【构造柱】命令后，命令行提示：

请选取墙角或[参考点(R)]<退出>:(点取要创建构造柱的墙角或墙中任意位置)

单击墙角一点，随即显示图 2-22 所示对话框，在其中输入参数，并选择构造柱要对齐的墙边。

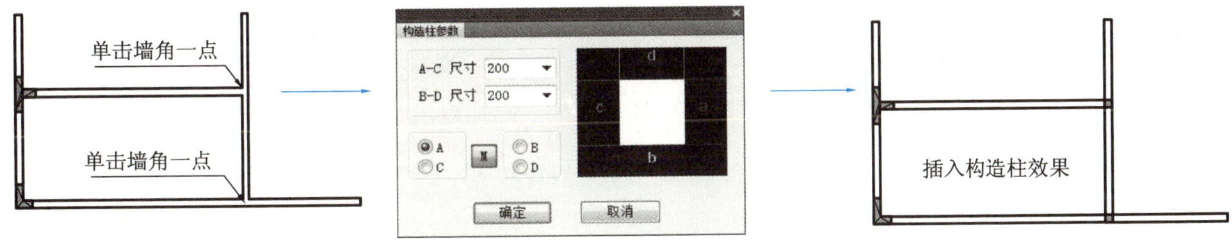

图 2-22 创建构造柱

2.6 柱子的编辑

已经插入图中的柱子，如需要成批修改，可使用柱子替换功能或者特性编辑功能，当需要个别修改时应充分利用夹点编辑和对象编辑功能。

2.6.1 柱子的替换

单击【轴网柱子】→【标准柱】(BZZ)命令，输入新的柱子数据，然后单击柱子下方工具栏的替换图标，如图 2-23 所示。此时命令行显示：

选择被替换的柱子：(用两点框选多个要替换的柱子区域或者直接选取要替换的个别柱子均可)

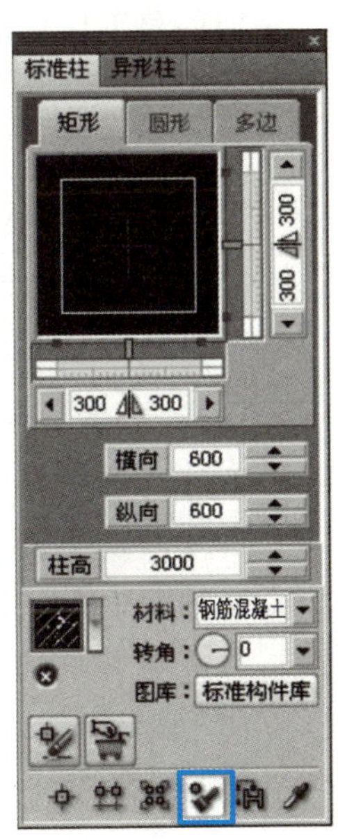

图 2-23 柱子替换

2.6.2 柱齐墙边

【轴网柱子】→【柱齐墙边】(ZQQB)命令,将柱子边与指定墙边对齐,可一次选多个柱子一起完成墙边对齐,条件是各柱都在同一墙段,且对齐方向的柱子尺寸相同。

✧【练习 2-11】 柱齐墙边练习。

按 Ctrl+O 组合键,打开本书配套附件"第 2 章\柱齐墙边素材",如图 2-24 所示,单击【柱齐墙边】(ZQQB)菜单命令,命令行提示:

请点取墙边<退出>:(取作为柱子对齐基准的墙边)

选择对齐方式相同的多个柱子<退出>:(选择多个柱子)

选择对齐方式相同的多个柱子<退出>:(按回车键结束选择)

请点取柱边<退出>:(点取这些柱子的对齐边)

请点取墙边<退出>:(重选作为柱子对齐基准的其他墙边或者按回车键退出命令)

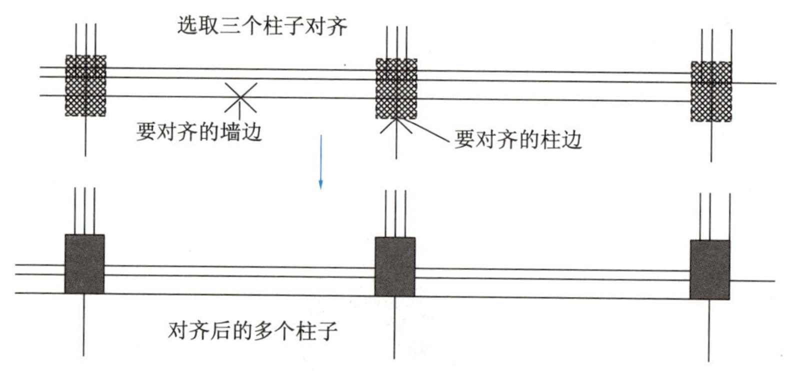

图 2-24 柱齐墙边练习

2.7 实战演练——绘制并标注某办公楼轴网柱子

前面章节已经介绍了轴网柱子的创建方法与编辑方法,本节通过绘制某办公楼的轴网柱子来巩固所学内容。

1. 绘制轴网

(1)启动天正软件系统会自动创建一个新的空白文档,单击【文件】→【保存】菜单命令,将该文件另存为"第 2 章 2.7 绘制并标注某办公楼轴网柱子.dwg"。

(2)单击【轴网柱子】→【绘制轴网】菜单命令,打开"绘制轴网"对话框,切换到"直线轴网"选项卡。

(3)分别选中"上开""下开""左进"和"右进"单选按钮,设置如下各项参数:

下开间为 3600、7200、7200、2000、2200、3300;

上开间为 3600、7200、7200、7500;

左进深为 6600、6300、1500;

右进深为 3000、2100、1500、6300、1500。

(4)单击"确定"按钮,关闭对话框,在绘图窗中指定轴网插入点,创建一层轴网。

(5)利用【轴改线型】(ZGXX)命令,将轴线改为点画线。

(6)利用【TRIM】命令修剪轴线,最终轴网绘制结果如图 2-25 所示。

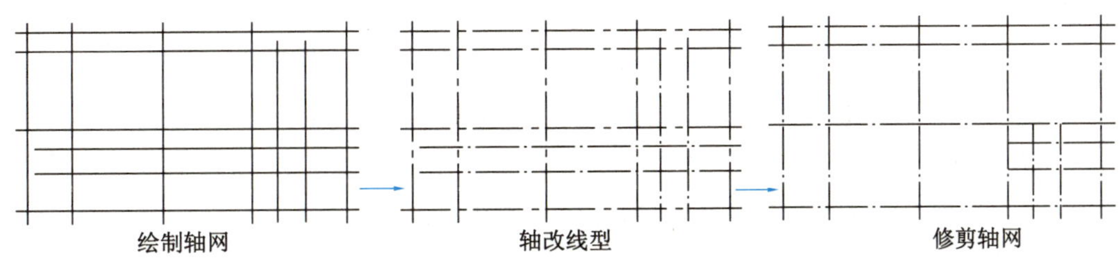

图 2-25　绘制轴网

2. 轴网标注

(1)单击【轴网柱子】→【轴网标注】(ZWBZ)菜单命令，打开“轴网标注”对话框，选中“双侧标注”单选按钮。

(2)选择开间起始轴线(最左侧轴线)和终止轴线(最右侧轴线)，按 Enter 键确认，完成开间轴网的标注。

(3)不结束命令，选择进深起始轴线(最下侧轴线)和终止轴线(最上侧轴线)，按 Enter 键确认完成进深轴网的标注，如图 2-26 所示。

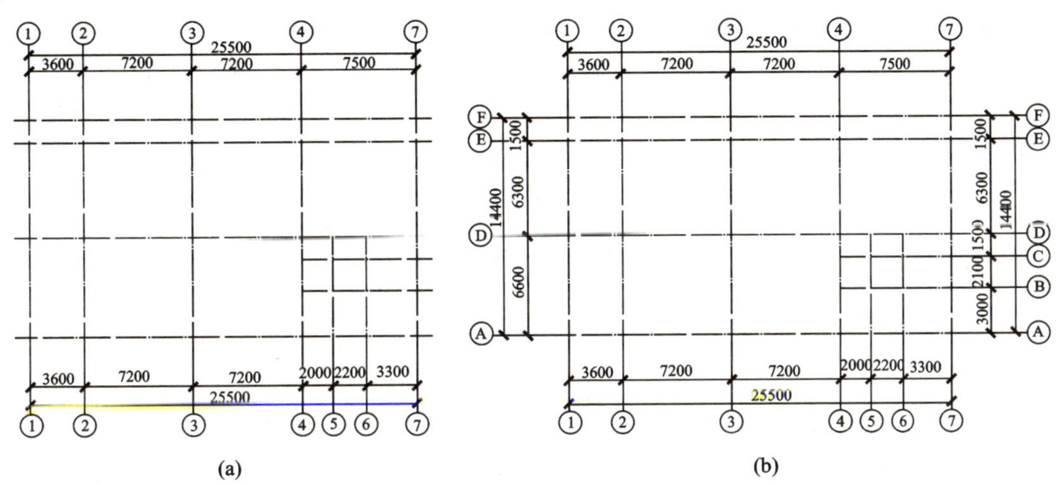

图 2-26　轴网标注

(a)开间标注；(b)进深标注

(4)单击【轴网柱子】→【主附转换】(ZFZH)菜单命令，将⑤、⑥、Ⓑ、Ⓒ、Ⓕ轴号改为附轴号，最终结果如图 2-27 所示。

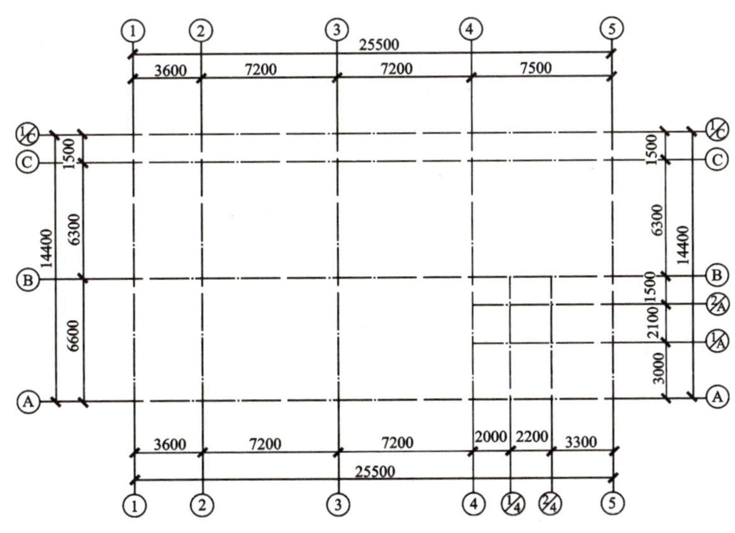

图 2-27　主轴号改为附轴号

3. 布置柱子

（1）单击【轴网柱子】→【标准柱】(BZZ)菜单命令，在弹出的“标准柱”对话框中设置参数，如图 2-28 所示，选择“指定的矩形区域内的轴线交点插入柱子”的方式，框选①～⑤、Ⓐ～Ⓒ轴所围合的矩形区域，在墙体中绘制标准柱，如图 2-29 所示。

（2）删除非承重部位多余的柱子，最终结果如图 2-30 所示。

（3）按 Ctrl＋S 组合键快速保存，结束本次操作。

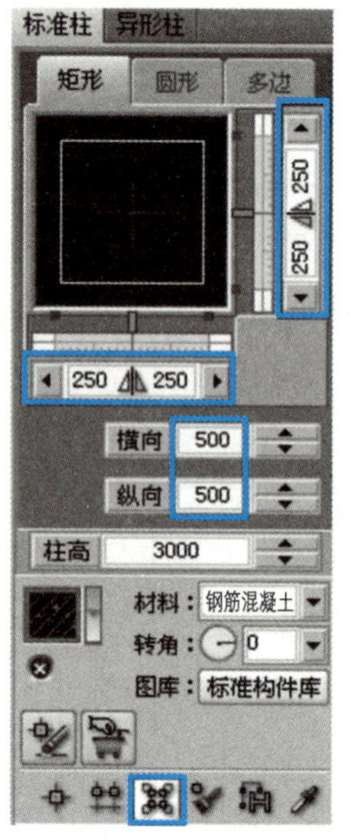

图 2-28　设置标准柱参数

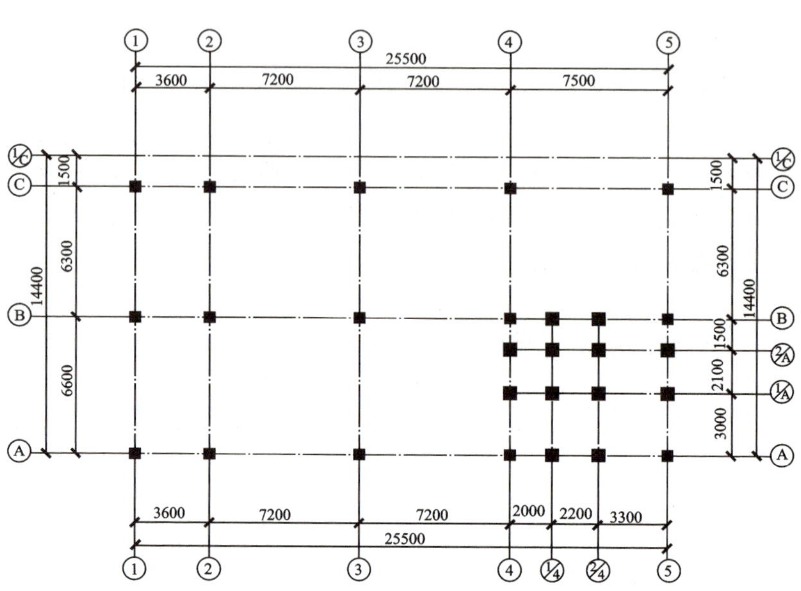

图 2-29　绘制标准柱

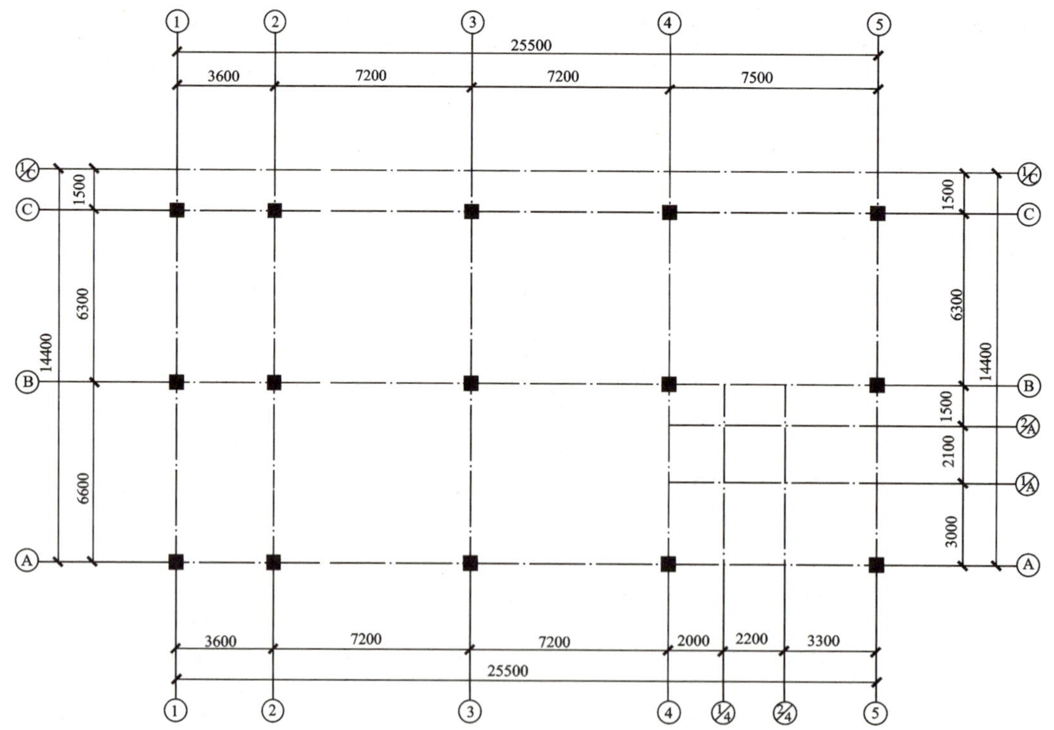

图 2-30　删除多余柱子

3 墙　　体

本章导读

墙体是建筑物的重要组成部分。它的主要作用是承重、围护或分隔空间。墙体是天正建筑软件中的核心对象，它是模拟实际墙体的专业特性构建而成，因此可实现墙角的自动修剪、墙体之间按材料特性连接、与柱子和门窗互相关联等智能特性，并且墙体是建筑房间的划分依据，因此理解墙对象的概念非常重要。墙对象不仅包含位置、高度、厚度这样的几何信息，还包括墙类型、材料、内外墙这样的内在属性。

本章主要讲述墙体的绘制与编辑方法，使读者熟悉与掌握墙体的绘制方法，能够更灵活、更快捷地根据需求绘制出多种类型的墙体。

学习目标

◇ 熟悉墙体的概念。

◇ 掌握墙体创建的方法。

◇ 熟练掌握墙体的编辑方法。

3.1　墙体的概念

3.1.1　墙基线的概念

墙基线是墙体的定位线，通常位于墙体内部并与轴线重合，墙体的两条边线就是依据基线按左右宽度确定的。墙基线同时也是墙内门窗测量基准，如墙体长度是指该墙体基线的长度，弧窗宽度是指弧窗在墙基线位置上的宽度。应注意的是，墙基线只是一个逻辑概念，出图时不会打印在图纸上。

墙体的相关判断都是依据基线，比如墙体的连接相交、延伸和裁剪等，因此互相连接的墙体，基线应准确地交接。T20 天正建筑规定墙基线不准重合，如果在绘制过程产生重合墙体，系统将弹出警告，并阻止这种情况的发生。在用 AutoCAD 命令编辑墙体时产生的重合墙体现象，系统将给出警告，如图 3-1 所示，并要求用户选择删除相同颜色的重合墙体部分。

图 3-1　发现重合的墙体警告

3.1.2 墙体用途与特性

天正建筑软件定义的墙体按用途分为以下几类，可由对象编辑改变。

(1)内墙：建筑物的内墙，参与按材料的加粗和填充。

(2)外墙：建筑物的外墙，参与按材料的加粗和填充。

(3)分户墙：建筑物的分户墙，参与按材料的加粗和填充。

(4)虚墙：用于空间的逻辑分隔，以便于计算房间面积。

(5)卫生隔断：卫生间洁具隔断用的墙体或隔板，不参与加粗、填充与房间面积计算。

(6)矮墙：表示在水平剖切线以下的可见墙(如女儿墙)，不会参与加粗和填充。矮墙的优先级低于其他所有类型的墙，矮墙之间的优先级由墙高决定，但依然受墙体材料影响，因此在定义矮墙时各矮墙都应选择同一种材料。

(7)玻璃幕墙与示意幕墙：使用【绘制墙体】命令，在弹出对话框中选择"玻璃幕墙"材料，创建的是玻璃幕墙对象，三维由玻璃、立梃和横框等构件表示，可以通过对象编辑详细设置。图层设于专门的幕墙图层CURTWALL。通过对象编辑界面可对组成玻璃幕墙的构件进行编辑，创建"隐框"或"明框"幕墙，适用于三维建模。平面图的表示方式默认按"示意"模式显示为四线或三线，可通过特性栏更改为"详图"，显示出玻璃、立梃和横框等构件的平面。

3.1.3 绘制墙体

墙体可使用【绘制墙体】命令创建或由【单线变墙】命令从直线、圆弧或轴网转换。墙体的底标高为当前标高，墙高默认为楼层层高。墙体的底标高和墙高可在墙体创建后用【改高度】命令进行修改，当墙高给定为0时，墙体在三维视图下不生成三维效果。T20天正建筑支持圆墙的绘制，圆墙可由两段同心圆弧墙拼接而成，但不能直接画圆生成。

在天正建筑软件中创建墙体，一般方法是先绘制好轴网，然后调用【绘制墙体】命令，根据命令行的提示，输入相应参数或者在弹出的对话框中设置墙体的高度、宽度、属性等参数，单击"确定"按钮，即可完成墙体的创建，如图3-2所示。

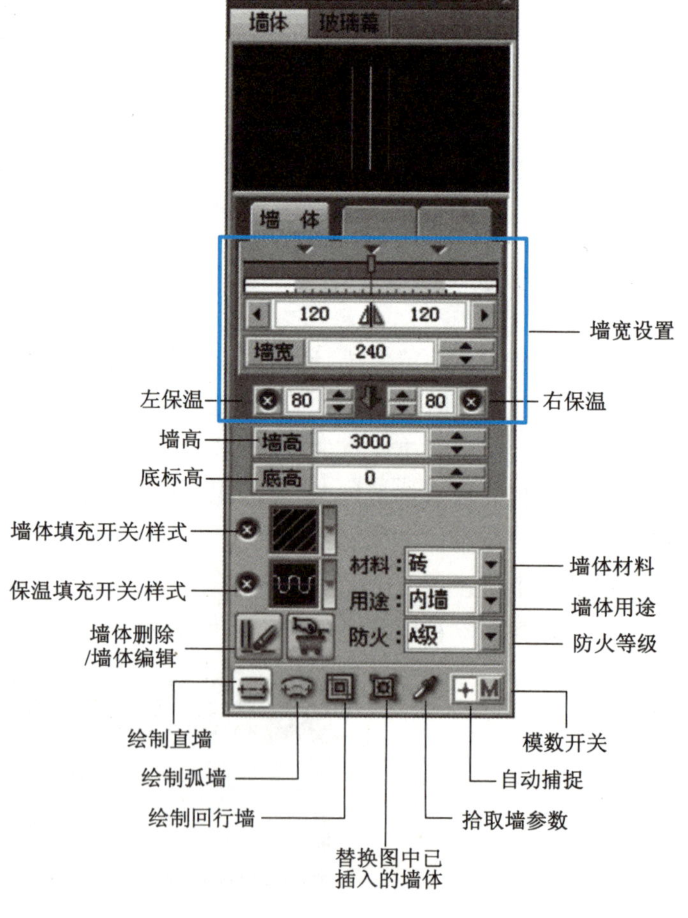

图3-2 设置墙体参数

1. 绘制普通墙体

✧【练习3-1】 绘制墙体练习。

(1)按Ctrl+O组合键，打开本书配套附件"第3章\绘制墙体素材"，如图3-3所示。

(2)单击【绘制墙体】(HZQT)菜单命令，按图3-3中外墙参数进行设置，选取*A*为起点，*B*为下一点，绘制直墙*AB*段，点取*C*，绘制*BC*段，点取*D*绘制*CD*段，按"C"键闭合，完成外墙段绘制。

(3)继续单击【绘制墙体】(HZQT)菜单命令，按图3-3内墙参数进行设置，选取*E*为起点，*F*为下一点，完成*EF*内墙绘制，重复本命令完成*GH*内墙段绘制。至此，墙体绘制完成。

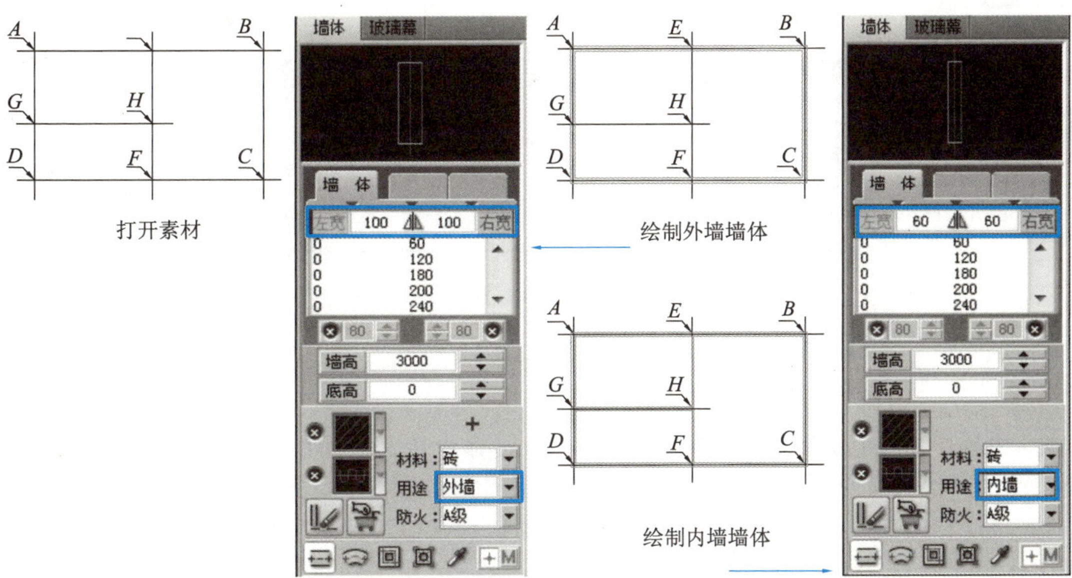

图 3-3 绘制墙体

2. 绘制玻璃幕墙

“墙体”对话框中除了提供普通墙体的绘制功能外，还提供了玻璃幕墙的绘制。如图 3-4 所示，在“玻璃幕墙”选项卡中，可对玻璃幕墙的横梁、立柱参数进行设置，设置完后可直接绘制出相关参数的幕墙，省去对幕墙进行参数编辑的操作。

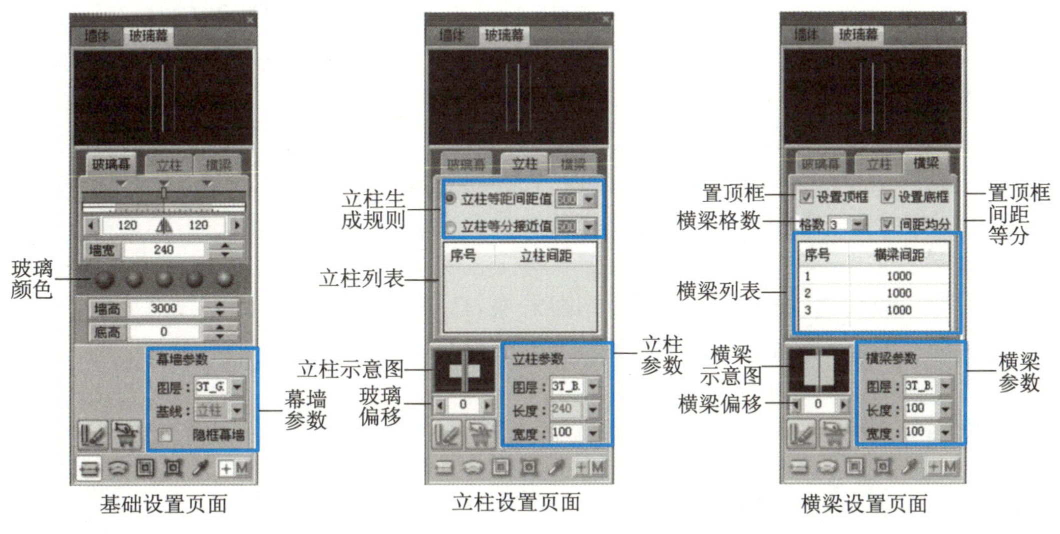

图 3-4 玻璃幕墙的相关控件说明

3.1.4 等分加墙

【等分加墙】命令用于在已有的大房间按等分的原则划分出多个小房间。该命令将一段墙在纵向等分，垂直方向加入新墙体，同时新墙体延伸到给定边界。其有三种相关墙体参与操作过程，有参照墙体、边界墙体和生成的新墙体。

✧【练习 3-2】 等分加墙练习。

按 Ctrl+O 组合键，打开本书配套附件“第 3 章\等分加墙素材”，单击【等分加墙】(DFJQ)菜单命令。步骤和方法如图 3-5 所示。

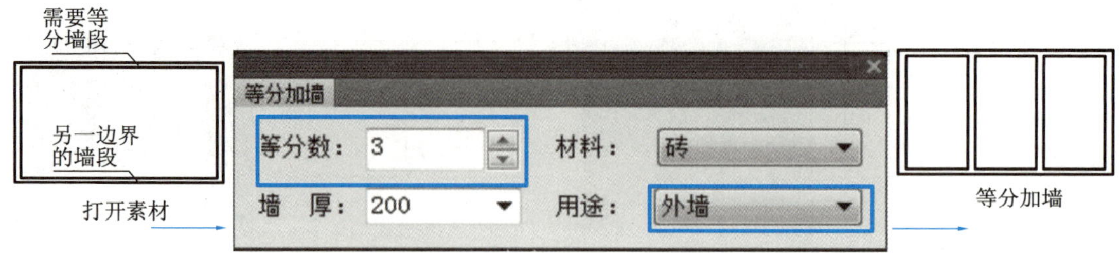

图 3-5 等分加墙练习

3.1.5 单线变墙

【单线变墙】命令有两个功能，一是将 Line、Arc、Pline 命令绘制的单线转为天正墙体对象，并删除选中单线，生成墙体的基线与对应的单线相重合；二是基于设计好的轴网中创建墙体，然后进行编辑，创建墙体后仍保留轴线，智能判断清除轴线的伸出部分，可以自动识别新旧两种多段线，便于生成椭圆墙。

单击【墙体】→【单线变墙】(DXBQ)菜单命令后，显示图 3-6 所示的对话框。

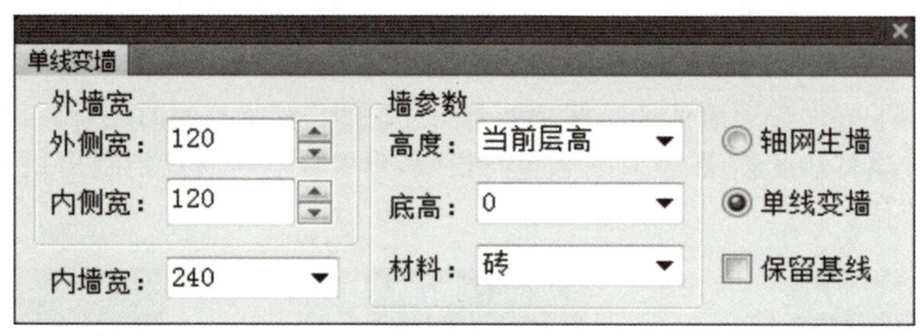

图 3-6 "单线变墙"对话框

"单线变墙"对话框提供了墙体材料、墙高、墙体底高的输入，并在墙宽输入框增加了列表步进辅助控件。

当前需要基于轴网创建墙体，即勾选"轴网生墙"，此时只选取轴线图层的对象，命令行提示：

选择要变成墙体的直线、圆弧或多段线：(指定两个对角点，指定框选范围)

选择要变成墙体的直线、圆弧或多段线：(按回车键退出选取，创建墙体)

如果去除"轴网生墙"勾选，此时可选取任意图层对象，命令行提示相同，根据线之间的几何关系搜索到按外墙处理的外围闭合线，从外墙伸出的墙肢不作为外墙处理。

✧【练习 3-3】 单线变墙练习。

步骤和方法如图 3-7 所示：

(1)按 Ctrl+O 组合键，打开本书配套附件"第 3 章\单线变墙素材"。

(2)单击【单线变墙】(DXBQ)菜单命令。

(3)在图中选取单线，创建 360 mm 厚外墙，240 mm 厚内墙的墙体。

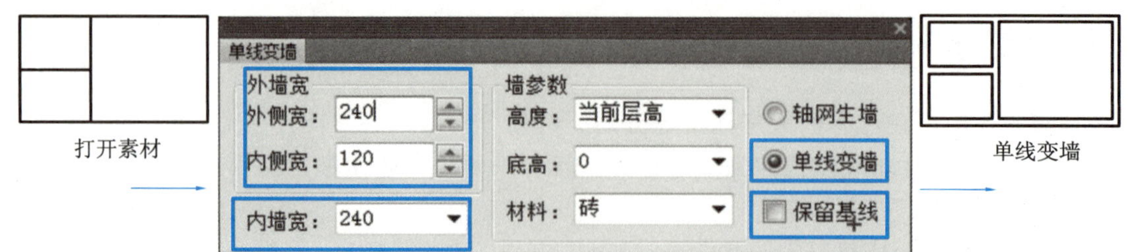

图 3-7 单线变墙

3.1.6 墙体造型

【墙体造型】命令的功能是根据指定多段线外框生成与墙关联的造型，常见的墙体造型是墙垛、壁炉、烟道一类与墙砌筑在一起，平面图与墙连通的建筑构造，墙体造型的高度与其关联的墙高一致，但是可以双击加以修改。墙体造型可用于墙角或墙柱连接处，包括跨过两个墙体端部的情况，除了正常的外凸造型外还提供了向内开洞的“内凹造型”（仅用于平面）。

✧【练习 3-4】 墙体造型练习。

步骤和方法如图 3-8 所示：

（1）按 Ctrl＋O 组合键，打开本书配套附件“第 3 章\墙体造型素材”。

（2）单击【墙体造型】（QTZX）菜单命令，完成壁柱造型绘制。

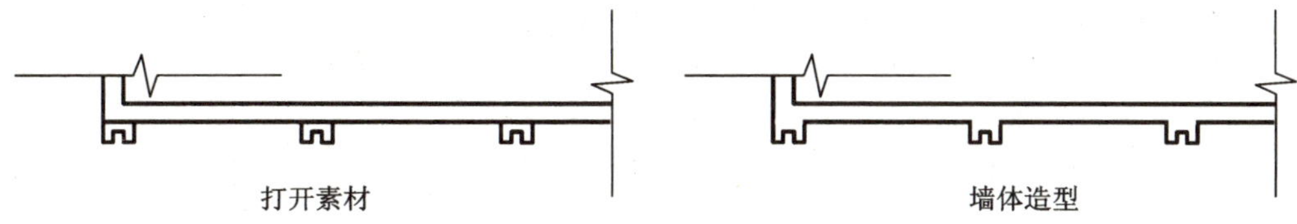

图 3-8 墙体造型练习

单击【墙体造型】命令后，命令行提示：

选择[外凸造型（T）/内凹造型（A）]<外凸造型>：（按回车键默认采用外凸造型）

墙体造型轮廓起点或[点取图中曲线（P）/点取参考点（R）]<退出>：P

选择一曲线（LINE/ARC/PLINE）：

（3）重复操作，完成其他墙体造型绘制。

内凹的墙体造型还可用于不规则断面门窗洞口的设计（目前仅用于二维），外凸造型可用于墙体改变厚度后出现缺口的补齐。墙体造型也可以跟墙一样，通过【墙柱保温】命令添加保温层。

3.1.7 净距偏移

【净距偏移】命令功能类似于 AutoCAD 的 Offset（偏移）命令，可以用于室内设计中以测绘净距建立墙体平面图的场合，命令自动处理墙端交接，但不处理由于多处净距偏移引起的墙体交叉，如有墙体交叉，需使用【修墙角】命令处理。

✧【练习 3-5】 净距偏移练习。

如图 3-9 所示，净距偏移的步骤如下：

（1）按 Ctrl＋O 组合键，打开本书配套附件“第 3 章\净距偏移素材”。

（2）单击【净距偏移】（JJPY）菜单命令，完成内墙向右偏移 2000 mm 复制的绘制。

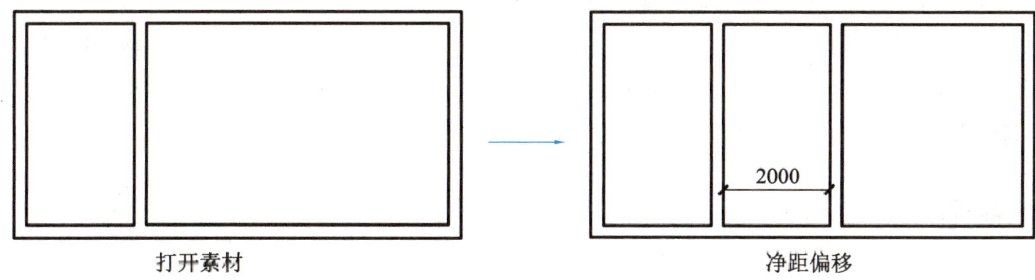

图 3-9 净距偏移练习

单击【净距偏移】命令后，命令行提示：

输入偏移距离<2000>：（键入两墙之间偏移的净距）

请点取墙体一侧＜退出＞:(点取指定要生成新墙的位置)

请点取墙体一侧＜退出＞:(按回车键结束选择,绘制新墙)

3.1.8 幕墙转换

【幕墙转换】命令可把各种材料的墙与玻璃幕墙之间做双向转换,常用于节能分析。

单击【墙体】→【幕墙转换】(MQZH)命令后,命令行提示:

请选择要转换为玻璃幕墙的墙或[幕墙转墙(Q)]＜退出＞:(选择要转换的墙体,可以多选)

请选择要转换为玻璃幕墙的墙:(按回车键结束选择并进行转换,再次按回车键退出命令)

请选择要转换为玻璃幕墙的墙或[幕墙转墙(Q)]＜退出＞:(键入“Q”,切换为幕墙转换为普通墙)

请选择要转换为墙的玻璃幕墙或[墙转幕墙(Q)]＜退出＞:(选择要转换的墙体,可以多选)

请选择要转换为墙的玻璃幕墙:(按回车键结束选择,继续提示选择转换后的墙体材料)

请选择转换墙体材料:[填充墙(0)/填充墙 1(1)/填充墙 2(2)/轻质隔墙(3)/砖墙(4)/石材(5)/混凝土(6)]＜4＞:(按回车键转为默认的砖墙)

要转换的墙体改为按玻璃幕墙对象的表示方式和颜色显示,三线或者四线按当前比例是否大于设定的比例限值(如 1∶100)而定。

✧【练习 3-6】 幕墙转换练习。

如图 3-10 所示,幕墙转换的步骤如下:

(1)按 Ctrl+O 组合键,打开本书配套附件“第 3 章\幕墙转换素材”。

(2)单击【幕墙转换】(MQZH)命令,按命令行提示进行操作,完成墙转幕墙的绘制。

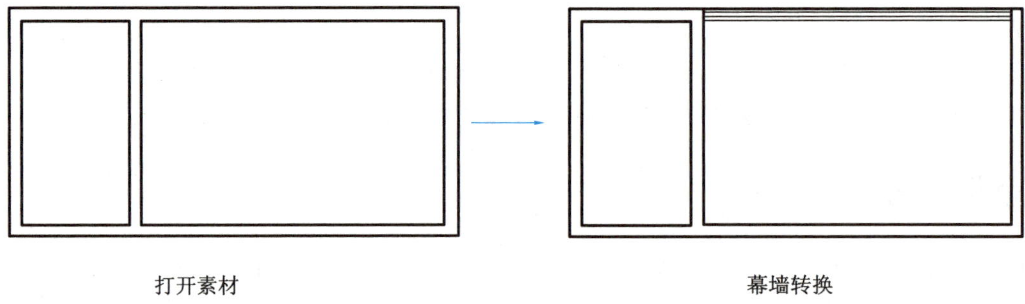

图 3-10 幕墙转换练习

3.2 墙体的编辑

墙体对象支持 AutoCAD 的通用编辑命令,可使用偏移(Offset)、修剪(Trim)、延伸(Extend)等命令进行修改,对墙体执行以上操作时均不必显示墙基线。

此外可直接使用删除(Erase)、移动(Move)和复制(Copy)命令进行多个墙段的编辑操作。T20 天正建筑也有专用的编辑命令对墙体进行专业意义的编辑,简单的参数编辑只需要双击墙体即可进入“对象编辑”对话框,拖动墙体的不同夹点可改变长度与位置。

3.2.1 倒墙角

本命令功能与 AutoCAD 的圆角(Fillet)命令相似,专门用于处理两段不平行的墙体的端头交角,使两段墙以指定圆角半径进行连接,圆角半径按墙中线计算。

✧【练习 3-7】 倒墙角练习。

如图 3-11 所示,倒墙角的步骤如下:

(1)按 Ctrl+O 组合键,打开本书配套附件"第 3 章\倒墙角素材"。

(2)单击【墙体】→【倒墙角】(DQJ)命令后,命令行提示:

选择第一段墙或[设圆角半径(R),当前=300]<退出>:(输入"R",设定圆角半径)

请输入倒角半径<0>:1200(键入圆角的半径"1200")

选择第一段墙或[设圆角半径(R),当前=1200]<退出>:(选择圆角的第一段墙体)

选择另一段墙<退出>:(选择圆角的第二段墙体,命令立即完成)

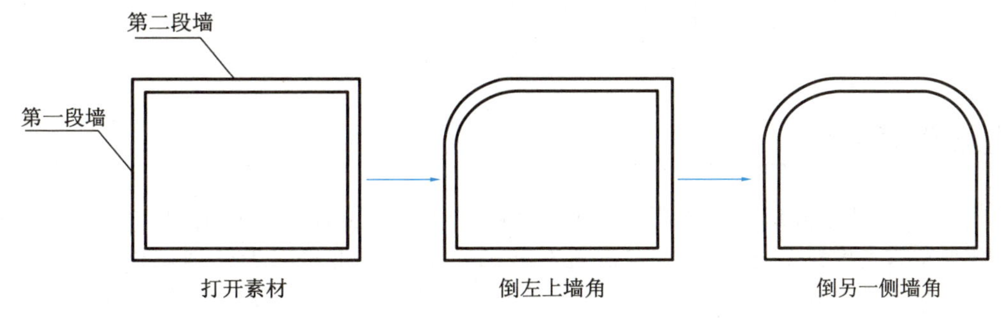

图 3-11　倒墙角练习

3.2.2　倒斜角

本命令功能与 AutoCAD 的倒角(Chamfer)命令相似,专门用于处理两段不平行的墙体的端头交角,使两段墙以指定倒角长度进行连接,倒角距离按墙中线计算,如图 3-12 所示。

单击【墙体】→【倒斜角】(DXJ)命令后,命令行提示:

选择第一段直墙或[设距离(D),当前距离 1=0,距离 2=0]<退出>:D(选择倒角的第一段墙体,或输入"D",设定倒角的长度)

指定第一个倒角距离<0>:1200(键入倒角的第一段长度,如 1200 mm)

指定第二个倒角距离<0>:600(键入倒角的第二段长度,如 600 mm)

选择第一段直墙或[设距离(D),当前距离 1=1200,距离 2=600]<退出>:(选择倒角的第一段墙体)

选择另一段直墙<退出>:(选择倒角的第二段墙体)

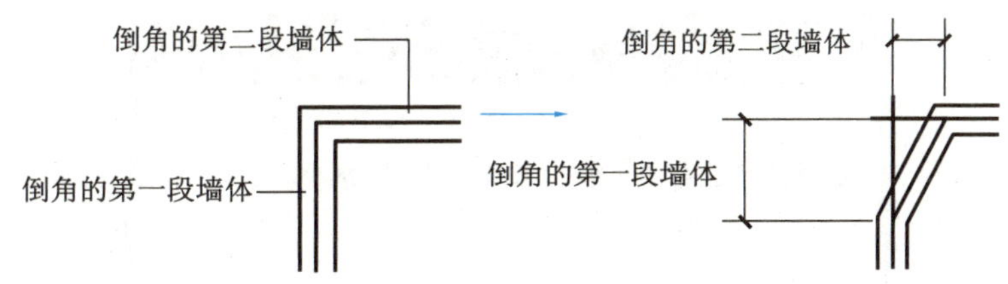

图 3-12　倒斜角

3.2.3　修墙角

本命令提供对属性完全相同的墙体相交处的清理功能,可以一次框选多个墙角批量修改。当用户使用 AutoCAD 的某些编辑命令,或者用夹点拖动对墙体进行操作后,墙体相交处有时会出现未按要求打断的情况,采用本命令框选墙角可以轻松处理。本命令也可以更新墙体、墙体造型、柱子,以及维护各种自动裁剪关系,如柱子裁剪楼梯、凸窗一侧撞墙情况。

单击【墙体】→【修墙角】(XQJ)命令后,命令行提示:

请点取第一个角点:(点取第一点 P_1,输入两个对角点,框选需要处理的墙体交角或柱子、墙体造型)

请点取另一个角点:(点取第二点 P_2,如图 3-13 所示)

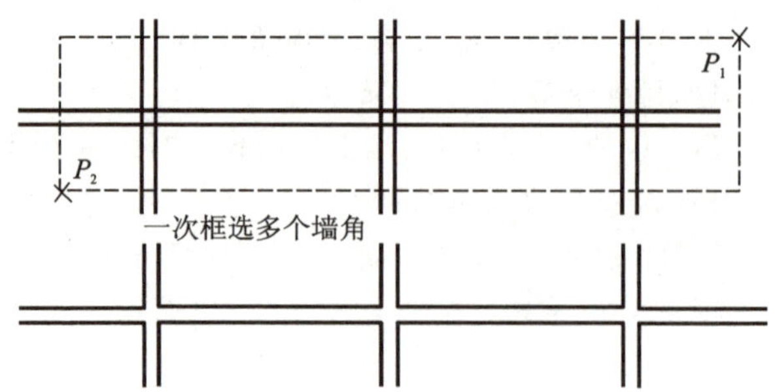

图 3-13　框选墙角及修墙角

3.2.4　边线对齐

本命令作用是对齐墙边并维持基线不变，边线偏移到给定的位置。换句话说，就是维持基线位置和总宽不变，通过修改左右宽度达到边线与给定位置对齐的目的。其通常用于处理墙体与某些特定位置的对齐，特别是和柱子的边线对齐。墙体与柱子的关系并非都是中线对中线，要将墙边与柱边对齐，无非两个途径，直接用基线对齐柱边绘制，或者先不考虑对齐，而是快速地沿轴线绘制墙体，待绘制完毕后用本命令处理。后者可以把同一延长线方向上的多个墙段一次对齐，推荐使用。

✧ **【练习 3-8】**　边线对齐练习。

如图 3-14 所示，边线对齐的步骤如下：

(1)按 Ctrl+O 组合键，打开本书配套附件"第 3 章\边线对齐素材"。

(2)单击【边线对齐】(BXDQ)命令，命令行提示：

请点取墙边应通过的点或[参考点(R)]<退出>:(取墙体边线通过的一点，如图 3-14 中 P 点)

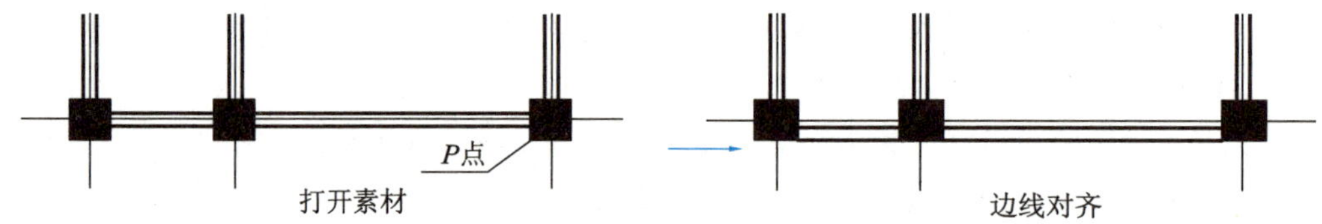

图 3-14　边线对齐练习

请点取一段墙<退出>:(选择要对齐边线的墙，当命令发现墙基线离开墙体时弹出图 3-15 所示对话框)

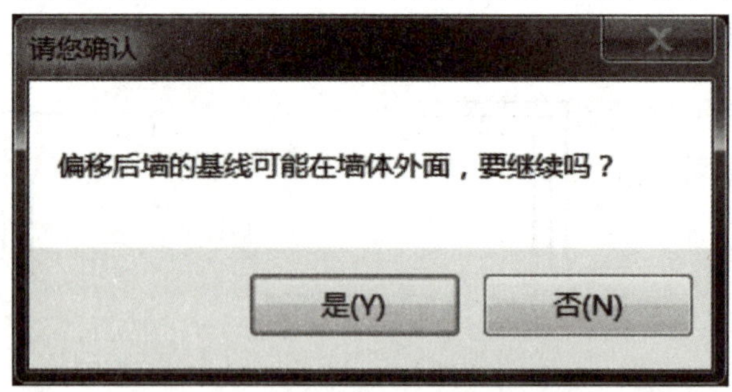

图 3-15　"请您确认"对话框

(3)单击"是"按钮才能完成操作，单击"否"按钮取消操作。

墙体移动后，墙端与其他构件的连接在命令结束后自动处理，图 3-14 中的左右两个图形分别为墙体执行【边线对齐】命令前后的示意，图中 P 为指定的墙边线通过点，右图墙体外皮已移到与柱边齐平位置。事实上本命令并没有改变墙体的位置(即基线的位置)，而是改变基线到两边线的距离(即左、右墙宽)。

3.2.5　改墙厚

单段修改墙厚使用"对象编辑"即可，而本命令按照墙基线居中的规则批量修改多段墙体的厚度，但不适于修改偏心墙。

单击【墙体】→【墙体工具】→【改墙厚】(GQH)命令后，命令行提示：
请选择墙体：(选择要修改的一段或多段墙体，选择完毕选中的墙体亮显)
新的墙宽<120>：(输入新墙宽值，选中墙段按给定墙宽修改，并对墙段和其他构件的连接进行处理)

3.2.6 改外墙厚

本命令用于整体修改外墙厚度，执行本命令前应先识别外墙，否则无法找到外墙进行处理。
单击【墙体】→【墙体工具】→【改外墙厚】(GWQH)命令后，命令行提示：
请选择外墙：(光标框选墙体，只有外墙亮显)
内侧宽<120>：(输入外墙基线到外墙内侧边线距离)
外侧宽<240>：(输入外墙基线到外墙外侧边线距离)
交互完毕按新墙宽参数修改外墙，并对外墙与其他构件的连接进行处理。

3.2.7 改高度

本命令可对选中的柱、墙体及其造型的高度和底标高成批进行修改，是调整这些构件竖向位置的主要手段。修改底标高时，门窗底的标高可以和柱、墙联动修改。
单击【墙体】→【墙体工具】→【改高度】(GGD)命令后，命令行提示：
选择墙体、柱子或墙体造型：(选择需要修改的建筑对象)
新的高度<3000>：(输入新的对象高度)
新的标高<0>：[输入新的对象底面标高(相对于本层楼面的标高)]
是否维持窗墙底部间距不变？(Y/N)[N]：(输入“Y”或“N”，认定门窗底标高是否同时修改)

3.2.8 平行生线

本命令类似 Offset，生成一条与墙线(分侧)平行的曲线，也可以用于柱子，生成与柱子周边平行的一圈粉刷线。
✧【练习 3-9】 平行生线练习。
如图 3-16 所示，平行生线的步骤如下：
(1)按 Ctrl+O 组合键，打开本书配套附件“第 3 章\平行生线素材”。
(2)单击【平行生线】(PXSX)命令后，命令行提示：
请点取墙边或柱子<退出>：(点取墙体的内皮或外皮或者柱子边线)
输入偏移距离<100>：(输入墙皮到线的净距)
本命令可以用来生成依靠墙边或柱边定位的辅助线，如粉刷线、勒脚线等。图 3-16 是以本命令生成外墙勒脚的情况。

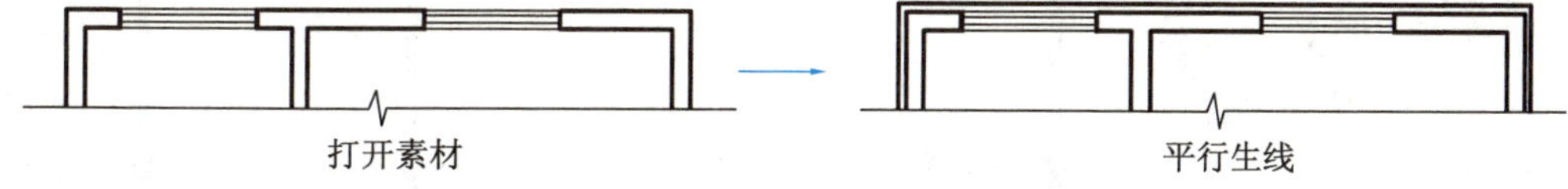

图 3-16 平行生线练习

3.3 内外识别工具

3.3.1 识别内外

本命令可自动识别内、外墙，同时可设置墙体的内外特征，以便在节能设计中使用。

单击【墙体】→【识别内外】(SBNW)命令后，命令行提示：

请选择一栋建筑物的所有墙体(或门窗)：(选择构成建筑物的墙体或者墙上的门窗)

按回车键后系统自动判断所选墙体的内、外墙特性，并用红色虚线亮显外墙外边线，用重画(Redraw)命令可消除亮显虚线，如果存在天井或庭院，则外墙的包线是多个封闭区域，要结合【指定外墙】命令进行处理。

3.3.2 指定内墙

本命令用手工选取方式将选中的墙体设置为内墙，内墙在三维组合时不参与建模，可以减少三维渲染模型的大小与内存开销。

单击【墙体】→【识别内外】→【指定内墙】(ZDNQ)命令后，命令行提示：

选择墙体：(由用户自己选取属于内墙的墙体)

选择墙体：(按回车键结束墙体选取)

3.3.3 指定外墙

本命令将选中的普通墙体内外特性置为外墙，除了把墙指定为外墙外，还能指定墙体的内外特性(用于节能计算)，也可以把选中的玻璃幕墙两侧翻转，适用于设置了隐框(或框料尺寸不对称)的幕墙，调整幕墙本身的内外朝向。

单击【墙体】→【识别内外】→【指定外墙】(ZDWQ)命令后，命令行提示：

请点取墙体外皮：(逐段点取外墙的外皮一侧或者幕墙框料边线，选中墙体的外边线亮显)

3.4 实战演练——绘制某办公楼墙体平面图

本节运用前面所学知识，绘制某办公楼墙体平面图，并且修改相关墙体柱子的位置。

1. 绘制墙体

(1)打开本书 2.7 最后保存的文件，选择【文件】→【另存为】菜单命令，将该文件另存为“第 3 章 3.4 绘制并标注某办公楼墙体平面图.dwg”。

(2)选择【墙体】→【绘制墙体】(HZQT)命令，选择【直墙】的方式绘制墙体，如图 3-17 所示。

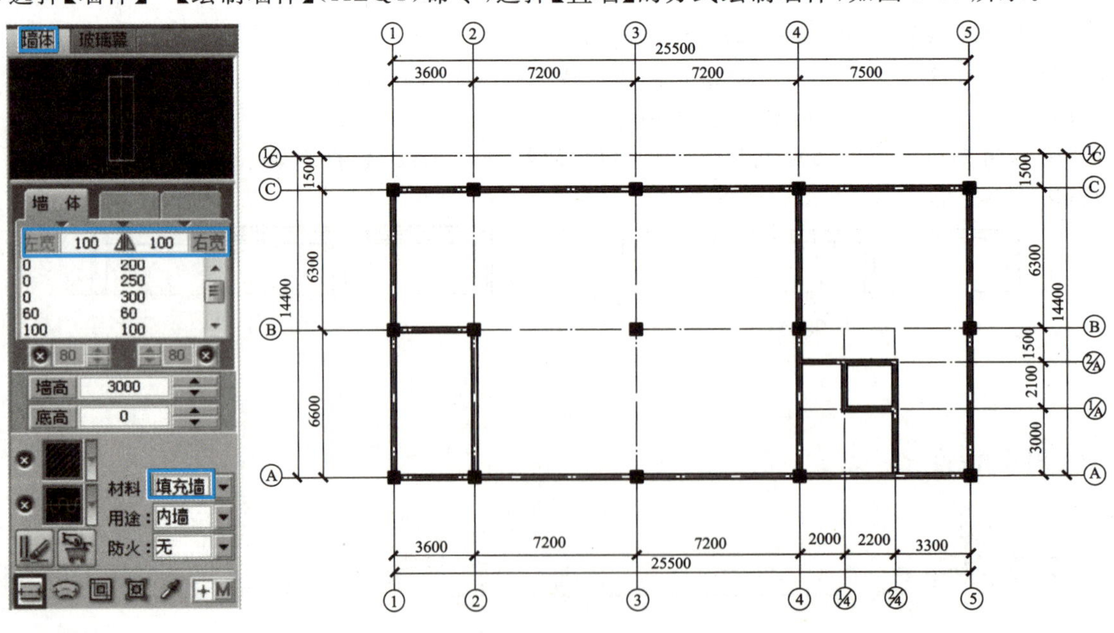

图 3-17 绘制墙体

2. 修改墙体柱子位置

(1)选择【墙体】→【边线对齐】(BXDQ)命令，将北侧外墙内侧调整至与柱内侧平齐，如图 3-18 所示。

(2)选择【轴网柱子】→【柱齐墙边】(ZQQB)命令，将西侧、南侧、东侧外边缘柱子移到与墙外侧平齐，如图 3-19 所示。

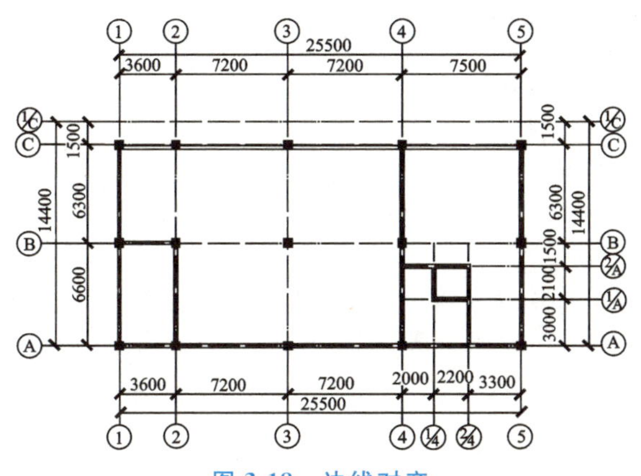

图 3-18 边线对齐

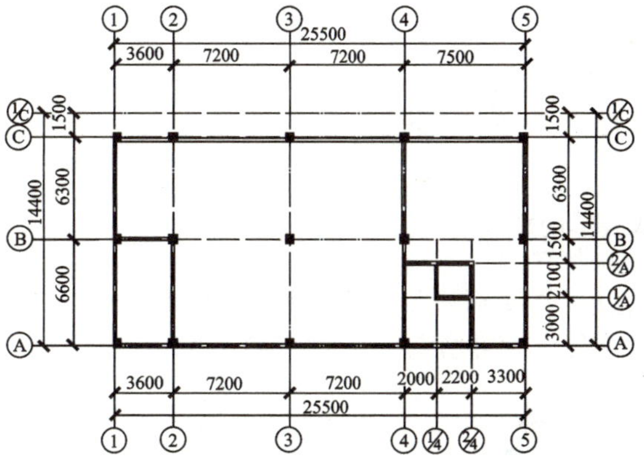

图 3-19 柱齐墙边

(3)移动③～④轴线间、Ⓐ轴线上等墙段，使其内侧与柱内侧平齐。

①选择【墙体】→【识别内外】(SBNW)命令，框选整个平面图，软件自动识别内外墙体，为节能计算等后续工作做好准备，最终调整结果如图 3-20 所示。

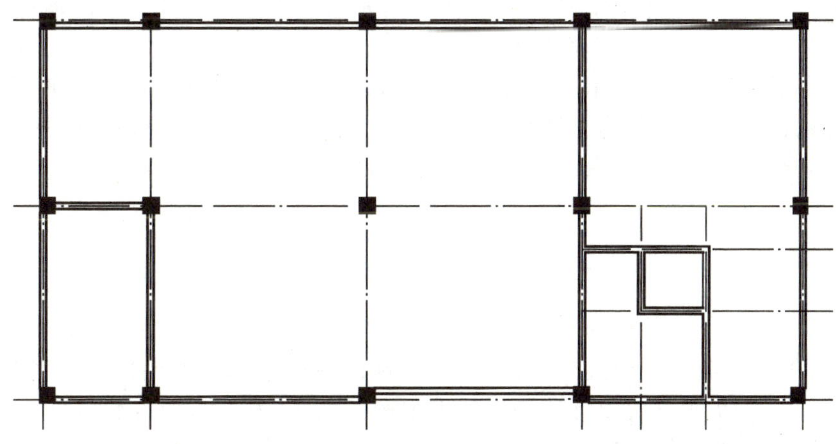

图 3-20 识别内外墙体

②双击Ⓐ轴交③～④轴间墙段，修改墙体右宽度为 400 mm，按回车键结束修改，如图 3-21 所示。

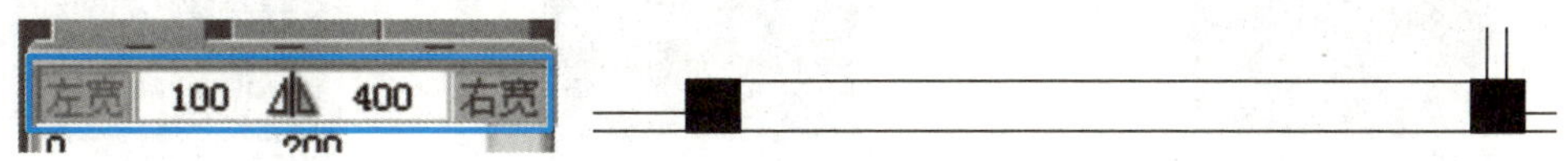

图 3-21 修改墙体宽度

③按 Ctrl＋S 组合键快速保存，结束本次操作。

4 门　　窗

本章导读

门窗是建筑的重要组成部分，对建筑立面有重要的影响，起着通风采光的作用。本章主要讲述各种门窗的绘制与编辑方法。

学习目标

✧ 熟悉与掌握各类门窗的绘制方法。

✧ 掌握门窗的编辑方法。

✧ 掌握门窗表的创建方法。

T20 天正建筑中的门窗是一种附属于墙体，并需要在墙上开启洞口的自定义对象，离开墙体的门窗将失去意义。按照和墙的附属关系，软件中定义了两类门窗对象：一类是只附属于一段墙体，即不能跨越墙角；另一类附属于多段墙体，即跨越一个或多个转角。

门窗和其他自定义对象一样，可以用 AutoCAD 工具和夹点编辑命令进行修改，并可通过电子表格检查和统计整个门窗工程的情况。门窗创建对话框中提供输入门窗需要的所有参数，包括编号、几何尺寸和定位参考距离，如果把门窗高参数改为 0，系统在三维下不开该门窗。

4.1　绘制普通门

【门窗】→【插门】(CM)命令可创建普通门、子母门和门连窗。“门”对话框下有定位模式图标，对话框上是待创建门的参数，由于门界面是无模式对话框，单击工具栏图标选择门类型以及定位模式后，即可按命令行提示进行交互插入门。自动编号功能可从编号列表中选择“自动编号”，即按洞口尺寸自动给出门编号。

图 4-1 所示为“门”对话框各个功能的介绍。

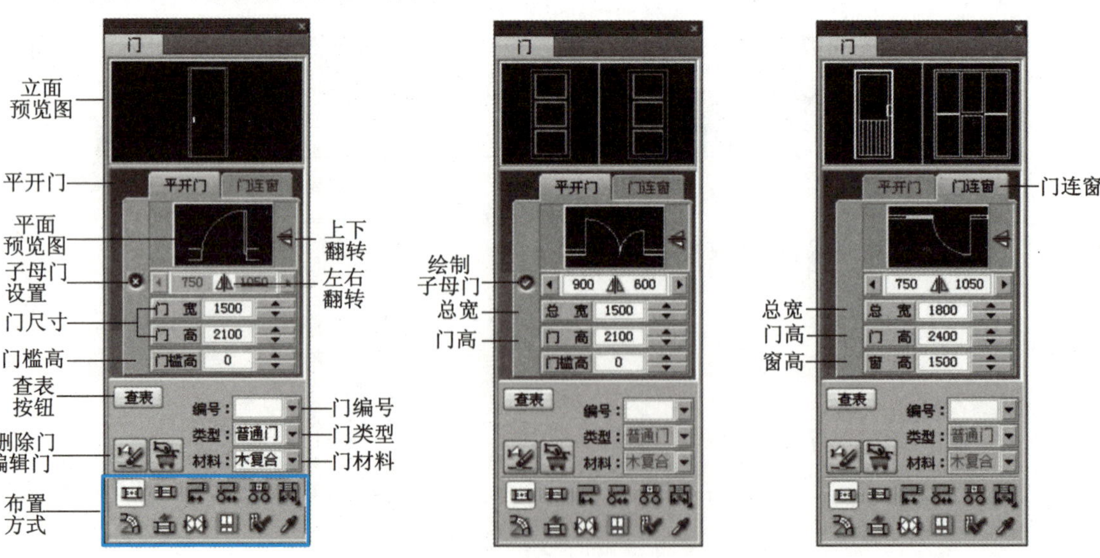

图 4-1　“门”对话框各功能介绍

在“门”对话框下有很多按钮，这些按钮决定了门的插入方式，具体含义介绍如图 4-2 所示。

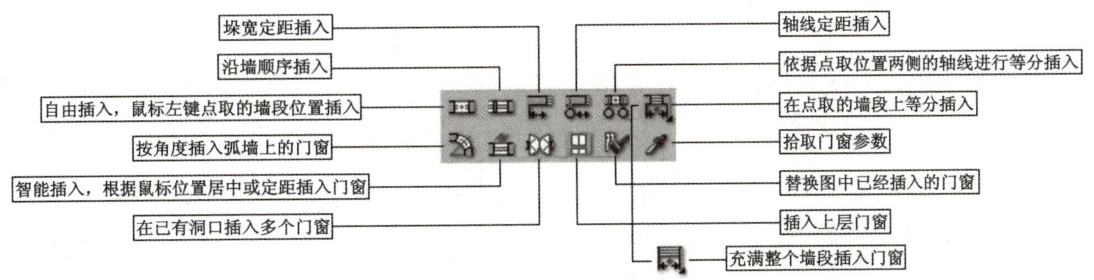

图 4-2 门的插入方式介绍

4.1.1 自由插入

本命令可在墙段的任意位置插入门窗，速度快但不易准确定位，通常用在方案设计阶段。以墙中线为分界内外移动光标，可控制内外开启方向，按 Shift 键控制左右开启方向，单击墙体后，门窗的位置和开启方向就完全确定了。

T20 天正建筑界面中的插入方式在命令行提示中多添加了“Ctrl—上下开”，可按 Ctrl 键控制门窗上下的开启方向。

执行命令后命令行提示：

点取门窗插入位置(Shift—左右开，Ctrl—上下开)<退出>：(点取要插入门窗的墙体即可插入门窗，按 Shift、Ctrl 键改变开向)

4.1.2 顺序插入

以距离点取位置较近的墙边端点或基线端点为起点，按给定距离插入选定的门窗。此后顺着前进方向连续插入，插入过程中可以改变门窗类型和参数。在弧墙顺序插入时，门窗按照墙基线弧长进行定位。

T20 天正建筑界面中的沿墙顺序插入方式在命令行中添加了间距的设置。

执行命令后命令行提示：

点取墙体<退出>：(点取要插入门窗的墙线)

输入从基点到门窗侧边的距离或[取间距 300(L)]<退出>：(键入起点到第一个门窗边的距离或键入“L”，设置间距值)

输入从基点到门窗侧边的距离或[左右翻转(S)/内外翻转(D)/取间距 3000(L)]<退出>：(键入到前一个门窗边的距离)

4.1.3 宽定距插入

系统选取距点取位置最近的墙边线顶点作为参考点，按指定垛宽距离插入门窗。本命令特别适合插入室内门，图 4-3 为设置垛宽 240 mm，在靠近墙角左侧插入门。

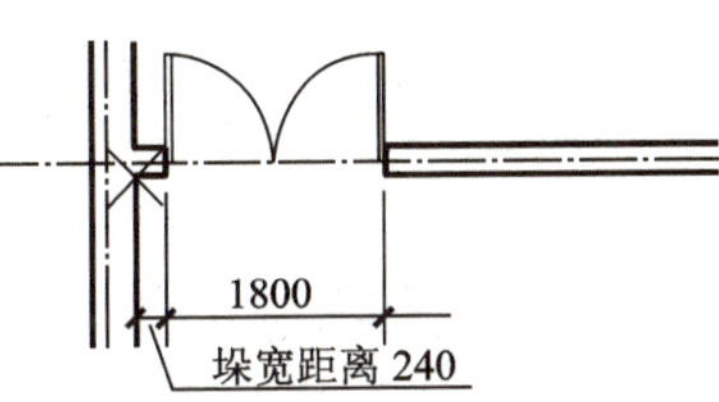

图 4-3 垛宽定距插入

T20 天正建筑界面中的插入方式在命令行提示中多添加了“Ctrl—上下开”，可按 Ctrl 键控制门窗上下的开启方向。

执行命令后命令行提示：

点取门窗大致的位置和开向(Shift—左右开，Ctrl—上下开)[当前间距：300(L)]<退出>：(点取参考垛宽一侧的墙段插入门窗或键入“L”设置间距值)

4.1.4 轴线定距插入

与垛宽定距插入相似，系统自动搜索距离点取位置最近的轴线与墙体的交点，将该点作为参考位置按预定距离插入门窗。图 4-4 为设置轴线距离为 360 mm，以轴线定距插入方式插入门。

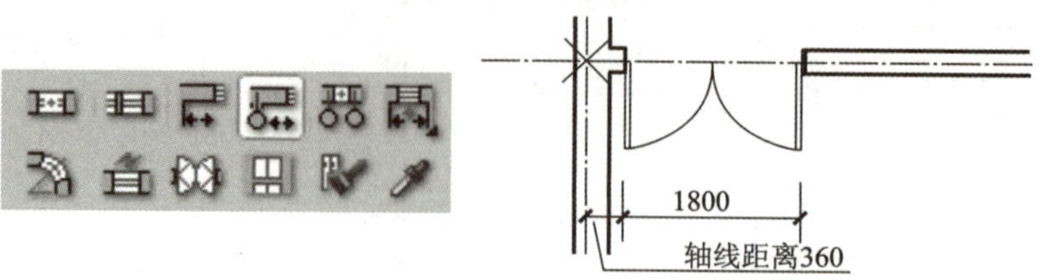

图 4-4 轴线定距插入

4.1.5 轴线等分插入

本命令将一个或多个门窗等分插入两根轴线间的墙段等分线中间，如图 4-5 所示，如果墙段内没有轴线，则该侧按墙段基线等分插入。

T20 天正建筑界面中的插入方式在命令行提示中多添加了“Ctrl—上下开”，可按 Ctrl 键控制门窗上下的开启方向。

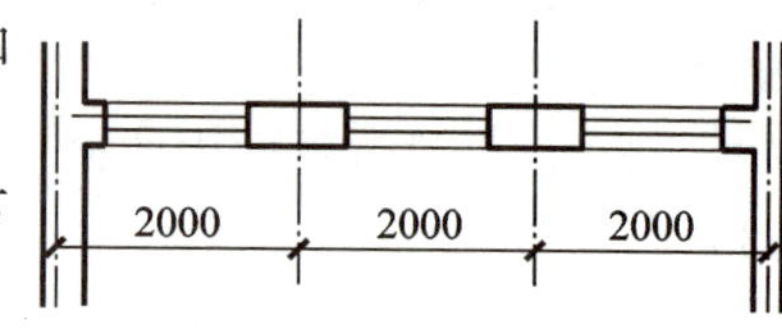

图 4-5 轴线等分插入

执行命令后命令行提示：

点取门窗大致的位置和开向(Shift—左右开，Ctrl—上下开)＜退出＞：

(在插入门窗的墙段上任取一点，可按 Shift、Ctrl 键改变开向)

指定参考轴线[S]/门窗或门窗组个数(1～3)＜1＞：3(键入插入门窗的个数“3”，括弧中给出按当前轴线间距和门窗宽度计算可以插入的个数范围，键入“S”可跳过亮显的轴线，选取其他轴线作为等分的依据，但要求仍在同一个墙段内)

4.1.6 墙段等分插入

与轴线等分插入相似，本命令在一个墙段上按墙体较短的一侧边线插入若干个门窗，按墙段等分使各门窗之间墙垛的长度相等，如图 4-6 所示。

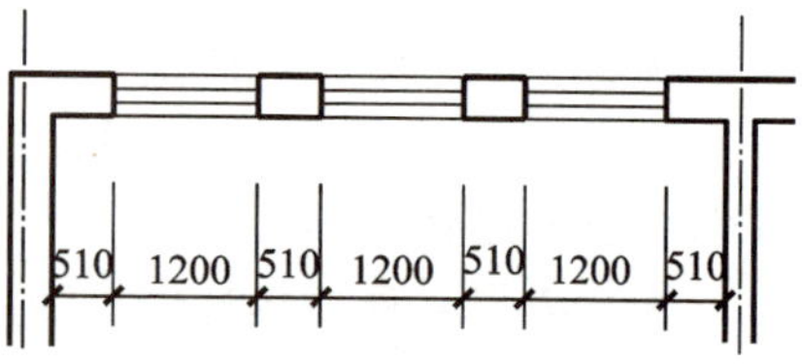

T20 天正建筑界面中的插入方式在命令行提示中多添加了“Ctrl—上下开”，可按 Ctrl 键控制门窗上下的开启方向。

图 4-6 墙段等分插入

执行命令后命令行提示：

点取门窗大致的位置和开向(Shift—左右开，Ctrl—上下开)＜退出＞：(在插入门窗的墙段上点取一点，可按 Shift、Ctrl 键改变开向)

门窗个数(1～3)＜1＞：3(键入插入门窗的个数“3”，括号中给出按当前墙段与门窗宽度计算可用个数的范围)

4.1.7 满墙插入

本命令使门窗在门窗宽度方向上完全充满一段墙，使用这种方式时，门窗宽度参数由系统自动确定。

执行命令后命令行提示：

点取门窗大致的位置和开向(Shift—左右开)＜退出＞：(点取墙段，按回车键结束)

4.1.8 按角度定位插入

本命令专用于弧墙插入门窗，按给定角度在弧墙上插入直线型门窗。

执行命令后命令行提示：

点取弧墙<退出>:(点取弧线墙段)

门窗中心的角度<退出>:(键入需插入门窗的角度值)

4.1.9 智能插入

本命令用于在墙段中按预先定义的规则自动在墙段中的合理位置插入门窗，可适用于直墙与弧墙。

执行命令后命令行提示：

点取门窗的大致位置或[设为轴线定距(Q)，当前：墙线定距][设置定距距离(L)，当前:300]<退出>:(键入"L"可设置定距距离，点取墙段，按回车键结束)

智能插入门窗的规则是把插入门窗的当前墙段以临时分格线预先分为三段，当门窗在墙中段时自动居中插入，在墙边两段时按当前设置的垛宽定距或者轴线定距插入，插入方式在命令行中可选，两种插入模式在插入时以临时分格线颜色区别，如图 4-7 所示。

注意：当选择轴线定距插入，但当前墙段两端无轴线时，会自动把相交墙的墙基线作为轴线。

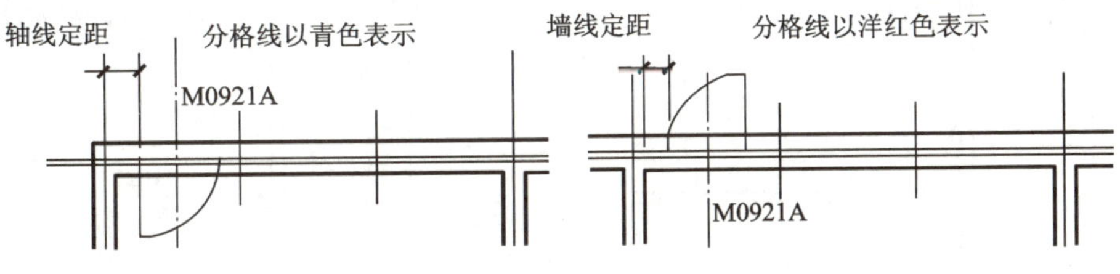

图 4-7 智能插入

4.1.10 在已有洞口插入多个门窗

本命令用于在同一个墙体已有的门窗洞口内再插入其他样式的门窗，常用于防火门、密闭门和户门、车库门中。

在 T20 天正建筑界面中先单击"在已有洞口插入多个门窗"图标，选择插入的门窗样式和参数，在命令行提示下选取已有洞口中的门窗，命令即可在该门窗洞口处增加新门窗。

4.1.11 插入上层门窗

本命令用于在同一个墙体已有的门窗上方再加一个宽度相同、高度不同的窗，这种情况常常出现在高大的厂房外墙中。

在 T20 天正建筑界面中先单击"插入上层门窗"图标，然后输入上层窗的编号、窗高和上下层窗间距离。使用本方式时，注意尺寸参数中上层窗的顶标高不能超过墙顶高。

4.1.12 门窗替换

本命令用于批量修改门窗，包括门窗类型之间的转换。使用该命令时，将用对话框内的当前参数作为目标参数，替换图中已经插入的门窗。

执行命令后命令行提示：

选择被替换的门窗!:(在屏幕上点取需要替换的门窗，选择完成后确定，系统将选择的门窗进行替换)

4.1.13 参数提取

本命令用于查询图中已有门窗对象并将其尺寸参数提取到门窗对话框中，方便在原有门窗尺寸基础上加以修改。

执行命令后命令行提示：

请拾取参考门窗<返回对话框>：(点取已有的一个门窗，随即对话框中参数改为该门窗参数，命令行恢复到当前门窗插入状态)

✧【练习 4-1】 插门练习。

按 Ctrl+O 组合键，打开本书配套附件"第 4 章\插门素材"，如图 4-8(a)所示，按表 4-1 内门的尺寸及插入方式完成门的绘制。

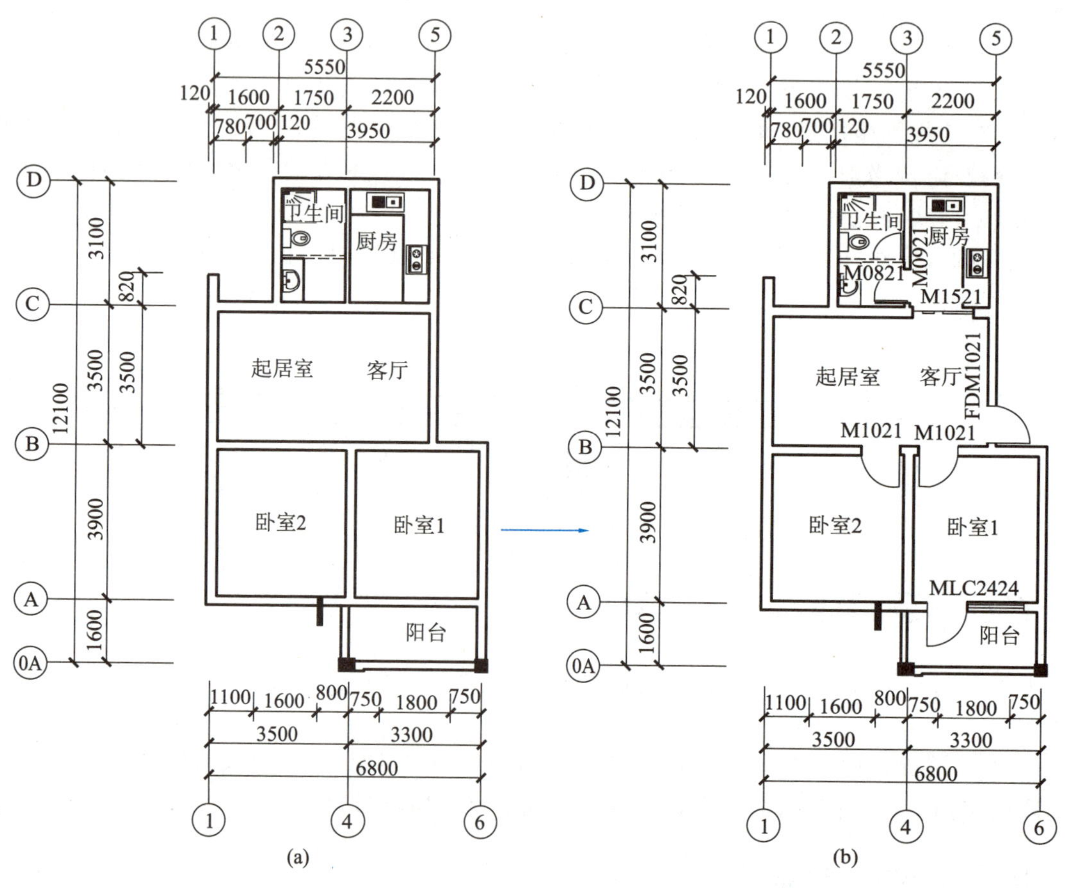

图 4-8 插门练习

(a)打开素材；(b)结果效果图

表 4-1

开门样式表

类型	门编号	洞口尺寸/mm		开启方式	门样式(选自天正图库)	插入方式
		宽度	高度			
普通门	FDM1021	1000	2100	平开门	单扇格栅门	垛宽 120 mm 定距插入
	M0821	750	2100	平开门	夹板门 1	垛宽 60 mm 定距插入
	M0921	850	2100	平开门	夹板门 1	垛宽 120 mm 定距插入
	M1021	950	2100	平开门	夹板门 1	垛宽 120 mm 定距插入
	M1521	1500	2100	推拉门	双扇推拉门	垛宽 100 mm 定距插入
门连窗	MLC2424	2400	2400	平开门	铝塑门/半玻璃门	轴线居中插入

步骤如下：

(1)单击【插门】(CM)菜单命令，完成 M0821、M0921、M1021 的绘制，方法如图 4-9 所示。

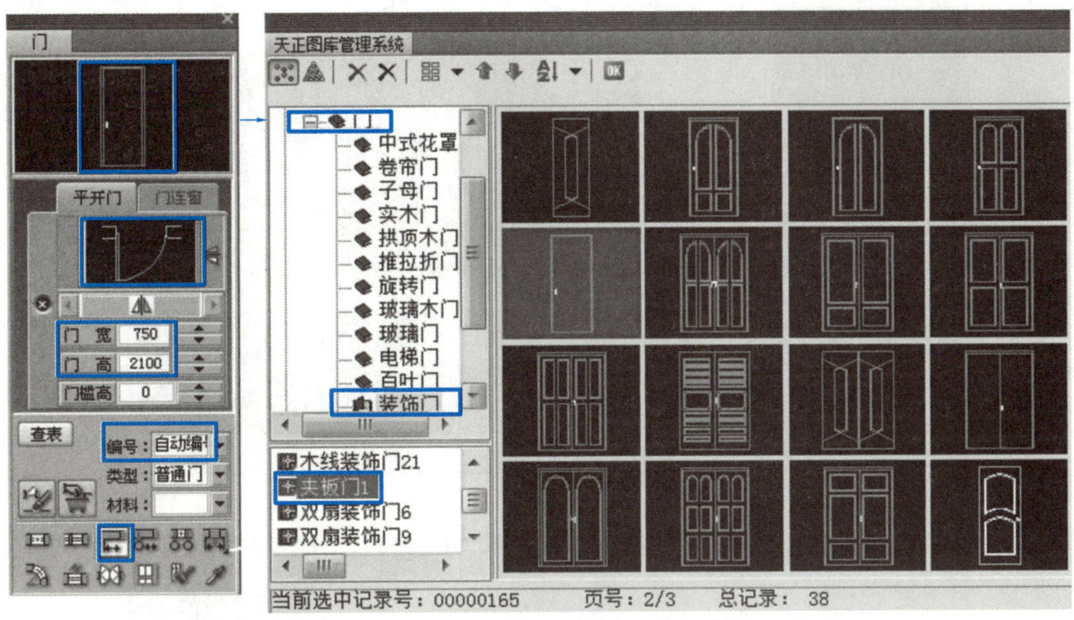

图 4-9　插入夹板门

执行命令后，命令行提示：

命令：CM

TGDOOR

点取门窗大致的位置和开向(Shift—左右开，Ctrl—上下开)[当前间距：300(L)]＜退出＞：L

请输入间距值＜返回＞：60

点取门窗大致的位置和开向(Shift—左右开，Ctrl—上下开)[当前间距：60(L)]＜退出＞：

(2)单击【插门】(CM)菜单命令完成 FDM1021 的绘制，方法如图 4-10 所示。

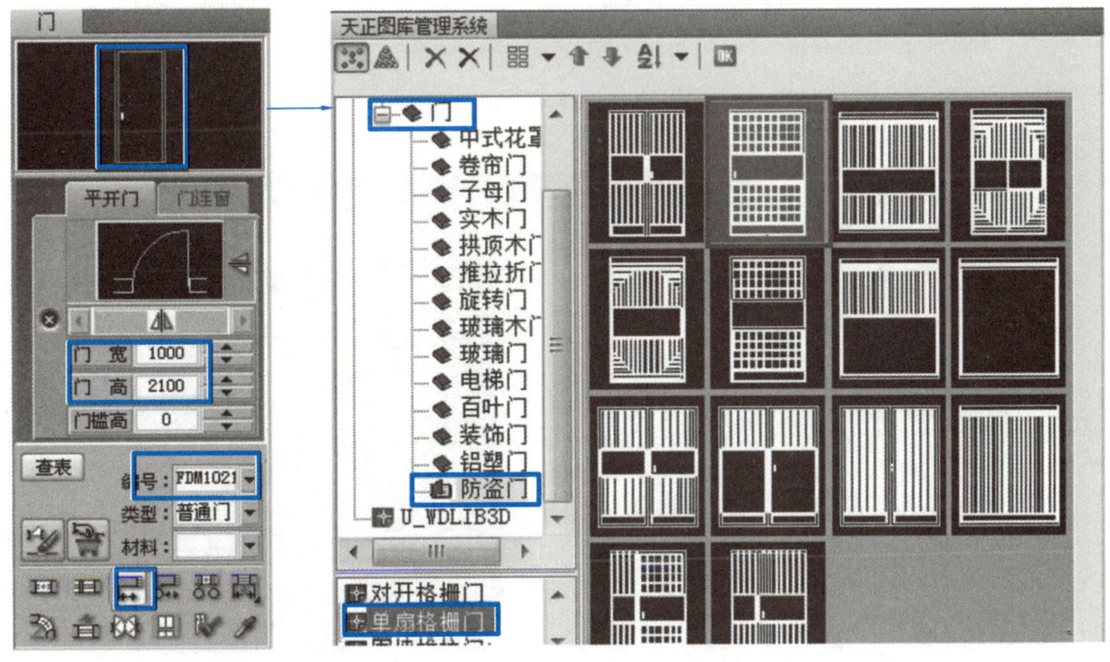

图 4-10　插入单扇格栅门

(3)单击【插门】(CM)菜单命令完成 M1521 的绘制,方法如图 4-11 所示。

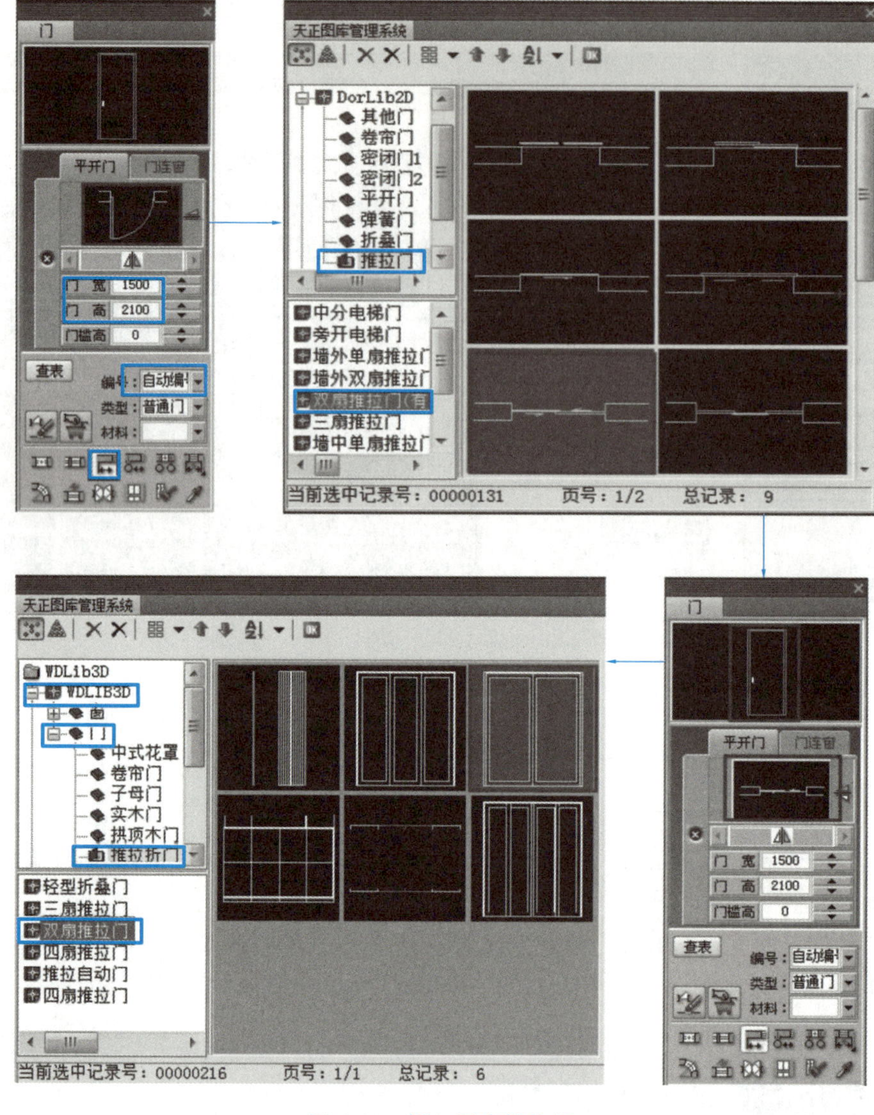

图 4-11 插入双扇推拉门

(4)单击【插门】(CM)菜单命令完成 MLC2424 的绘制,方法如图 4-12 所示。

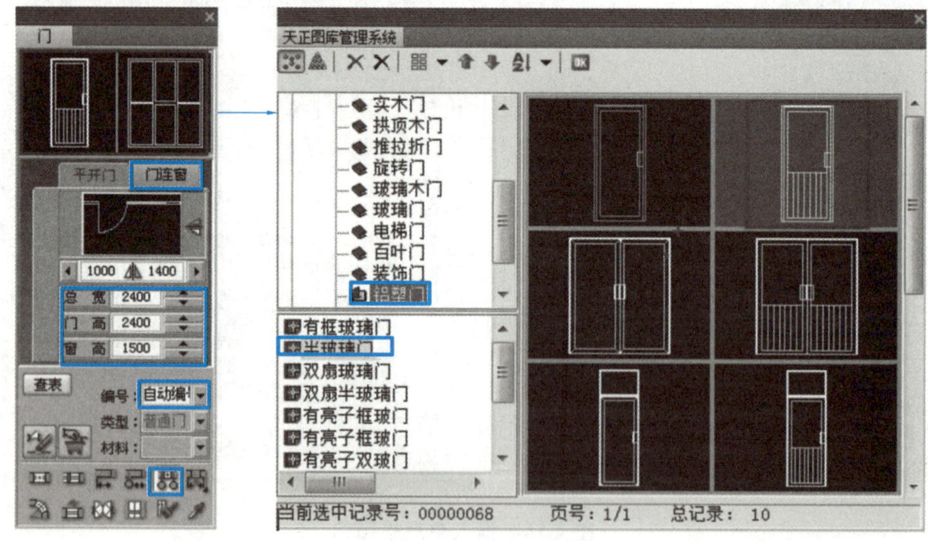

图 4-12 插入半玻璃门

点取菜单命令后，命令行提示：

命令：CM

点取门窗大致的位置和开向(Shift—左右开，Ctrl—上下开)<退出>：

指定参考轴线[S]/门窗个数(1～1)<1>：1

点取门窗大致的位置和开向(Shift—左右开，Ctrl—上下开)<退出>：

4.2 窗选项板

【插窗】命令可创建普通窗。“窗”对话框下有定位模式图标，如图 4-13 所示，对话框上是待创建窗的参数。由于窗界面是无模式对话框，单击工具栏图标选择窗类型以及定位模式后，即可按命令行提示进行交互插入窗，可从编号列表中选择“自动编号”，此时会按洞口尺寸自动给出窗编号。

图 4-13 中对“窗”对话框的各个功能进行了介绍。

预览图：查看当前窗的平面、立面样式，可单击预览图进入门窗库进行样式的修改。

窗宽、窗高、窗台高：参数需要用户自己设定。可以单击“窗宽”“窗高”“窗台高”按钮，到图中拾取已有窗对象尺寸或尺寸线值。

以窗宽为例，单击“窗宽”按钮后，命令行提示：“请选择参考门窗或尺寸线<退出>：”，如选择了参考窗，则将该窗的窗宽尺寸值提取到当前对话框显示；如选择了尺寸线，则将尺寸线的值提取到当前对话框显示。

查表：该命令可随时验证图中已经插入的门窗。如图 4-14所示，可单击行首取某个门窗编号，单击“确定”按钮把这个编号的门窗取到当前，注意选择的类型要匹配当前插入的门或者窗，否则会出现“类型不匹配，请选择同类门窗编号！”的警告提示。

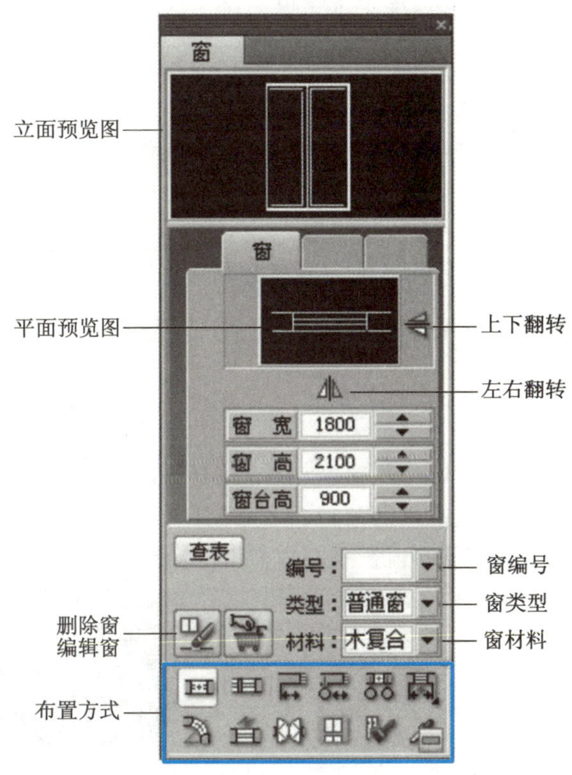

图 4-13 “窗”对话框

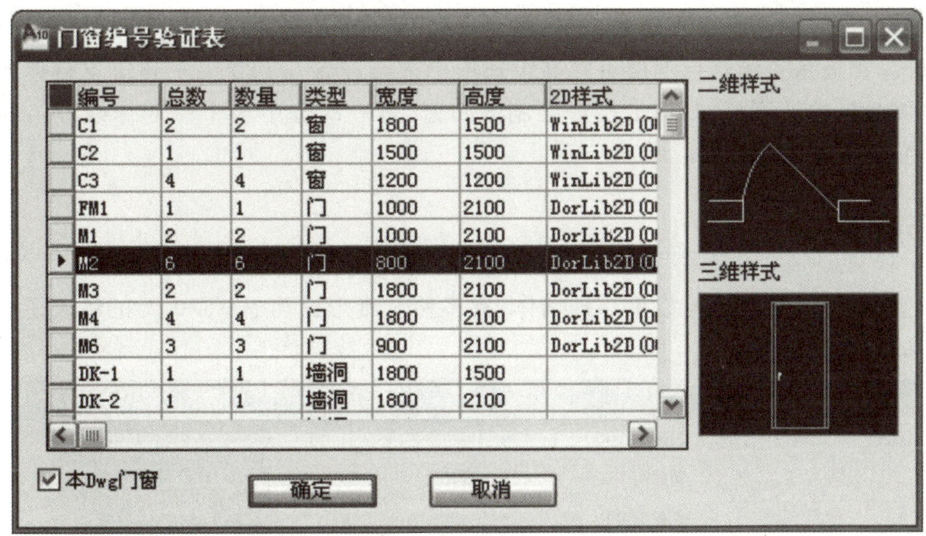

编号	总数	数量	类型	宽度	高度	2D样式
C1	2	2	窗	1800	1500	WinLib2D (0
C2	1	1	窗	1500	1500	WinLib2D (0
C3	4	4	窗	1200	1200	WinLib2D (0
FM1	1	1	门	1000	2100	DorLib2D (0
M1	2	2	门	1000	2100	DorLib2D (0
M2	6	6	门	800	2100	DorLib2D (0
M3	2	2	门	1800	2100	DorLib2D (0
M4	4	4	门	1800	2100	DorLib2D (0
M6	3	3	门	900	2100	DorLib2D (0
DK-1	1	1	墙洞	1800	1500	
DK-2	1	1	墙洞	1800	2100	

图 4-14 门窗编号验证表

勾选“本 Dwg 门窗”后，验证门窗就仅选择当前图已插入的门窗。

编号：编号设置可由用户自定义编号，或者选择自动编号，系统会根据窗的宽度、高度值进行自动编号。

类型：分为“普通窗”和“防火窗”。类型设置后，会影响自动编号的编号规则。

材料：初始值为“木复合”，预设值有木复合、铝合金、断桥铝、钢塑窗、塑形钢。

编辑窗：用于筛选图中所选范围内的窗对象，并将窗数据提取到“窗”对话框内显示，以便统一进行修改。

单击“编辑窗”按钮后，命令行提示：

请选择需要修改的窗：

支持点选和框选，选择窗对象后，被选中的对象信息会显示到对话框中，可以直接在对话框中进行批量修改。

删除窗：用于批量删除图中所选择范围内的窗对象。

单击“删除窗”按钮后，命令行提示：

请选择需要删除的窗：

选择窗后按回车键，被选中的窗对象会被删除。

窗的布置方式同门，详见门布置方式。

4.3 创建特殊窗户

4.3.1 凸窗

凸窗即外飘窗。二维视图依据用户的选定参数确定，默认的三维视图包括窗楣与窗台板、窗框和玻璃。对于楼板挑出的落地凸窗和封闭阳台，平面图应该使用带形窗来实现。

单击【门窗】→【凸窗】(TC)命令，弹出图 4-15 所示的对话框。

图 4-15 “凸窗”对话框

矩形凸窗还可以设置两侧是玻璃还是挡板，侧面碰墙时自动被裁剪，获得正确的平面图效果，挡板厚度可在特性栏中修改，挡板是否绘制保温层可在高级选项中进行设置。T20 天正建筑支持修改无挡板凸窗窗台板从洞口往两侧延伸的宽度尺寸，选中已经绘制的凸窗（可一次选中多个一起修改）后，在特性栏中修改“两侧窗台板延伸”数值即可，默认是 120。

4.3.2 矩形洞

墙上的矩形空洞，可以穿透也可以不穿透墙体，有多种二维形式可选，T20 天正建筑还提供了绘制是否穿透墙体的洞口的勾选项，如图 4-16 所示。

图 4-16 矩形洞穿透墙体

与普通门一样，矩形洞口可以在图 4-16 的形式上添加门口线，图 4-17 是不穿透墙体的情况。

图 4-17 矩形洞不穿透墙体

4.3.3 组合门窗

本命令是把已经插入的两个以上普通门和(或)窗组合为一个对象，作为单个门窗对象统计，优点是组合门窗各个成员的平面、立面都可以由用户单独控制。

本命令不会直接插入一个组合门窗，而是把使用【门窗】命令插入的多个门窗组合为一个整体的“组合门窗”，组合后的门窗按一个门窗编号进行统计，在三维显示时子门窗之间不再有多余的面片；还可以使用构件入库命令将创建好的常用组合门窗入构件库，使用时从构件库中直接选取。

单击【门窗】→【组合门窗】(ZHMC)菜单命令后，命令行提示：

选择需要组合的门窗和编号文字：(选择要组合的第一个门窗)

选择需要组合的门窗和编号文字：(选择要组合的第二个门窗)

选择需要组合的门窗和编号文字：(选择要组合的第三个门窗)

选择需要组合的门窗和编号文字：(按回车键结束选择)

输入编号：MC-1(键入组合门窗编号，更新这些门窗为组合门窗，如图 4-18 所示)

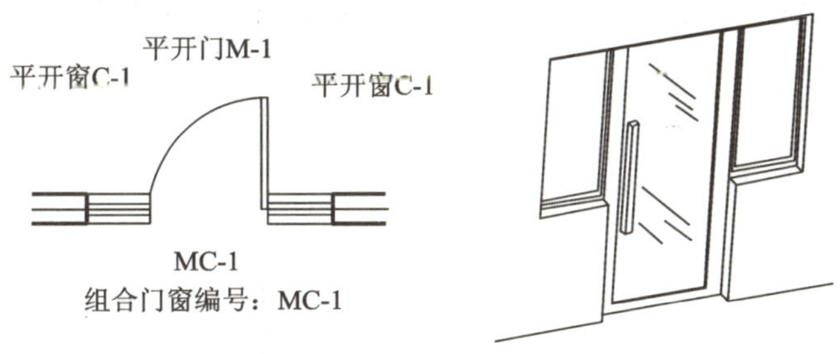

图 4-18 组合门窗

【组合门窗】命令不会自动对各子门窗的高度进行对齐，修改组合门窗时临时分解为子门窗，修改后重新进行组合。本命令用于绘制复杂的门连窗与子母门，简单的情况可直接绘制，不必使用组合门窗命令。

4.3.4 转角窗

转角窗即跨越两段相邻转角墙体的普通窗或凸窗。二维用三线或四线表示(当前比例小于规定界限时按三线表示，详见玻璃幕墙与示意幕墙的关系一节)，三维视图有窗框和玻璃，可在特性栏设置为转角洞口，角凸窗还有窗楣和窗台板，侧面碰墙时自动裁剪，以获得正确的平面图效果。

【转角窗】命令用于在墙角位置插入窗台高、窗高相同，长度可选的一个角凸窗对象，可输入一个门窗编号。命令中可设角凸窗两侧窗为挡板，挡板厚度参数可以设置。【转角窗】命令支持外墙保温层的绘制，如外墙带保温时加转角窗，在挡板外侧会根据基本设定的图形设置内容决定是否加保温层。可绘制两边出挑长不一样的转角凸窗，还可以绘制一边出挑为 0 的角凸窗。

单击【门窗】→【转角窗】(ZJC)命令后，显示图 4-19 所示的对话框，在对话框中按设计要求选择转角窗的三种类型：角窗、角凸窗与落地的角凸窗。

图 4-19 “绘制角窗”对话框

4.3.5 带形窗

带形窗是跨越多段墙体的多扇普通窗的组合，各扇窗共享一个编号，它没有凸窗的特性，其他和转角窗相同。

【带形窗】命令创建窗台高与窗高相同、沿墙连续的带形窗对象，按一个门窗编号进行统计。带形窗转角可以被柱子、墙体造型遮挡，也可以跨过多道隔墙（请选择级别低于外墙的材料）。带形窗的编号可在【编号设置】命令中设为按顺序或按展开长度编号，展开长度按包括保温层在内的墙中线计算。

单击【门窗】→【带形窗】(DXC)菜单命令后，显示图 4-20 所示的对话框，在其中输入带形窗参数，命令行提示：

起始点或[参考点(R)]<退出>:(在带形窗开始墙段点取准确的起始位置)

终止点或[参考点(R)]<退出>:(在带形窗结束墙段点取准确的结束位置)

选择带形窗经过的墙:(选择带形窗经过的多个墙段，此时必须逐段选取，不能漏选和错选)

选择带形窗经过的墙:(按回车键结束命令，绘制与标注带形窗，如图 4-21 所示)

图 4-20 带形窗参数设置

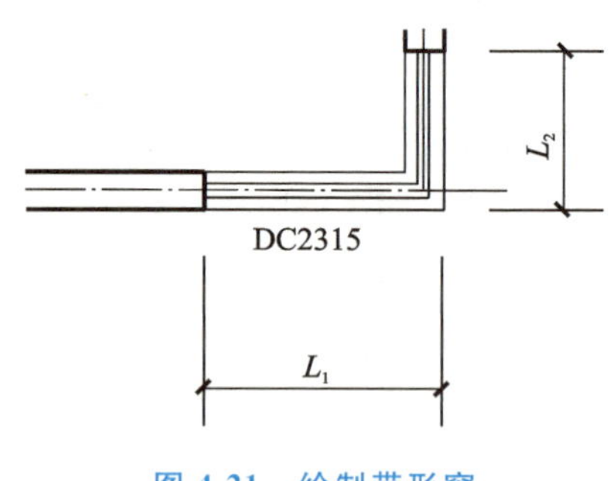

图 4-21 绘制带形窗

注意：

(1)隔墙材料如果与外墙材料相同，加粗后在跨隔墙相交处有微小的尖角，导出低版本时带形窗会显示错误；

(2)带形窗本身不能被 Stretch(拉伸)命令拉伸，否则显示不正确。

✧【练习 4-2】 按 Ctrl+O 组合键，打开本书配套附件“第 4 章\插窗素材”，如图 4-22 所示，按表 4-2 内窗的尺寸及插入方式完成窗的绘制。

操作及步骤同门的插入方式，请读者自行完成。

表 4-2 开窗样式表

类型	窗编号	洞口尺寸/mm		开启方式	插入方式
		宽度	高度		
普通窗	C0715	700	1500	推拉窗	见图注
	C1215	1200	1500	推拉窗	见图注
	C1315	1330	1500	推拉窗	充满墙段
	C1615	1600	1500	推拉窗	轴线居中插入
	C2714	2790	1500	推拉窗	见图注
凸窗	TC1615	1600	1500	推拉窗	见图注(凸窗底高 600 mm,左侧有挡板)

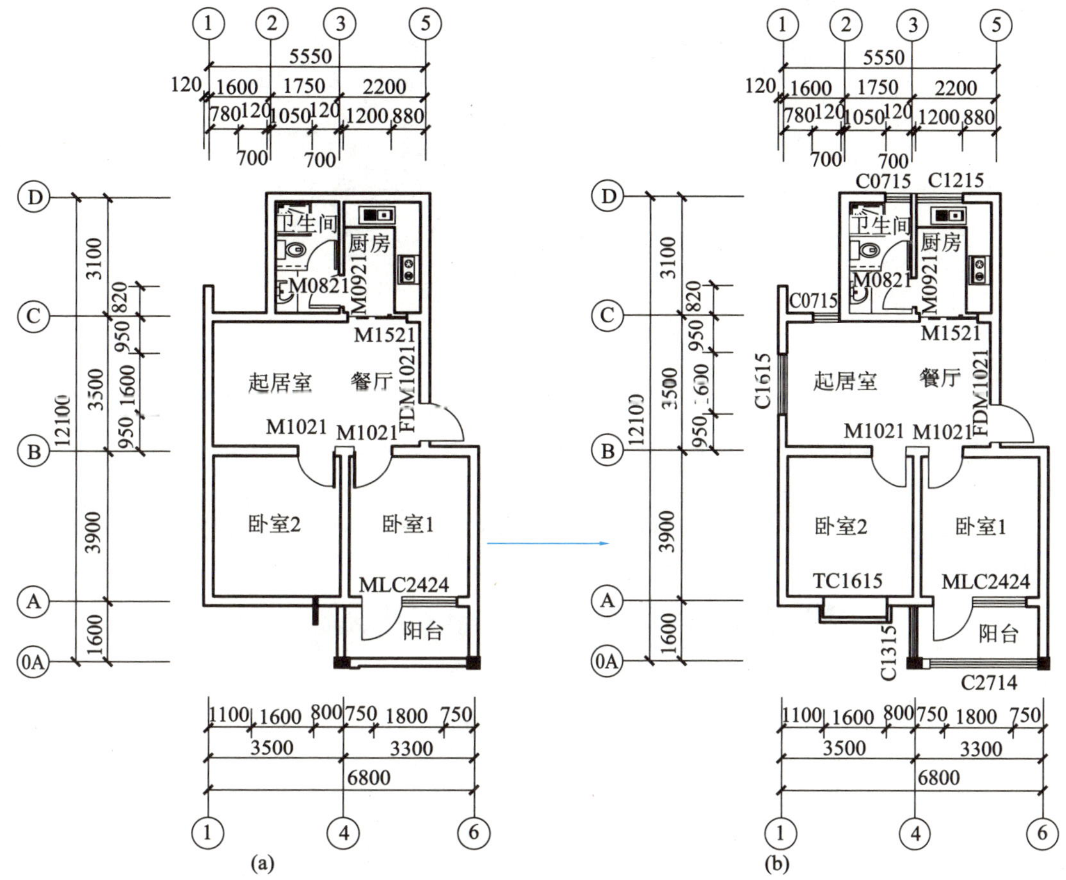

图 4-22 插窗练习

(a)插窗素材;(b)插窗结果

4.4 门窗的编辑

最简单的门窗编辑方法是选取门窗激活门窗夹点,拖动夹点进行夹点编辑,而不必使用任何命令,批量翻转门窗可使用专门的门窗翻转命令处理。

4.4.1 对象编辑与特性编辑

双击门窗对象即可进入"对象编辑"命令对门窗进行参数修改,或者选择门窗对象右键单击菜单可以选择"对象编辑"或"特性编辑",虽然两者都可以用于修改门窗属性,但是相对而言,"对象编辑"启动了创建门窗的对话框,参数比较直观,而且可以替换门窗的外观样式,如图 4-23 所示。

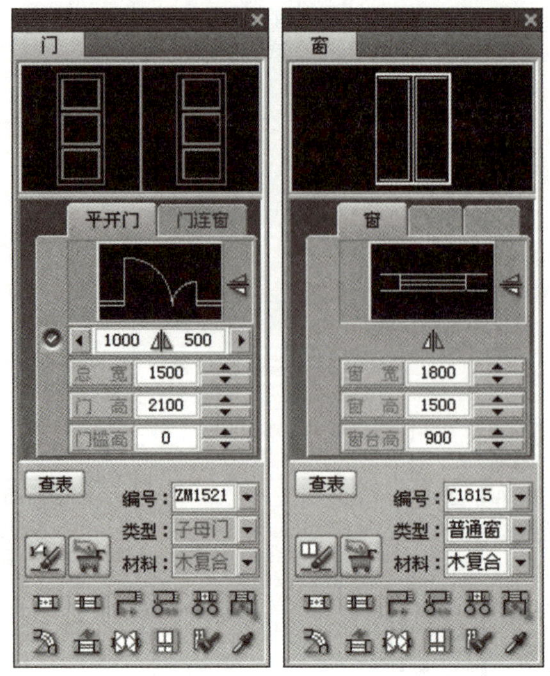

图 4-23　门窗对象编辑

4.4.2　门窗规整

门窗规整是调整做方案时粗略插入墙上的门窗位置，使其按照指定的规则整理获得正确的门窗位置，以便生成准确的施工图。

单击【门窗】→【门窗规整】(MCGZ)菜单命令后，显示图 4-24 所示的对话框，按照实际情况，用户可勾选“垛宽≤××规整为 0”“垛宽≤××规整为××”或“门窗居中”。

图 4-24　“门窗规整”对话框

以上三种情况实际上可以进行组合，遇到符合要求的门窗按该项的要求执行，勾选“垛宽≤××规整为××”项时，命令行提示如下：

请选择需规整的门窗<退出>：(单击右键或按回车键直接退出命令)

选择需规整的门窗或[回退(U)]<退出>：(支持点选和框选操作)

选择需规整的门窗后，选中的门窗马上按对话框中的设置进行位置的调整，单击右键或按回车键直接退出命令，规整结果如图 4-25 所示。

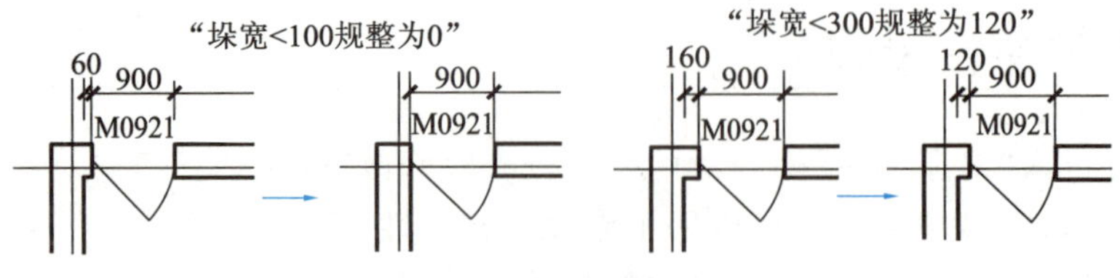

图 4-25　门窗规整结果

✧【练习 4-3】 按 Ctrl+O 组合键，打开本书配套附件“第 4 章\门窗素材”，如图 4-26(a)所示。按下列要求完成门窗规整的绘制。

(1)将所有门垛宽改为 100 mm。

(2)TC1615、C0715、C1215 居轴线中布置。

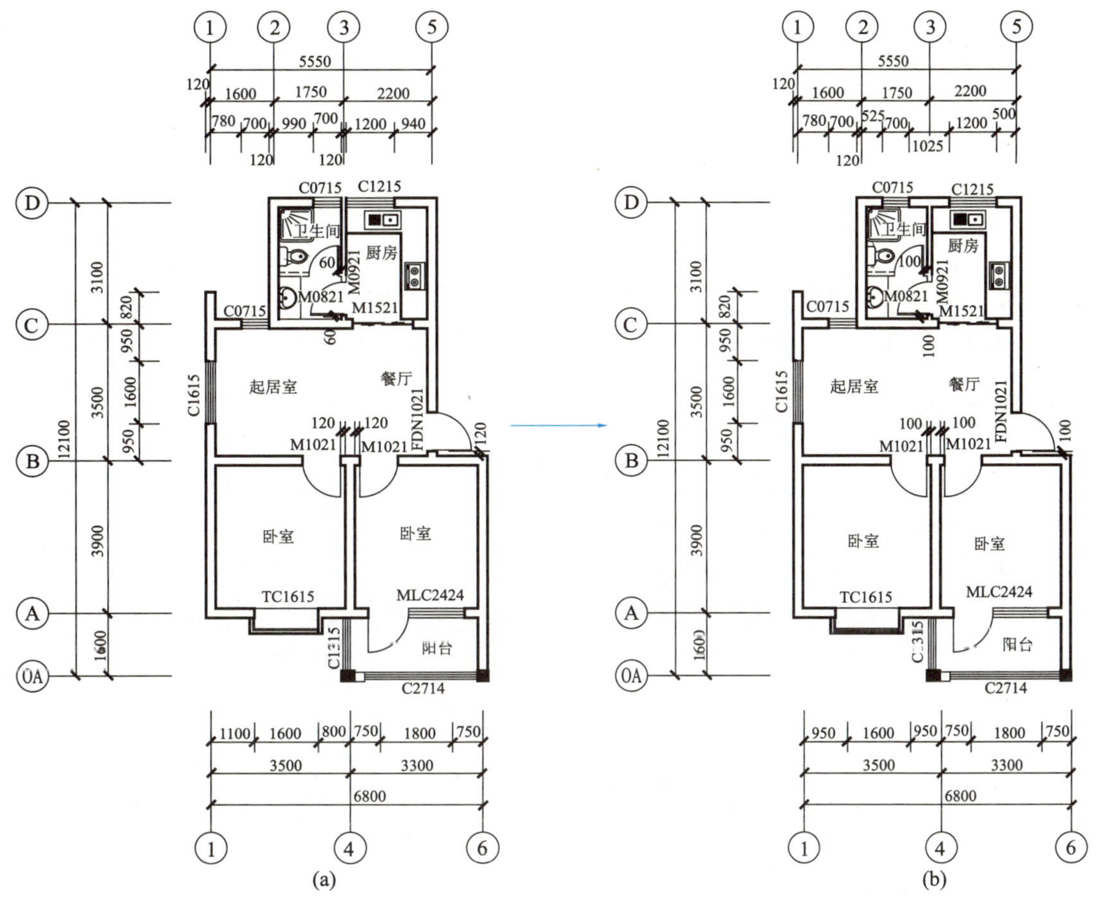

图 4-26 门窗规整

(a)打开素材；(b)规整结果

具体操作：单击【门窗规整】(MCGZ)菜单命令，弹出“门窗规整”对话框，对其中参数进行设置，如图 4-27 所示，即得图 4-26(b)所示效果。

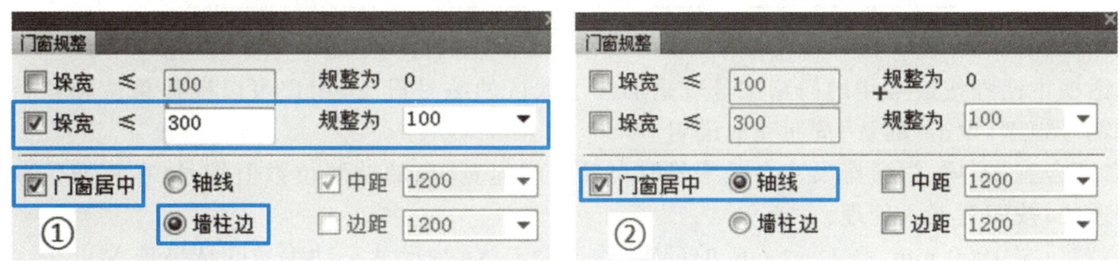

图 4-27 设置门窗规整参数

4.4.3 内外翻转

选择需要内外翻转的门窗，统一以墙中垂线为轴线进行翻转，适用于一次处理多个门窗的情况，方向总是与原来相反。

单击【门窗】→【内外翻转】(NWFZ)菜单命令后，命令行提示：

选择待翻转的门窗：(选择各个要求翻转的门窗)

选择待翻转的门窗：(按回车键结束选择后对门窗进行翻转)

4.4.4 左右翻转

选择需要左右翻转的门窗，统一以门窗中垂线为轴线进行翻转，适用于一次处理多个门窗的情况，方向总是与原来相反。

单击【门窗】→【左右翻转】(ZYFZ)菜单命令后，命令行提示：

选择待翻转的门窗：(选择各个要求翻转的门窗)

选择待翻转的门窗：(按回车键结束选择后对门窗进行翻转)

4.5 门窗编号与门窗表

在默认情况下，创建门窗时在“门”或“窗”对话框中，会要求用户输入门窗编号或选择自动编号，利用门窗编号，可以方便地对门窗进行统计、检查和修改等操作。本节介绍门窗编号的编辑方法和门窗表的创建方法。

4.5.1 编号设置

本命令除了可设置普通门窗自动编号时的编号规则外，还根据不同设计单位的需要，对转角窗窗宽的计算位置提供了多种设置，对门窗编号规则是否按尺寸四舍五入也可进行设置。

单击【门窗】→【编号设置】(BHSZ)菜单命令后，显示图 4-28 所示的对话框。

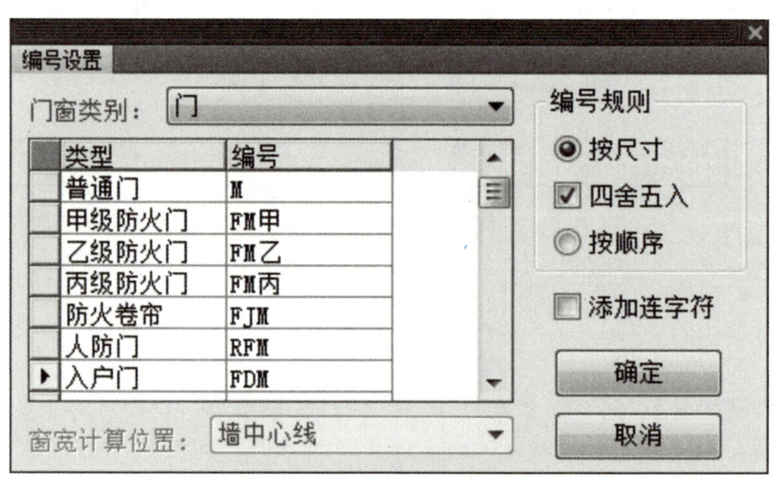

图 4-28 “编号设置”对话框

在对话框中已经按最常用的门窗编号规则加入了默认的编号设置，用户可以根据单位和项目的需要增添自己的编号规则，单击“确认”按钮完成设置。

勾选“四舍五入”项，门窗按尺寸自动编号时自动按门窗宽、高的首两位数值编号，在首两位取值时考虑后两位的进位，按四舍五入处理。

例如，对应宽 1050 mm、高 1950 mm 的门窗，作四舍五入，按尺寸自动编号的结果是 M1120。

不勾选“四舍五入”一项，门窗按尺寸自动编号时自动按门窗宽、高的首两位数值编号，在首两位取值时不考虑后两位的进位，后两位数值直接舍去。

例如，对应宽 1050 mm、高 1950 mm 的门窗，不作四舍五入，按尺寸自动编号的结果是 M1019。

4.5.2 门窗编号

本命令用于生成或者修改门窗编号，根据普通门窗的门洞尺寸大小编号，删除(隐去)已经编号的门窗。转角窗和带形窗按默认规则编号，使用“自动编号”选项，可以不需要样板门窗，按“S”键直接按照洞口尺寸自动编号。

如果修改编号的范围内门窗还没有编号，会出现“选择要修改编号的样板门窗”的提示，本命令每一次执行只能对同一种门窗进行编号，因此只能选择一个门窗作为样板，多选后会要求逐个确认，对与这个门窗参数相同的编为同一个号，如果以前这些门窗已编过号，即使删除编号，也会提供默认的门窗编号值。

1. 对没有编号的门窗自动编号

单击【门窗】→【门窗编号】(MCBH)菜单命令后，命令行提示：

请选择需要改编号的门窗的范围：(用 AutoCAD 的任何选择方式选取门窗编号范围)

请选择需要改编号的门窗的范围：(按回车键结束选择)

请选择需要修改编号的样板门窗或[自动编号(S)]：(指定某一个门窗作为样板门窗，与其同尺寸和类型的门窗编号相同或者按“S”键自动编号)

请输入新的门窗编号(删除编号请输入 NULL)＜M1521＞：(根据门窗洞口尺寸自动按默认规则编号，也可以输入其他编号，如 M1)

2. 对已经编号的门窗重新编号

单击【门窗】→【门窗编号】(MCBH)命令后，命令行提示：

请选择需要改编号的门窗的范围：(用 AutoCAD 的任何选择方式选取门窗编号范围)

请选择需要改编号的门窗的范围：(按回车键结束选择)

请输入新的门窗编号(删除编号请输入 NULL)＜M1521＞：(根据原有门窗编号作为默认值，输入新编号或者删除原有编号)

注意：转角窗的默认编号规则为 ZJC1、ZJC2、…，带形窗为 DC1、DC2、…，由用户根据具体情况自行修改。

4.5.3　门窗检查

本命令是用来检查当前图中已插入的门窗数据是否合理，并显示门窗参数电子表格，在电子表格中可检查当前图和当前工程中已插入的门窗数据是否合理，并可以即时调整图上指定门窗的尺寸。

单击【门窗】→【门窗检查】(MCJC)菜单命令后，显示图 4-29 所示的对话框。

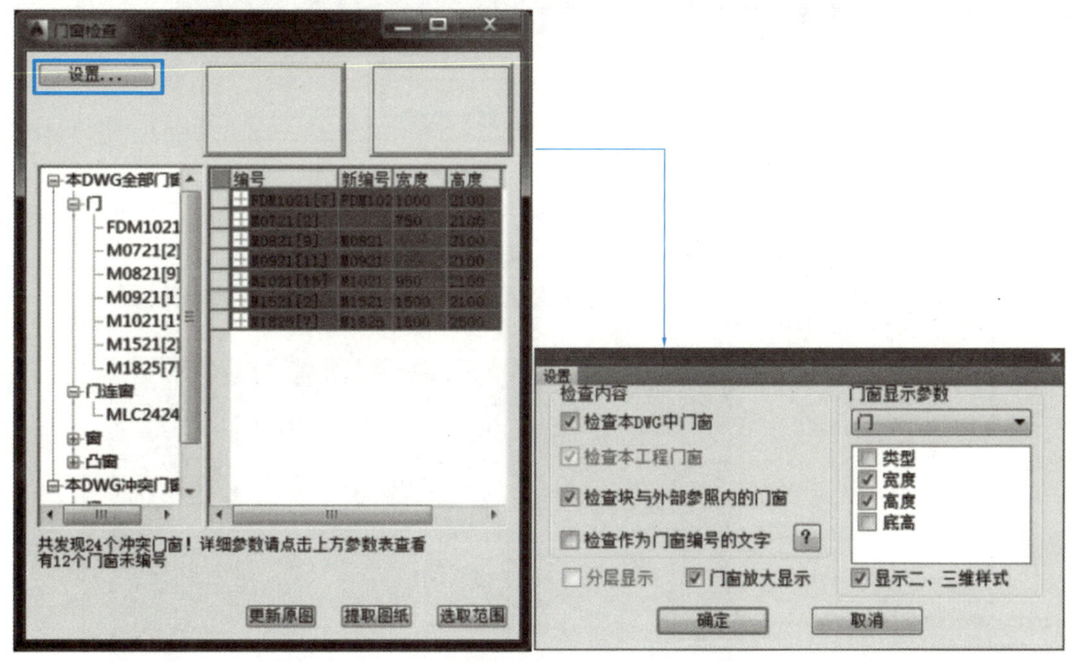

图 4-29　“门窗检查”对话框

在对话框中对需检查的内容进行构造，此时会自动按当前对话框“设置”中的搜索范围将当前图纸或当前工程中含有的门窗搜索出来，列在右边的表格里供用户检查，其中普通门窗洞口宽、高与编号不一致，同编号的门窗中二维或三维样式不一致，同编号的凸窗样式或者其他参数(如出挑长等)不一致，都会在表格中显示“冲突”，同时在对话框的左下部显示冲突门窗列表，用户可以选择修改冲突门窗的编号以及二维、三维样式，然后单击“更新原图”按钮对图纸中的门窗编号实时进行纠正，最后单击“提取图纸”按钮重新进行检查。

4.5.4 门窗表

本命令统计本图中使用的门窗参数，检查后生成传统样式门窗表或者符合《建筑工程设计文件编制深度规定》(2016 版)的标准门窗表。T20 天正建筑提供了用户定制门窗表的手段，设计单位可以根据需要定制自己的门窗表格库及本单位的门窗表格样式。

单击【门窗】→【门窗表】(MCB)菜单命令后，命令行提示：

请选择门窗或[设置(S)]＜退出＞：(点选或框选门窗，单击鼠标右键或按回车键退出命令)

请选择门窗：(继续选择门窗，按回车键结束门窗选择)

请点取门窗表位置(左上角点)＜退出＞：(点取门窗表的插入位置，单击鼠标右键或按回车键退出命令)

在第一行提示下按“S”键可显示“选择门窗表样式”对话框，如图 4-30 所示，在其中选择其他门窗表表头，勾选“统计作为门窗编号的文字”项，还可以把在门窗图层里的单行文字作为门窗编号，这些文字的要求详见门窗检查命令。

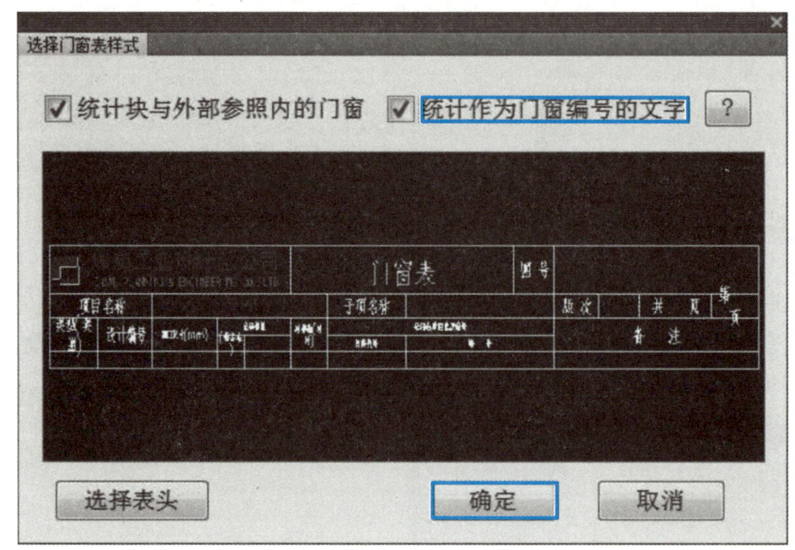

图 4-30 “选择门窗表样式”对话框

选择表头或者单击门窗表图像预览框，均可进入构件库选取“门窗表”项下已入库表头，双击选取库内默认的“传统门窗表”“标准门窗表”，或者本单位的门窗表，如图 4-31 所示。

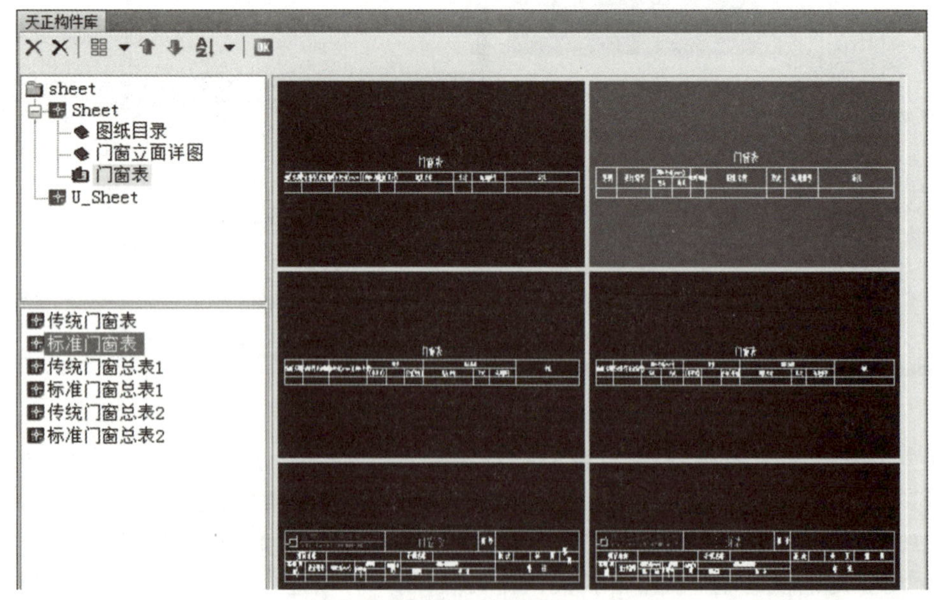

图 4-31 构件库

关闭构件库返回后按命令行提示插入门窗表，如图 4-32 所示。

如果门窗中有数据冲突的，程序则自动将冲突的门窗按尺寸大小归到相应的门窗类型中，同时在命令行提示哪个门窗编号参数不一致。

如果对生成的表格宽、高及标题不满意，可以通过表格编辑或双击表格内容进入在位编辑，直接进行修改，也可以拖动某行到其他位置。

门窗表

类别	设计编号	洞口尺寸(mm)		数量	图集名称	页次	选用型号	备注
		宽度	高度					
	FDM1021	1000	2100	1				
	M0821	750	2100	1				
普通门	M0921	850	2100	1				
	M1021	950	2100	2				
	M1825	1800	2500	1				
	C0715	700	1500	2				
	C1215	1200	1500	1				
普通窗	C1315	1329	1500	1				
	C1615	1600	1500	1				
	C2714	2790	1500	1				
凸窗	TC1515	1600	1500	1				

图 4-32　插入门窗表

4.5.5 门窗总表

本命令用于统计本工程中多个平面图使用的门窗编号，生成门窗总表，可由用户在当前图上指定各楼层平面所属门窗，适用于在一个 dwg 图形文件上存放多楼层平面图的情况，也可指定分别保存在多个不同 dwg 图形文件上的不同楼层平面。

单击【门窗】→【门窗总表】(MCZB)菜单命令后，在当前工程打开的情况下，命令行提示：

统计标准层平面图 1 的门窗表...

统计标准层平面图 2 的门窗表...

……

请点取门窗表位置(左上角点)或[设置(S)]<退出>:(提示用户拖动给出门窗总表在当前图面的排列位置)

门窗表位置(左上角点):(点取表格在图上的插入位置插入门窗总表)

本命令同样有检查门窗并报告错误的功能，输出时按照标准门窗表的要求，数量为 0 的在表格中以空格表示。

如果需要对门窗总表进行修改，需在插入门窗表后通过表格对象编辑修改。需注意的是，由于采用新的自定义表头，不能对表列进行增删，修改表列需要重新制作表头加入门窗表库。

单击【门窗】→【门窗总表】菜单命令后，如果当前工程没有建立或没有打开，会提示用户新建工程，如图 4-33 所示。

新建工程的过程请参阅“8.1.1 新建工程”章节。

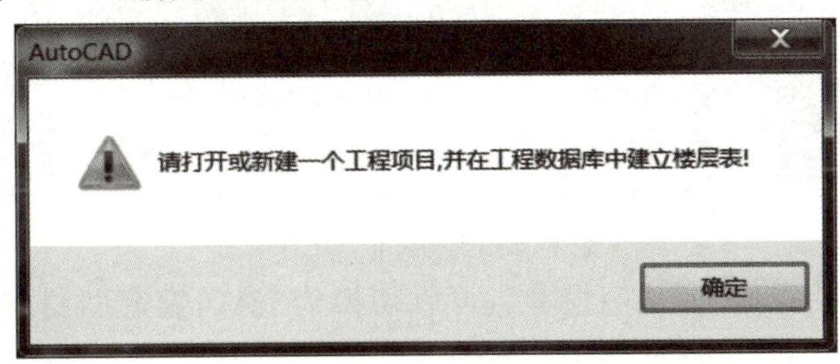

图 4-33　提示用户新建工程

4.6 门窗工具

4.6.1 编号复位

本命令把门窗编号恢复到默认位置，特别适用于解决门窗“改变编号位置”夹点与其他夹点重合，而使两者无法分开的问题，如图 4-34 所示。

单击【门窗】→【门窗工具】→【编号复位】(BHFW)菜单命令后，命令行提示：

选择编号待复位的门窗：(点选或窗选门窗)

选择编号待复位的门窗：(按回车键退出命令)

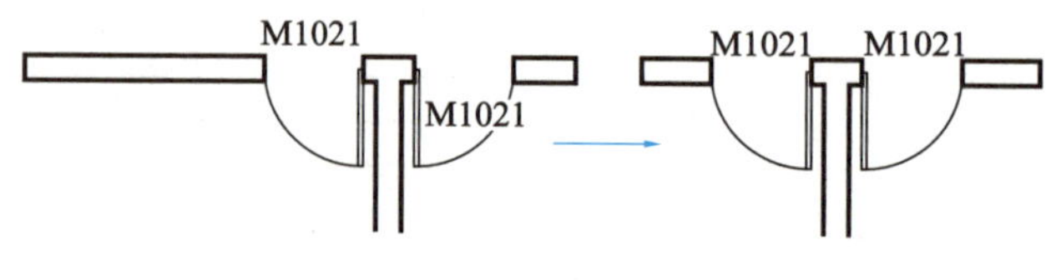

图 4-34 编号复位

4.6.2 编号后缀

本命令把选定的一批门窗编号添加指定的后缀，适用于对称的门窗在编号后增加“反”缀号的情况，添加后缀的门窗与原门窗独立编号，如图 4-35 所示。

单击【门窗】→【门窗工具】→【编号后缀】(BHHZ)菜单命令后，命令行提示：

选择需要在编号后加缀的门窗：(点选或窗选门窗)

选择需要在编号后加缀的窗：(继续选取或按回车键退出选择)

请输入需要加的门窗编号后缀<反>：(输入新编号后缀或者按回车键增加“反”后缀)

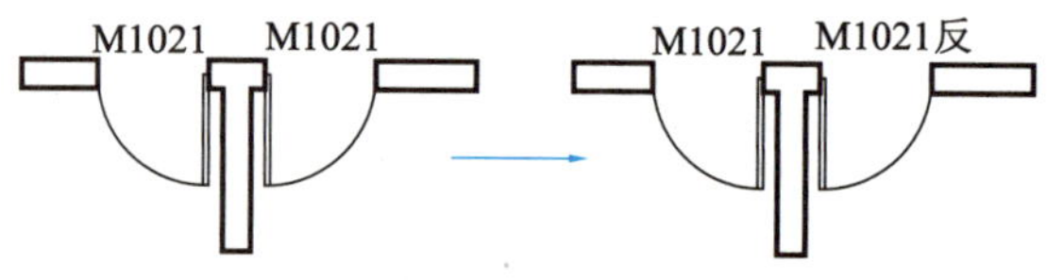

图 4-35 编号后缀

4.6.3 门窗套

本命令在外墙窗或者门连窗两侧添加向外突出的墙垛，三维显示为四周加全门窗框套，其中可单击选项删除添加的门窗套。

单击【门窗】→【门窗工具】→【门窗套】(MCT)菜单命令后，显示图 4-36 所示的对话框。

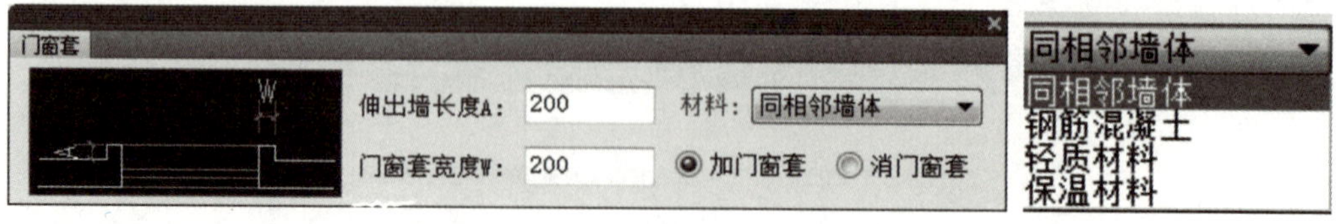

图 4-36 “门窗套”对话框

在无模式对话框中默认的操作是“加门窗套”，可以切换为“消门窗套”，材料除了“同相邻墙体”外，还可选择“钢筋混凝土”“轻质材料”和“保温材料”。

✧【练习 4-4】 按 Ctrl+O 组合键，打开本书配套附件“第 4 章\门窗套素材”，如图 4-37 所示，完成门窗套的绘制。

具体操作如下：

单击【门窗套】(MCT)菜单命令，在设置“伸出墙长度 A”和“门窗套宽度 W”参数后，移动光标进入绘图区，命令行提示：

请选择外墙上的门窗：(选择要加门窗套的门窗)

请选择外墙上的门窗：(按回车键结束选择)

点取窗套所在的一侧：(给点定义窗套生成侧)

消门窗套的命令行交互与加门窗套类似，不再重复。

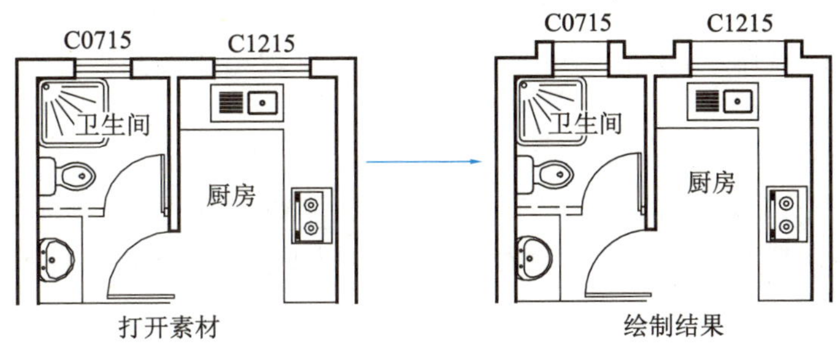

图 4-37　绘制门窗套

门窗套是门窗对象的附属特性，可通过特性栏设置“门窗套”的有无和参数；门窗套在加粗墙线和图案填充时与墙一致，如图 4-37 所示；【门窗套】命令不用于内墙门窗，内墙的门窗套线是附加装饰物，由专门的【加装饰套】命令完成。

4.6.4　门口线

本命令在平面图上指定的一个或多个门的某一侧添加门口线，也可以一次为门加双侧门口线。偏移距离用于门口有偏移的门口线，表示门槛或者门两侧地面标高不同。门口线是门的对象属性，因此门口线会自动随门复制和移动，门口线与开门方向互相独立，改变开门方向不会导致门口线的翻转。

单击【门窗】→【门窗工具】→【门口线】(MKX)菜单命令后，显示图 4-38 所示的对话框。

图 4-38　“门口线”对话框

在对话框中选中“加门口线”，命令行提示：

选择需要加门口线的门：(以 AutoCAD 选择方式选取要加门口线的门)

选择需要加门口线的门：(按回车键退出选择)

请点取门口线所在的一侧＜退出＞：(一次选择墙体一侧，按回车键执行命令)

图 4-39 所示为添加门口线的效果图。

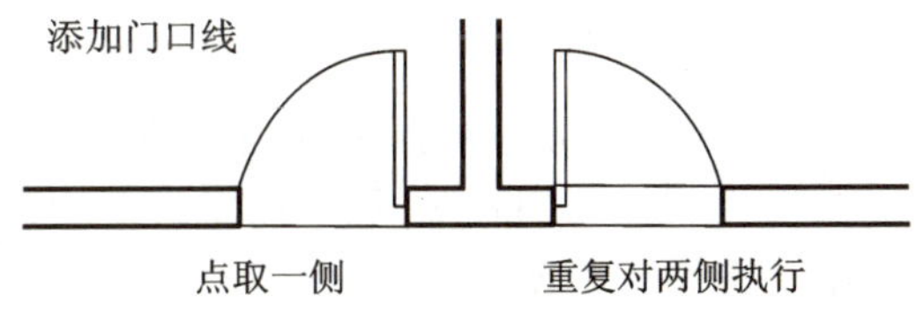

图 4-39　添加门口线

4.7 实战演练——绘制某办公楼门窗

本节综合运用前面所学的门窗工具，绘制某办公楼门窗，完善平面图。

1. 修改墙体高度

(1)打开3.4节最后保存的文件，选择【文件】→【另存为】菜单命令，将该文件另存为"第4章4.7绘制某办公楼门窗.dwg"。

(2)选择【墙体】→【墙体工具】→【改高度】(GGD)命令，框选整个平面图，将高度改为3900 mm(注：一层层高为3900 mm，如果按默认墙体3000 mm的高度来插入窗户，窗户可能不能插入，因为窗户的高度高于墙体的高度)。双击任意一段墙体，出现绘制墙体对话框，可以发现墙体的高度已经改为3900 mm，如图4-40所示。

2. 绘制普通窗

选择【门窗】→【插窗】(CC)命令，在弹出的对话框中设置参数，如图4-41所示，窗宽可不填写，窗高改为3200 mm，窗台高改为0，选择自动编号以"充满整个墙段插入门窗"的方式在Ⓒ轴交①、②轴线间的墙段插入窗C3032，如图4-42所示。

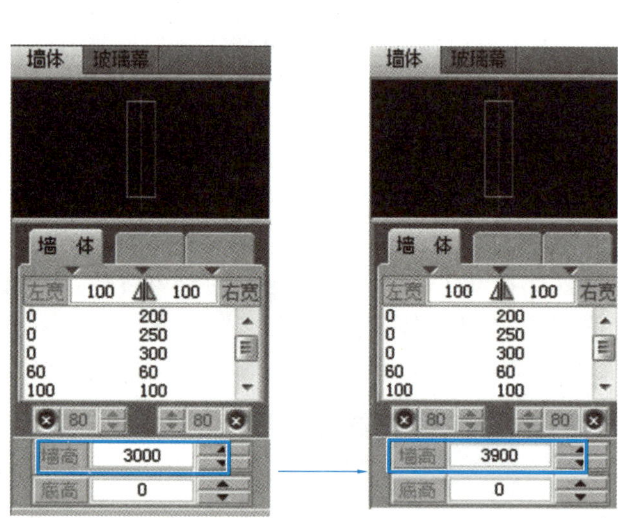

图4-40 改高度

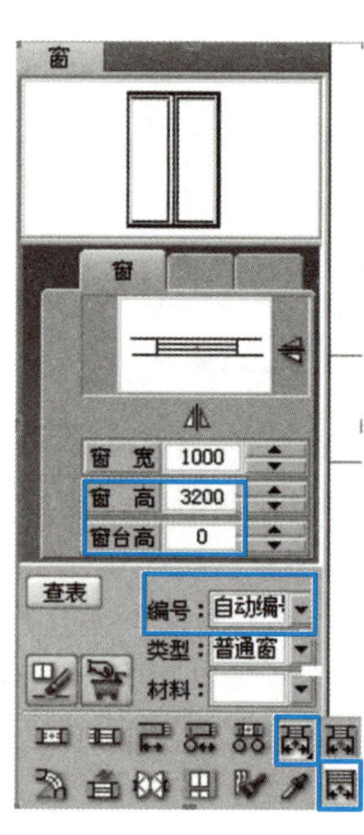

图4-41 设置参数

3. 绘制组合门窗

(1)选择【门窗】→【插窗】(CC)命令，在弹出的对话框中将窗宽设置为800 mm，窗高设置为3200 mm，窗台高改为0，选择自动编号，点取"垛宽定距插入"并设置垛宽为0，在Ⓒ轴交②轴线右侧的墙段插入窗C0832。

选择窗C0832利用AutoCAD【拷贝】(CO)命令向右2300 mm复制窗C0832，如图4-43所示。

图4-42 插入窗C3032

图4-43 插入窗C0832并复制

(2)选择【门窗】→【插门】(CM)命令，在弹出的对话框中将门宽设置为1500 mm，门高设置为3200 mm，门槛高为0，选择自动编号，点取"垛宽定距插入"并设置垛宽为0，在刚才绘制的两窗之间插入门M1532，如图4-44所示。

图4-44 插入门

(3)选择【门窗】→【组合门窗】(ZHMC)命令，框选上面绘制的门和两扇窗，输入新的门窗编号为ZHMC3132，拖曳组合门窗的编号移动至合适位置，最终结果如图 4-45 所示。

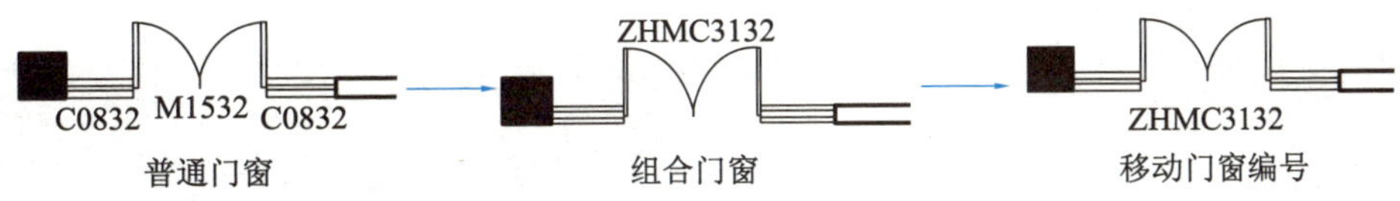

图 4-45 组合门窗

4. 绘制其他门窗

(1)绘制其他窗户，窗户具体规格以及定位见图 4-46、图 4-47。

编号	新编号	宽度	高度	底高
门				
M0921[1]	M0921	900	2100	0
M1132[2]	M1132	1100	3200	0
组合门窗				
ZHMC3132[5]	ZHMC3132	3100	3200	0
ZHMC3332[1]	ZHMC3332	3250	3200	0
窗				
C1123[5]	C1123	1100	2300	900
C1523[2]	C1523	1500	2300	500
C3032[1]	C3032	2950	3200	0
C6727[1]	C6727	6700	2700	500

图 4-46 窗户规格

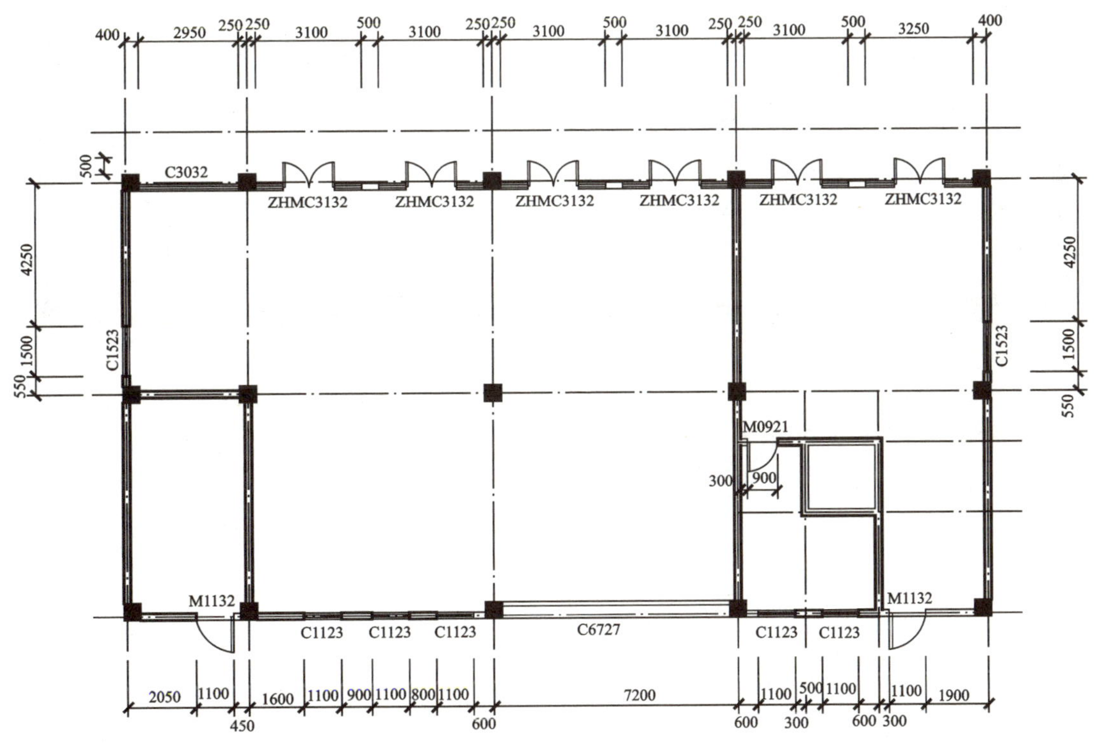

图 4-47 窗户定位

(2)双击窗 C6727，在弹出的对话框中选择平面窗，出现天正图库管理系统，如图 4-48 所示，选择玻璃与墙平，双击完成窗户修改。

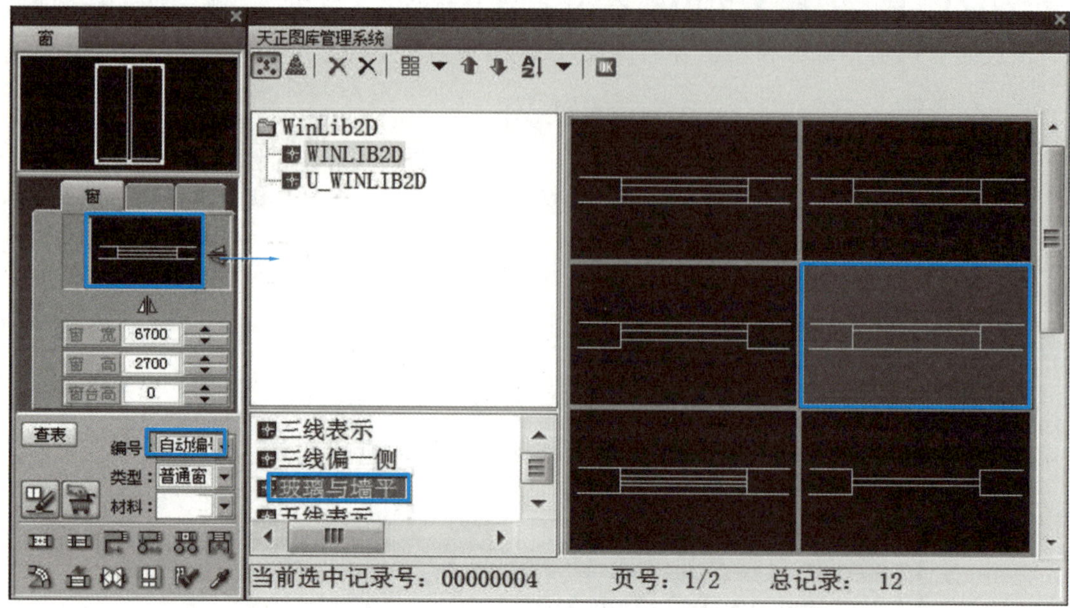

图 4-48　天正图库管理系统

(3)门窗绘制最终结果如图 4-49 所示。

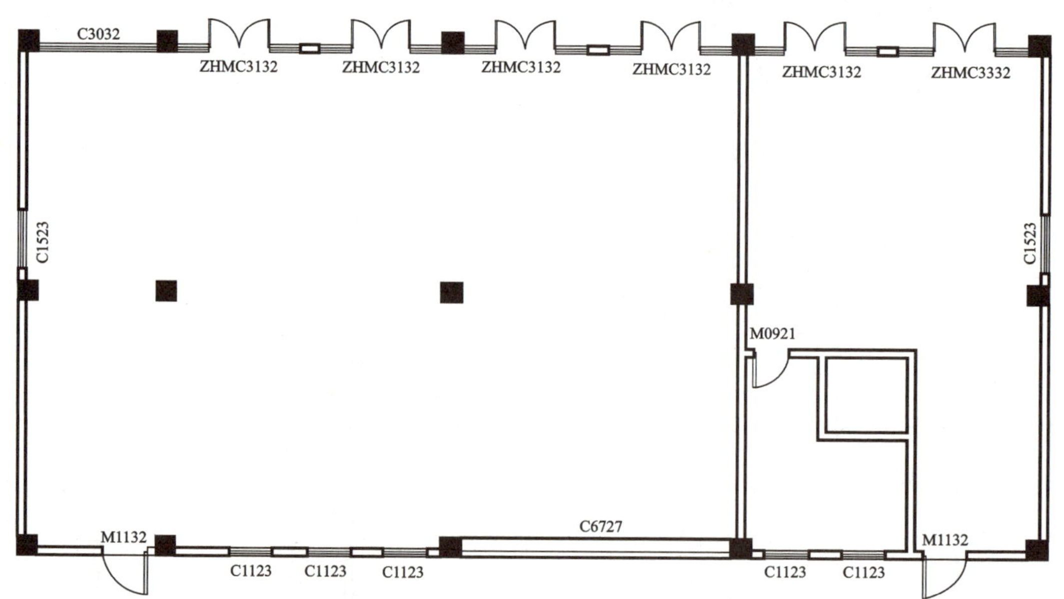

图 4-49　门窗绘制最终结果

(4)按 Ctrl+S 组合键快速保存，结束本次操作。

5　楼梯及其他室内外设施

本章导读

楼梯、电梯等属于垂直交通，也起着装饰和疏散的作用，其他室内外设施还包括阳台、栏杆扶手、坡道、散水等。本章将重点讲解楼梯、扶手、电梯、阳台、台阶、坡道、散水等室内外设施的创建方法。

学习目标

✧ 熟悉与掌握各类楼梯的创建及编辑方法。
✧ 掌握楼梯栏杆与扶手的绘制方法。
✧ 掌握其他室内外设施的创建方法。

5.1　普通楼梯的创建

5.1.1　直线梯段

直线梯段一般设计在楼层不高的室内空间中，也叫作一跑楼梯，是天正建筑中最基本的楼梯样式。

单击【楼梯其他】→【直线梯段】(ZXTD)菜单命令后，显示图5-1所示的对话框，输入参数，在绘图窗口中指定插入位置，即可绘制直线梯段。

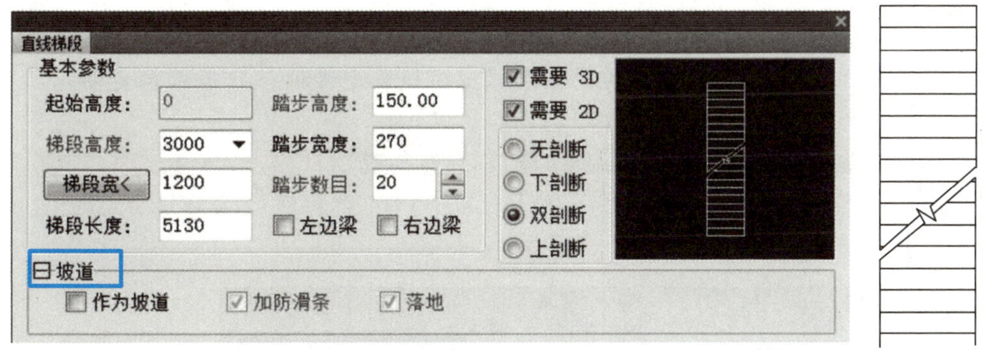

图5-1　"直线梯段"对话框

"直线梯段"对话框中的相关控件及功能说明见表5-1。

表5-1　"直线梯段"对话框中的相关控件及功能

控件	功能
梯段宽＜	梯段宽度，该项为按钮项，可在图中点取两点获得梯段宽
起始高度	相对于本楼层地面起算的楼梯起始高度，梯段高以此算起
梯段长度	直段楼梯的踏步宽度×(踏步数目－1)＝平面投影的梯段长度

续表

控件	功能
梯段高度	直段楼梯的总高,始终等于踏步高度的总和,如果梯段高度被改变,自动按当前踏步高度调整踏步数,最后根据新的踏步数重新计算踏步高度
踏步高度	输入一个概略的踏步高度设计初值,由楼梯高度推算出最接近初值的设计值。由于踏步数目是整数,梯段高度是一个给定的整数,因此踏步高度并非总是整数。用户给定一个概略的目标值后,系统经过计算确定踏步高度的精确值
踏步数目	该项可直接输入或者步进调整,由梯段高度和踏步高度概略值推算取整获得,同时修正踏步高度,也可改变踏步数,与梯段高度一起推算踏步高度
踏步宽度	楼梯段的每一个踏步板的宽度
需要 3D/2D	用来控制梯段的二维视图和三维视图,某些梯段只需要二维视图,某些梯段则只需要三维视图
剖断设置	包括无剖断、下剖断、双剖断和上剖断四种设置,下(上)剖断表示在平面图保留下(上)半梯段,双剖断用于剪刀楼梯,无剖断用于顶层楼梯。剖断设置仅对平面图有效,不影响梯段的三维显示效果
作为坡道	勾选此复选框,踏步作防滑条间距,楼梯段按坡道生成。有“加防滑条”和“落地”复选框

在“直线梯段”对话框中输入参数后,命令行提示:

点取位置或[转 90 度(A)/左右翻(S)/上下翻(D)/对齐(F)/改转角(R)/改基点(T)]＜退出＞:

用户按 A 键即可将当前梯段沿逆时针方向旋转 90°,用于确定梯段的方向;

按 S 键即可以梯段与基点所在的铅垂线为镜像轴进行左右翻转;

按 D 键即可以梯段与基点所在的水平线为镜像轴进行上下翻转;

按 F 键,首先指定楼梯上的基点和对齐轴,再指定目标点和对齐轴,可将梯段移到目标位置;

按 R 键可为插入的楼梯设置旋转角度;

按 T 键可重新指定楼梯的插入基点。

5.1.2 圆弧梯段

本命令创建单段弧线型梯段,适合单独的圆弧楼梯,也可与直线梯段组合创建复杂楼梯和坡道,如大堂的螺旋楼梯与入口的坡道。

单击【楼梯其他】→【圆弧梯段】(YHTD)菜单命令后,显示图 5-2 所示的对话框。

在对话框中输入楼梯的参数,可根据右侧的动态显示窗口确定楼梯参数是否符合要求。对话框中的选项与“直线梯段”对话框类似,可以参照直线梯段的内容。

在无模式对话框中输入参数后,拖动光标到绘图区,命令行提示:

点取位置或[转 90 度(A)/左右翻(S)/上下翻(D)/对齐(F)/改转角(R)/改基点(T)]＜退出＞:(点取梯段的插入位置和转角插入圆弧梯段,如图 5-3 所示)

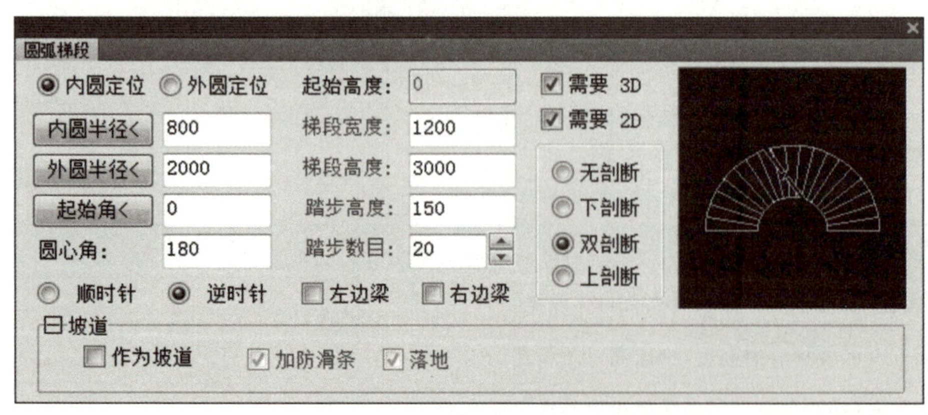

图 5-2 “圆弧梯段”对话框

图 5-3

5.1.3 任意梯段

本命令以用户预先绘制的直线或弧线作为梯段两侧边界，在对话框中输入踏步参数，创建形状多变的梯段，除了两个边线为直线或弧线外，其余参数与直线梯段相同。

✧【练习 5-1】 绘制任意梯段练习。

具体步骤如下：

(1)按 Ctrl+O 组合键，打开本书配套附件“第 5 章\任意梯段素材”。

(2)单击【任意梯段】(RYTD)菜单命令后，命令行提示：

请点取梯段左侧边线(LINE/ARC)：(单击一根 LINE 线)

请点取梯段右侧边线(LINE/ARC)：(单击另一根 LINE 线，如图 5-4 所示)

(3)单击后屏幕弹出图 5-5 所示的“任意梯段”对话框，其中选项与直梯段基本相同。

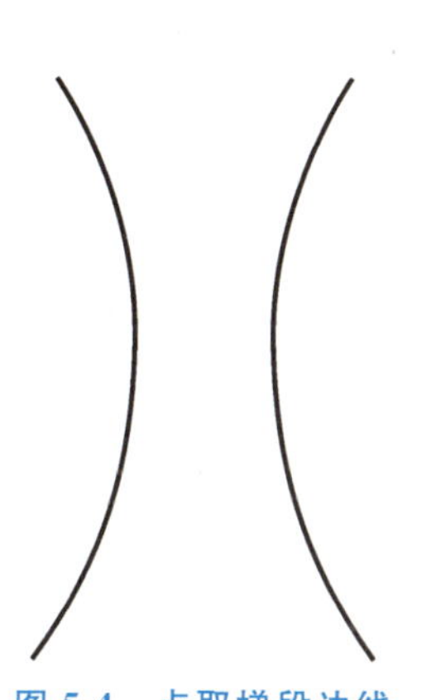

图 5-4 点取梯段边线

图 5-5 “任意梯段”对话框

(4)输入相应参数后，单击“确定”按钮，即绘制出以指定的两根线为边线的梯段，如图 5-6 所示。

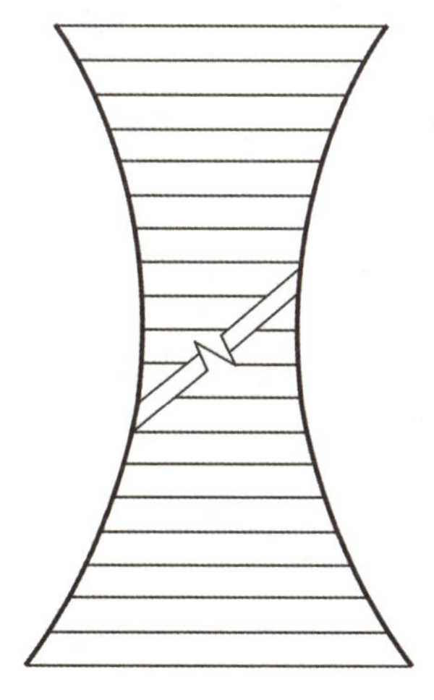

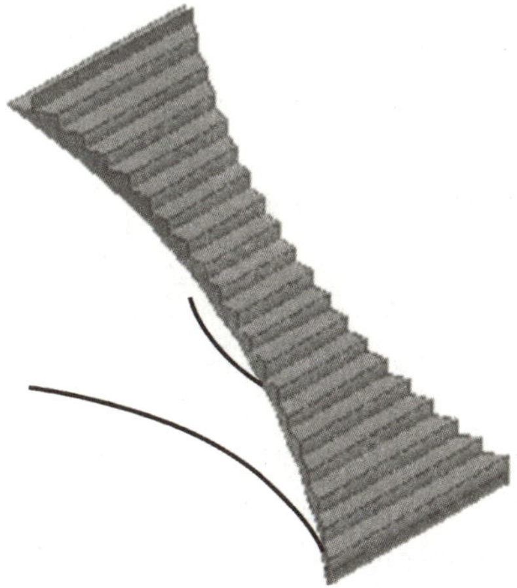

图 5-6 绘制任意梯段

5.1.4 双跑楼梯

双跑楼梯是最常见的楼梯形式，是由两跑直线梯段、一个休息平台、一个或两个扶手和一组或两组栏杆构成的自定义对象，具有二维视图和三维视图。双跑楼梯对象内包括常见的构件组合形式变化，如是否设置两侧扶手、中间扶手在平台是否连接、设置扶手伸出长度、有无梯段边梁(尺寸需要在特性栏中调整)、休息平台是半圆形还是矩形等，尽量满足建筑的个性化要求。

单击【楼梯其他】→【双跑楼梯】(SPLT)菜单命令后，显示图5-7所示的对话框。对话框中的相关控件及功能见表5-2。

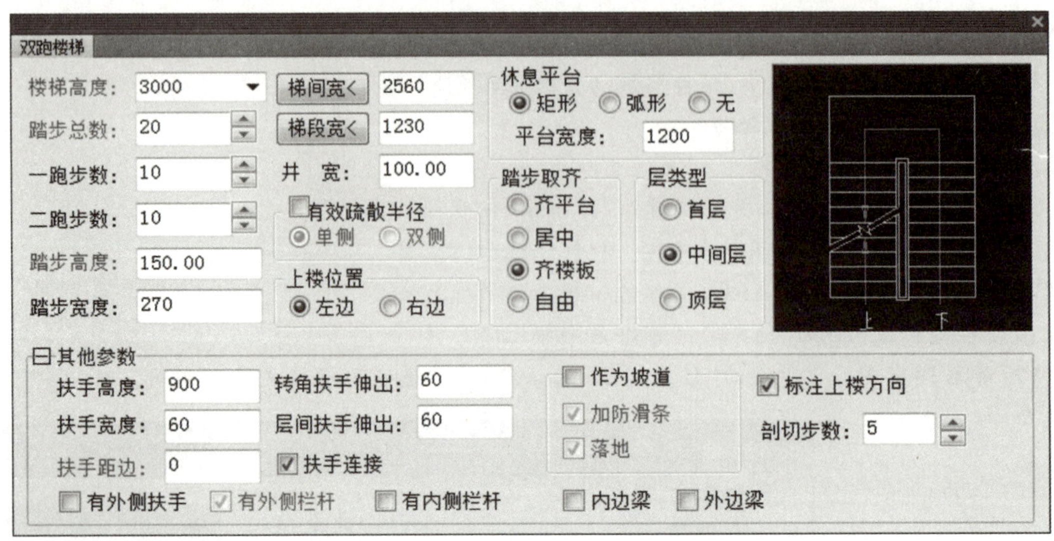

图5-7　“双跑楼梯”对话框

表5-2　“双跑楼梯”对话框中的相关控件及功能

控件	功能
梯间宽<	双跑楼梯的总宽。单击按钮可从平面图中直接量取楼梯间净宽作为双跑楼梯总宽
梯段宽<	默认宽度或由总宽计算，余下二等分作梯段宽初值，单击按钮可从平面图中直接量取
楼梯高度	双跑楼梯的总高，默认自动取当前层高的值，对相邻楼层高度不等时应按实际情况调整
井宽	设置井宽参数，井宽＝梯间宽－(2×梯段宽)，最小井宽可以等于0，这三个数值互相关联
踏步总数	默认踏步总数20，是双跑楼梯的关键参数
一跑步数	以踏步总数推算一跑与二跑步数，总数为奇数时先增二跑步数
二跑步数	二跑步数默认与一跑步数相同，两者都允许用户修改
踏步高度	用户可先输入大约的初始值，由楼梯高度与踏步数推算出最接近初值的设计值，推算出的踏步高度有均分的舍入误差
踏步宽度	踏步沿梯段方向的宽度，是用户优先决定的楼梯参数，但在勾选“作为坡道”后，仅用于推算出的防滑条宽度
休息平台	有矩形、弧形、无三种选项，在非矩形休息平台时，可以选无平台，以便用户用平板功能设计休息平台
平台宽度	按建筑设计规范，休息平台的宽度应大于梯段宽度，在选择弧形休息平台时应修改宽度值，最小值不能为零
踏步取齐	除了两跑步数不等时可直接在“齐平台”“居中”“齐楼板”中选择两梯段相对位置外，也可以通过拖动夹点任意调整两梯段之间的位置，此时踏步取齐为“自由”
层类型	在平面图中按楼层分为三种类型绘制：①首层只给出一跑的下剖断；②中间层的一跑是双剖断；③顶层的一跑无剖断
扶手高度/宽度	默认值分别为900 mm高，60 mm×100 mm的扶手断面尺寸
扶手距边	在1∶100图上一般取0，在1∶50详图上应标以实际值
转角扶手伸出	设置在休息平台扶手转角处的伸出长度，默认60 mm，为0或者负值时扶手不伸出
层间扶手伸出	设置在楼层间扶手起末端和转角处的伸出长度，默认60 mm，为0或者负值时扶手不伸出
扶手连接	默认勾选此项，扶手过休息平台和楼层时连接，否则扶手在该处断开
有外侧扶手	在外侧添加扶手，但不会生成外侧栏杆，在室外楼梯时需要选择以下项添加

续表

控件	功能
有外侧栏杆	外侧绘制扶手也可选择是否勾选绘制外侧栏杆，边界为墙时常不用绘制栏杆
有内侧栏杆	默认创建内侧扶手，勾选此复选框自动生成默认的矩形截面竖栏杆
标注上楼方向	默认勾选此项，在楼梯对象中，按当前坐标系方向创建标注上楼、下楼方向的箭头和“上”“下”文字
剖切步数(高度)	作为楼梯时按步数设置剖切线中心所在位置，作为坡道时按相对标高设置剖切线中心所在位置
作为坡道	勾选此复选框，楼梯段按坡道生成，对话框中会显示“单坡长度”的编辑框输入长度
单坡长度	勾选作为坡道后，显示此编辑框，在这里输入其中一个坡道梯段的长度，但精确值依然受踏步数×踏步宽度的制约

注：1. 勾选“作为坡道”前要求楼梯的两跑步数相等，否则坡长不能准确定义。

2. 坡道的防滑条的间距用步数来设置，要在勾选“作为坡道”前设好。

✧【**练习 5-2**】 绘制双跑楼梯练习。

具体步骤如下：

(1)按 Ctrl+O 组合键，打开本书配套附件“第 5 章\任意梯段素材”，如图 5-8 所示。

(2)单击【双跑楼梯】(SPLT)菜单命令，弹出图 5-9 所示的对话框。

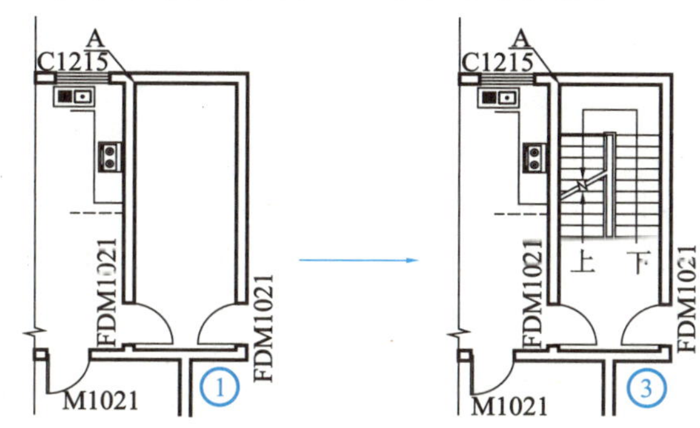

图 5-8 绘制双跑楼梯

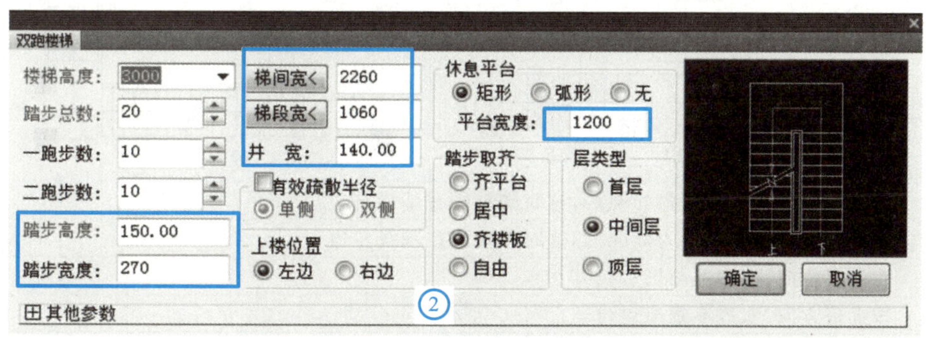

图 5-9 “双跑楼梯”对话框

(3)在对话框中确定楼梯参数和类型后即可把鼠标拖到绘图区插入楼梯，此时命令行提示：

点取位置或[转 90 度(A)/左右翻(S)/上下翻(D)/对齐(F)/改转角(R)/改基点(T)]<退出>：(输入关键字改变选项，给点插入楼梯)

5.1.5 多跑楼梯

本命令创建由梯段开始且以梯段结束、梯段和休息平台交替布置、各梯段方向自由的多跑楼梯，要点是先在对话框中确定“基线在左”或“基线在右”的绘制方向，在绘制梯段过程中能实时显示当前梯段步数、已绘制步数以及总步数，便于设计中决定梯段起止位置，绘图交互中的热键切换基线路径左右侧的命令选项，便于绘制休息平台间走向左右改变的 Z 形楼梯。天正建筑中在对象内部增加了上楼方向线，用户可定义扶手的伸出长度，剖切位置可以根据剖切点的步数或高度设定，可定义有转折的休息平台。

单击【楼梯其他】→【多跑楼梯】(DPLT)菜单命令后，显示图 5-10 所示的对话框。其相关参数说明见表 5-3。

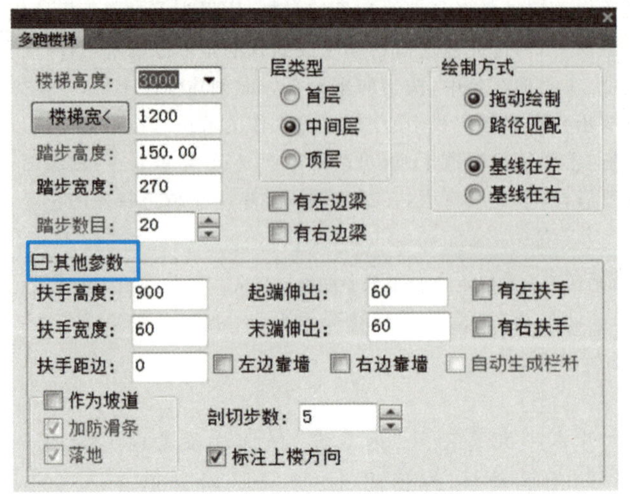

图 5-10 “多跑楼梯”对话框

表 5-3 “多跑楼梯”对话框中相关控件及功能

控件	功能
拖动绘制	暂时进入图形中量取楼梯间净宽作为双跑楼梯总宽
路径匹配	楼梯按已有多段线路径作为基线绘制，线中给出梯段起末点(不可省略或重合)，例如直角楼梯给 4 个点(三段)，三跑楼梯是 6 个点(五段)，路径分段数是奇数，如下图所示分别是以上楼方向为准，选“基线在左”和“基线在右”的两种情况 下 基线在左 段3 上 段2 段1 下 段1 基线在右 段5 段2 上 段4 段3
基线在左	拖动绘制时是以基线为标准的，这时楼梯画在基线右边
基线在右	拖动绘制时是以基线为标准的，这时楼梯画在基线左边
左边靠墙	按上楼方向，左边不画出边线
右边靠墙	按上楼方向，右边不画出边线

✧【练习 5-3】 绘制多跑楼梯。

具体步骤如下：

(1)按 Ctrl+O 组合键，打开本书配套附件“第 5 章\多跑楼梯素材”，如图 5-11 所示。

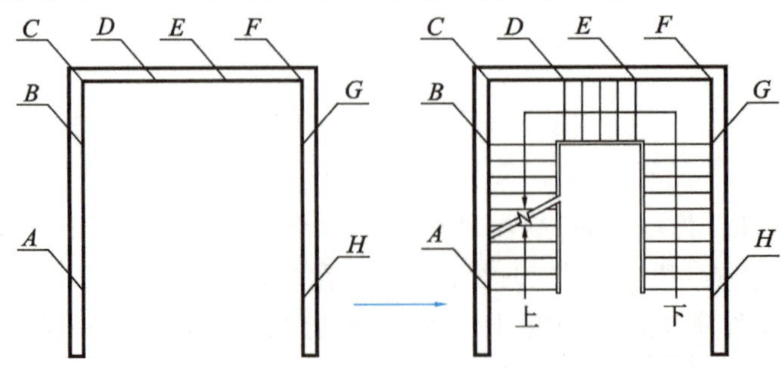

图 5-11 绘制多跑楼梯

(2)单击【多跑楼梯】(DPLT)菜单命令,在弹出的对话框中设置参数,如图 5-12 所示。

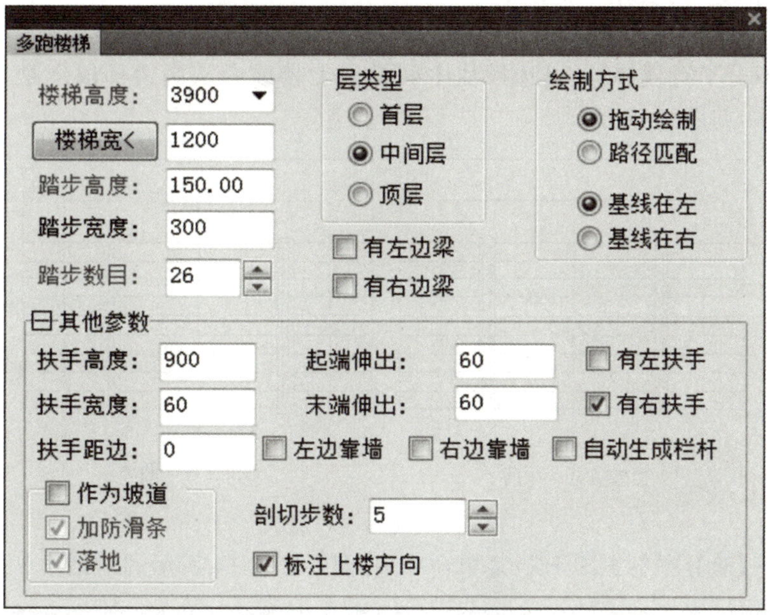

图 5-12　设置多跑楼梯参数

输入参数后,命令行提示:

起点＜退出＞:(单击 A 为 1 起点)

输入下一点或单击[路径切换到右侧(Q)]＜退出＞:(在楼梯转角处单击首梯段终点 B,同时 B 作为休息平台的起点)

输入下一点或[路径切换到右侧(Q)/撤销上一点(U)]＜退出＞:(拖动楼梯转角后单击 C 作为休息平台转折点)

输入下一点或[绘制梯段(T)/路径切换到右侧(Q)/撤销上一点(U)]＜切换到绘制梯段＞:(单击 D 作为休息平台结束点)

输入下一点或[绘制梯段(T)/路径切换到右侧(Q)/撤销上一点(U)]＜切换到绘制梯段＞:T(按 T 键开始绘制下一梯段)

输入下一点或[绘制平台(T)/路径切换到右侧(Q)/撤销上一点(U)]＜退出＞:(单击 E 作为梯段结束点,同时作为休息平台的起点)

输入下一点或[路径切换到右侧(Q)/撤销上一点(U)]＜退出＞:(单击 F 作为休息平台的转折点)

输入下一点或[绘制梯段(T)/路径切换到右侧(Q)/撤销上一点(U)]＜切换到绘制梯段＞:(单击 G 作为休息平台结束点)

输入下一点或[绘制梯段(T)/路径切换到右侧(Q)/撤销上一点(U)]＜切换到绘制梯段＞:T(按 T 键开始绘制下一梯段)

输入下一点或[绘制平台(T)/路径切换到右侧(Q)/撤销上一点(U)]＜退出＞:(单击 H 绘制最末梯段)

5.2　其他楼梯的创建

T20 天正建筑提供了基于楼梯对象的多种特殊楼梯,包括双分平行楼梯、双分转角楼梯、双分三跑楼梯、交叉楼梯、剪刀楼梯、三角楼梯和矩形转角楼梯,考虑了各种楼梯在不同边界条件下的扶手和栏杆设置,楼梯和休息平台、楼梯扶手的复杂关系的处理。各种楼梯与柱子在平面相交时,楼梯可以被柱子自动裁剪;可以自动绘制楼梯的方向箭头符号,楼梯的剖切位置可通过剖切符号所在的踏步数灵活设置。

5.2.1 双分平行

本命令用于绘制双分平行楼梯，可以选择从中间梯段上楼或者从两边梯段上楼，通过设置平台宽度可以解决复杂的梯段关系，如图 5-13 所示。

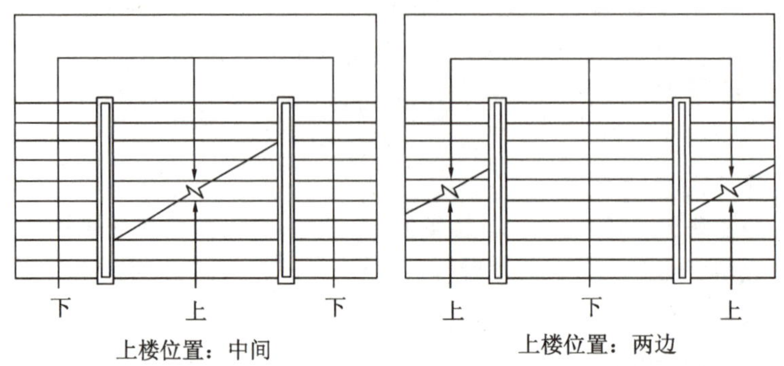

图 5-13 双分平行楼梯

单击【楼梯其他】→【双分平行】(SFPX)菜单命令后，显示图 5-14 所示的对话框。

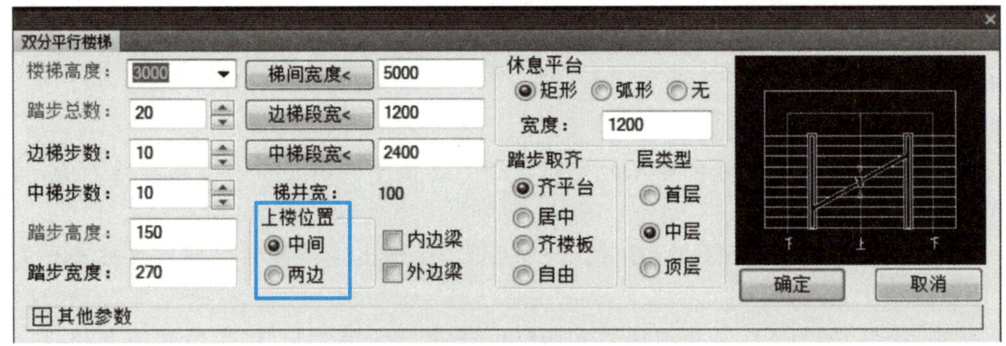

图 5-14 “双分平行楼梯”对话框

5.2.2 双分转角

本命令用于绘制双分转角楼梯，可以选择从中间梯段上楼或者从两边梯段上楼。

单击【楼梯其他】→【双分转角】(SFZJ)菜单命令后，显示图 5-15 所示的对话框。

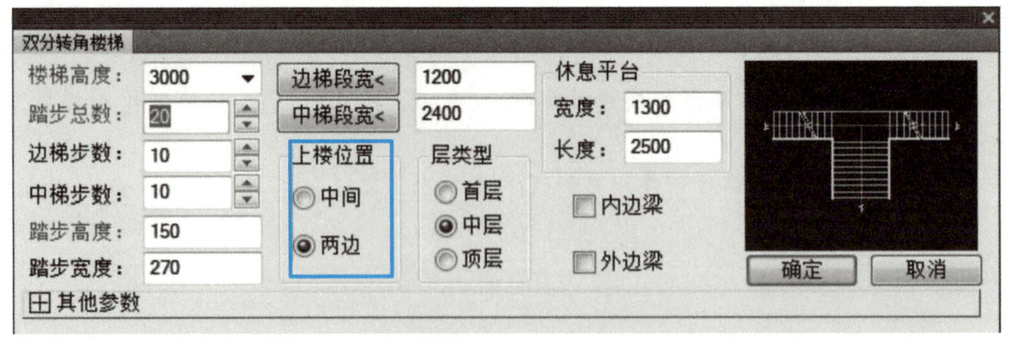

图 5-15 “双分转角楼梯”对话框

在对话框中输入楼梯的参数，可根据右侧的动态显示窗口，确定楼梯参数是否符合要求。图 5-16 为双分转角楼梯的绘图实例。

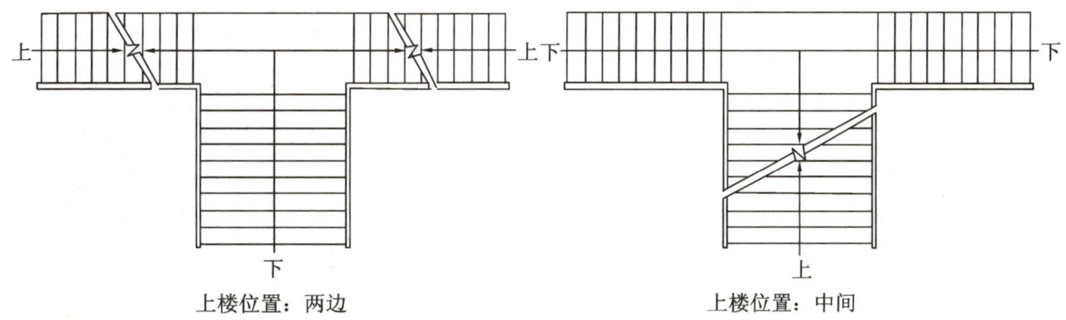

图 5-16 双分转角楼梯

5.2.3 双分三跑

本命令用于绘制双分三跑楼梯，可以选择从中间梯段上楼或者从两边梯段上楼。

单击【楼梯其他】→【双分三跑】(SFSP)菜单命令后，显示图 5-17 所示的对话框。

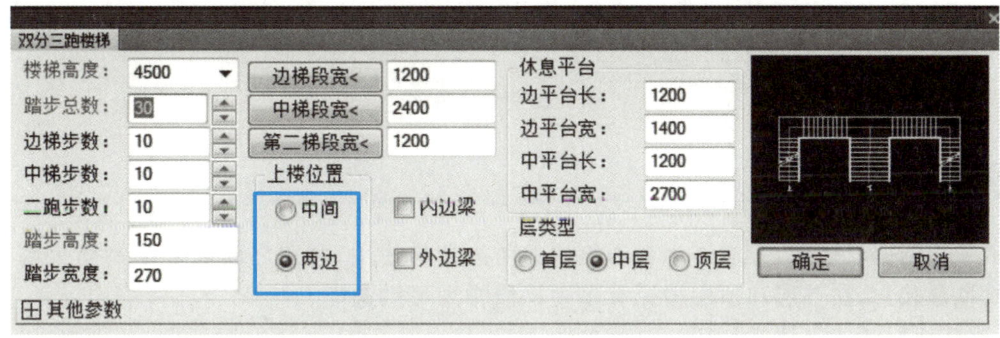

图 5-17 “双分三跑楼梯”对话框

双分三跑楼梯的绘图实例如图 5-18 所示。

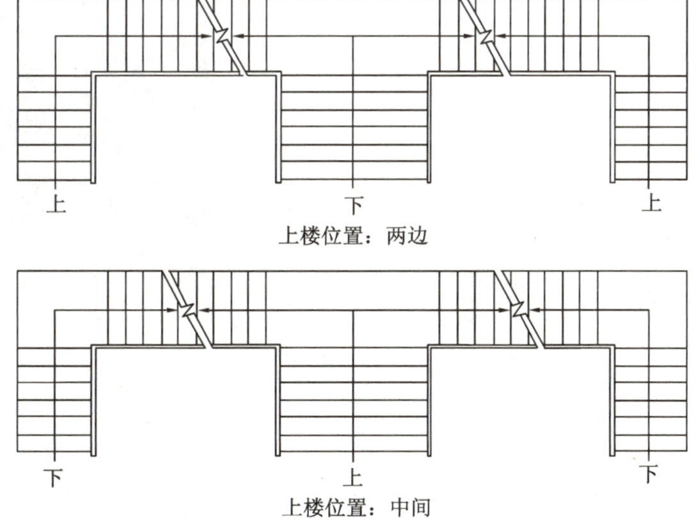

图 5-18 双分三跑楼梯

5.2.4 交叉楼梯

本命令用于绘制交叉楼梯，可以选择不同的上楼方向。

单击【楼梯其他】→【交叉楼梯】(JCLT)菜单命令后，显示图 5-19 所示的对话框。

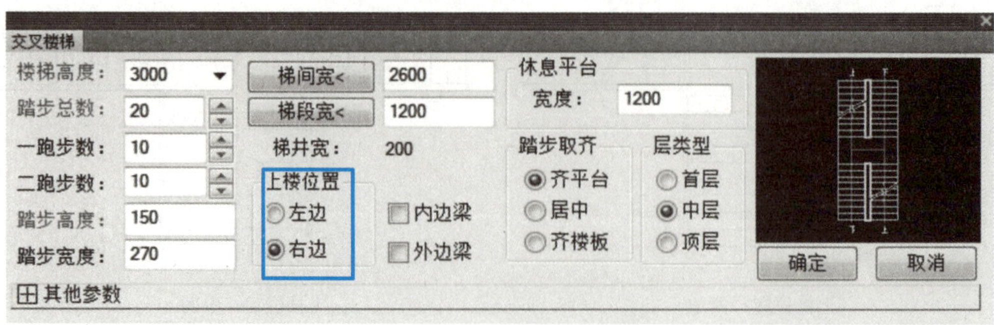

图 5-19 “交叉楼梯”对话框

交叉楼梯的绘图实例如图 5-20 所示。

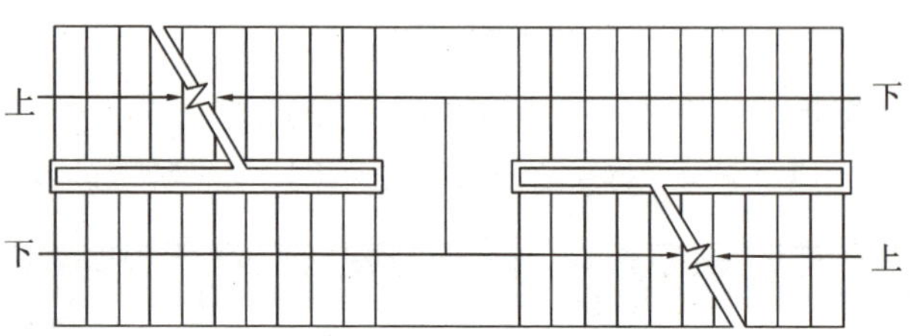

图 5-20 交叉楼梯

5.2.5 剪刀楼梯

本命令用于绘制剪刀楼梯，考虑作为交通核内的防火楼梯使用，两跑之间需要绘制防火墙，因此剪刀楼梯扶手和梯段各自独立，在首层和顶层楼梯有多种梯段排列可供选择。

单击【楼梯其他】→【剪刀楼梯】(JDLT)菜单命令后，显示图 5-21 所示的对话框。

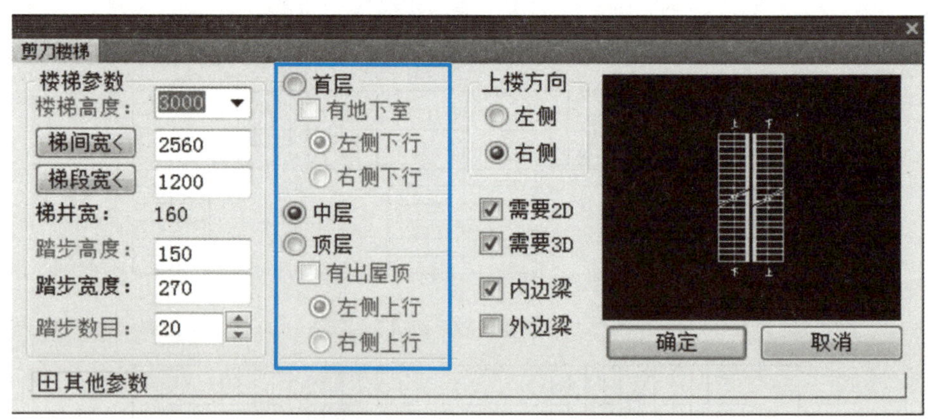

图 5-21 “剪刀楼梯”对话框

剪刀楼梯的绘图实例如图 5-22 所示。

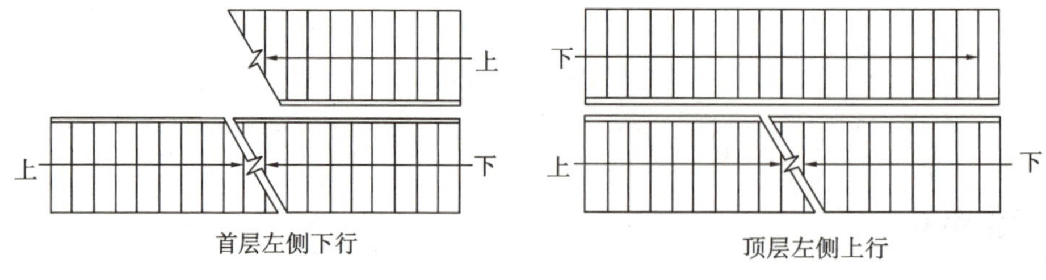

图 5-22 剪刀楼梯

5.2.6 三角楼梯

本命令用于绘制三角楼梯，可以选择不同的上楼方向。

单击【楼梯其他】→【三角楼梯】(SJLT)菜单命令后，显示图 5-23 所示的对话框。

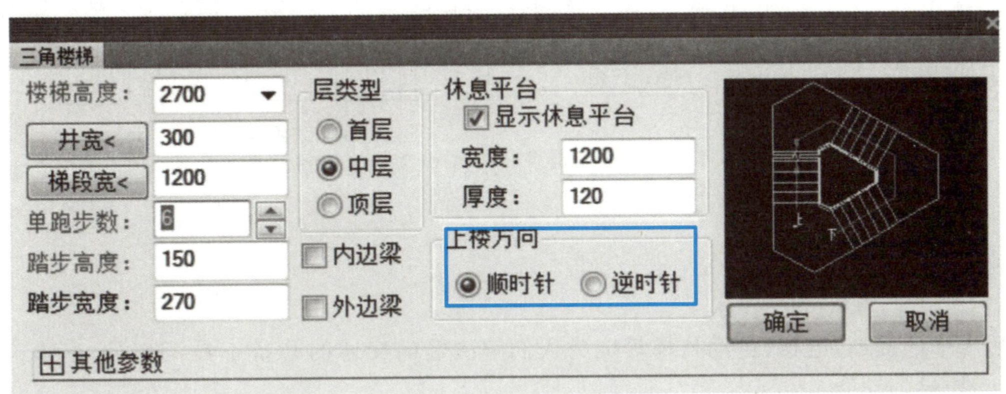

图 5-23 “三角楼梯”对话框

三角楼梯的绘图实例如图 5-24 所示。

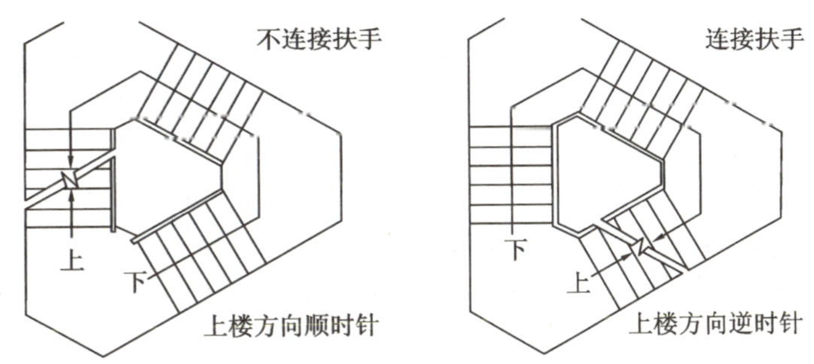

图 5-24 三角楼梯

5.2.7 矩形转角楼梯

本命令用于绘制矩形转角楼梯，梯跑数量可以从两跑到四跑，可选择两种上楼方向。

单击【楼梯其他】→【矩形转角】(JXZJ)菜单命令后，显示图 5-25 所示的对话框。

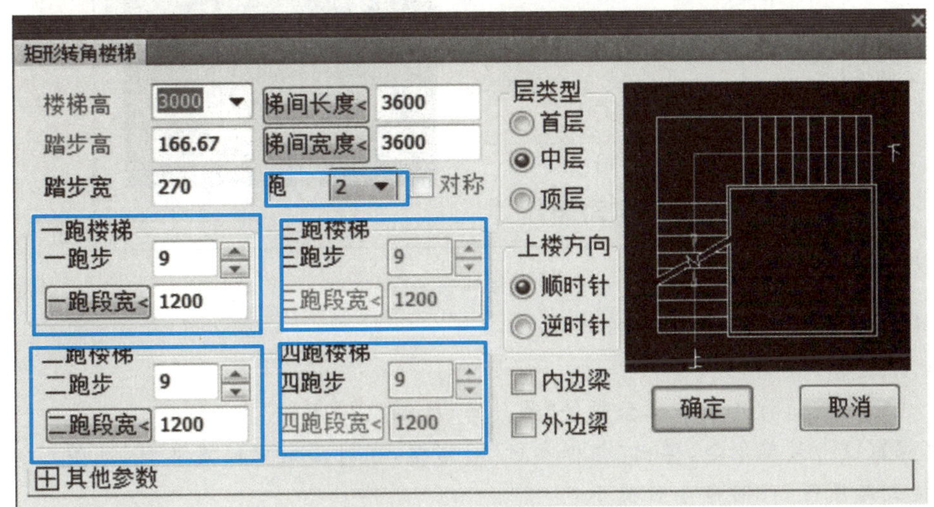

图 5-25 “矩形转角楼梯”对话框

矩形转角楼梯的绘图实例如图 5-26 所示。

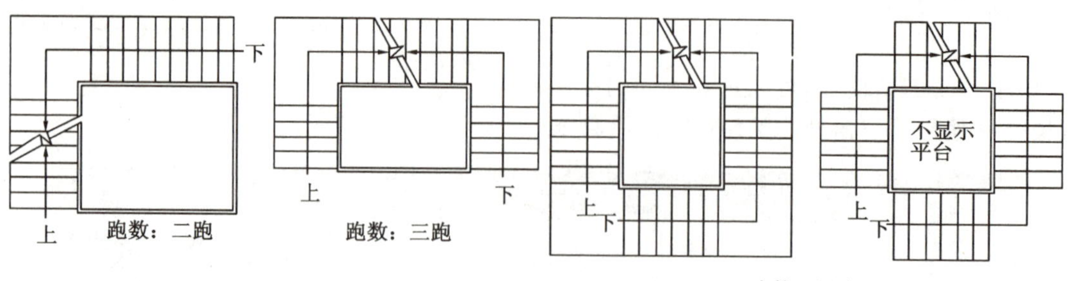

图 5-26 矩形转角楼梯

5.3 电梯和自动扶梯

随着生活水平的提高，电梯、自动扶梯等成为人们解决竖向交通的必备工具，T20 天正建筑提供了快速创建电梯、自动扶梯的功能。

5.3.1 电梯

本命令创建的电梯图形包括轿厢、平衡块和电梯门，其中轿厢和平衡块是二维线对象，电梯门是天正门窗对象；绘制条件是每一个电梯周围已经由天正墙体创建了封闭房间作为电梯井，如要求电梯井贯通多个电梯，需临时加虚墙分隔。电梯间一般为矩形，梯井道宽为开门侧墙长。

单击【楼梯其他】→【电梯】(DT)菜单命令后，弹出图 5-27 所示的对话框。

在对话框中设定电梯类别、载重量、门形式、门宽、轿厢宽、轿厢深等参数。其中，电梯类别有客梯、住宅梯、医院梯、货梯四种，每种电梯形式均有已设定好的不同的设计参数，输入参数后按命令行提示执行，不必关闭对话框。

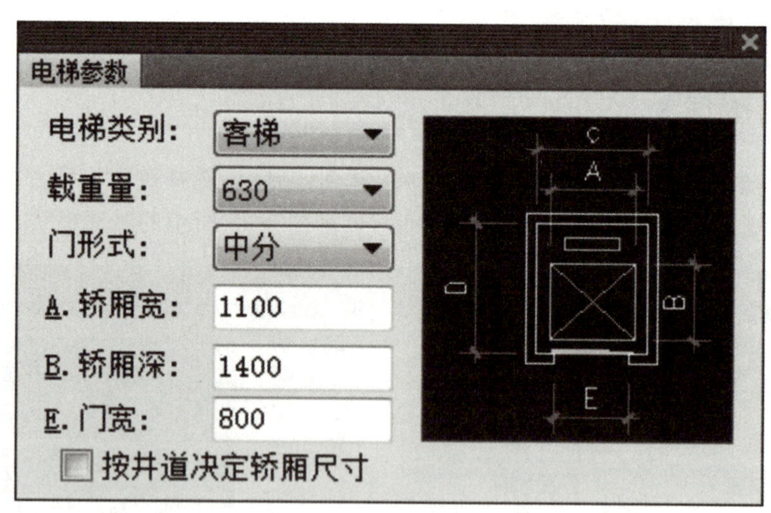

图 5-27 “电梯参数”对话框

✧【练习 5-4】 绘制电梯练习。

具体步骤如下：

(1)按 Ctrl+O 组合键，打开本书配套附件“第 5 章\绘制电梯素材”。

(2)单击【电梯】(DT)菜单命令，弹出“电梯参数”对话框，在对话框中设置参数，如图 5-28 所示。

(3)将鼠标拖到绘图区，此时命令行提示：

请给出电梯间的一个角点或[参考点(R)]<退出>:(点取第一角点 *A*)

再给出上一角点的对角点：(点取第二角点 B)

请点取开电梯门的墙线＜退出＞：(点取开门墙线，如图 5-29 中下侧)

请点取平衡块的所在的一侧＜退出＞：(点取平衡块所在的一侧的墙体后按回车键开始绘制)

请点取其他开电梯门的墙线＜无＞：* 取消 *(完成电梯绘制)

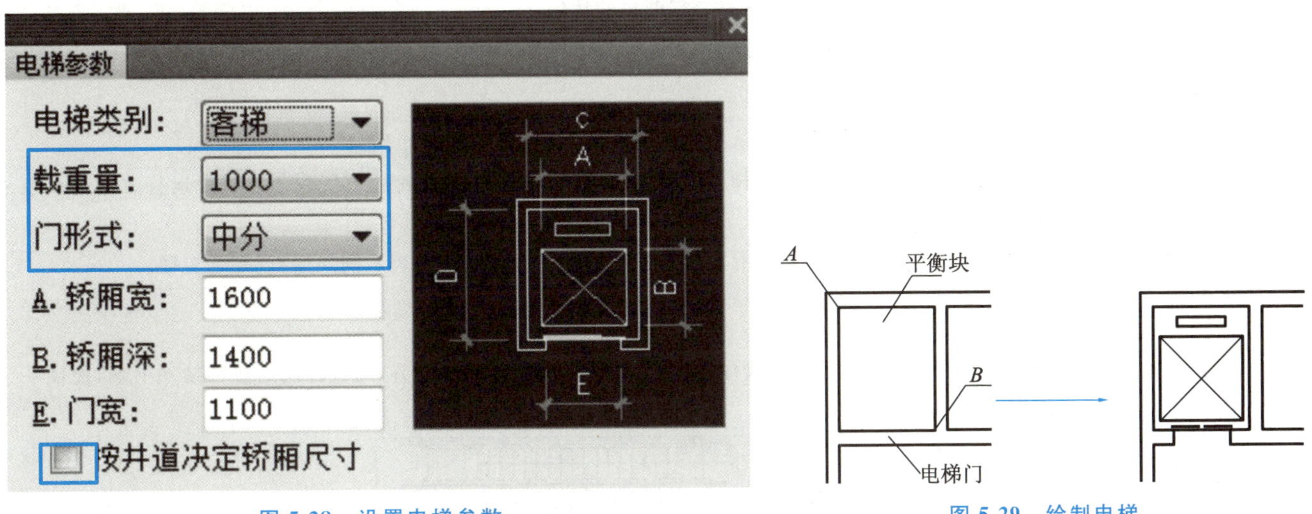

图 5-28　设置电梯参数　　　　图 5-29　绘制电梯

对不需要按类别选取预设设计参数的电梯，可以按井道决定适当的轿厢与平衡块尺寸，勾选对话框中的“按井道决定轿厢尺寸”复选框，对话框把不用的参数虚显，保留门形式和门宽两项参数由用户设置，同时把门宽设为常用的 1100 mm，门宽和门形式会保留用户修改值。去除复选框勾选后，门宽等参数恢复由电梯类别决定。

5.3.2　自动扶梯

本命令可以用于单梯和双梯及其组合，在顶层还设有洞口选项，拖动夹点可以解决楼板开洞时扶梯局部隐藏的绘制。

单击【楼梯其他】→【自动扶梯】(ZDFT)菜单命令后，显示图 5-30 所示的对话框，其控件及功能说明见表 5-4。

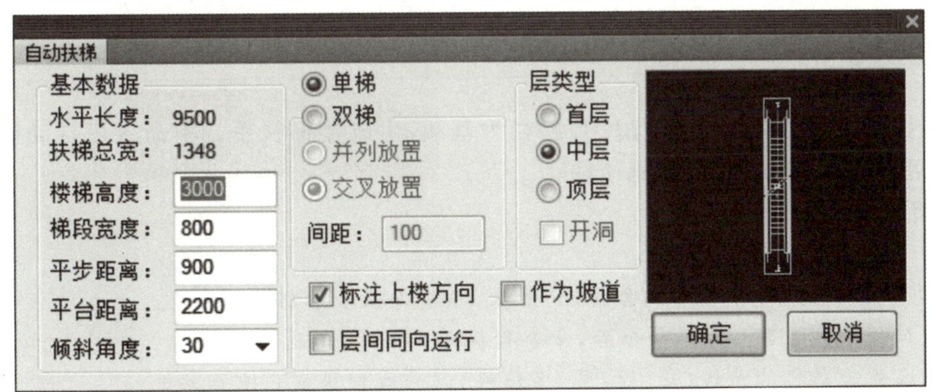

图 5-30　“自动扶梯”对话框

表 5-4　“自动扶梯”对话框中相关控件及功能说明

控件	功能
平步距离	从自动扶梯工作点开始到踏步端线的距离，当为水平步道时，平步距离为 0
平台距离	从自动扶梯工作点开始到扶梯平台安装端线的距离，当为水平步道时，平台距离请用户重新设置

续表

控件	功能
倾斜角度	自动扶梯的倾斜角，商品自动扶梯为 30°、35°，坡道为 10°、12°，当倾斜角为 0 时作为步道，交互界面和参数相应修改
单梯/双梯	可以一次创建成对的自动扶梯或者单台的自动扶梯
并列/交叉放置	双梯两个梯段的倾斜方向可选方向一致或者方向相反
间距	双梯之间相邻裙板之间的净距
作为坡道	勾选此复选框，扶梯按坡道的默认角度 10°或 12°取值，长度重新计算
标注上楼方向	默认勾选此复选框，标注自动扶梯上下楼方向，默认中层时剖切到的上行和下行梯段运行方向箭头表示相对运行（上楼/下楼）
层间同向运行	勾选此复选框后，中层时剖切到的上行和下行梯段运行方向箭头表示同向运行（都是上楼）
层类型	三个互锁按钮，表示当前扶梯处于首层（底层）、中层和顶层
开洞	开洞功能可绘制顶层板开洞的扶梯，隐藏自动扶梯洞口以外的部分，勾选开洞后遮挡扶梯下端，提供一个夹点拖动改变洞口长度 下 不开洞看到完整的扶梯梯段 洞口范围　下　开洞表示洞口外扶梯梯段被楼板遮挡

在对话框中不一定能准确设置扶梯的运行和安装方向，如果希望设定扶梯的方向，需在插入扶梯时按命令行提示输入选项，对扶梯进行各向翻转和旋转，必要时不标注运行方向，另行用箭头引注添加，上下楼方向的注释文字还可在特性栏进行修改。

5.4 楼梯扶手与栏杆

扶手作为与梯段配合的构件，与梯段和台阶产生关联。放置在梯段上的扶手，可以遮挡梯段，也可以被梯段的剖切线剖断。连接扶手命令把不同分段的扶手连接起来。

5.4.1 添加扶手

本命令以楼梯段或沿上楼方向的 PLINE 路径为基线，生成楼梯扶手。本命令可自动识别楼梯段和台阶，但是不识别组合后的多跑楼梯与双跑楼梯。

✧**【练习 5-5】** 添加扶手练习。

具体步骤如下：

(1)按 Ctrl+O 组合键，打开本书配套附件“第 5 章\添加扶手素材”。

(2)单击【添加扶手】(TJFS)菜单命令后，命令行提示：

请选择梯段或作为路径的曲线(线/弧/圆/多段线)：(选取梯段或已有曲线)

扶手宽度＜60＞：100(键入新值或按回车键接受默认值)

扶手顶面高度＜900＞：(键入新值或按回车键接受默认值)

扶手距边＜0＞：(键入新值或按回车键接受默认值)

创建的扶手及其效果图如图 5-31、图 5-32 所示。双击创建的扶手，可进入对话框进行扶手的编辑，如图 5-33所示。

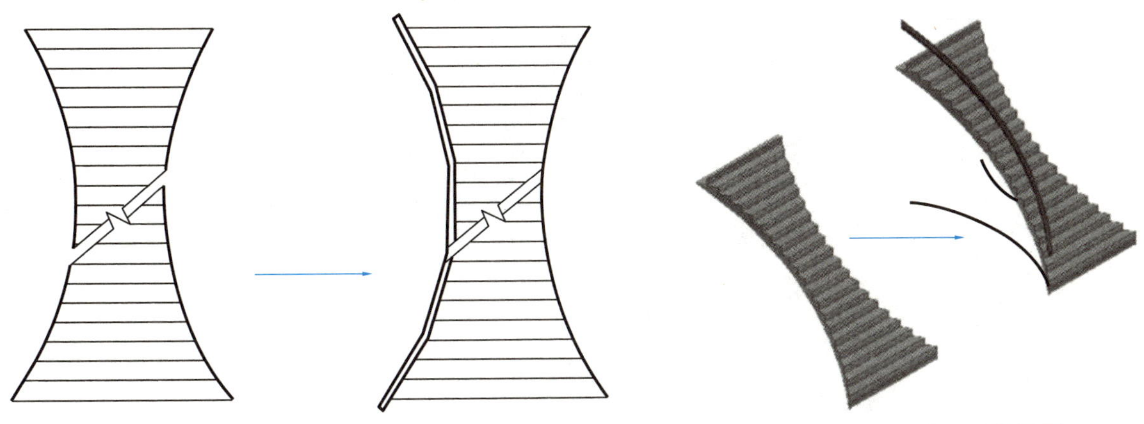

图 5-31 添加扶手

图 5-32 添加扶手后效果图

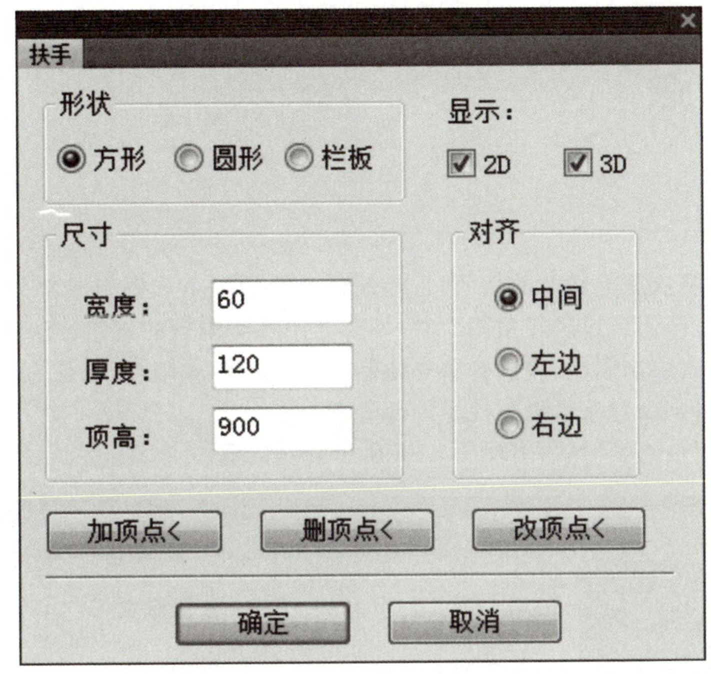

图 5-33 “扶手”对话框

5.4.2 连接扶手

本命令把未连接的扶手彼此连接起来，如果准备连接的两段扶手的样式不同，连接后的样式以第一段为准；连接顺序要求是前一段扶手的末端连接下一段扶手的始端，梯段的扶手则按上行方向为正向，需按从低到高顺序选择扶手的连接，接头之间应留出空隙，不能相接和重叠。

✧【练习 5-6】 连接扶手练习。

具体步骤如下：

(1)按 Ctrl+O 组合键，打开本书配套附件“第 5 章\连接扶手素材”。

(2)单击【连接扶手】(LJFS)菜单命令后，命令行提示：

选择待连接的扶手(注意与顶点顺序一致)：(选取待连接的第一段扶手)

选择待连接的扶手(注意与顶点顺序一致)：(选取待连接的第二段扶手)

扶手连接的效果图如图 5-34 所示。

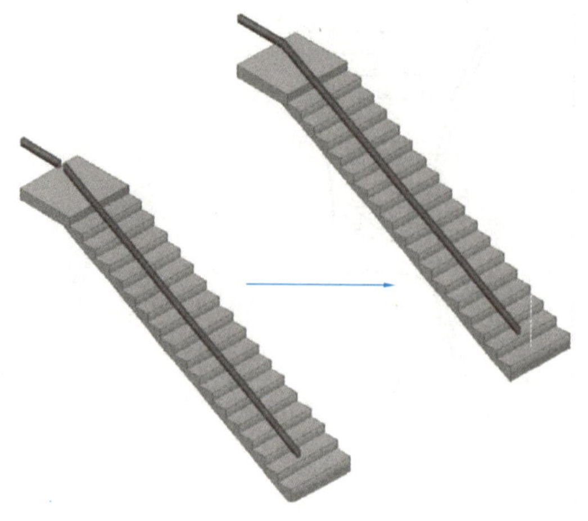

图 5-34　连接扶手

5.5　创建室外设施

5.5.1　阳台

阳台是室外活动和晾晒衣服等功能的场所，也是现代建筑的一个重要组成部分。阳台根据与主体建筑连接的关系可分为凹阳台、凸阳台以及转角阳台等，本节介绍各类阳台的创建方法。

本命令以几种预定样式绘制阳台，或选择预先绘制好的路径转成阳台，以任意绘制方式创建阳台；一层的阳台可以自动遮挡散水，阳台对象可以被柱子局部遮挡。

单击【楼梯其他】→【阳台】(YT)后，出现图 5-35 所示的对话框。

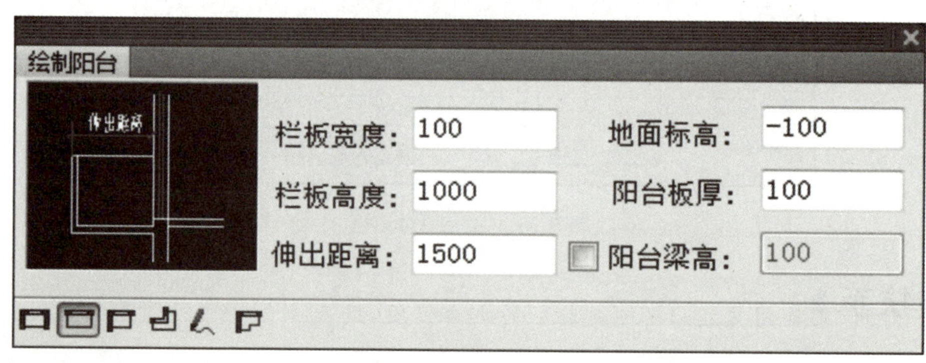

图 5-35　“绘制阳台”对话框

“绘制阳台”对话框中，工具栏从左到右分别为凹阳台、矩形阳台、阴角阳台、偏移生成、任意绘制与选择已有路径绘制共 6 种阳台绘制方式，勾选“阳台梁高”后，输入阳台梁高度可创建梁式阳台。

✧【练习 5-7】　按 Ctrl+O 组合键，打开本书配套附件“第 5 章\阳台绘制素材”，练习绘制阳台。

1. 阴角阳台绘制

单击【阳台】命令，在弹出的对话框中修改阳台参数，然后单击“阴角阳台”图标，命令行提示：

阳台起点＜退出＞：(给出外墙阴角点，沿着阳台长度方向拖动)

阳台终点或[翻转到另一侧(F)]：F(此时看到阳台在室内一侧显示，按 F 键翻转阳台，如图 5-36 所示)

阳台终点或[翻转到另一侧(F)]：3000(键入阳台长度值或者给出阳台终点位置)

阳台起点＜退出＞：(按回车键退出命令或者绘制其他阳台)

2. 任意绘制

单击【阳台】命令，在弹出的对话框中修改阳台参数，然后单击“任意绘制”图标，命令行提示：

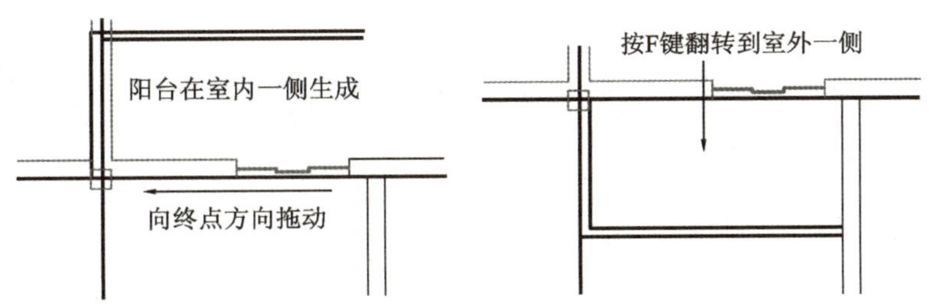

图 5-36　绘制阴角阳台

阳台起点<退出>:(点取阳台侧栏板与墙外皮交点作为阳台起点,如图 5-37 所示)

直段下一点[弧段(A)/回退(U)]<结束>:(点取阳台经过的外墙角点 P_1)

……

最后点取侧栏板与墙外皮的交点 P_5 作为阳台终点,按回车键结束,命令行继续提示:

请选择邻接的墙(或门窗)和柱:(此时应选取与阳台连接的两段墙)

请点取接墙的边:(按回车键,自动识别出墙边,可以点取其他栏板线作为与墙连接的边,这些栏板线最终不会显示)

起点<退出>:(按回车键结束命令或者在另一处绘制阳台)

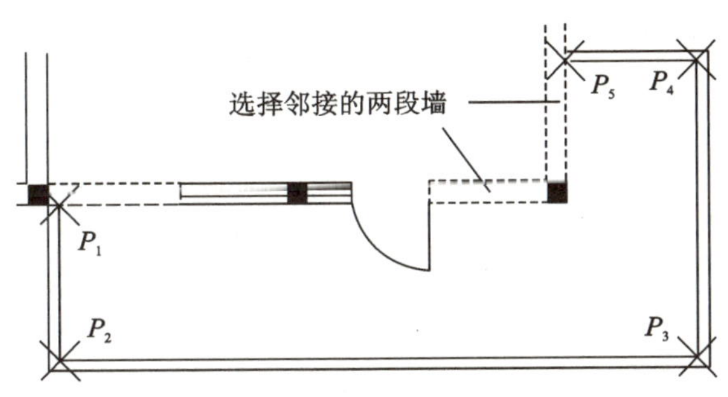

图 5-37　任意绘制阳台

3. 选择已有路径绘制

单击【阳台】命令,在弹出的对话框中修改阳台参数,然后单击选择"选择已有路径绘制"图标后,命令行提示:

选择一曲线(LINE/ARC/PLINE):<退出>(选取已有的一段路径曲线,如图 5-38 所示)

如果 PLINE 不封闭,则类似于直接绘制的情况,需要搜索沿着围护结构的边界。

选择所邻接的墙(或窗)柱:(按回车键或选取与阳台连接的墙或窗)

如果 PLINE 封闭,则要用户指出不创建栏板的部分线段,提示:

请点取接墙的边:(一一点取与墙边重合的边)

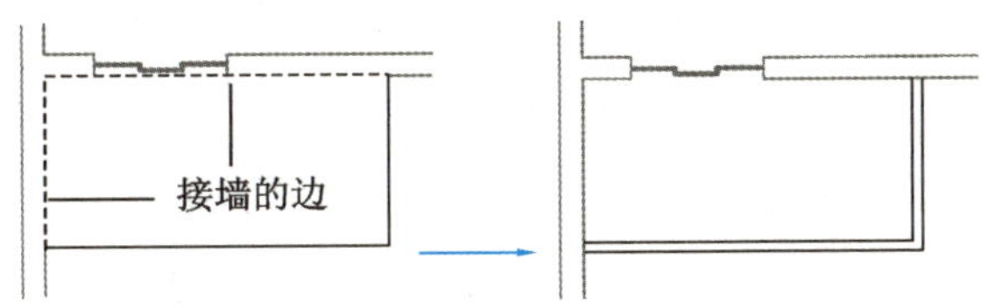

图 5-38　选择已有路径绘制阳台

5.5.2　台阶

本命令可直接绘制矩形单面台阶、矩形三面台阶、阴角台阶、沿墙偏移等预定样式的台阶,或把预先绘制好的 PLINE 转成台阶、直接绘制平台创建台阶,如平台不能由本命令创建,应下降一个踏步高绘制下一级台阶作为平台;直台阶两侧需要单独补充 LINE 线画出二维边界;台阶可以自动遮挡之前绘制的散水。

单击【楼梯其他】→【台阶】(TJ)命令后,出现图 5-39 所示的对话框。

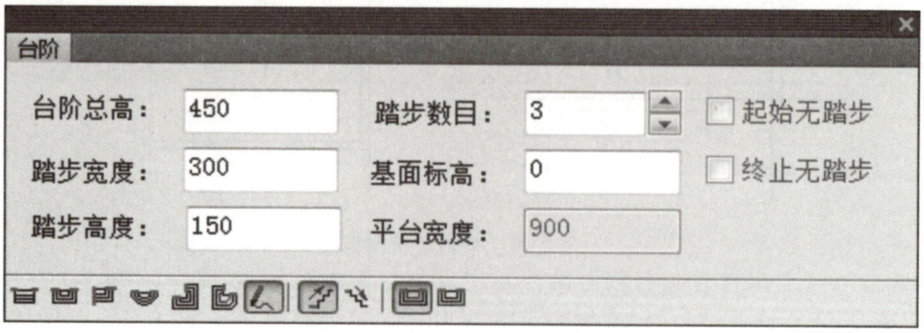

台阶
台阶总高:
450
踏步数目:
3
起始无踏步
踏步宽度:
300
基面标高:
0
终止无踏步
踏步高度:
150
平台宽度:
900

图 5-39 “台阶”对话框

绘制台阶的操作方法与绘制阳台类似,工具栏从左到右分别为绘制方式、楼梯类型、基面定义三个区域,可组合成满足工程需要的各种台阶类型。

(1)绘制方式包括:矩形单面台阶、矩形三面台阶、矩形阴角台阶、弧形台阶、沿墙偏移绘制、选择已有路径绘制和任意绘制共 7 种绘制方式。

(2)楼梯类型分为普通台阶与下沉式台阶两种,前者用于门口高于地坪的情况,后者用于门口低于地坪的情况。

(3)基面定义可以是平台面和外轮廓面两种,后者多用于下沉式台阶。

5.5.3 坡道

本命令通过参数构造单跑的入口坡道,多跑、曲边与圆弧坡道由各楼梯命令中“作为坡道”选项创建,坡道也可以遮挡之前绘制的散水。

单击【楼梯其他】→【坡道】(PD)命令后,显示图 5-40 所示的对话框。

坡道
坡道长度:
2100
坡道高度:
450
坡道宽度:
3000
边坡宽度:
300
坡顶标高:
0
左边平齐
右边平齐
加防滑条

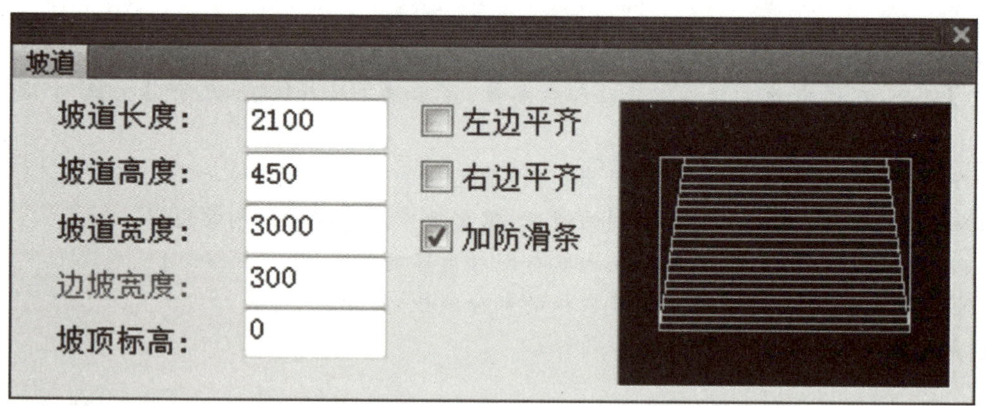

图 5-40 “坡道”对话框

“坡道”对话框中各控件的参数意义如图 5-41 所示。

坡道宽度3000
边坡宽度300
坡道长度2100
有防滑条 两侧有边坡
坡道宽度3000
边坡宽度300
坡道长度2100
无防滑条 右边平齐

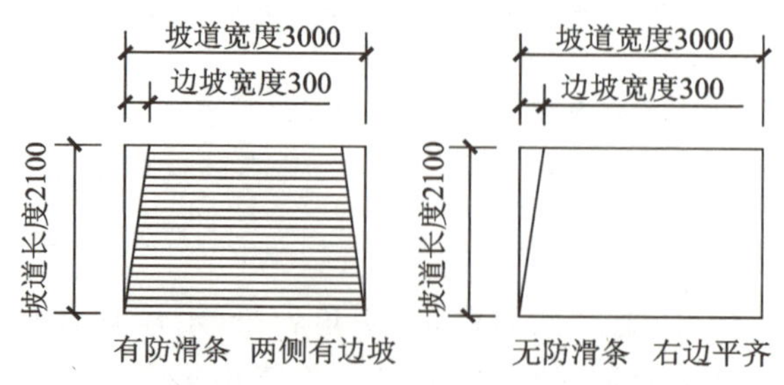

图 5-41 坡道的各参数意义

5.5.4　散水

本命令通过自动搜索外墙线绘制散水对象，可自动被凸窗、柱子等对象裁剪，也可以通过勾选复选框或者对象编辑，使散水绕壁柱、绕落地阳台生成；阳台、台阶、坡道、柱子等对象自动遮挡散水，位置移动后遮挡自动更新。

散水对象每一条边宽度可以不同，开始按统一的全局宽度创建，然后通过夹点和对象编辑单独修改各段宽度，也可以再修改为统一的全局宽度。

1. 绘制散水

单击【楼梯其他】→【散水】(SS)命令后，显示图 5-42 所示的对话框。

图 5-42　“散水”对话框

进入对话框，在其中勾选散水绕阳台和绕柱子选项，自动处理散水绕阳台和柱子，还可拖动夹点改变各段的散水宽度。

散水是否绕柱子和阳台的实例说明如图 5-43、图 5-44 所示。

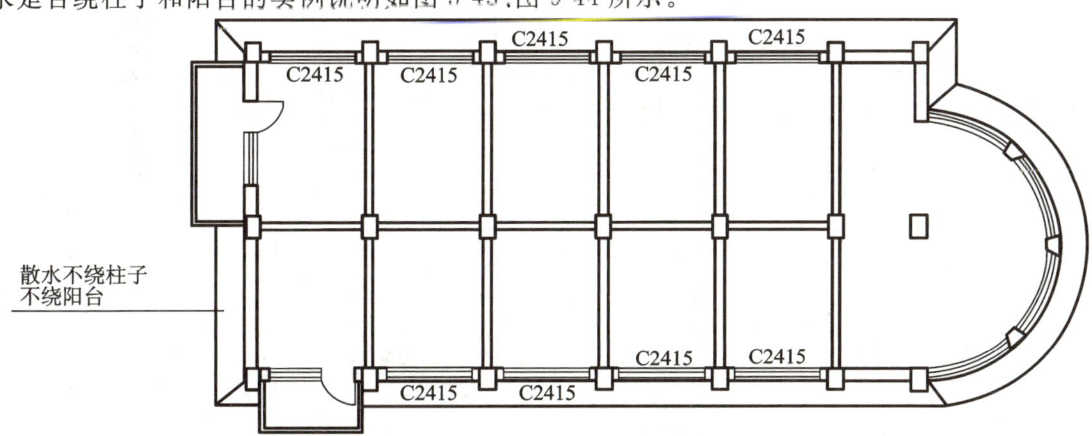

图 5-43　散水不绕柱子、阳台

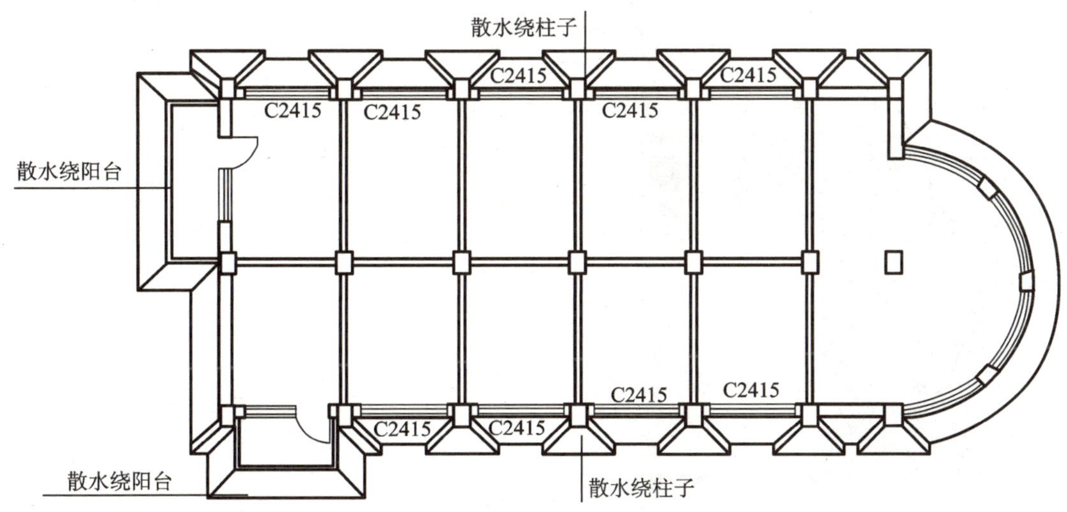

图 5-44　散水绕柱子、阳台

2. 编辑散水

对象编辑：双击散水对象，进入对象编辑的命令行选项进行编辑。

夹点编辑：单击散水对象，激活夹点，拖动夹点即可进行夹点编辑，独立修改各段散水的宽度。

特性编辑：按Ctrl+1组合键，选择散水对象，在特性栏中可以看到散水的顶点号与坐标的关系，通过单击顶点栏的箭头可以识别当前顶点，改变坐标，也可以统一修改全局宽度。

✧【练习5-8】 散水绘制编辑练习。

具体步骤如下：

1. 绘制散水

(1)按Ctrl+O组合键，打开本书配套附件"第5章\散水绘制素材"。

(2)单击【散水】(SS)菜单命令，在弹出的对话框中进行参数设置，如图5-45所示。绘制出的散水如图5-46所示。

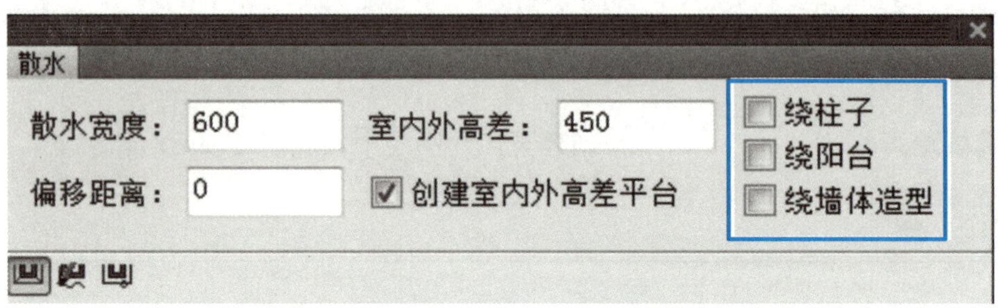

图5-45 设置散水参数

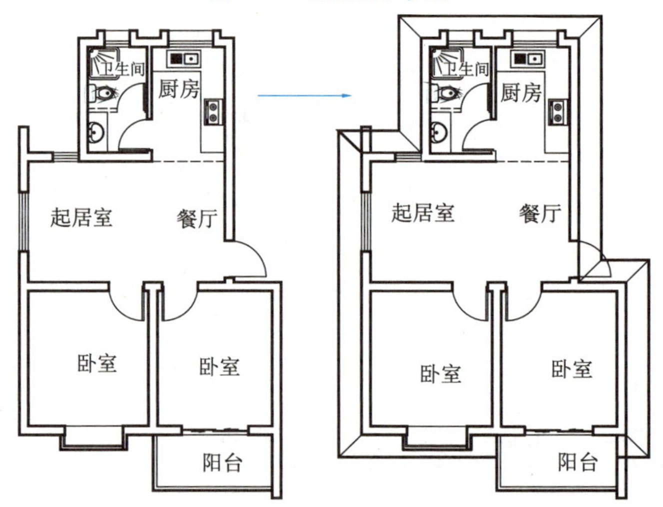

图5-46 绘制散水

2. 编辑散水

(1)对象编辑。

双击所绘制的散水，对左上角墙角部位进行编辑，如图5-47所示。

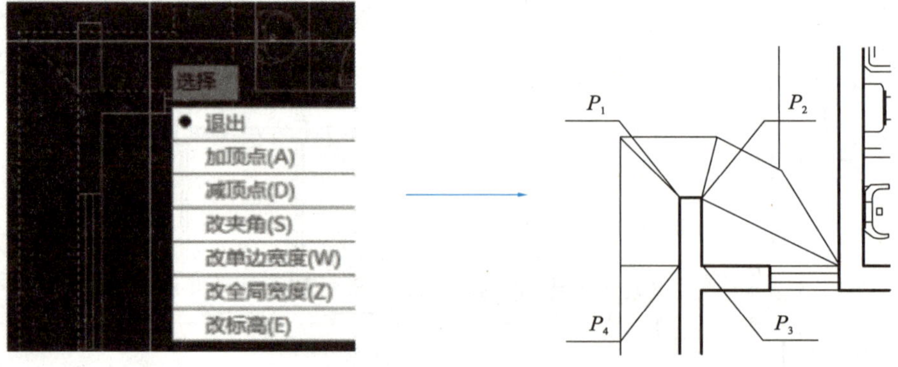

图5-47 编辑散水

此时，命令行提示：

选择[加顶点(A)/减顶点(D)/改夹角(S)/改单边宽度(W)/改全局宽度(Z)/改标高(E)]<退出>：A（增加顶点）

点取新的顶点位置：(点取 P_1 增加第一个顶点)

点取新的顶点位置：(点取 P_2 增加第二个顶点)

点取新的顶点位置：＊取消＊(结束命令)

(2)夹点编辑。

单击散水对象，利用夹点编辑功能进行编辑。此时，命令行提示：

选择[加顶点(A)/减顶点(D)/改夹角(S)/改单边宽度(W)/改全局宽度(Z)/改标高(E)]<退出>：

＊＊拉伸＊＊

指定拉伸点或[基点(B)/复制(C)/放弃(U)/退出(X)]：(将 P_2 拉伸到 P_3)

＊＊拉伸＊＊

指定拉伸点或[基点(B)/复制(C)/放弃(U)/退出(X)]：(将 P_1 拉伸到 P_2)

＊＊拉伸＊＊

指定拉伸点或[基点(B)/复制(C)/放弃(U)/退出(X)]：(将 P_4 拉伸到 P_1)

＊取消＊(完成散水编辑，如图 5-48 所示)

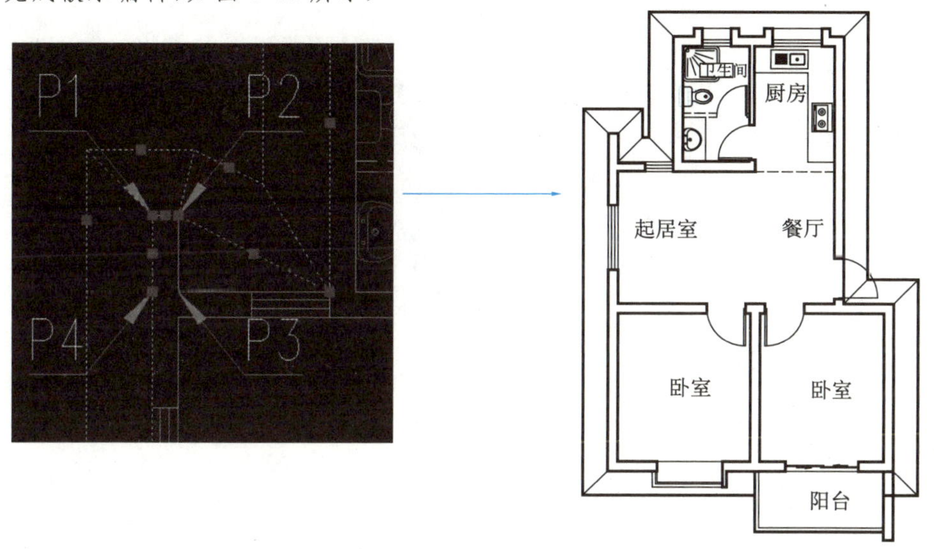

图 5-48　利用夹点编辑功能编辑散水

5.6　实战演练——完善某办公楼室内外设施

本节综合运用前面所学知识，绘制某办公楼室外设施，完善平面图。

1. 绘制楼梯

(1)打开 4.7 节最后保存的文件，单击【文件】→【另存为】菜单命令，将该文件另存为“第 5 章 5.6 完善某办公楼室内外设施.dwg”。

(2)绘制左侧楼梯。运用 AutoCAD【测量两点间的距离】(DI)命令测得楼梯宽度为 3400 mm，长度为 6400 mm。单击【楼梯其他】→【双跑楼梯】(SPLT)命令，设置相关参数，单击“确定”按钮，把楼梯放入合适的位置，如图 5-49所示。

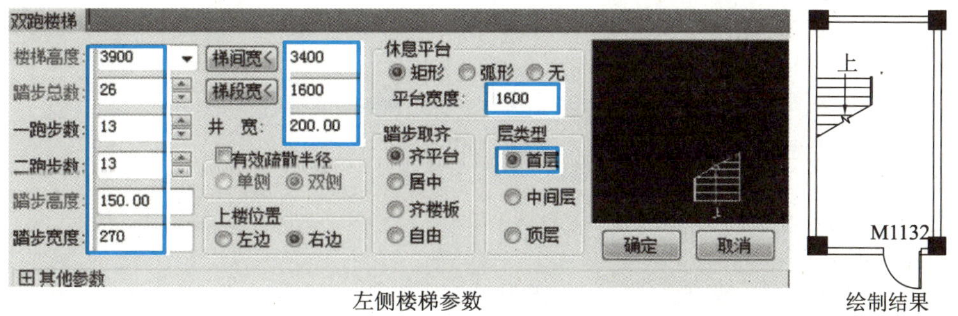

图 5-49　绘制左侧楼梯

（3）绘制右侧楼梯。步骤同左侧楼梯画法，相关参数及最终结果如图5-50所示。

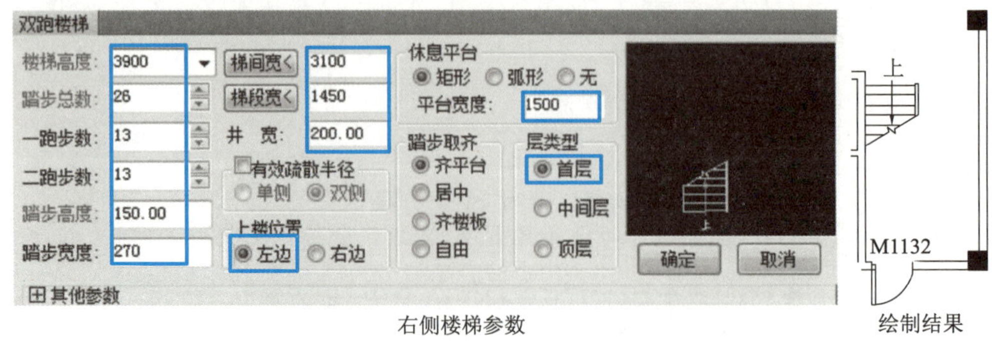

图5-50 绘制右侧楼梯

2. 绘制电梯

单击【楼梯其他】→【电梯】(DT)命令，设置相关参数，绘制电梯结果如图5-51所示。

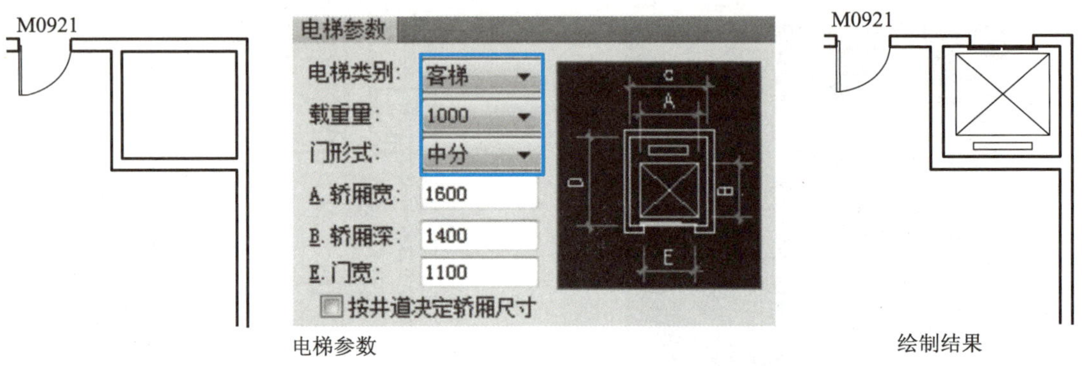

图5-51 绘制电梯

3. 绘制坡道

单击【楼梯其他】→【坡道】(PD)命令，设置好相关参数后，移至屏幕，连续按3次“A”，旋转270°，输入“T”改基点，选择坡道左下角为基点，对齐到①、Ⓒ轴处柱子的左上角，单击鼠标左键放置坡道。选择坡道，用AutoCAD【移动】(M)向上平移500 mm，结果如图5-52所示。

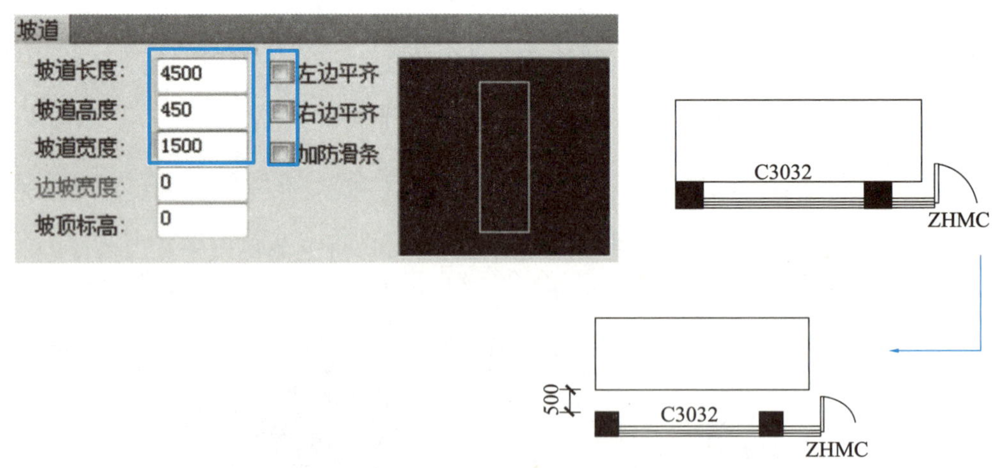

图5-52 绘制坡道

4. 绘制台阶

（1）绘制北侧大台阶。

①绘制辅助定位点：以坡道东侧下端为起点，绘制线段与墙体垂直交会得到A点，点取最右上侧的柱子右下交点为B点，如图5-53所示。

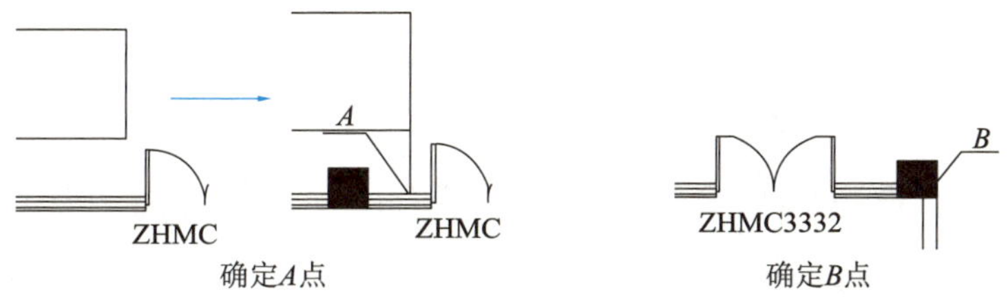

图 5-53 确定 A 点、B 点

②单击【楼梯其他】→【台阶】(TJ)命令,在图 5-54 所示的对话框中设置好相关参数后,移至屏幕点选刚才所绘制辅助点 A,按 F 键翻转到另一侧,点取 B 点,完成台阶绘制,如图 5-55 所示。

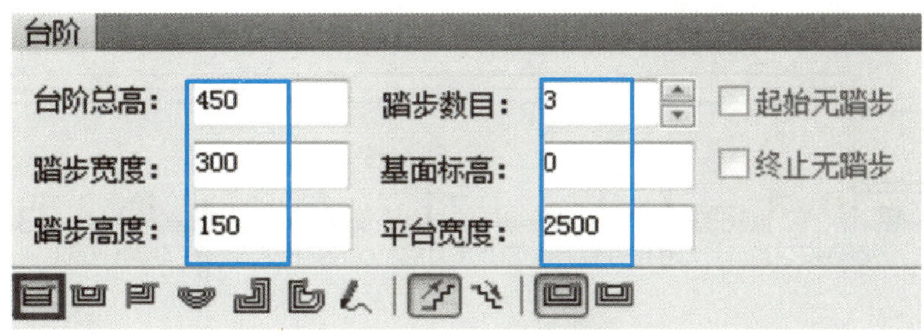

图 5-54 设置台阶参数

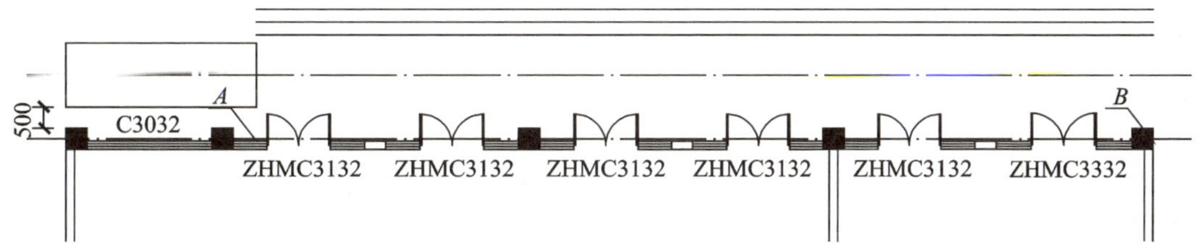

图 5-55 绘制北侧大台阶

③绘制台阶边缘线,并让其与台阶保持在同一图层,最终结果如图 5-56 所示。

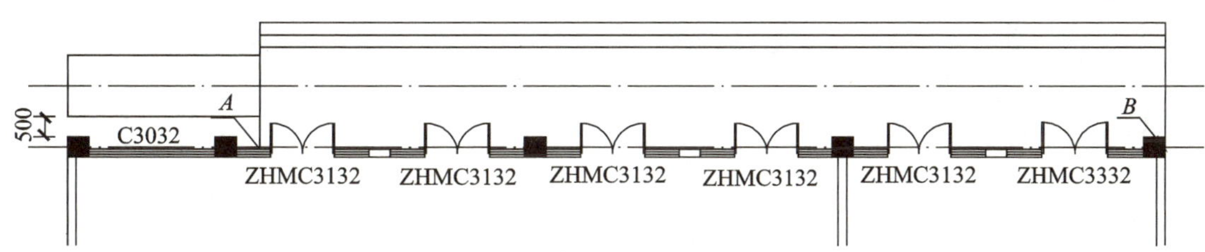

图 5-56 绘制台阶边缘线

(2)绘制南侧入口小台阶。

①绘制辅助定位点:以Ⓐ轴与①轴交点处柱子左下角为 A 点,选择 A 点,向左复制 2100 mm 得到 B 点。

②单击【楼梯其他】→【台阶】(TJ)命令,设置好相关参数后,移至屏幕点选刚才所绘制辅助点 A,按 F 键翻转到另一侧,点取 B,完成台阶绘制,如图 5-57 所示。

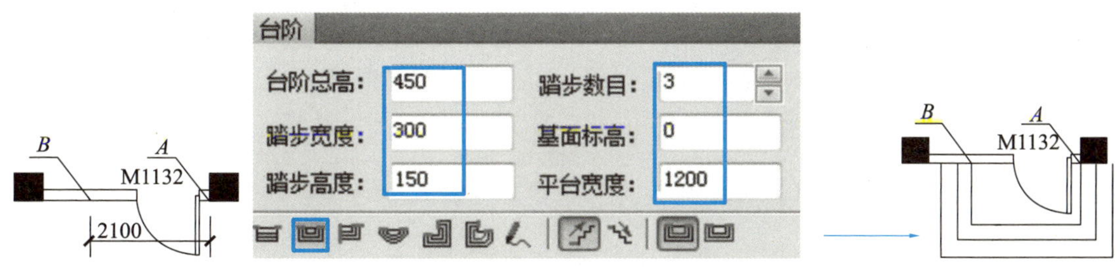

图 5-57 绘制南侧入口小台阶

5. 绘制散水

单击【楼梯其他】→【散水】(SS)命令，在图 5-58 所示的对话框中设置好相关参数后，框选所绘制平面完成散水绘制，最终结果如图 5-59 所示。

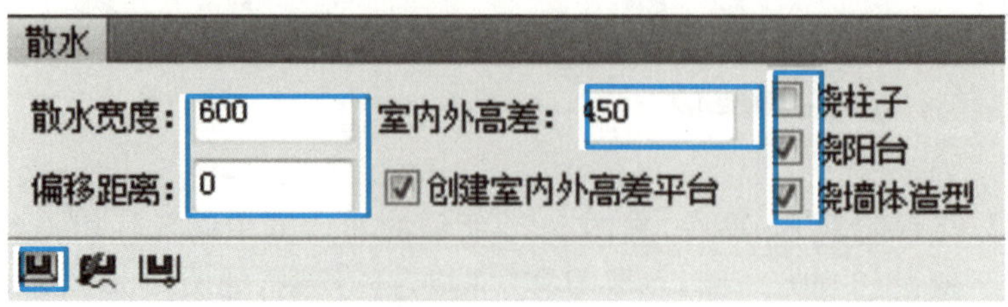

图 5-58 设置散水参数

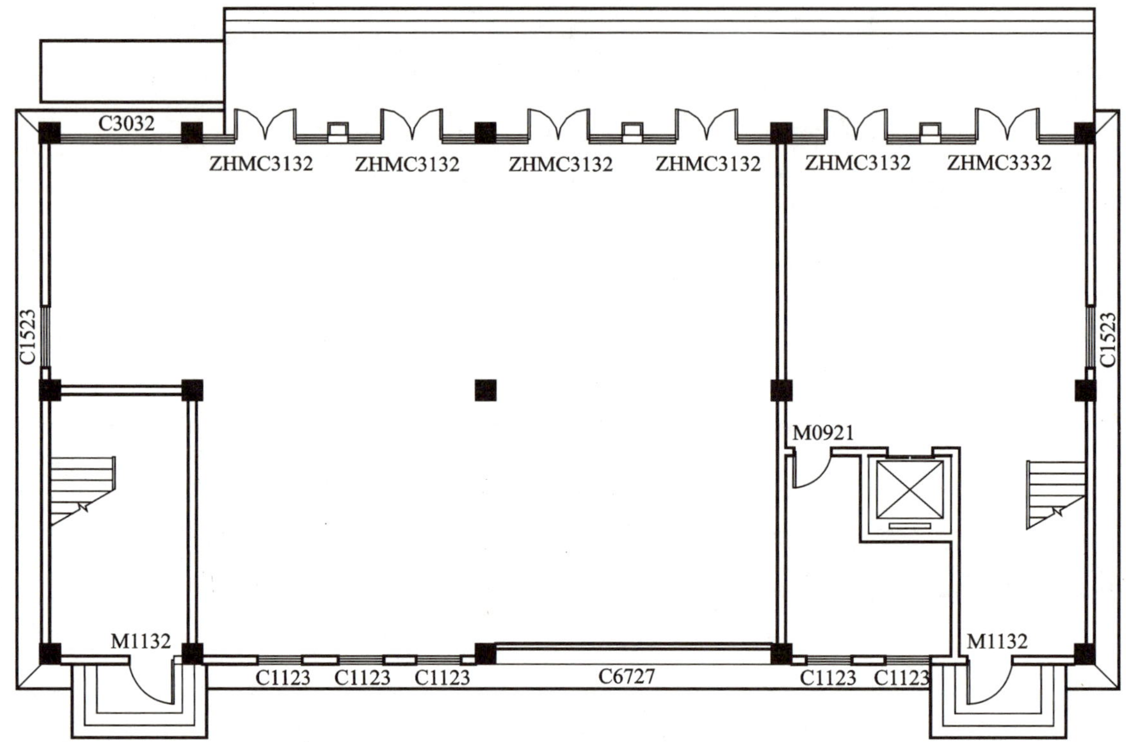

图 5-59 绘制散水

6　房间与屋顶

本章导读

当建筑平面图中的墙体、门窗和各种室内外设施创建完成后，就需要将其面积计算出来，用于各项指标、概预算等方面。同时还需要在建筑平面内布置各种设施，也需要根据建筑平面创建屋顶。本章主要介绍房间的面积查询、房间布置和屋顶的创建。

学习目标

- ✧ 熟悉并掌握房间面积查询与计算方法。
- ✧ 掌握房间的布置方法。
- ✧ 掌握屋顶的创建以及附属设施的绘制方法。

6.1　房间查询

在墙体、门窗、柱等构造绘制完毕后，建筑的基本轮廓就出来了，房间对象可以使用房间标识，并可以选择和编辑。房间名称和编号就是房间的标识，主要用于描述房间的功能和区别。

6.1.1　搜索房间

本命令可用来批量搜索建立或更新已有的普通房间和建筑面积，建立房间信息并标注室内使用面积，标注位置自动置于房间的中心。

单击【房间屋顶】→【搜索房间】(SSFJ)命令后，显示图 6-1 所示的对话框。该对话框中的控件及功能说明见表 6-1。

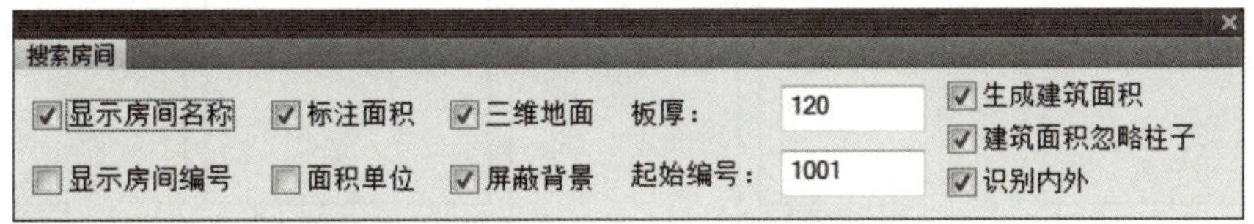

图 6-1　"搜索房间"对话框

表 6-1　"搜索房间"对话框中各控件及功能说明

控件	功能
标注面积	用于设置是否自动标注房间面积
面积单位	是否标注面积单位，默认以平方米(m^2)单位标注
显示房间名称/显示房间编号	房间的标识类型，建筑平面图标识房间名称，其他专业标识房间编号，也可以同时标识
三维地面	勾选则表示同时沿着房间对象边界生成三维地面
板厚	生成三维地面时，给出地面的厚度
生成建筑面积	在搜索生成房间同时，计算建筑面积
屏蔽背景	勾选利用 Wipeout 的功能屏蔽房间标注下面的填充图案

续表

控件	功能
建筑面积忽略柱子	根据建筑面积测量规范，建筑面积包括凸出的结构柱与墙垛，也可以选择忽略凸出的装饰柱与墙垛
识别内外	勾选后同时执行识别内外墙功能，用于建筑节能

在“搜索房间”对话框中，可以不勾选显示房间名称和显示房间编号，创建仅显示面积的房间对象。

✧【练习 6-1】 搜索房间练习。

具体步骤如下：

(1)按 Ctrl+O 组合键，打开本书配套附件“第 6 章\搜索房间素材”。

(2)单击【搜索房间】(SSFJ)菜单命令，在弹出的对话框中设置参数，如图 6-2(a)所示。此时，命令行提示：

请选择构成一完整建筑物的所有墙体(或门窗)：(选取平面图上的墙体)

请选择构成一完整建筑物的所有墙体(或门窗)：(按回车键退出选择)

建筑面积的标注位置<退出>：[在生成建筑面积时应在建筑外给定标注位置，最终效果如图 6-2(b)所示]

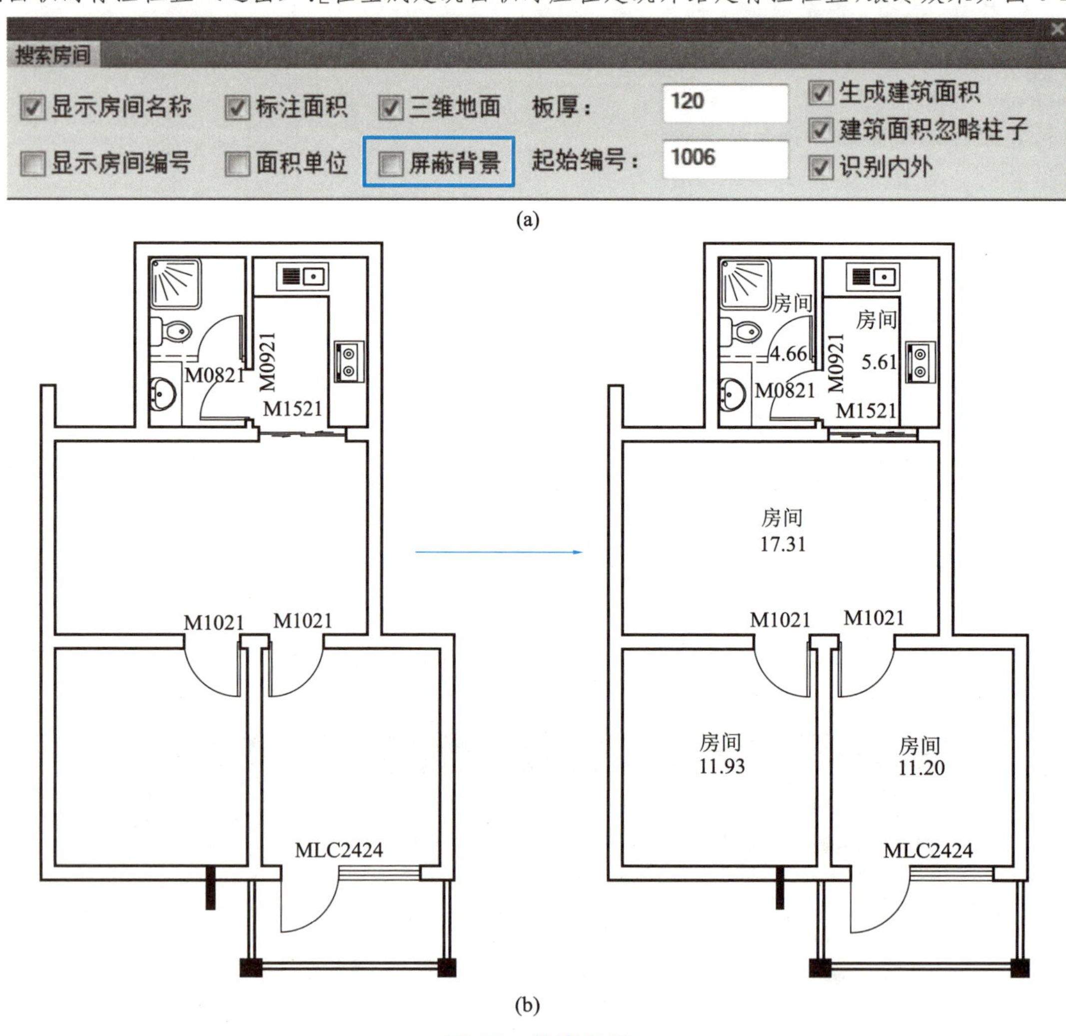

图 6-2 搜索房间

(a)设置参数；(b)最终效果

6.1.2 房间轮廓

房间轮廓线以封闭 PLINE 线表示，轮廓线可以用在其他用途，如把它转为地面或用来作为生成踢脚线等装饰线脚的边界。

单击【房间屋顶】→【房间轮廓】(FJLK)命令后，命令行提示：

请指定房间内一点或{参考点[R]}<退出>:(点取房间内任意一点)
是否生成封闭的多段线?[是(Y)/否(N)]<Y>:(按要求按N键或按回车键)

6.1.3 查询面积

【查询面积】命令可动态查询由天正墙体组成的房间使用面积、套内阳台面积以及闭合多段线面积,即时创建面积对象标注在图上,光标在房间内时显示的是使用面积。注意本命令获得的建筑面积不包括墙垛和柱子凸出部分。

单击【房间屋顶】→【查询面积】(CXMJ)命令后,显示图6-3所示的对话框,可选择是否生成房间对象。对话框中还提供了"计一半面积"的复选框,房间对象可以不显示编号和名称,仅显示面积。

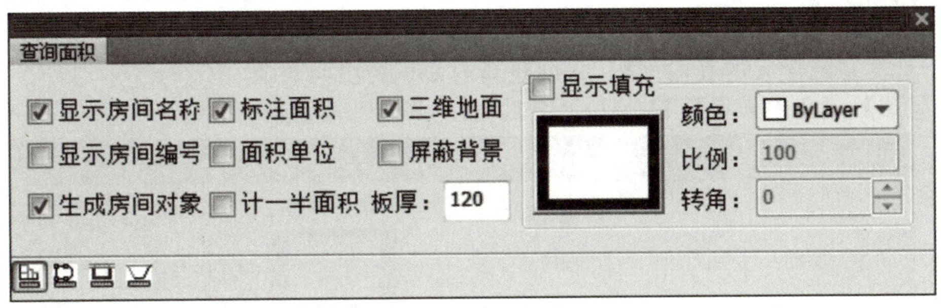

图6-3 "查询面积"对话框

【查询面积】命令的功能与【搜索房间】命令类似,不同点在于显示对话框的同时可在各个房间上移动光标,动态显示这些房间的面积,不希望标注房间名称和编号时,可去除"生成房间对象"的勾选,只创建房间的面积标注。

✧【练习6-2】 查询面积练习。

具体步骤如下:

(1)按Ctrl+O组合键,打开本书配套附件"第6章\查询面积素材"。

(2)单击【查询面积】(CXMJ)菜单命令,在弹出的对话框中设置参数。

(3)框选需要查询的房间,按Enter键结束选择。

(4)移动光标到房间内一点,即可显示该房间面积。

(5)依次单击每个房间内一点,查询其他房间的面积,如图6-4所示。

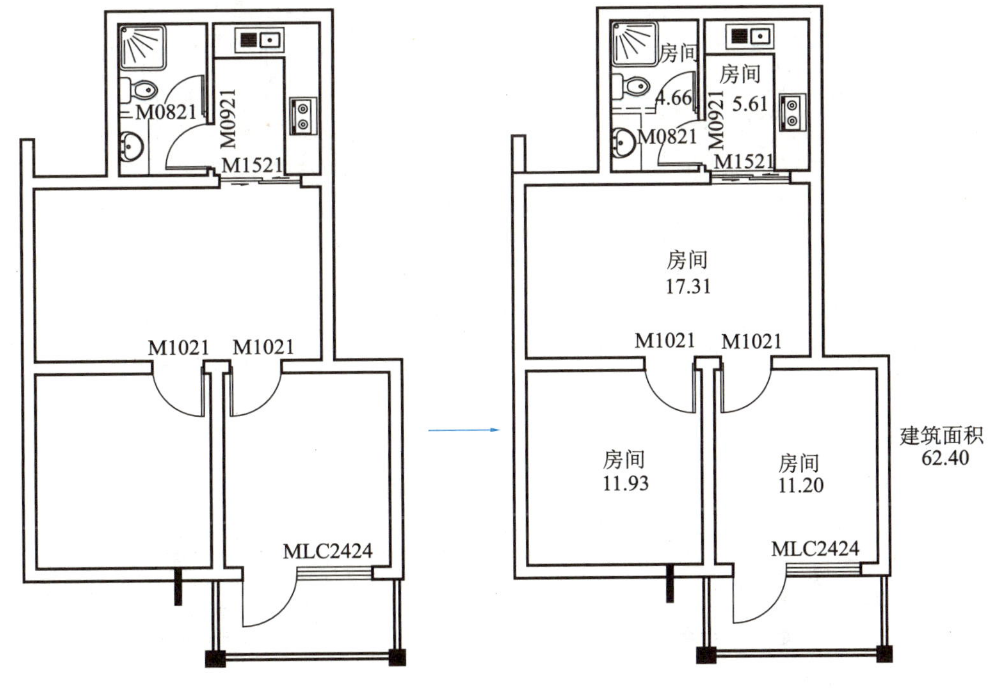

图6-4 查询房间面积

(6)单击对话框下方的“阳台面积查询”按钮，选择阳台，然后选取阳台面积标注的位置，创建阳台面积查询，如图6-5所示。

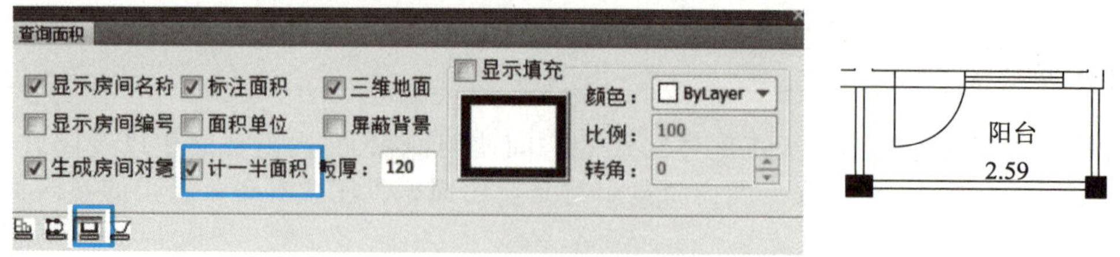

图6-5　查询阳台面积

6.1.4　套内面积

本命令用于计算住宅单元的套内面积，并创建套内面积的房间对象。

单击【房间屋顶】→【套内面积】(TNMJ)命令后，显示图6-6所示的对话框。

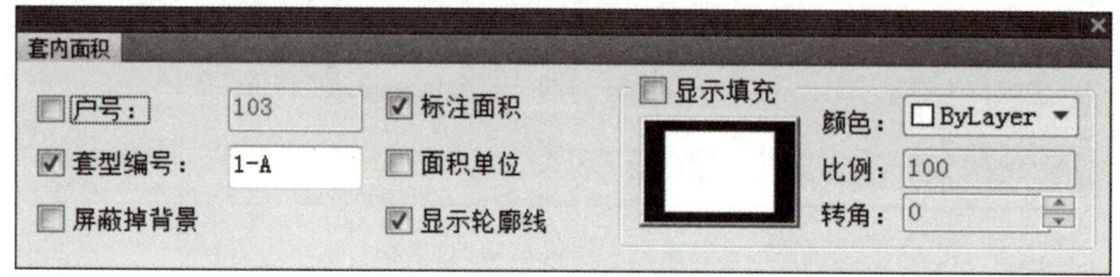

图6-6　“套内面积”对话框

在“套内面积”对话框中输入需要标注的套型编号和户号，前者是套型的分类，同一套型编号可以在不同楼层(单元)重复(尽管面积或许有差别)，而户号是区别住户的唯一编号。

✧【练习6-3】　套内面积练习。

具体步骤如下：

按Ctrl+O组合键，打开本书配套附件“第6章\查套内面积素材”。单击【套内面积】(TNMJ)菜单命令后，命令行提示：

请选择同属一套住宅的所有房间面积对象与阳台面积对象：(框选同属于一套住宅内的所有房间面积对象与阳台面积对象，选中的房间面积对象会亮显，按回车键确定)

请点取面积标注位置<中心>：(按回车键或者在适当位置单击，标注套型编号和面积，如图6-7所示)

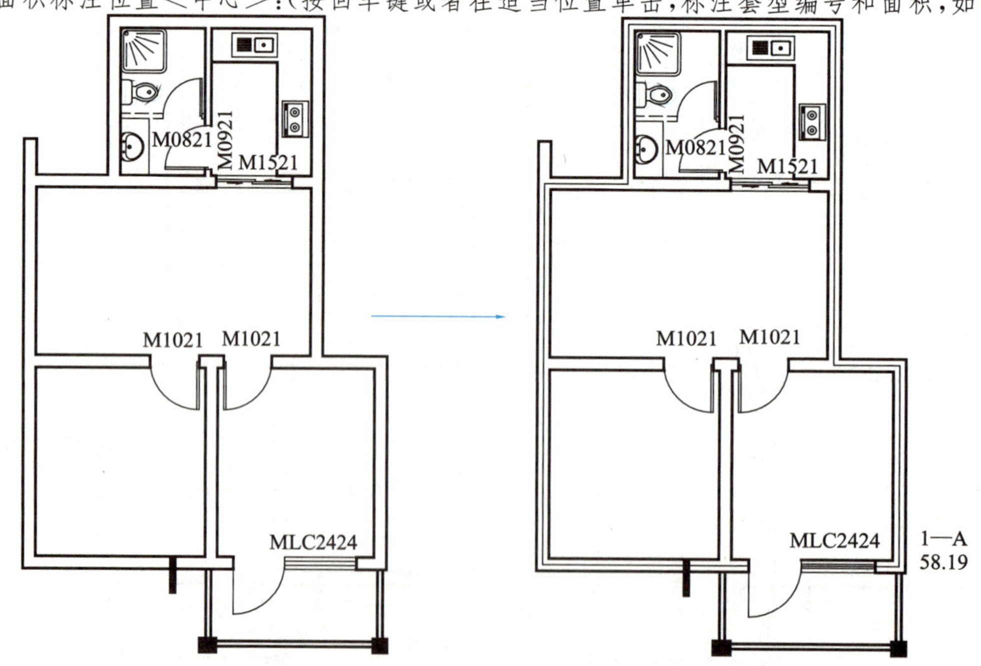

图6-7　查询套内面积

6.1.5 公摊面积

本命令用于定义按本层或全楼(幢)进行公摊的房间面积对象,需要预先通过【搜索房间】或【查询面积】命令创建房间面积,标准层自身的共用面积不需要执行本命令进行定义,没有归入套内面积的部分自动按层公摊。

✧【练习 6-4】 公摊面积练习。

具体步骤如下:

(1)按 Ctrl+O 组合键,打开本书配套附件“第 6 章\公摊面积素材”。

(2)单击【公摊面积】(GTMJ)菜单命令即可把这些面积对象归入 SPACE_SHARE 图层,公摊的房间名称不变,颜色为高亮显示,如图 6-8 所示。

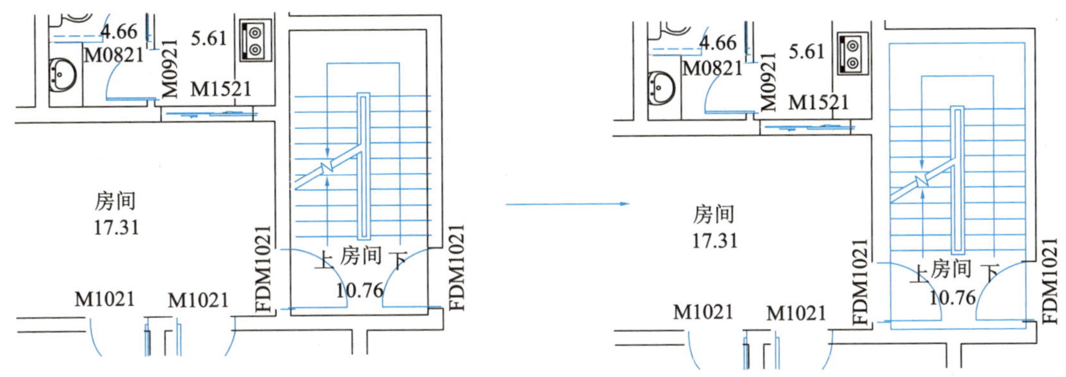

图 6-8 高亮显示面积对象

(3)双击面积对象在打开的“编辑房间”对话框中即可查看到该房间面积已归为公摊面积,可根据实际需求修改房间名称,如图 6-9 所示。

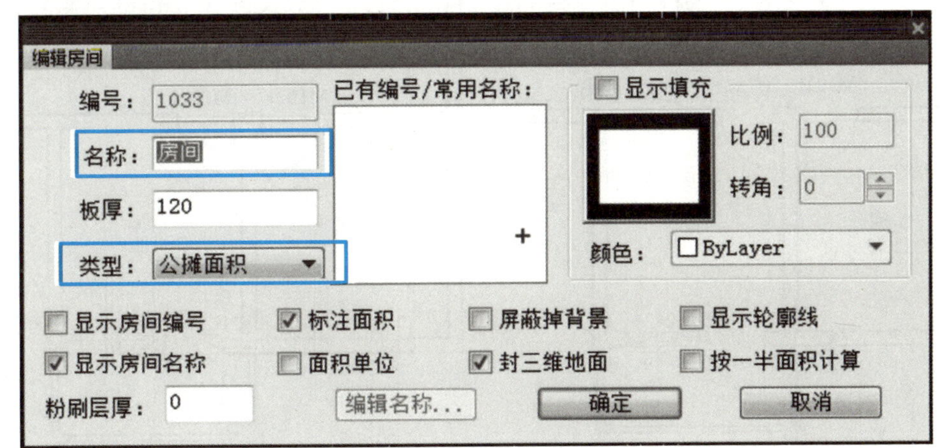

图 6-9 “编辑房间”对话框

6.1.6 面积计算

本命令用于统计【查询面积】或【套内面积】等命令获得的房间使用面积、阳台面积、建筑面积等,进行加减计算,并将结果标注在图上。

✧【练习 6-5】 面积计算练习。

具体步骤如下:

(1)按 Ctrl+O 组合键,打开本书配套附件“第 6 章\面积计算素材”。

(2)单击【面积计算】(MJJS)菜单命令,在命令行模式中输入“Q”切换到对话框模式,显示图 6-10 所示的对话框。

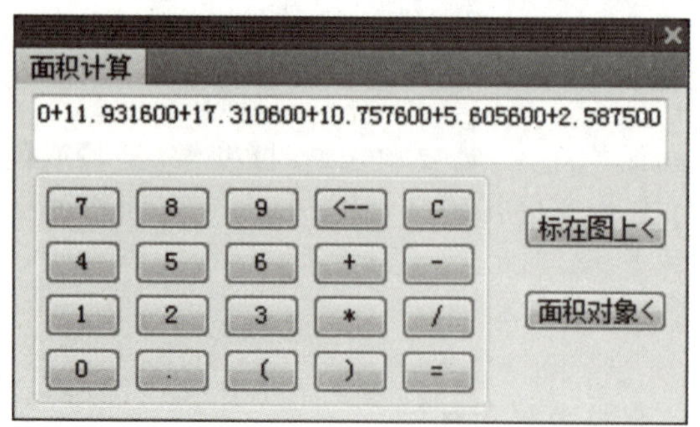

图 6-10 "面积计算"对话框

此时命令行提示：

请选择求和的房间面积对象或面积数值文字<退出>:[点取第一个面积对象或数字(多选表示累加)]

请选择求和的房间面积对象或面积数值文字:(继续选择求和的房间面积对象或面积数值文字)

(3)面积自动添加到计算器的显示栏中，各面积数字之间以加号(+)相连，单击等号(=)可得到结果，并随时单击"面积对象<"按钮增添面积，单击"标在图上<"按钮将显示栏的结果在图上标注，命令行提示：

点取面积标注位置<退出>:(在适当位置单击标注面积计算的运算结果，如图 6-11 所示)

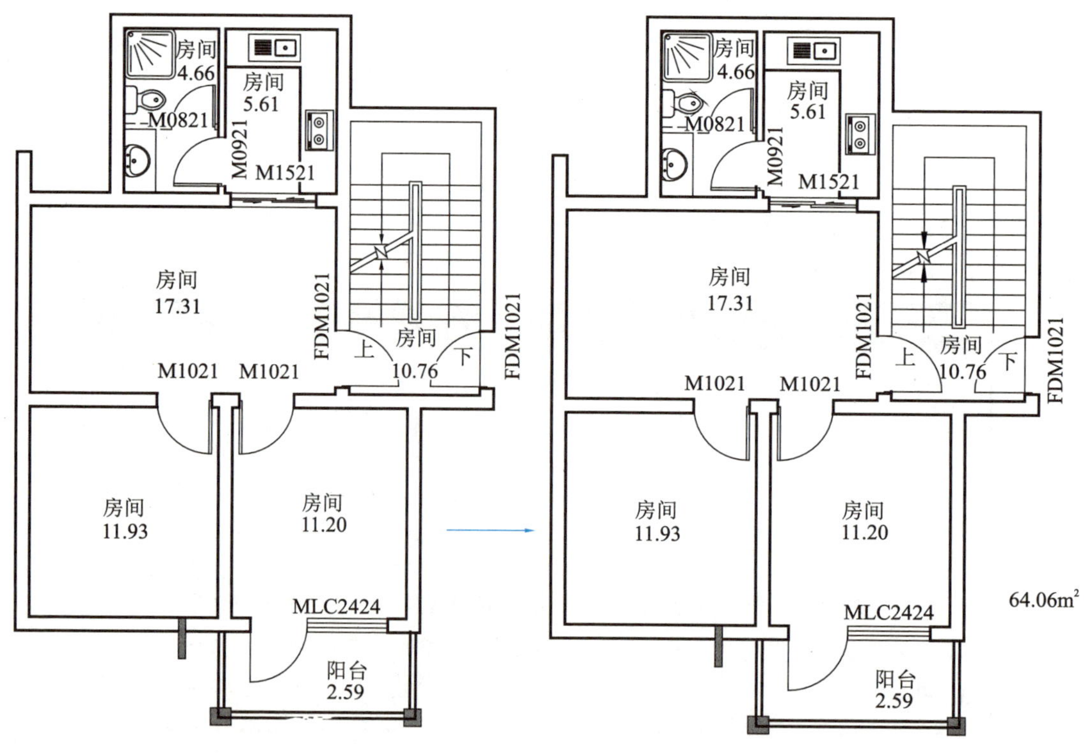

图 6-11 面积计算

6.1.7 面积统计

本命令按《房产测量规范 第 1 单元：房产测量规定》(GB/T 17986.1—2000)和《住宅设计规范》(GB 50096—2011)以及中华人民共和国住房和城乡建设部限制大套型比例的有关文件，统计住宅的各项面积指标，为管理部门进行设计审批提供参考依据。

在创建已有工程的情况下，单击【房间屋顶】→【面积统计】(MJTJ)命令，根据提示依次确认各个选项后，弹出"面积统计"对话框，然后单击"标在图上"按钮，即可将统计数据标注在图中。

6.2 房间的布置

6.2.1 加踢脚线

踢脚线在家装中主要用于保护墙面。【加踢脚】命令功能是自动搜索房间轮廓，按用户选择的踢脚截面生成二维和三维一体的踢脚线，门和洞口处自动断开，可用于室内装饰设计建模，也可以作为室外的勒脚使用。

单击【房间屋顶】→【房间布置】→【加踢脚线】(JTJX)命令后，显示图6-12所示的对话框。

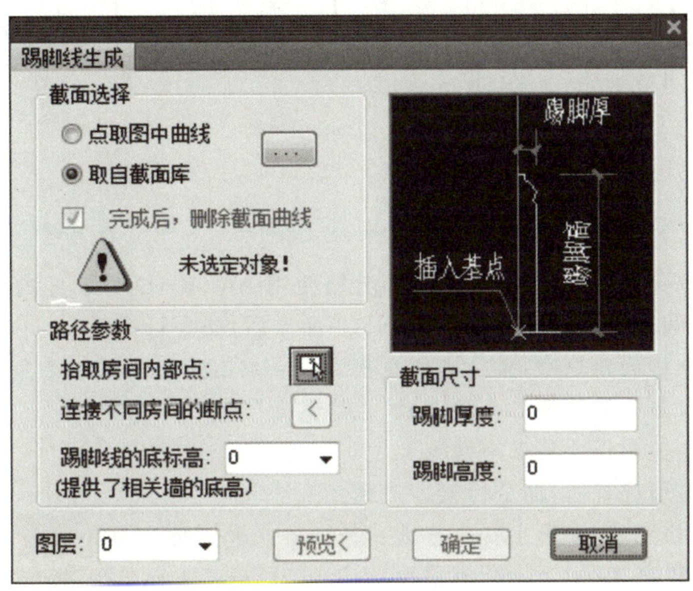

图6-12 “踢脚线生成”对话框

✧【练习6-6】 加踢脚线练习。

具体步骤如下：

(1)按Ctrl+O组合键，打开本书配套附件“第6章\加踢脚线素材”。

(2)单击【加踢脚线】(JTJX)菜单命令，弹出图6-13所示的对话框。

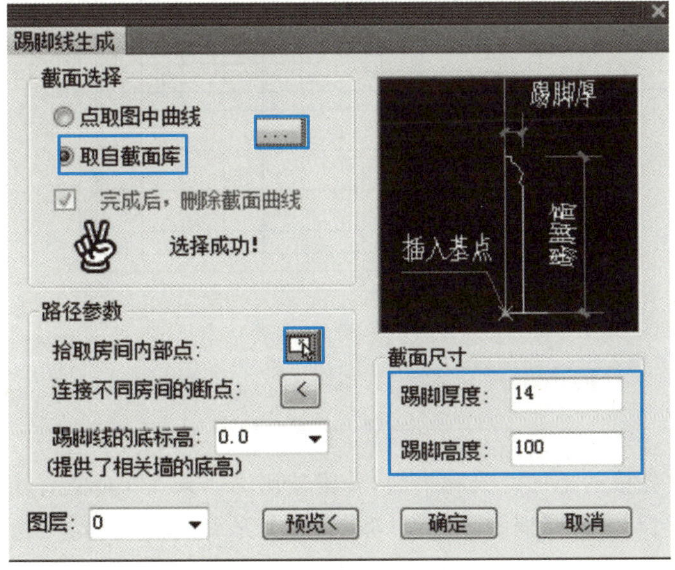

图6-13 设置踢脚线参数

(3)单击，出现天正图库管理系统，选择踢脚线样式。

(4)单击，拾取房间内部点，选择需要生成踢脚线的房间。

(5)单击“确定”按钮完成踢脚线的绘制，结果如图 6-14 所示。

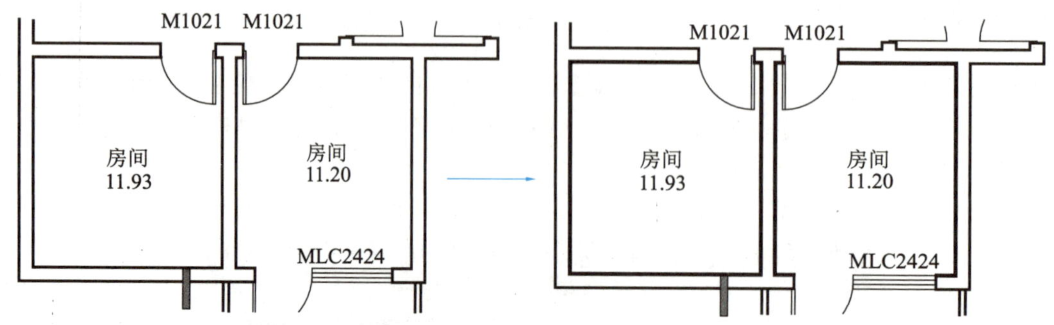

图 6-14　绘制踢脚线

6.2.2　奇数分格

本命令用于绘制按奇数分格的地面或天花平面，分格使用 AutoCAD 对象直线(LINE)绘制。

单击【房间屋顶】→【房间布置】→【奇数分格】(JSFG)命令后，命令行提示：

请用三点定一个奇数分格的四边形，第一点＜退出＞：(点取四边形的第一个角点)

第二点＜退出＞：(点取四边形的第二个角点)

第三点＜退出＞：(点取四边形的第三个角点)

在点取三个点定出四边形位置后，命令行接着提示：

第一、二点方向上的分格宽度(小于 100 为格数)＜500＞：(选择默认 500，按空格键确认)

第二、三点方向上的分格宽度(小于 100 为格数)＜500＞：(选择默认 500，按空格键确认)

响应后随即使用直线(LINE)绘制出按奇数分格的天花平面，且在中心位置出现对称轴，如图 6-15 所示。

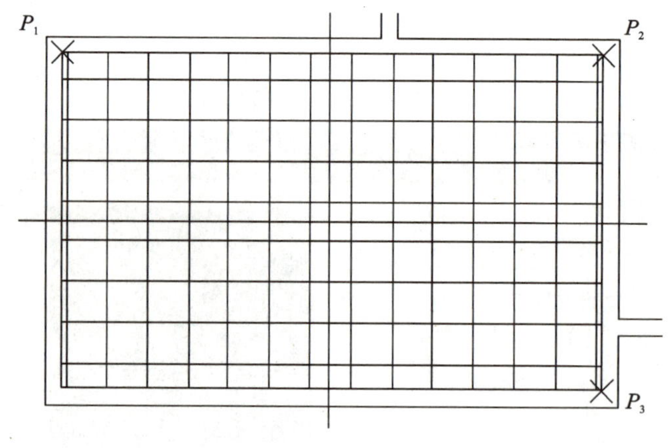

图 6-15　奇数分格

6.2.3　偶数分格

本命令用于绘制按偶数分格的地面或天花平面，分格使用 AutoCAD 对象直线(LINE)绘制。

单击【房间屋顶】→【房间布置】→【偶数分格】(OSFG)命令后，命令行提示与奇数分格相同，只是分格是偶数，不出现对称轴。

6.3 洁具的布置

洁具是卫生间、盥洗间等的重要设备，也是水电专业设置水管等走向、规格的重要依据，T20 天正建筑提供了快捷的洁具布置方法。

6.3.1 布置洁具

本命令用于从洁具图库中调用二维天正图块，以快速绘制相关图形，T20 天正建筑中支持洁具沿弧墙布置，洁具布置默认参数依照《民用建筑设计通则》(GB 50352—2005)中的规定。

单击【房间屋顶】→【房间布置】→【布置洁具】(BZJJ)命令后，显示图 6-16 所示的洁具图库。

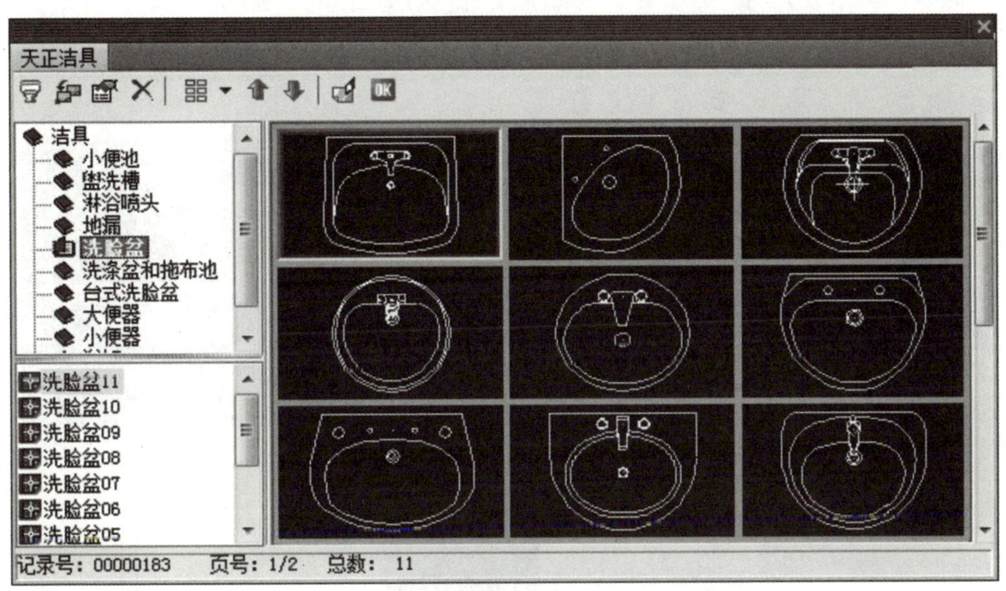

图 6-16 “天正洁具”图库

布置普通洗脸盆、大小便器、淋浴喷头、洗涤盆时，在“天正洁具”图库中双击所需布置的卫生洁具，屏幕弹出相应的布置洁具对话框，如图 6-17 所示。

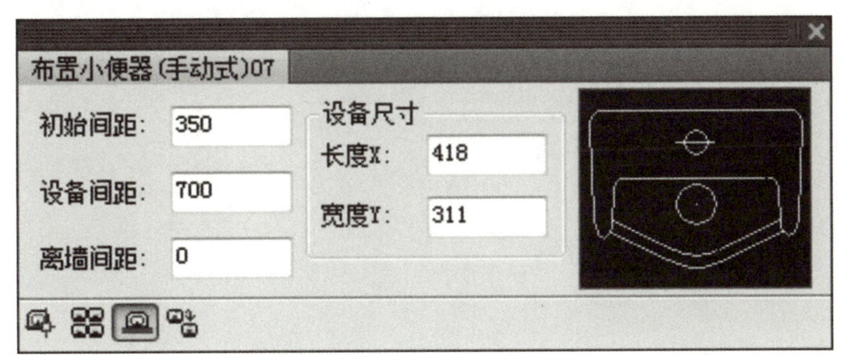

图 6-17 “布置小便器”对话框

初始间距：侧墙和背墙同材质时，第一个洁具插入点与墙角点的默认距离。

设备间距：插入的多个卫生设备的插入点之间的间距。

离墙间距：插入坐便器时紧靠墙边布置，插入点至墙边的距离为 0，蹲便器时默认为 300。

✧【练习 6-7】 布置洁具练习。

具体步骤如下：

(1)按Ctrl+O组合键，打开本书配套附件“第6章\布置洁具素材”，如图6-18所示。

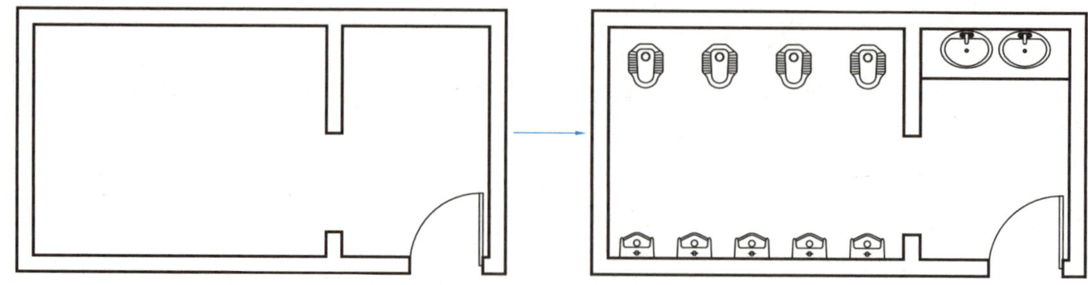

图6-18　布置洁具练习

(2)单击【布置洁具】(BZJJ)菜单命令，在“天正洁具”图库中选择台式洗脸盆，双击“洗脸盆01”，在弹出的对话框中保持默认参数不变，单击“沿墙内侧边线布置”图标，如图6-19所示。

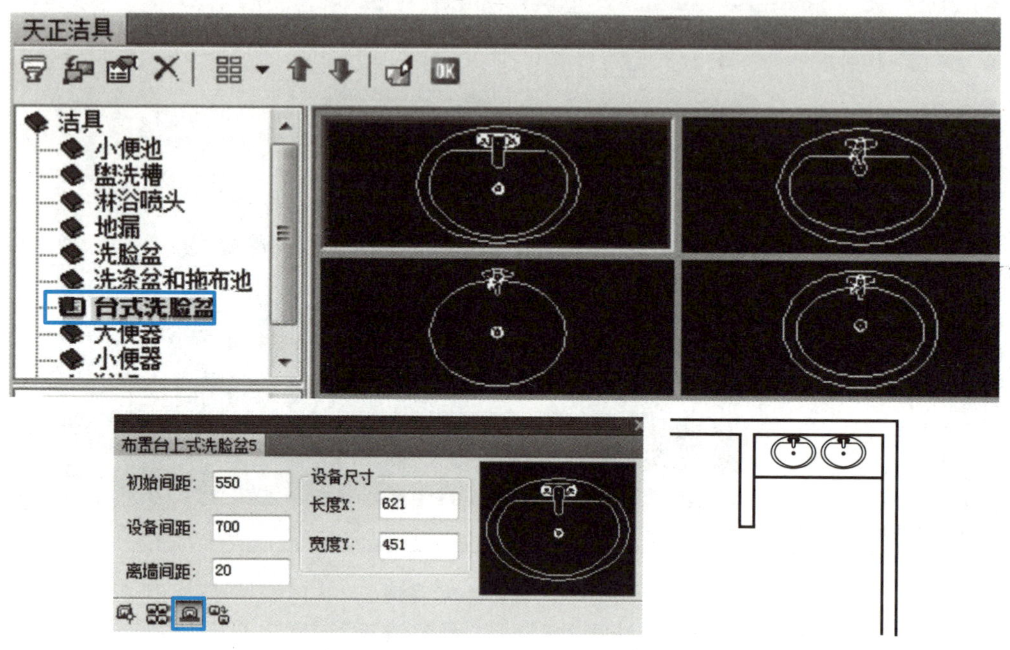

图6-19　布置洗脸盆

命令行提示：

请选择沿墙边线＜退出＞：

是否为该对象？[是(Y)/否(N)]＜Y＞：Y

插入第一个洁具[插入基点(B)]＜退出＞：

下一个＜结束＞：

下一个＜结束＞：

台面宽度＜600＞：

台面长度＜1800＞：

请选择沿墙边线＜退出＞：

(3)单击【布置洁具】(BZJJ)命令，选择小便器，双击“小便器07”，在弹出的对话框中保持默认参数不变，单击“沿墙内侧边线布置”图标，如图6-20所示。

命令行提示：

请选择沿墙边线＜退出＞：

插入第一个洁具[插入基点(B)]＜退出＞：

下一个＜结束＞：

下一个<结束>：

……

下一个<结束>：

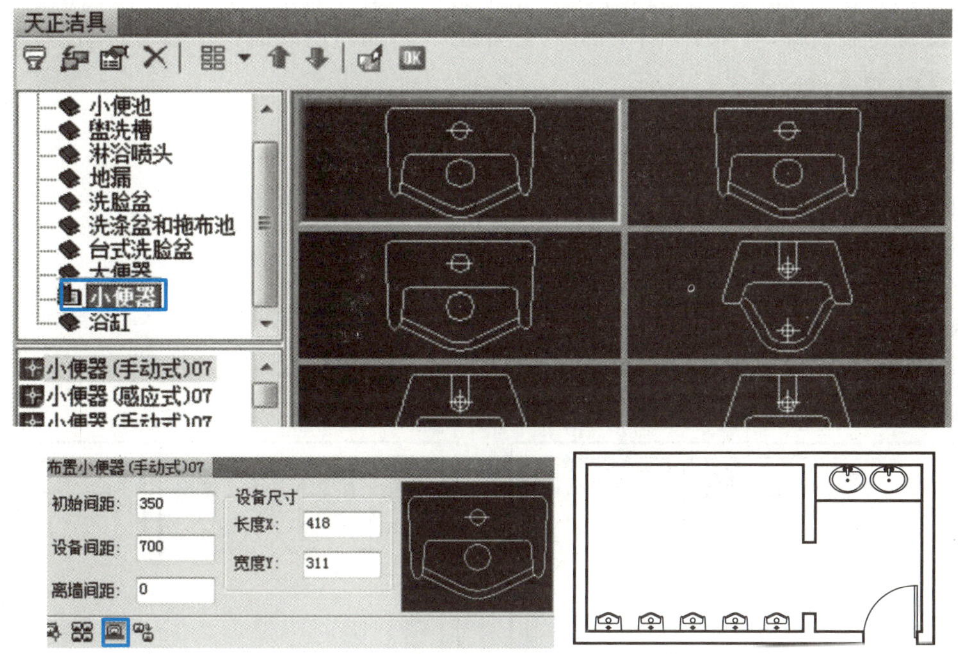

图 6-20　布置小便器

(4)单击【布置洁具】(BZJJ)命令，选择大便器，双击“蹲便器(感应式)”，在弹出的对话框中保持默认参数不变，单击“沿墙内侧边线布置”图标，如图 6-21 所示。

命令行提示同布置小便器。

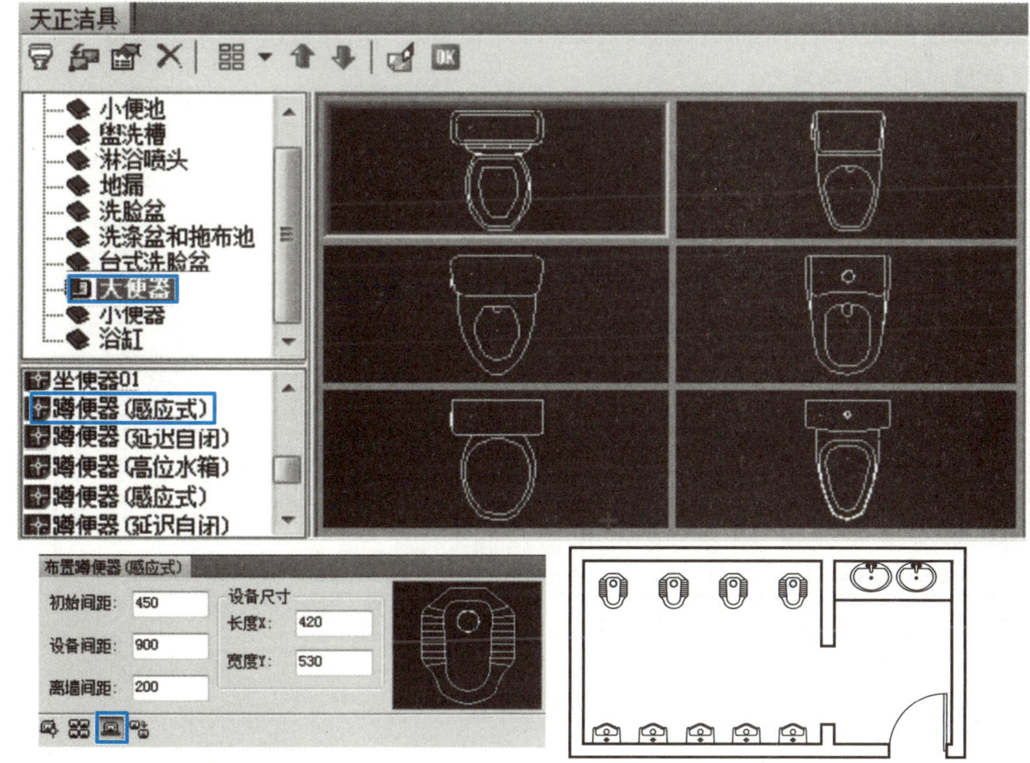

图 6-21　布置大便器

6.3.2 布置隔断

本命令通过两点选取已经插入的洁具布置卫生间隔断，须先布置洁具才能执行。隔板与门采用了墙对象和门窗对象，支持对象编辑；墙类型由于使用卫生隔断类型，隔断内的面积不参与房间划分与面积计算。

✧【练习 6-8】 布置隔断练习。

具体步骤如下：

(1)按 Ctrl+O 组合键，打开本书配套附件“第 6 章\布置隔断素材”。

(2)单击【房间屋顶】→【房间布置】→【布置隔断】(BZGD)命令后，命令行提示：

输入一直线来选洁具，起点：(点取靠近端墙的洁具外侧)

终点：(第二点，过要布置隔断的一排洁具的另一端)

隔板长度<1200>：(输入新值或按回车键用默认值)

隔断门宽<600>：(输入新值或按回车键用默认值)

布置隔断的实例图如图 6-22 所示。

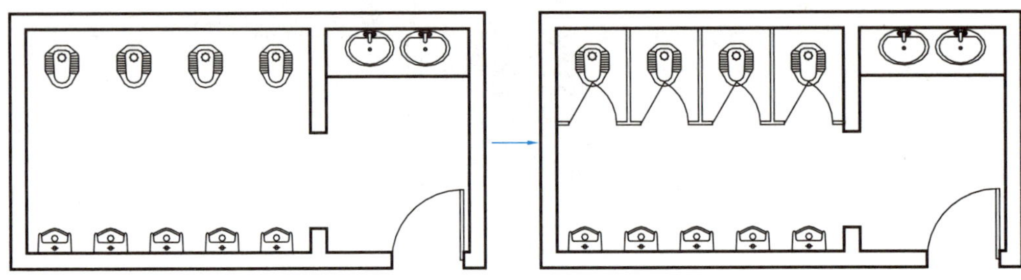

图 6-22 布置隔断

6.3.3 布置隔板

通过两点选取已经插入的洁具布置隔板，主要用于小便器之间的隔板。

✧【练习 6-9】 布置隔板练习。

具体步骤如下：

(1)按 Ctrl+O 组合键，打开本书配套附件“第 6 章\布置隔板素材”。

(2)单击【房间屋顶】→【房间布置】→【布置隔板】(BZGB)命令后，命令行提示：

输入一直线来选洁具，起点：(点取靠近端墙的洁具外侧)

终点：(第二点，过要布置隔断的一排洁具的另一端)

隔板长度<400>：(输入新值或按回车键用默认值，命令执行结果如图 6-23 所示)

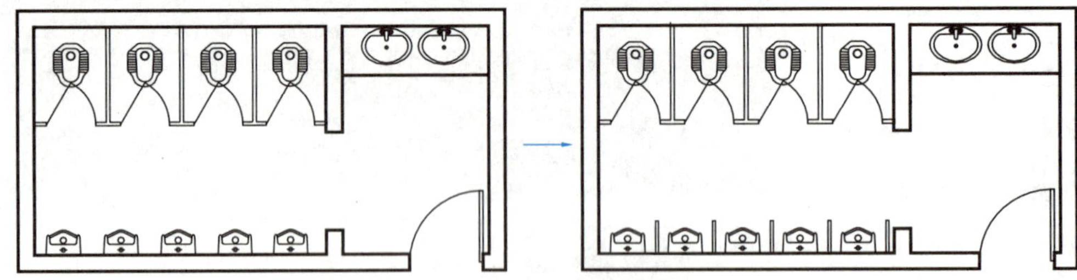

图 6-23 布置隔板

6.4 屋顶的创建

屋顶是建筑的重要组成部分，T20 天正建筑提供了多种屋顶的造型功能，包括人字坡顶、任意坡顶、矩形

屋顶(包括歇山屋顶和攒尖屋顶),用户也可以利用三维造型工具自建其他形式的屋顶,可用于天正节能和天正日照模型。

6.4.1 搜屋顶线

屋顶线在属性上为一个闭合的 PLINE 线,可以作为屋顶轮廓线,进一步绘制出屋顶的平面施工图,也可以用于构造其他楼层平面轮廓的辅助边界或用于外墙装饰线脚的路径。

✧【练习 6-10】 搜屋顶线练习。

具体步骤如下:

(1)按 Ctrl+O 组合键,打开本书配套附件“第 6 章\搜屋顶线素材”。

(2)单击【搜屋顶线】(SWDX)菜单命令后,命令行提示:

请选择构成一完整建筑物的所有墙体(或门窗):(应选择组成同一个建筑物的所有墙体,以便系统自动搜索出建筑外轮廓线)

请选择构成一完整建筑物的所有墙体(或门窗):(按回车键结束选择)

偏移外皮距离<600>:(输入屋顶的出檐长度或按回车键接受默认值结束)

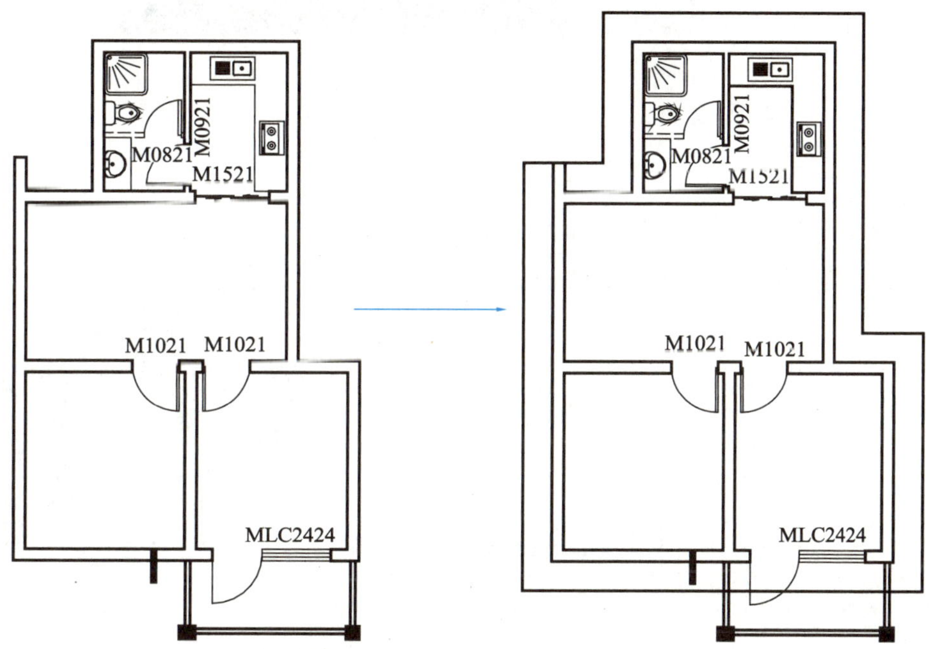

图 6-24 生成屋顶线

命令执行后系统自动生成屋顶线,如图 6-24 所示。在个别情况下屋顶线有可能自动搜索失败,用户可沿外墙外皮绘制一条封闭的多段线(PLINE),然后用 Offset 命令偏移出一个屋檐挑出长度,之后可把它当作屋顶线进行操作。

6.4.2 人字坡顶

【人字坡顶】命令以闭合的 PLINE 为屋顶边界生成人字坡屋顶和单坡屋顶。

✧【练习 6-11】 人字坡顶练习。

具体步骤如下:

(1)按 Ctrl+O 组合键,打开本书配套附件“第 6 章\人字坡顶素材”。

(2)单击【人字坡顶】(RZPD)菜单命令后,命令行提示:

请选择一封闭的多段线<退出>:(选择作为坡屋顶边界的多段线)

请输入屋脊线的起点<退出>:(在屋顶一侧边界上给出一点作为屋脊起点)

请输入屋脊线的终点<退出>:(在起点对面一侧边界上给出一点作为屋脊终点)

注意:屋脊起点和终点都取外边线时定义为单坡屋顶。

进入"人字坡顶"对话框,在其中设置屋顶参数,如图 6-25 所示。

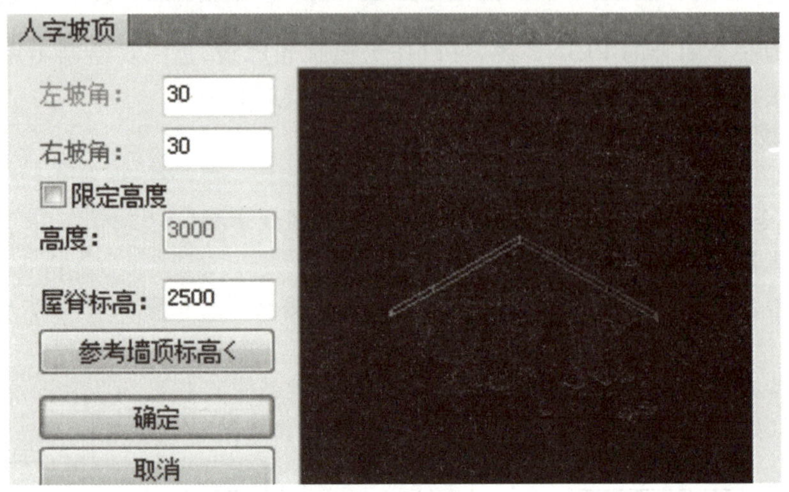

图 6-25 "人字坡顶"对话框

参数输入后单击"确定"按钮,随即创建人字坡顶,如图 6-26 所示。

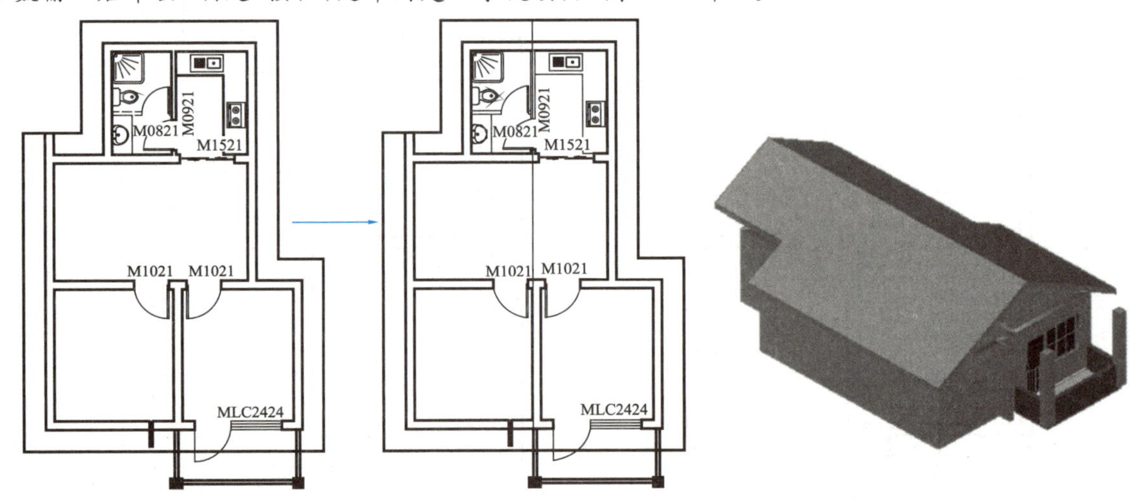

图 6-26 创建人字坡顶

注意:(1)勾选"限定高度"后可以按设计的屋顶高创建对称的人字坡顶,此时如果拖动屋脊线,屋顶依然维持坡顶标高和檐板边界范围不变,但两坡不再对称,屋顶高度不再有意义。

(2)屋顶对象在特性栏中提供了檐板厚参数,可由用户修改,该参数的变化不影响屋脊标高。

(3)坡顶高度是以檐口起算的,屋脊线不居中时坡顶高度没有意义。

6.4.3 任意坡顶

本命令由封闭的任意形状 PLINE 线生成指定坡度的坡形屋顶,可采用对象编辑单独修改每个边坡的坡度,也可支持布尔运算,而且可以被其他闭合对象裁剪。

✧【练习 6-12】 任意坡顶练习。

具体步骤如下:

(1)按 Ctrl+O 组合键,打开本书配套附件"第 6 章\任意坡顶素材"。

(2)单击【任意坡顶】(RYPD)菜单命令后,命令行提示:

选择一封闭的多段线<退出>:(点取屋顶线)

请输入坡度角<30>:(输入屋顶坡度角)

出檐长<600.000>:(如果屋顶有出檐,输入与搜屋顶线时输入的对应偏移距离,用于确定标高)

随即生成等坡度的四坡屋顶,如图6-27所示,可通过夹点和对话框方式进行修改,屋顶夹点有两种,一是顶点夹点,二是边夹点;拖动夹点可以改变屋顶平面形状,但不能改变坡度。

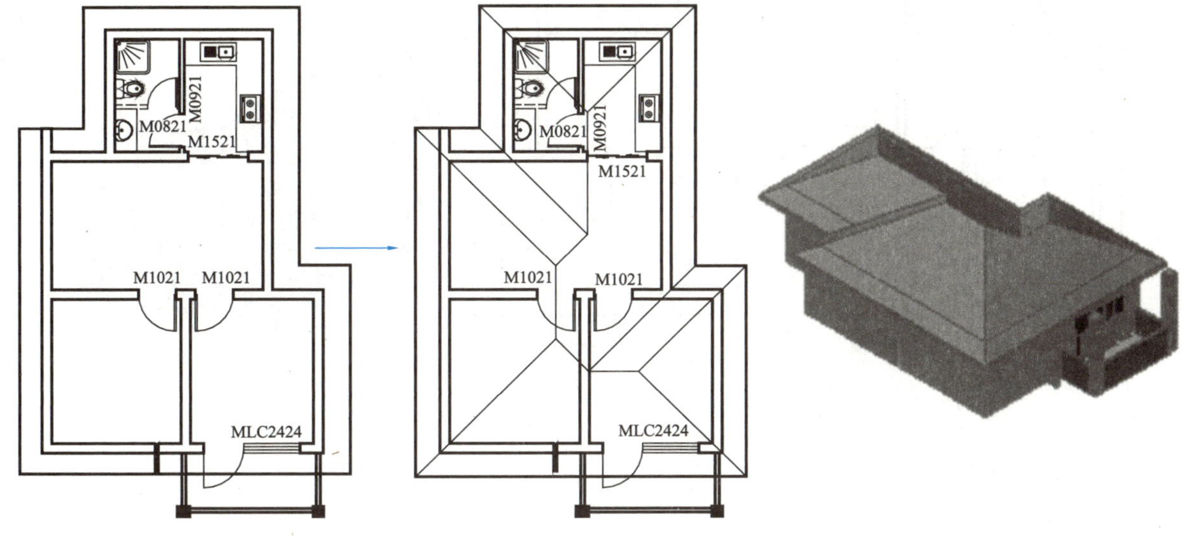

图6-27 创建任意坡顶

6.4.4 加老虎窗

本命令在三维屋顶生成多种老虎窗形式,老虎窗对象提供了墙上开窗功能,并提供了图层设置、窗宽、窗高等多种参数,可通过对象编辑修改。本命令支持米单位的绘制,便于日照软件的配合应用。

✧【练习6-13】 加老虎窗练习。

具体步骤如下:

(1)按Ctrl+O组合键,打开本书配套附件"第6章\加老虎窗素材"。

(2)单击【加老虎窗】(JLHC)菜单命令后,命令行提示:

请选择屋顶:(点取已有的坡屋顶)

进入"老虎窗图层"对话框,如图6-28所示。

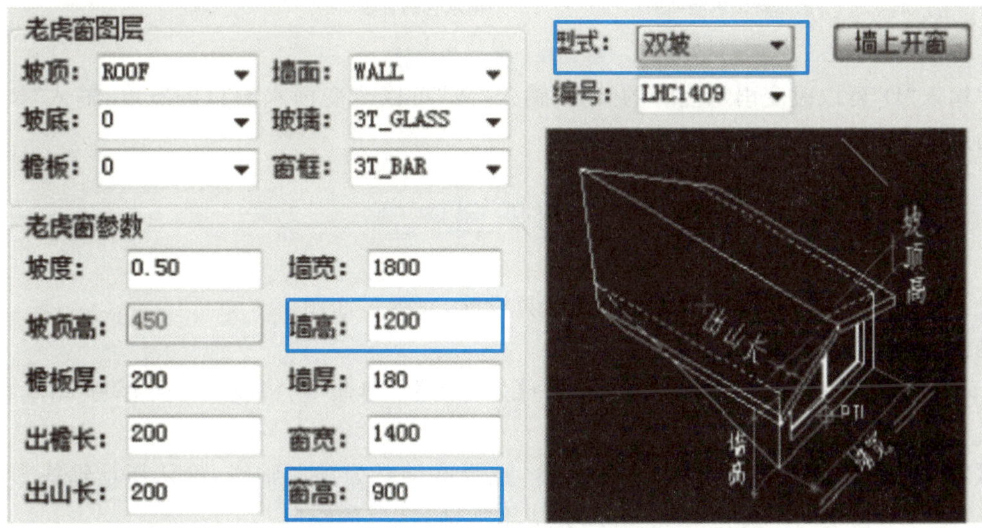

图6-28 "老虎窗图层"对话框

随即程序会在坡顶处插入指定形式的老虎窗，求出与坡顶的相贯线，如图 6-29 所示。双击老虎窗进入对象编辑即可在对话框进行修改，也可以选择老虎窗，按 Ctrl+1 组合键进入特性表进行修改。

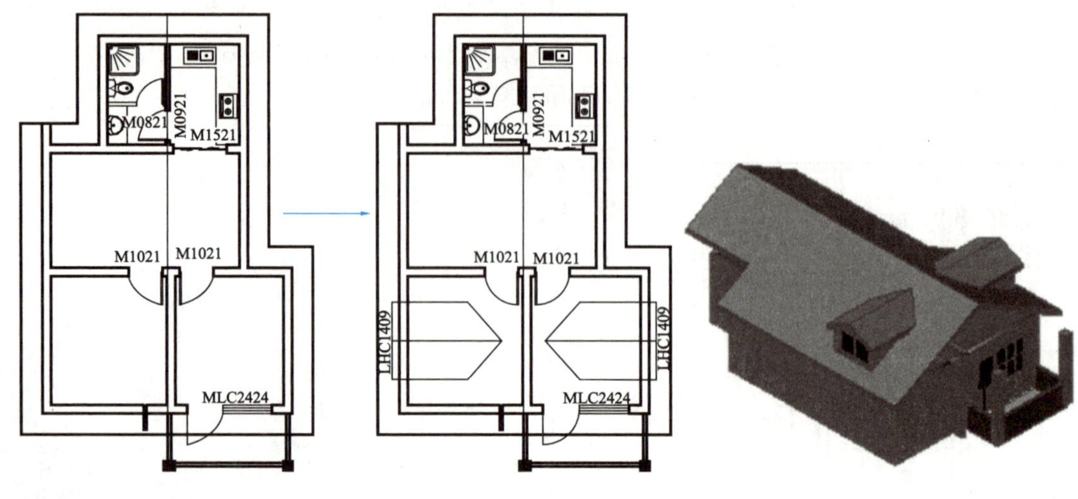

图 6-29　添加老虎窗

6.4.5 加雨水管

本命令可在屋顶平面图中绘制雨水管穿过女儿墙或檐板的图例，并可提供洞口宽和雨水管的管径大小的设置。

单击【房间屋顶】→【加雨水管】(JYSG)命令后，命令行提示：

当前管径为 200，洞口宽 140

请给出雨水管入水洞口的起始点[参考点(R)/管径(D)/洞口宽(W)]<退出>：(点取雨水管入水洞口的起始点)

出水口结束点[管径(D)/洞口宽(W)]<退出>：(点取雨水管出水洞口的结束点)

在平面图中即绘制好雨水管位置的图例，如图 6-30 所示。

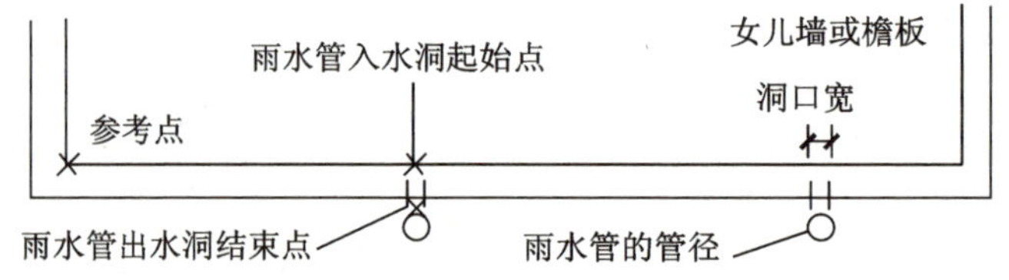

图 6-30　添加雨水管

在命令中输入“D”可以改变雨水立管的管径，输入“W”可以改变雨水洞口的宽度，输入“R”给出雨水管入水洞口起始点的参考定位点。

6.5 实战演练——完善某办公楼洁具布置

本节综合运用前面所学知识，绘制某办公楼洁具设施，完善平面图。

1. 添加轴线，补绘卫生间墙体

(1)打开 5.6 节最后保存的文件，单击【文件】→【另存为】菜单命令，将该文件另存为“第 6 章 6.5 完善某办公楼室洁具布置.dwg”。

(2)单击【轴网柱子】→【添加轴线】(TJZX)命令，选择Ⓑ轴线为参考轴线，确认新增轴线为附加轴线，确认重排轴号，给定参考轴线的距离为 2400 mm，完成附加轴号 1/B 的绘制。

(3)单击【墙体】→【绘制墙体】(HZQT)命令，选择【直墙】的方式，绘制墙体，如图 6-31 所示。

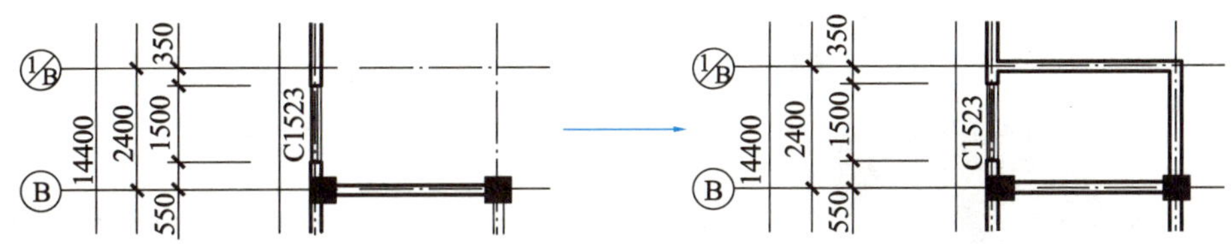

图 6-31 添加轴线，补绘卫生间墙体

2. 绘制卫生间门

(1)单击【门窗】→【插门】(CM)命令，在弹出的对话框中设置门类型为"平开门"，门宽为 900 mm，门高为 2100 mm，门槛高为 0，编号为"自动编号"，单击"垛宽定距插入"图标设置垛宽为 200 mm，在适当的位置插入卫生间门。

(2)单击【门窗】→【门窗工具】→【门口线】(MKX)命令，在新绘制的卫生间门内侧添加门口线，最终结果如图 6-32 所示。

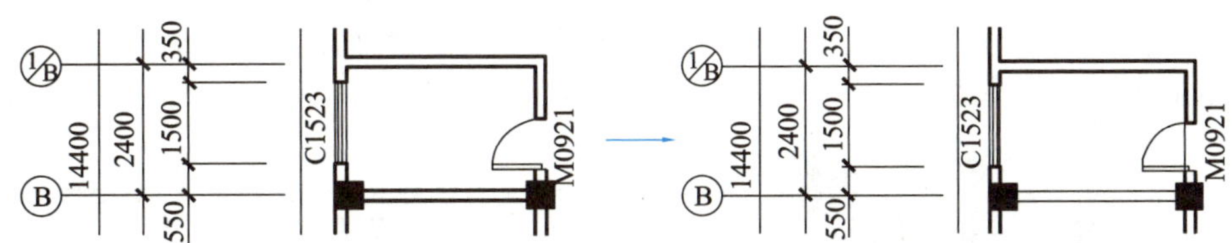

图 6-32 插入卫生间门，添加门口线

3. 布置卫生间洁具

(1)布置大便器。

①单击【房间屋顶】→【房间布置】→【布置洁具】(BZJJ)命令，弹出"天正洁具"图库，在左上栏目中选择"洁具"→"大便器"，在左下栏目中选择"坐便器 12"或者在右侧预览框中双击所需要布置的卫生洁具，根据弹出的对话框，保持数据默认，以"沿墙内侧边线布置"的方式在图中布置洁具，如图 6-33 所示。

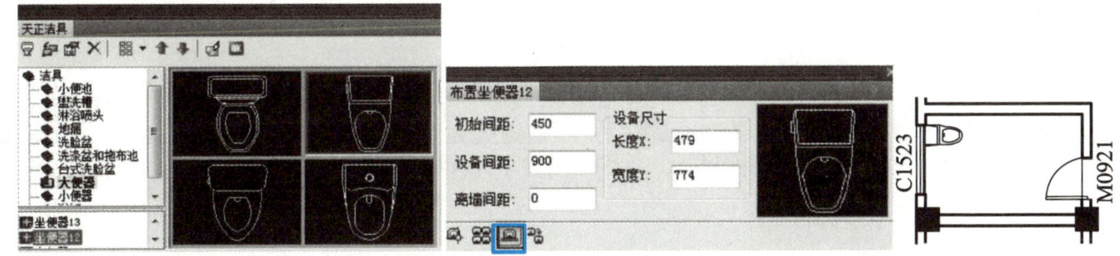

图 6-33 布置坐便器

②单击【房间屋顶】→【房间布置】→【布置隔断】(BZGD)命令，以一条画过洁具的直线来选择需要布置隔断的洁具，确认隔断间距由默认 800 mm 改为 900 mm，隔断长度默认为 1200 mm，隔断门宽默认为 600 mm，按回车键结束布置隔断命令，结果如图 6-34 所示。

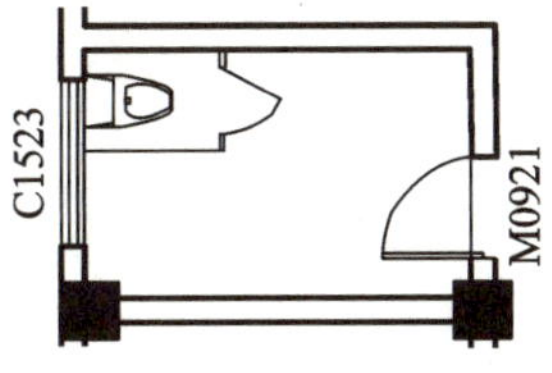

图 6-34 布置隔断

(2)布置台式洗脸盆。

单击【房间屋顶】→【房间布置】→【布置洁具】(BZJJ)命令，弹出"天正洁具"图库，在左上栏目中选择"洁具"→"台式洗脸盆"，在左下栏目中选择"台上式洗脸盆 4"或者在右侧预览框中双击所需要布置的卫生洁具，根据弹出的对话框，保持数据默认，以"沿墙内侧边线布置"的方式在图中布置洁具，以卫生间左下柱子与左侧墙体交会处内侧为"插入基点"，不继续下一点操作，确认台面宽度默认为 600 mm，台面长度由默认

1100 mm 改为 1287 mm，移动台面到合适的位置，结果如图 6-35 所示。

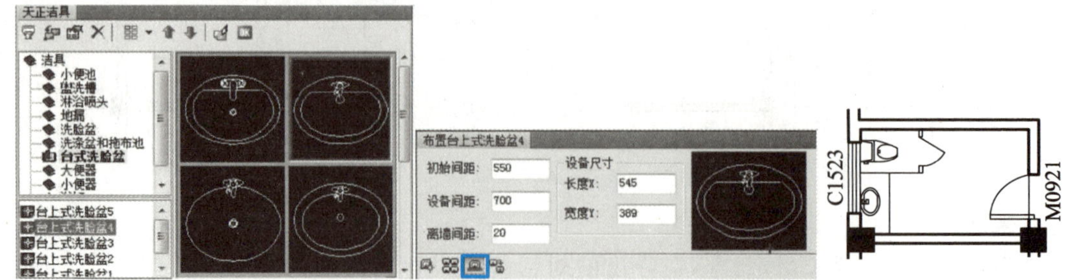

图 6-35　布置台式洗脸盆

(3)布置小便器。

①单击【房间屋顶】→【房间布置】→【布置洁具】(BZJJ)命令，弹出“天正洁具”图库，在左上栏目中选择“洁具”→“小便器”，在左下栏目中选择“小便器(手动式)07”或者在右侧预览框中双击所需要布置的卫生洁具，根据弹出的对话框，保持数据默认，以“沿墙内侧边线布置”的方式在图中布置洁具，如图 6-36 所示。

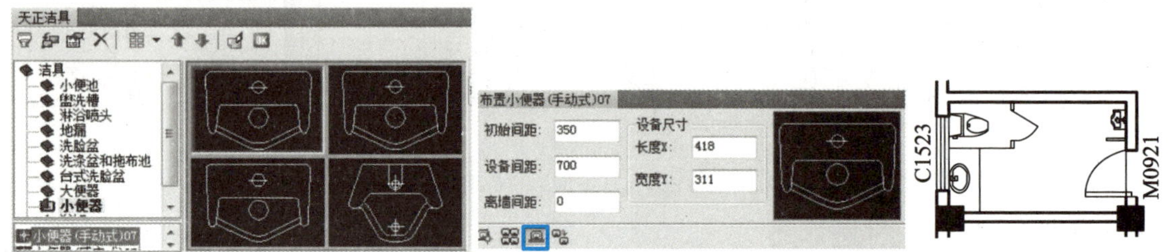

图 6-36　布置小便器

②单击【房间屋顶】→【房间布置】→【布置隔板】(BZGB)命令，以一条画过洁具的直线来选择需要布置隔板的洁具，确认隔板间距默认为 800 mm，隔板长度默认为 400 mm，按回车键结束命令，结果如图 6-37 所示。

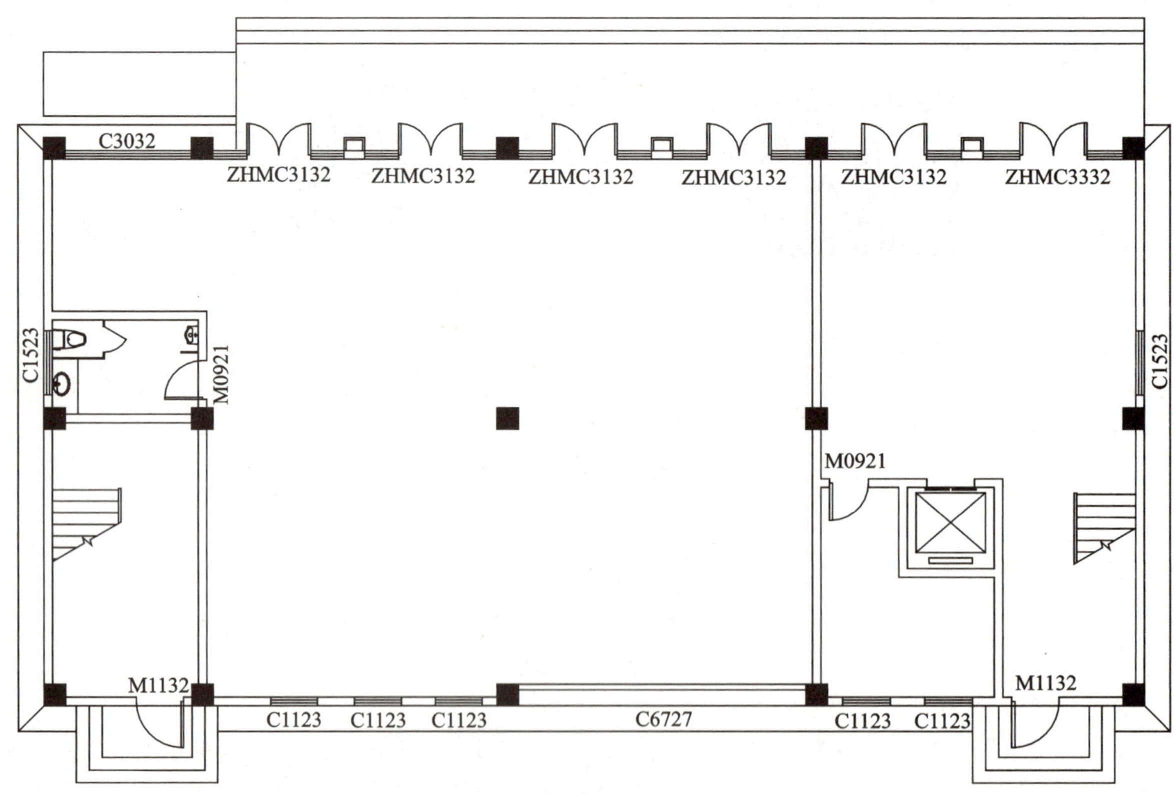

图 6-37　布置隔板

(4)按 Ctrl＋S 组合键快速保存，结束本次操作。

7　文字、尺寸和符号标注

本章导读

建筑平面图绘制完成后，应根据需要添加文字说明、尺寸标注和符号。文字说明、尺寸标注和符号是建筑施工图中的一个重要组成部分。本章主要介绍文字说明、尺寸标注和符号的创建方法及编辑方法。

学习目标

✧ 熟悉并掌握文字样式的创建与文字的创建和编辑方法。
✧ 掌握尺寸标注的创建与编辑方法。
✧ 掌握符号标注的创建与编辑绘制方法。

7.1　文字工具

文字、表格的绘制在建筑制图中占有重要地位，所有符号标注和尺寸标注的注写离不开文字内容，而对于必不可少的设计说明，整个图面主要是由文字和表格所组成。

7.1.1　文字样式

本命令为天正自定义文字样式的组成，设定中西文字体各自的参数。

单击【文字表格】→【文字样式】(WZYS)菜单命令后，显示图 7-1 所示的对话框。

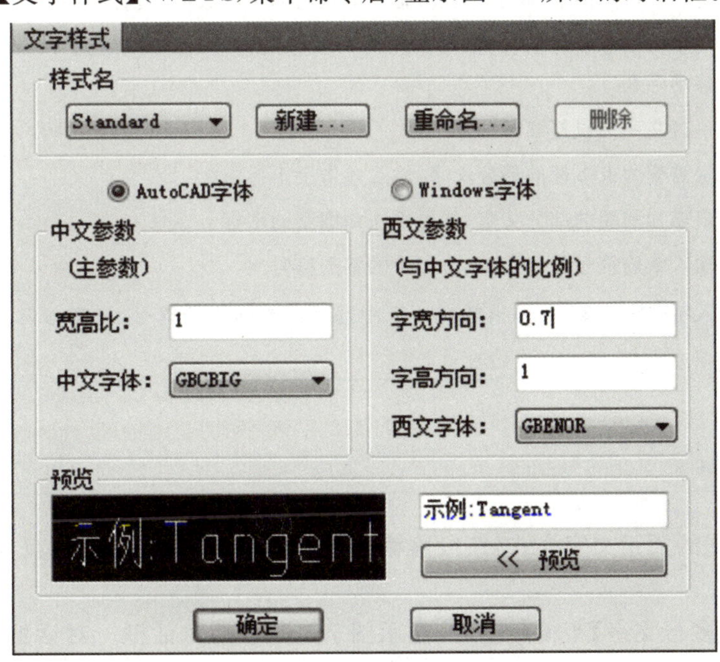

图 7-1　“文字样式”对话框

文字样式由分别设定参数的中西文字体和 Windows 字体组成，由于天正扩展了 AutoCAD 的文字样式，可以分别控制中西文字体的宽度和高度，达到文字的名义高度与实际可量度高度统一的目的，字高由使用文字样式的命令确定。

7.1.2 单行文字

本命令使用已经建立的天正文字样式，输入单行文字，可以方便为文字设置上下标、加圆圈、添加特殊符号、导入专业词库内容。

单击【文字表格】→【单行文字】(DHWZ)菜单命令后，显示图 7-2 所示的对话框。对话框中各控件及功能说明见表 7-1。

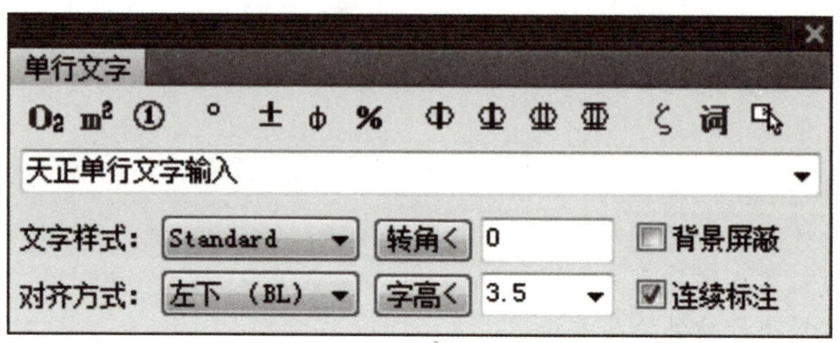

图 7-2 “单行文字”对话框

表 7-1 “单行文字”对话框中各控件及功能说明

控件	功能
文字输入列表	可供输入文字符号；在列表中保存已输入的文字，方便重复输入同类内容，在下拉列表中选择其中一行文字后，该行文字复制到首行
文字样式	在下拉列表中选用已由 AutoCAD 或天正文字样式命令定义的文字样式
对齐方式	选择文字与基点的对齐方式
转角<	输入文字的转角
字高<	表示最终图纸打印的字高，而非在屏幕上测量出的字高数值，两者有一个绘图比例值的倍数关系
背景屏蔽	勾选后文字可以遮盖背景(例如填充图案)，本选项利用 AutoCAD 的 WipeOut 图像屏蔽特性，屏蔽作用随文字移动存在
连续标注	勾选后单行文字可以连续标注
上下标	鼠标选定需变为上下标的部分文字，然后单击上下标图标
加圆圈	鼠标选定需加圆圈的部分文字，然后单击加圆圈的图标
钢筋符号	在需要输入钢筋符号的位置，单击相应的钢筋符号
其他特殊符号	单击进入特殊字符集，在弹出的对话框中选择需要插入的符号，三角形标高符号需要 Windows 字体支持

7.1.3 多行文字

本命令使用已经建立的天正文字样式，按段落输入多行文字，可以方便设定页宽与硬转行位置，并随时拖动夹点改变页宽。

单击【文字表格】→【多行文字】菜单命令后，显示图 7-3 所示的对话框。对话框中各控件及功能说明见表 7-2。

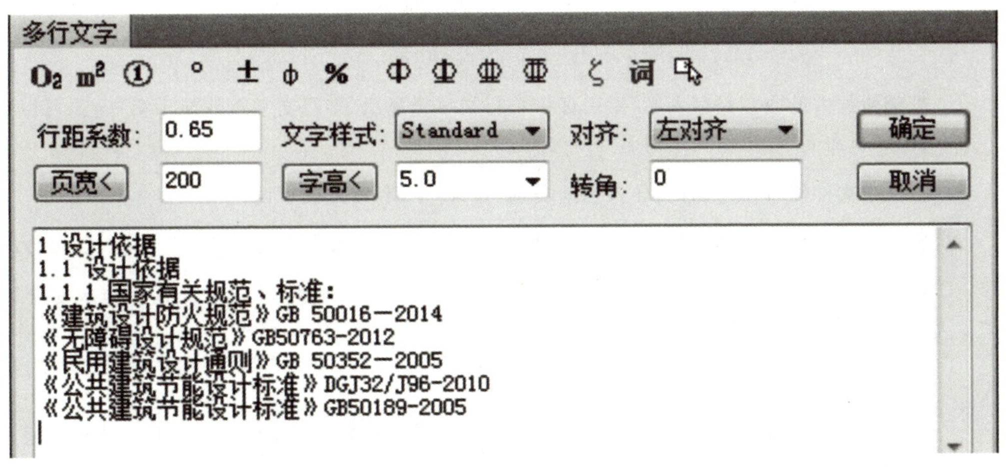

图 7-3 “多行文字”对话框

表 7-2 “多行文字”对话框中各控件及功能说明

控件	功能
文字输入区	在其中输入多行文字，也可以接受来自裁剪板的其他文本编辑内容，如由 Word 编辑的文本可以通过 Ctrl+C组合键拷贝到裁剪板，再由 Ctrl+V 组合键输入到文字编辑区，在其中随意修改内容。允许硬转行，也可以由页宽控制段落的宽度
行距系数	与 AutoCAD 的 MTEXT 中的行距有所不同，本系数表示的是行间的净距，单位是当前的文字高度，比如“1”为两行间相隔一空行，本参数决定整段文字的疏密程度
字高<	以毫米单位表示打印出图后的实际文字高度，已经考虑当前比例
对齐	决定了文字段落的对齐方式，共有左对齐、右对齐、中心对齐、两端对齐四种对齐方式

注：其他控件的含义与“单行文字”对话框相同。

输入文字内容编辑完毕以后，单击“确定”按钮完成多行文字输入，本命令的自动换行功能特别适合输入以中文为主的设计说明文字。

多行文字对象设有两个夹点，左侧的夹点用于整体移动，而右侧的夹点用于拖动改变段落宽度，当宽度小于设定时，多行文字对象会自动换行，而最后一行的结束位置由该对象的对齐方式决定。

多行文字的编辑考虑排版的因素，默认双击进入“多行文字”对话框，而不推荐使用在位编辑，但是可通过右键菜单进入在位编辑功能。

7.1.4 专业词库

专业词库是天正建筑提供的一个可以由用户扩充的专业词库，提供一些常用的建筑专业词汇和多行文字段落随时插入图中。在天正建筑中，词汇可以在文字编辑区进行内容修改(更改或添加多行文字)，单击“修改索引”按钮把原词汇作为索引使用，单击“入库”按钮可直接保存多行文字段落。

单击【文字表格】→【专业词库】(ZYCK)菜单命令后，显示图 7-4 所示的对话框，在其中可以输入和输出词汇、多行文字段落以及材料做法。对话框中各控件及功能说明见表 7-3。

表 7-3 “专业词库”对话框中各控件及功能说明

控件	功能
词汇分类	在词库中按不同专业提供分类机制，也称为分类或目录，一个目录下可以创建多个子目录，列表存放很多词汇
词汇索引表	按分类组织词汇索引表，对应一个词汇分类的列表存放多个词汇或者索引，材料做法中默认为索引，单击鼠标右键以“重命名”修改

续表

控件	功能
入库	把编辑框内的内容保存入库，索引区中单行文字全显示，多行文字默认显示第一行，可以通过单击鼠标右键以“重命名”修改作为索引名
导入文件	把文本文件按行作为词汇，导入当前类别(目录)中，有效扩大了词汇量
输出文件	在文件对话框中可选择把当前类别中所有的词汇输出为文本文档或 XML 文档，目前 txt 只支持词条
文字替换＜	在对话框中选择目标文字，然后单击此按钮，按照命令行提示“请选择要替换的文字图元＜文字插入＞:”选取打算替换的文字对象
拾取文字＜	把图上的文字拾取到编辑框中进行修改或替换
修改索引	在文字编辑区修改打算插入的文字(按回车键可增加行数)，单击此按钮后更新词汇列表中的词汇索引
字母按钮	以英文字母排序检索，用于快速检索到词汇表中与之对应的第一个词汇

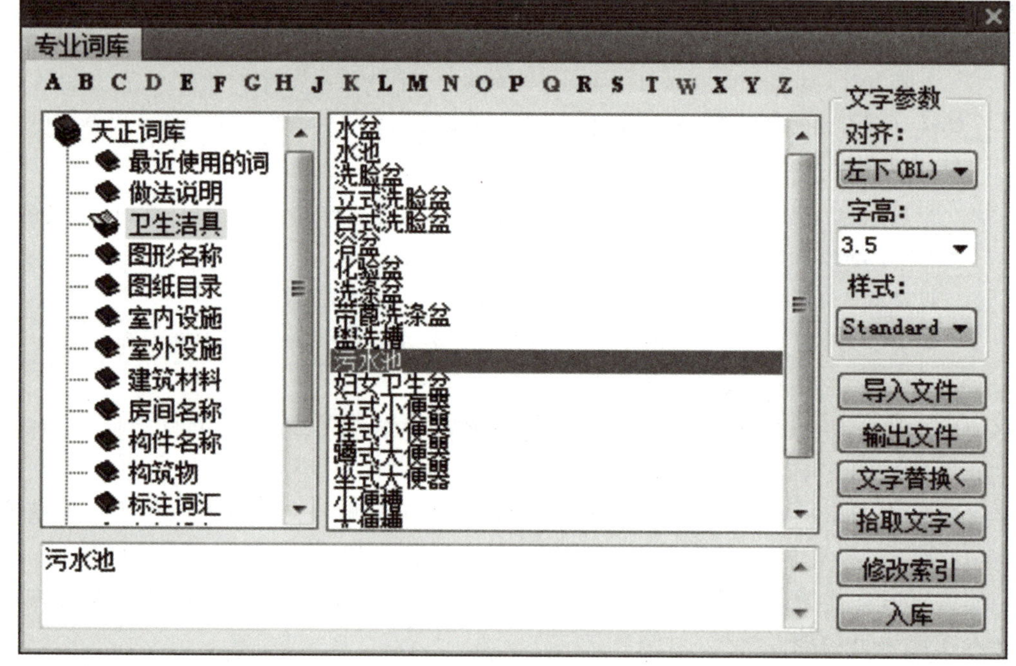

图 7-4 “专业词库”对话框

选定词汇后，命令行连续提示：

请指定文字的插入点＜退出＞:(编辑好的文字可一次或多次插入到适当位置，按回车键结束)

本专业词库提供了多组常用的施工做法词汇，与【做法标注】命令结合使用，可快速标注“墙面”“楼面”“屋面”的 88J1-X1(2000 版)图集标准做法。

7.1.5 递增文字

本命令用于附带有序数的天正单行文字、CAD 单行文字、图名标注、剖面剖切、断面剖切以及索引图名，支持的文字内容包括数字(如 1、2、3)、字母(如 A、B、C，a、b、c)、中文数字(如一、二、三)，同时对序数进行递增或者递减的复制操作，如图 7-5 所示。

单击【文字表格】→【递增文字】(DZWZ)菜单命令后，命令行提示：

请选择要递增拷贝的文字(注：同时按 Ctrl 键进行递减拷贝，仅对单个选中字符进行操作)＜退出＞:(选择文字中的序数中的变化位，如 7-5 图中的 1)

请指定基点:(给出复制基点位置)
请点取插入位置<退出>:(给出复制的目标位置)
请点取插入位置<退出>:(给出其他目标位置)

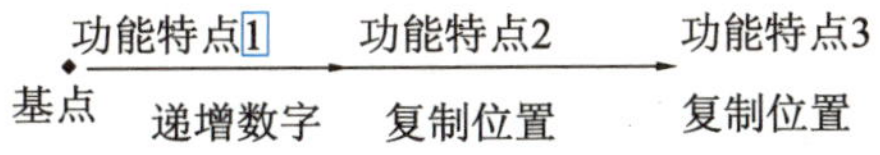

功能特点1 功能特点2 功能特点3
基点 递增数字 复制位置 复制位置

图 7-5 递增文字

图 7-5 实例中,递增的文字选"功能特点 1",逐次递增为"功能特点 2""功能特点 3"。

7.1.6 转角自纠

本命令用于翻转调整图中单行文字的方向,符合制图标准对文字方向的规定,可以一次选取多个文字一起纠正。

单击【文字表格】→【转角自纠】(ZJZJ)菜单命令后,命令行提示:

请选择天正文字<退出>:(点取要翻转的文字后按回车键,其文字即按国家标准规定的方向作相应的调整)

7.1.7 文字转化

本命令将 AutoCAD 格式单行文字转化为天正文字,保持原来每一个文字对象的独立性,不对其进行合并处理。

单击【文字表格】→【文字转化】(WZZH)菜单命令后,命令行提示:

请选择 AutoCAD 单行文字:(可以一次选择图上的多个文字串,按回车键结束,报告如下)

全部选中的 N 个 AutoCAD 文字成功的转化为天正文字!

本命令对 AutoCAD 生成的单行文字起作用,但对多行文字不起作用。

7.1.8 文字合并

本命令将 AutoCAD 格式单行文字转化为天正多行文字或者单行文字,同时对其中多行排列的多个 text 文字对象进行合并处理,由用户决定生成一个天正多行文字对象或者一个单行文字对象。

单击【文字表格】→【文字合并】(WZHB)菜单命令后,命令行提示:

请选择要合并的文字段落:(一次选择图上的多个文字串,按回车键结束)

[合并为单行文字(D)]<合并为多行文字>:(按回车键表示默认合并为一个多行文字,输入"D"表示合并为单行文字)

移动到目标位置<替换原文字>:(拖动合并后的文字段落,到目标位置取点定位)

如果要合并的文字是比较长的段落,建议合并为多行文字,否则合并后的单行文字会非常长。

7.1.9 统一字高

本命令将涉及 AutoCAD 文字、天正文字的文字字高按给定尺寸进行统一。

单击【文字表格】→【统一字高】(TYZG)菜单命令后,命令行提示:

请选择要修改的文字(AutoCAD 文字,天正文字)<退出>:(选择需要统一高度的文字)

请选择要修改的文字(AutoCAD 文字,天正文字)<退出>:(退出命令)

字高()<3.5 mm>:4(输入新的统一字高"4",这里的字高也是指完成后的图纸尺寸)

7.1.10 查找替换

本命令查找替换当前图形中所有的文字，但图块内的文字和属性文字除外。

✧【练习7-1】 查找替换练习。

具体步骤如下：

(1)按Ctrl+O组合键，打开本书配套附件“第7章\查找替换素材”。

(2)单击【查找替换】(CZTH)菜单命令，显示图7-6所示的对话框，单击“查找内容”后的选择按钮，在图纸中选择“房间”，在替换中输入“卧室”。

(3)单击“查找位置”下拉列表框，选中“当前选择”，单击选择按钮，选择所需要查找的图纸范围。

(4)单击“全部替换”按钮，在弹出的对话框中单击“确定”按钮，替换后的效果如图7-7所示。

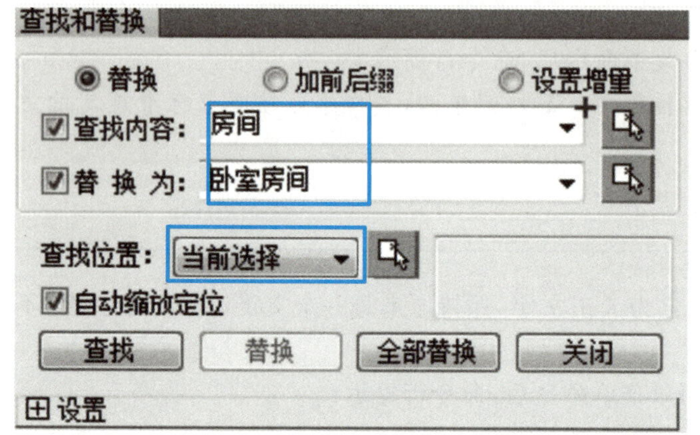

图7-6 “查找和替换”对话框

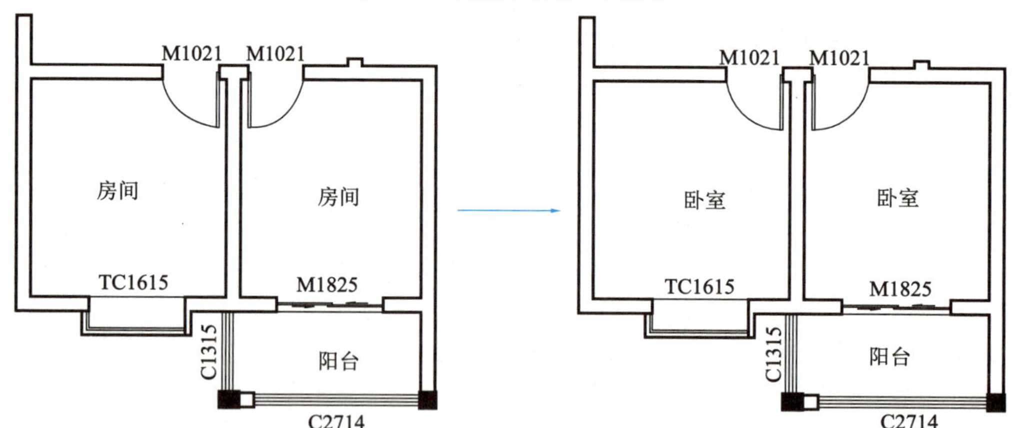

图7-7 查找并替换“房间”为“卧室”

【查找替换】命令提供了三项基本功能，即查找替换、加前后缀、设置增量，大大扩展了AutoCAD同类命令的功能；同时提供了自动缩放定位的辅助功能，在大图中可以准确找到当前替换的目标位置，在相对合适的大小图面下，不希望缩放时需去除勾选。

7.2 天正表格工具

7.2.1 新建表格

本命令通过对话框从已知行列参数新建一个表格，提供以最终图纸尺寸值(毫米)为单位的行高与列宽

的初始值，考虑了当前比例后自动设置表格尺寸大小。

单击【文字表格】→【新建表格】(XJBG)菜单命令后，显示图 7-8 所示的“新建表格”对话框。

新建表格

行数: 4　　行高: 7.0

列数: 3　　列宽: 30.0

标题: 天正表格

☑ 允许使用夹点改变行宽

确定　　取消

图 7-8 “新建表格”对话框

在其中输入表格的标题以及所需的行数和列数，单击“确定”按钮后，命令行提示：

左上角点或[参考点(R)]＜退出＞:(给出表格在图上的位置，如图 7-9 所示)

单击选中表格，双击需要输入的单元格，即可启动“在位编辑”功能，在编辑栏进行文字输入。

天正表格		

图 7-9 新建表格

7.2.2 转出 Word

本命令用于将表格对象的内容输出到 Word 文件中，供用户在其中制作报告文件。

单击【文字表格】→【转出 Word】菜单命令后，命令行提示：

请点取表格对象＜退出＞:(选择一个表格对象)

选择表格后系统自动启动 Word，并创建一个新的 Word 文档，把所选定的表格内容输入该文档中。

7.2.3 转出 Excel

本命令用于将表格对象的内容输出到 Excel 中，供用户在其中进行统计和打印，还可以根据 Excel 中的数据表更新原有的天正表格；当然也可以读入 Excel 中建立的数据表格，创建天正表格对象。

单击【文字表格】→【转出 Excel】菜单命令后，命令行提示：

请点取表格对象＜退出＞:(选择一个表格对象)

选择表格后系统自动启动 Excel，并把所选定的表格内容输入 Excel 中，转出 Excel 的内容包含表格的标题。

7.2.4 读入 Excel

本命令可以将当前 Excel 表单中选中的数据更新到指定的天正表格中。

单击【文字表格】→【读入 Excel】菜单命令后，如果没有打开 Excel 文件，系统会提示用户要先打开一个

Excel 文件并框选要复制的范围，接着显示图 7-10 所示的对话框。

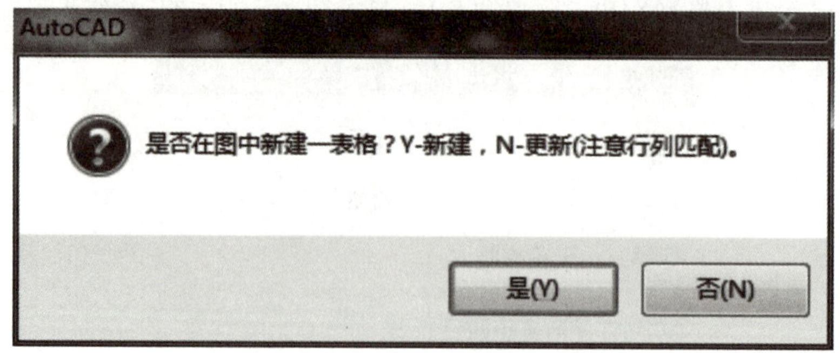

图 7-10　“是否在图中新建表格?”

如果打算新建表格，单击“是”按钮，命令行提示：

请点取表格位置或[参考点(R)]＜退出＞：(给出新建表格对象的位置)

本命令要求事先在 Excel 表单中选中一个区域，系统根据 Excel 表单中选中的内容，新建或更新天正的表格对象。在更新天正表格对象时，检验 Excel 选中的行列数目与所点取的天正表格对象的行列数目是否匹配，按照单元格一一对应地进行更新，如果不匹配将拒绝执行。

7.2.5　全屏编辑

本命令用于从图形中取得所选表格，在对话框中进行行列编辑以及单元编辑，单元编辑也可由在位编辑所取代。

单击【文字表格】→【表格编辑】→【全屏编辑】(QPBJ)菜单命令后，命令行提示：

选择表格：(点取要编辑的表格，显示图 7-11 所示的对话框)

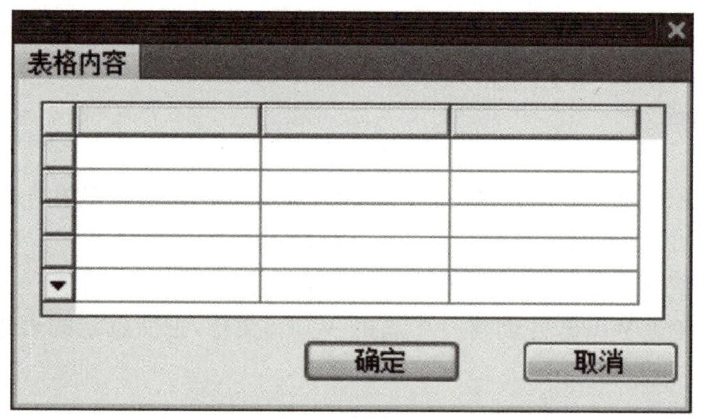

图 7-11　“表格内容”对话框

在对话框的电子表格中，可以输入各单元格的文字，以及表行、表列的编辑。选择一到多个表行(表列)后右击行(列)首，在显示的快捷菜单中可增加、删除表格，还可以拖动多个表行(表列)实现移动、交换的功能，最后单击“确定”按钮完成全屏编辑操作，全屏编辑界面的最大化按钮适用于大型表格的编辑。

7.2.6　拆分表格

本命令把表格按行或者按列拆分为多个表格，也可以按用户设定的行列数自动拆分，有丰富的选项供用户选择，如保留标题、规定表头行数等。

单击【文字表格】→【表格编辑】→【拆分表格】(CFBG)菜单命令后，显示“拆分表格”对话框，如图 7-12 所示。

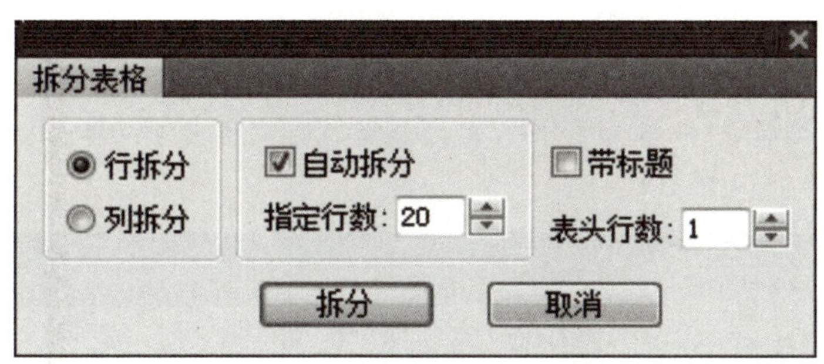

图 7-12 “拆分表格”对话框

7.2.7 合并表格

本命令为拆分表格的逆向操作，可把多个表格逐次合并为一个表格，这些待合并的表格行列数可以与原来表格不等，默认按行合并，也可以改为按列合并。

单击【文字表格】→【表格编辑】→【合并表格】(HBBG)菜单命令后，命令行提示：

选择第一个表格或[列合并(C)]<退出>：(选择位于首行的表格)

选择下一个表格<退出>：(选择紧接其下的表格)

选择下一个表格<退出>：(按回车键退出命令)

完成后表格行数合并，最终表格行数等于所选择各个表格行数之和，标题保留第一个表格的标题。

注意：如果被合并的表格有不同列数，最终表格的列数为最多的列数，各个表格合并后多余的表头由用户自行删除。

7.2.8 增加表行

本命令对表格进行编辑，在选择行上方一次增加一行或者复制当前行到新行，也可以通过【表行编辑】命令实现。

单击【文字表格】→【表格编辑】→【增加表行】(ZJBH)菜单命令后，命令行提示如下：

请点取一表行以(在本行之前)插入新行[在本行之后插入(A)/复制当前行(S)]<退出>：

点取表格时显示方块光标，单击要增加表行的位置，即在多行之前插入新行，如图 7-13 所示。

门窗表

类型	设计编号	洞口尺寸(mm)	数量				类型	备注
			1	2	3	合计		
普通门	M0921	900×2100		1	1	2	专业厂家制作	木门
	M1138	1100×3800	2			2	专业厂家制作	铝合金组合门窗6+12+6
	WH1021	1000×2100	1			1	专业厂家制作	无障碍玻璃门

门窗表

类型	设计编号	洞口尺寸(mm)	数量					备注
			1	2	3	合计		
普通门	M0921	900×2100		1	1	2	专业厂家制作	木门
	M1138	1100×3800	2			2	专业厂家制作	铝合金组合门窗6+12+6
	WH1021	1000×2100	1			1	专业厂家制作	无障碍玻璃门

图 7-13 增加表行

7.2.9 删除表行

本命令为增加表行的逆向操作，可以对表格进行编辑，以“行”作为单位一次删除当前指定的行。

单击【文字表格】→【表格编辑】→【删除表行】(SCBH)菜单命令后，命令行提示：

请点取要删除的表行<退出>：(点取表格时显示方块光标，单击要删除的某一行)

请点取要删除的表行<退出>：(重复以上提示，每次删除一行，按回车键退出命令)

7.2.10 单元编辑

本命令启动“单元格编辑”对话框，可方便地编辑该单元格内容或改变单元格文字的显示属性，实际上可以使用在位编辑取代，双击要编辑的单元格即可进入在位编辑状态，可直接对单元内容进行修改。

单击【文字表格】→【单元编辑】→【单元编辑】(DYBJ)菜单命令后，命令行提示：

请点取一单元格进行编辑或[多格属性(M)/单元分解(X)]<退出>:(单击指定要修改的单元格，显示“单元格编辑”对话框，如图 7-14 所示)

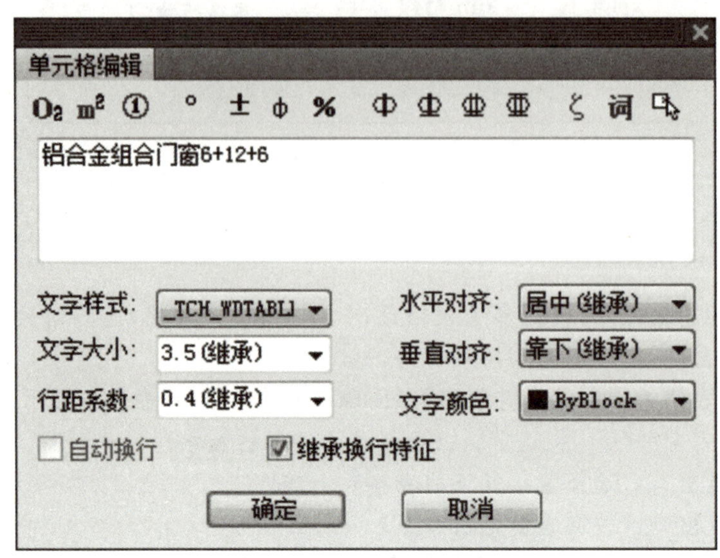

图 7-14 “单元格编辑”对话框

在对话框中，可以对单元格的文字样式、字体大小、文字颜色等参数进行设置。

7.2.11 单元递增

本命令将含数字或字母的单元文字内容在同一行或一列复制，并同时将文字内的某一项递增或递减，同时按 Shift 键为直接拷贝，按 Ctrl 键为递减。

单击【文字表格】→【单元编辑】→【单元递增】(DYDZ)菜单命令后，命令行提示：

请点取第一个单元格<退出>:(单击已有编号的首单元格)

点取最后一个单元格<退出>:(单击递增编号的末单元格)

完成单元递增命令，图形进行更新，实例如图 7-15 所示。在点取最后单元格时可选项执行：按 Shift 键可改为复制，编号不进行递增；按 Ctrl 键，编号改为递减。

门窗表

类型	设计编号	洞口尺寸(mm)	数量	备注
普通门	M1	900×2100	2	木门
	M1138	1100×3800	2	铝合金组合门窗6+12+6
	WM1021	1000×2100	1	无障碍玻璃门

→

门窗表

类型	设计编号	洞口尺寸(mm)	数量	备注
普通门	M1	900×2100	2	木门
	M2	1100×3800	2	铝合金组合门窗6+12+6
	M3	1000×2100	1	无障碍玻璃门

图 7-15 单元递增

7.2.12 单元复制

本命令复制表格中某一单元格内容或者图内的文字至目标单元格。

单击【文字表格】→【单元编辑】→【单元复制】(DYFZ)菜单命令后，命令行提示：

点取拷贝源单元格[选取文字(A)]<退出>:(点取表格上已有内容的单元格，复制其中内容)

点取粘贴至单元格(按 Ctrl 键重新选择复制源)[选取文字(A)]<退出>:(点取表格上目标单元格，粘贴源单元格内容到这里)

点取粘贴至单元格(按 Ctrl 键重新选择复制源)[选取文字(A)]＜退出＞:(继续点取表格上目标单元格,粘贴源单元格内容到这里或按回车键结束命令)

7.2.13 单元累加

本命令能累加行或列中的数值,结果填写在指定的空白单元格中。

单击【文字表格】→【单元编辑】→【单元累加】(DYLJ)菜单命令后,命令行提示:

点取第一个需累加的单元格:(点取一行或一列的首个数值单元格)

点取最后一个需累加的单元格:(点取一行或一列的末个数值单元格,参与累加的单元格显示黄色)

单元累加结果是:

点取存放累加结果的单元格＜退出＞:(点取一行或一列的空白单元格,即将累加结果插入,如图 7-16 所示)

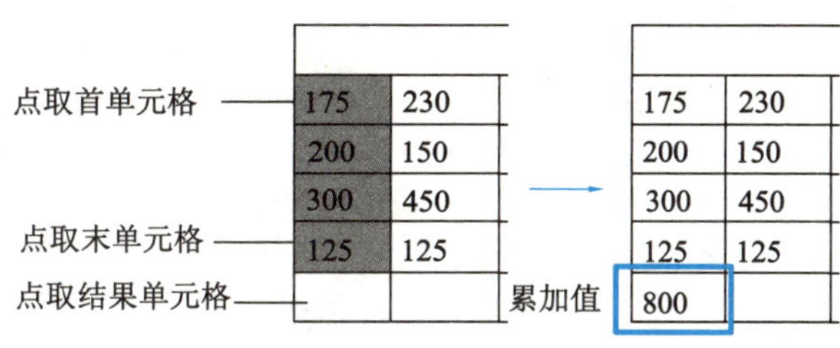

图 7-16 单元累加

7.2.14 单元合并

本命令将几个单元格合并为一个大的表格单元。

单击【文字表格】→【单元编辑】→【单元合并】(DYHB)菜单命令后,命令行提示:

点取第一个角点:(以两点定范围框选表格中要合并的单元格)

点取另一个角点:(可完成合并)

合并后的单元格文字居中,使用的是第一个单元格中的文字内容。

7.2.15 撤销合并

本命令将已经合并的单元格重新恢复为几个小的表格单元。

单击【文字表格】→【单元编辑】→【撤销合并】(CXHB)菜单命令后,命令行提示:

点取已经合并的单元格＜退出＞:(点取后命令即恢复该单元格的原有单元的组成结构)

7.3 尺寸标注

尺寸标注是设计图纸中的重要组成部分,建筑平面图中的尺寸标注一般分为内部尺寸标注和外部尺寸标注。T20 天正建筑提供了多种尺寸标注的工具,用户可以快速地对门窗、墙厚、内门等进行标注。

7.3.1 门窗标注

本命令适合标注建筑平面图的门窗尺寸,有两种使用方式:

(1)在平面图中参照轴网标注的第一、二道尺寸线,自动标注直墙和圆弧墙上的门窗尺寸,生成第三道尺寸线。

(2)在没有轴网标注的第一、二道尺寸线时,在用户选定的位置标注出门窗尺寸线。

✧【练习 7-2】 门窗标注练习。

具体步骤如下：

(1)按 Ctrl+O 组合键，打开本书配套附件“第 7 章\门窗标注素材”。

(2)单击【尺寸标准】→【门窗标注】(MCBZ)菜单命令，命令行提示：

请用线选第一、二道尺寸线及墙体

起点<退出>:(在第一道尺寸线外面不远处取一个点 A)

终点<退出>:(在外墙内侧取一个点 B，系统自动定位置绘制该段墙体的门窗标注)

选择其他墙体：(添加被内墙断开的其他要标注墙体，按回车键结束命令，最终效果如图 7-17 所示)

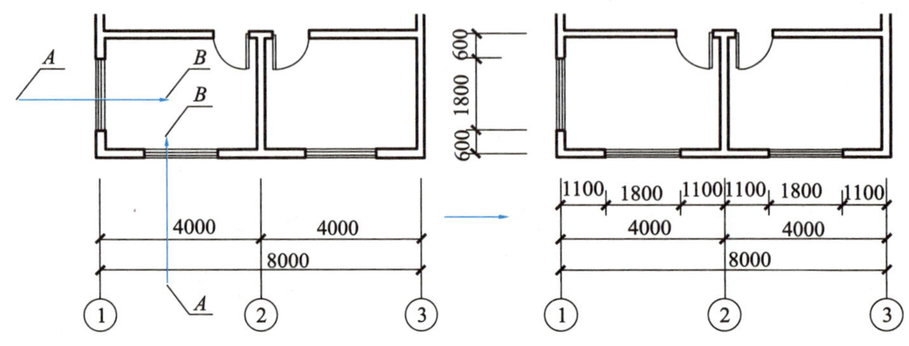

图 7-17 门窗标注

7.3.2 墙厚标注

本命令在图中一次标注两点连线经过的一至多段天正墙体对象的墙厚尺寸，标注中可识别墙体的方向，标注出与墙体正交的墙厚尺寸，在墙体内有轴线时标注以轴线划分的左右墙宽，墙体内没有轴线时标注墙体的总宽。

✧【练习 7-3】 墙厚标注练习。

具体步骤如下：

(1)按 Ctrl+O 组合键，打开本书配套附件“第 7 章\墙厚标注素材”。

(2)单击【尺寸标注】→【墙厚标注】(QHBZ)菜单命令，命令行提示：

直线第一点<退出>:(在标注尺寸线处点取起始点 A)

直线第二点<退出>:(在标注尺寸线处点取结束点 B)

命令结束即在图中标注出墙体厚度，如图 7-18 所示。

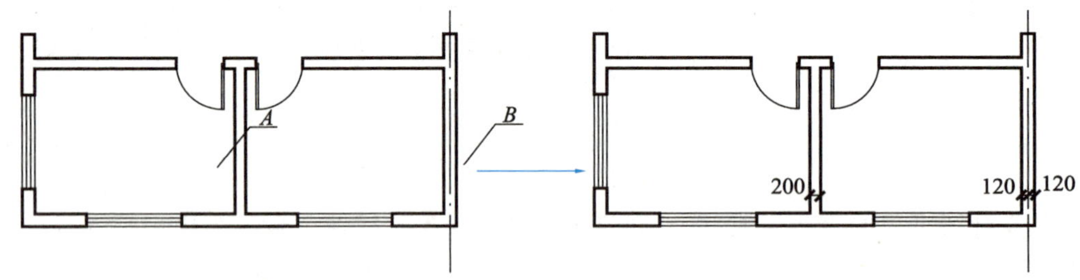

图 7-18 标注墙厚

7.3.3 两点标注

本命令为两点连线附近有关系的轴线、墙线、门窗、柱子等构件标注尺寸，并可标注各墙中点或者添加其他标注点，按 U 热键可撤销上一个标注点。两点标注是绘图过程中最常用、最便捷的一种标注方法。

✧【练习 7-4】 两点标注练习。

具体步骤如下：

(1)按 Ctrl+O 组合键，打开本书配套附件“第 7 章\两点标注素材”。

(2)单击【两点标注】(LDBZ)菜单命令，命令行提示：

选择起点(当前墙面标注)或[墙中标注(C)]＜退出＞：(在标注尺寸线一端点取起始点 *A*)

选择终点＜退出＞：(在标注尺寸线另一端点取结束点 *B*)

选择标注位置点：(通过光标移动的位置，程序自动搜索离尺寸段最近的墙体上的门窗和柱子对象，靠近哪侧的墙体，该侧墙上的门窗、柱子对象的尺寸线会被预览出来)

选择终点或门窗柱子：(可继续选择门窗、柱子标注，按回车键结束命令，标注尺寸如图 7-19 所示)

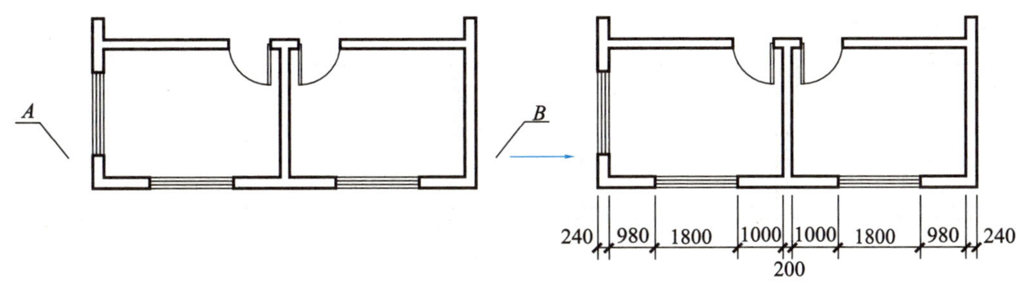

图 7-19　两点标注

7.3.4　双线标注

本命令为两点标注的衍生命令，可标注附近有关系的轴线、墙线、门窗、柱子等构件尺寸及外包尺寸，并可标注各墙中点或者添加其他标注点，按 U 热键可撤销上一个标注点。

✧【练习 7-5】　双线标注练习。

具体步骤如下：

(1)按 Ctrl+O 组合键，打开本书配套附件“第 7 章\双线标注素材”。

(2)单击【双线标注】(SXBZ)菜单命令，命令行提示：

选择起点(当前墙面标注)或[墙中标注(C)]＜退出＞：(在标注尺寸线一端点取起始点 *A*)

选择终点＜退出＞：(在标注尺寸线另一端点取结束点 *B*)

选择标注位置点：(通过光标移动的位置，程序自动搜索离尺寸段最近的墙体上的门窗和柱子对象，靠近哪侧的墙体，该侧墙上的门窗、柱子对象的尺寸线会被预览出来)

选择终点或门窗柱子：(可继续选择门窗、柱子标注，按回车键结束命令，尺寸标注结果如图 7-20 所示)

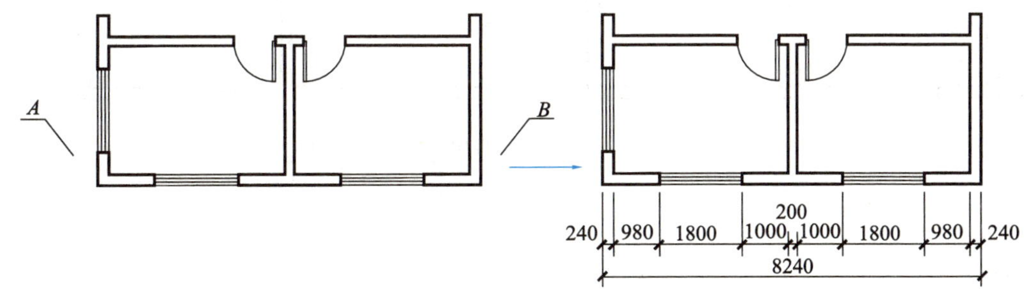

图 7-20　双线标注尺寸

7.3.5　内门标注

本命令用于标注平面室内门窗尺寸以及定位尺寸线，其中定位尺寸线与邻近的正交轴线或者墙角(墙垛)相关。内门标注有轴线和垛宽两种定位方式。

✧【练习 7-6】 内门标注练习。

具体步骤如下：

(1)按 Ctrl+O 组合键，打开本书配套附件“第 7 章\内门标注素材”。

(2)单击【尺寸标注】→【内门标注】(NMBZ)菜单命令，命令行提示：

标注方式：轴线定位. 请用线选门窗，并且第二点作为尺寸线位置！

起点或[垛宽定位(A)]<退出>：(在标注门窗的另一侧点取起点 *A*)

终点<退出>：(经过标注的室内门窗，在尺寸线标注位置上给终点 *B*，标注结果如图 7-21 所示)

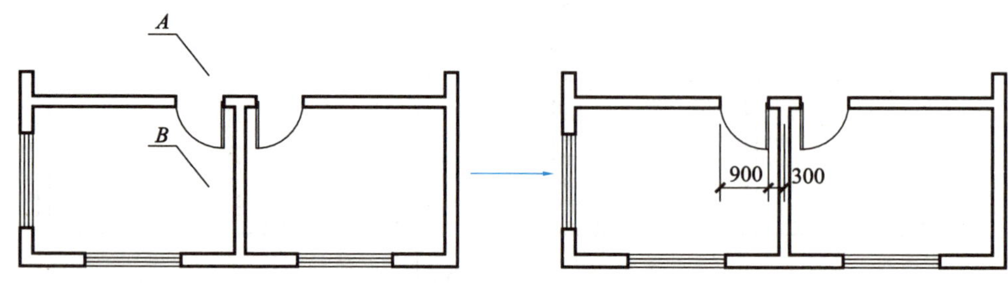

图 7-21 内门标注

7.3.6 自由标注

本命令类似 AutoCAD 的同名命令，适用于天正对象，特别适用于选取平面图后快速标注外包尺寸线。

✧【练习 7-7】 自由标注练习。

具体步骤如下：

(1)按 Ctrl+O 组合键，打开本书配套附件“第 7 章\自由标注素材”。

(2)单击【尺寸标注】→【自由标注】(ZYBZ)菜单命令，命令行提示：

选择要标注的几何图形：(框选天正对象或平面图)

选择要标注的几何图形：(选取其他对象或按回车键结束)

请指定尺寸线位置或[整体(T)/连续(C)/连续加整体(A)]<整体>：(选项中整体是指从整体图形创建外包尺寸线，连续是指提取对象节点创建连续直线标注尺寸，连续加整体是指两者同时创建，指定尺寸线位置后标注结果如图 7-22 所示)

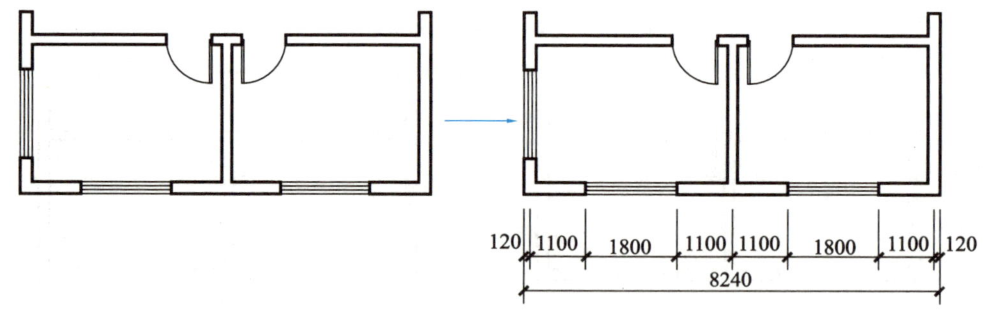

图 7-22 自由标注

7.3.7 快速标注

本命令适用于天正实体对象，包括墙体、门窗、柱子对象，可以将所选范围内的天正实体对象进行快速批量标注。

✧【练习 7-8】 快速标注练习。

具体步骤如下：

(1)按 Ctrl+O 组合键,打开本书配套附件"第 7 章\快速标注素材"。

(2)单击【尺寸标注】→【快速标注】(KSBZ)菜单命令,命令行提示:

请选择需要尺寸标注的实体:(框选 A~B 范围内的天正对象或平面图)

请选择需要尺寸标注的实体:(继续选取,按回车键结束命令并将尺寸标注在图纸上,如图 7-23 所示)

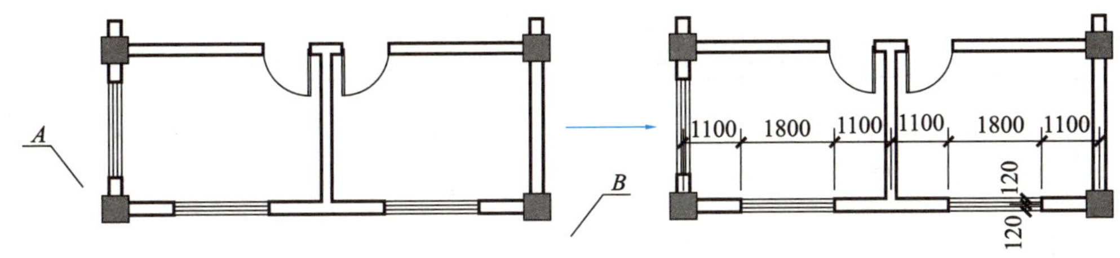

图 7-23 快速标注

7.3.8 逐点标注

本命令是一个通用的灵活标注工具,对选取的一串给定点沿指定方向和选定的位置标注尺寸,特别适用于没有指定天正对象特征,需要取点定位标注的情况,以及其他标注命令难以完成的尺寸标注。

✧【练习 7-9】 逐点标注练习。

具体步骤如下:

(1)按 Ctrl+O 组合键,打开本书配套附件"第 7 章\逐点标注素材"。

(2)单击【尺寸标注】→【逐点标注】(ZDBZ)菜单命令,命令行提示:

起点或[参考点(R)]<退出>:(点取 A 作为起始点)

第二点<退出>:(点取第二个标注点 B)

请点取尺寸线位置或[更正尺寸线方向(D)]<退出>:(拖动尺寸线,点取尺寸线就位点,或输入"D"选取线或墙对象用于确定尺寸线方向)

请输入其他标注点或[撤销上一标注点(U)]<结束>:(逐点给出标注点 C,并可以回退)

……

请输入其他标注点或[撤销上一标注点(U)]<结束>:(继续取点,按回车键结束命令,标注结果如图 7-24所示)

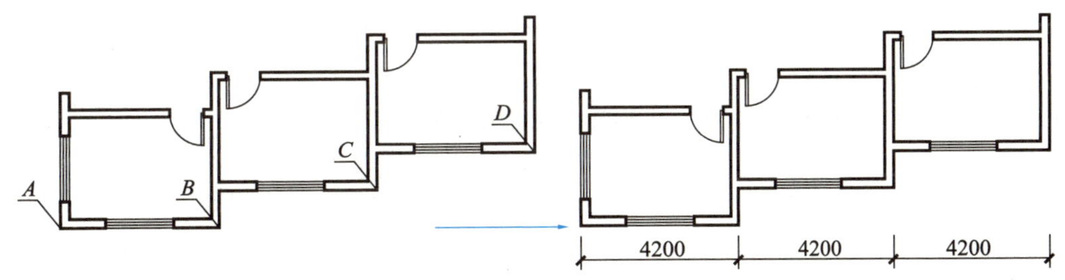

图 7-24 逐点标注

7.3.9 楼梯标注

本命令用于标注各种直楼梯、梯段的踏步、楼梯井宽、梯段宽、休息平台深度等楼梯尺寸,提供踏步数×踏步宽=总尺寸的梯段长度标注格式。

✧【练习 7-10】 楼梯标注练习。

具体步骤如下:

(1)按 Ctrl+O 组合键,打开本书配套附件"第 7 章\楼梯标注素材"。

(2)单击【尺寸标注】→【楼梯标注】(LTBZ)菜单命令,命令行提示:

请点取待标注的楼梯＜退出＞:(十字光标点取楼梯不同位置可标注不同尺寸)

请点取尺寸线位置＜退出＞:(拖动尺寸线,点取尺寸线就位点)

请输入其他标注点或[参考点(R)]＜退出＞:(继续给出其他标注点,按回车键结束命令,标注结果如图 7-25所示)

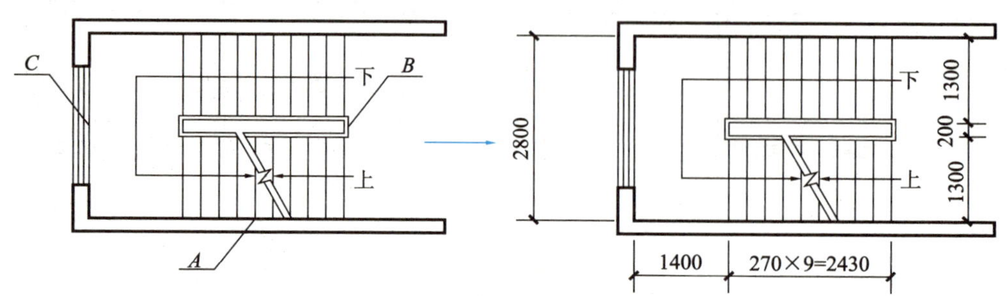

图 7-25　楼梯标注

注:图中对应点取楼梯不同位置(如图 7-25 中的 *A*、*B*、*C*),给出的尺寸标注也各自不同,如点取栏杆会给出栏杆与梯段宽尺寸,而点取另一侧休息平台则给出平台宽尺寸。

7.3.10　外包尺寸

本命令是一个简捷的尺寸标注修改工具,在大部分情况下,可以一次按规范要求完成四个方向的两道尺寸线共 16 处修改,其间不必输入任何墙厚尺寸。

✧**【练习 7-11】**　外包尺寸标注练习。

具体步骤如下:

(1)按 Ctrl+O 组合键,打开本书配套附件"第 7 章\外包尺寸标注素材"。

(2)单击【尺寸标注】→【外包尺寸】(WBCC)菜单命令,命令行提示:

请选择建筑构件:(给出第一个点后提示)

指定对角点:(框选需要标注的天正图元后提示找到 11 个对象)

请选择建筑构件:(按回车键结束选择)

请选择第一、二道尺寸线:(给出第一个点后提示)

指定对角点:(框选需要标注的天正图元后提示找到 11 个对象)

请选择第一、二道尺寸线:(按回车键结束绘制或继续选择尺寸线)

重复上述步骤,完成四个方向的外包尺寸标注,标注结果如图 7-26 所示。

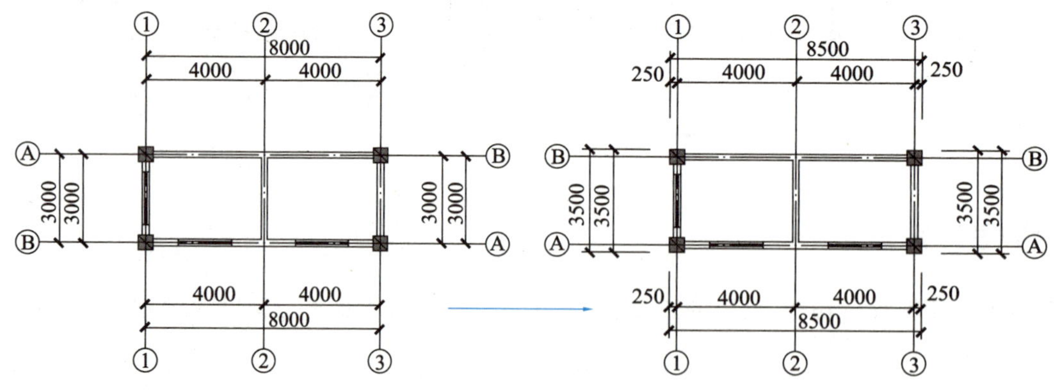

图 7-26　外包尺寸标注

7.3.11 半径标注

本命令在图中标注弧线或圆弧墙的半径，尺寸文字容纳不下时，会按照制图标准规定，自动引出标注在尺寸线外侧。

单击【尺寸标注】→【半径标注】(BJBZ)菜单命令后，命令行提示：

请选择待标注的圆弧<退出>:(此时点取圆弧上任一点，即在图中标注好半径)

7.3.12 直径标注

本命令在图中标注弧线或圆弧墙的直径，尺寸文字容纳不下时，会按照制图标准规定，自动引出标注在尺寸线外侧。

单击【尺寸标注】→【直径标注】(ZJBZ)菜单命令后，命令行提示：

请选择待标注的圆弧<退出>:(此时点取圆弧上任一点，即在图中标注好直径)

7.3.13 角度标注

本命令标注两根直线之间的内角，不需要考虑按逆时针方向点取两直线的顺序，自动在两线形成的任意交角标注角度。

单击【尺寸标注】→【角度标注】(JDBZ)菜单命令后，命令行提示：

请选择第一条直线<退出>:(在任意位置点取第一根线)

请选择第二条直线<退出>:(在任意位置点取第二根线)

请确定尺寸线位置<退出>:(在两直线形成的内外角之间动态拖动尺寸选取标注的夹角，给点确定标注位置)

7.4 尺寸标注的编辑

T20 天正建筑尺寸标注对象是天正自定义对象，支持裁剪、延伸、打断等编辑命令，使用方法与 AutoCAD 尺寸对象相同。本节主要介绍天正提供的专用尺寸编辑命令的详细使用方法。

7.4.1 文字复位

【文字复位】命令将尺寸标注中用拖动夹点移动过的文字恢复为原来的初始位置，可解决夹点拖动不当时与其他夹点合并的问题。本命令能用于符号标注中的“标高符号”“箭头引注”“剖面剖切”和“断面剖切”四个对象中的文字，特别是在“剖面剖切”和“断面剖切”对象改变比例时文字可以用本命令恢复正确位置。

单击【尺寸标注】→【尺寸编辑】→【文字复位】(WZFW)菜单命令后，命令行提示：

请选择需复位文字的对象:(点取要复位文字的天正尺寸标注或者符号标注对象，可多选)

请选择需复位文字的对象:(按回车键结束命令，系统把选到的对象中所有文字恢复原始位置)

7.4.2 文字复值

本命令将尺寸标注中被有意修改的文字恢复回尺寸的初始数值。有时为了方便起见，会把其中一些标注尺寸文字加以改动，为了校核或提取工程量等需要尺寸和标注文字一致的场合，可以使用本命令按实测尺寸恢复文字的数值。

✧【练习 7-12】 文字复值练习。

具体步骤如下：

(1)按 Ctrl+O 组合键，打开本书配套附件“第7章\文字复值素材”。

(2)单击【尺寸标注】→【尺寸编辑】→【文字复值】(WZFZ)菜单命令，命令行提示：

请选择天正尺寸标注：(点取要恢复的天正尺寸标注，可多选)

请选择天正尺寸标注：(按回车键结束命令，系统把选到的尺寸标注中所有文字恢复为实测数值，如图7-27所示)

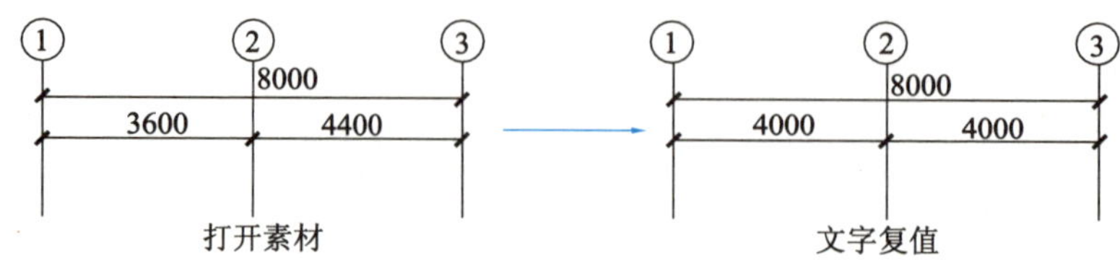

图7-27 文字复值练习

7.4.3 裁剪延伸

本命令在尺寸线的某一端，按指定点裁剪或延伸该尺寸线。本命令综合了 Trim(修剪)和 Extend(延伸)两个命令，自动判断对尺寸线的裁剪或延伸。

单击【尺寸标注】→【尺寸编辑】→【裁剪延伸】(JCYS)菜单命令后，命令行提示：

请给出裁剪延伸的基准点或[参考点(R)]<退出>：(点取裁剪线要延伸到的位置)

要裁剪或延伸的尺寸线<退出>：(点取要作裁剪或延伸的尺寸线后，尺寸线被点取的一端即作了相应的裁剪或延伸)

要裁剪或延伸的尺寸线<退出>：(命令行重复以上显示，按回车键退出)

执行【裁剪延伸】命令的效果如图7-28所示。图中执行了两次【裁剪延伸】命令，第一次执行延伸功能构造外包尺寸，第二次执行裁剪功能裁剪尺寸。

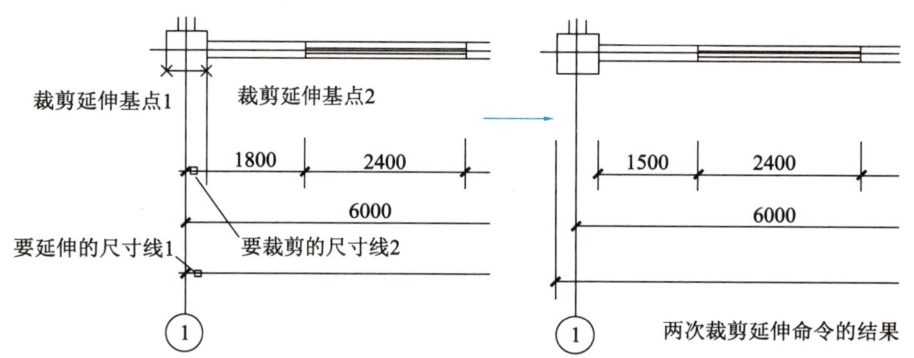

图7-28 裁剪延伸

7.4.4 取消尺寸

本命令用于删除天正标注对象中指定的尺寸线区间。因为天正标注对象是由多个区间的尺寸线组成的，用 Erase(删除)命令无法删除其中某一个区间，必须使用本命令完成。

✧【练习7-13】 取消尺寸练习。

具体步骤如下：

(1)按 Ctrl+O 组合键，打开本书配套附件“第7章\取消尺寸素材”。

(2)单击【尺寸标注】→【尺寸编辑】→【取消尺寸】(QXCC)菜单命令，命令行提示：

选择待删除尺寸的区间线或尺寸文字[整体删除(A)]<退出>：(点取要删除的尺寸线区间内的文字或

尺寸线均可，如此时输入“A”则跳转至整体删除命令行）

选择待删除的所有尺寸对象<退出>:(点取要整体删除的尺寸线，或者按回车键结束命令，尺寸取消的结果如图 7-29 所示）

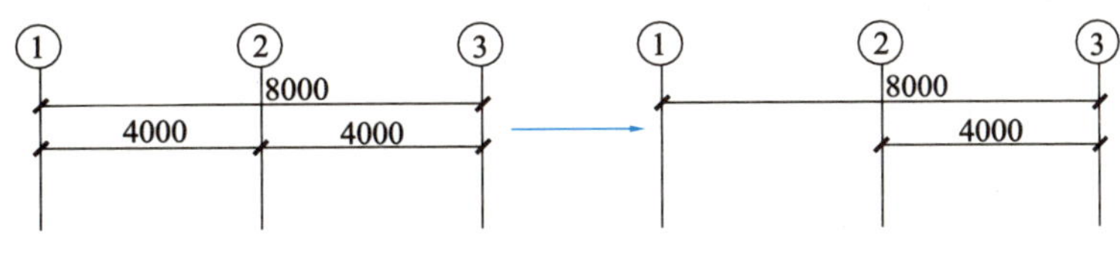

图 7-29　取消尺寸

7.4.5　连接尺寸

本命令用于连接两个独立的天正自定义直线或圆弧标注对象，将点取的两尺寸线区间段加以连接，原来的两个标注对象合并成为一个标注对象，如果准备连接的标注对象尺寸线之间不共线，连接后的标注对象以第一个点取的标注对象为主标注尺寸对齐，通常用于把 AutoCAD 的尺寸标注对象转为天正尺寸标注对象的情况。

✧【练习 7-14】　连接尺寸练习。

具体步骤如下：

(1)按 Ctrl+O 组合键，打开本书配套附件“第 7 章\连接尺寸素材”。

(2)单击【尺寸标注】→【尺寸编辑】→【连接尺寸】(LJCC)菜单命令，命令行提示：

请选择主尺寸标注<退出>:(点取标有“3900”的尺寸线作为主尺寸）

选择需要连接的其他尺寸标注<结束>:(点取标有“4000”的尺寸线）

……

选择需要连接的其他尺寸标注<结束>:(按回车键结束，结果如图 7-30 所示）

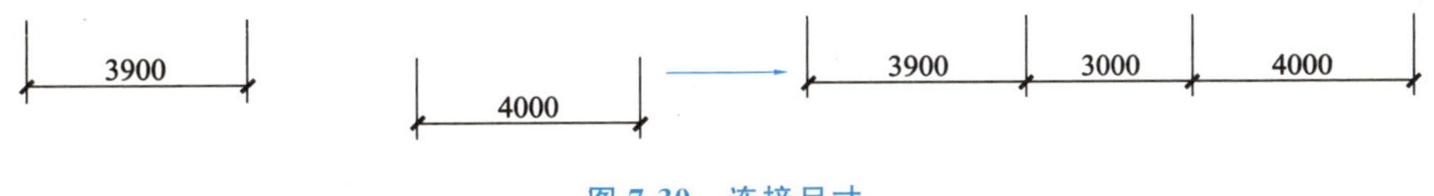

图 7-30　连接尺寸

7.4.6　拆分区间

本命令把天正自定义尺寸标注对象的一个区间分成多个区间。

✧【练习 7-15】　拆分区间练习。

具体步骤如下：

(1)按 Ctrl+O 组合键，打开本书配套附件“第 7 章\拆分区间素材”。

(2)单击【尺寸标注】→【尺寸编辑】→【拆分区间】(CFQJ)菜单命令，命令行提示：

选择待拆分的尺寸区间<退出>:(点取标有“8000”的尺寸线作为待拆分的尺寸区间）

点取待增补的标注点的位置<退出>:(按照需求增加标注点位置 A）

拆分区间的结果如图 7-31 所示。

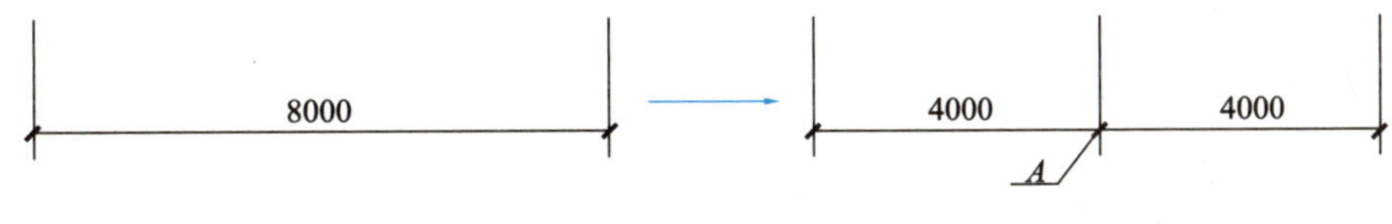

图 7-31　拆分区间

7.4.7 合并区间

本命令新增加了一次框选多个尺寸界线箭头的命令交互方式，可大大提高合并多个区间时的效率，可作为【增补尺寸】命令的逆命令使用。

✧【练习 7-16】 合并区间练习。

具体步骤如下：

(1)按 Ctrl+O 组合键，打开本书配套附件“第 7 章\合并区间素材”。

(2)单击【尺寸标注】→【尺寸编辑】→【合并区间】(HBQJ)菜单命令，命令行提示：

请框选合并区间中的尺寸界线箭头＜退出＞：(用两个对角点 *A*、*B* 框选要合并区间之间的尺寸界线)

请框选合并区间中的尺寸界线箭头或[撤销(U)]＜退出＞：(框选其他要合并区间之间的尺寸界线或者输入“U”撤销合并)

……

请框选合并区间中的尺寸界线箭头或[撤销(U)]＜退出＞：(按回车键退出命令，结果如图 7-32 所示)

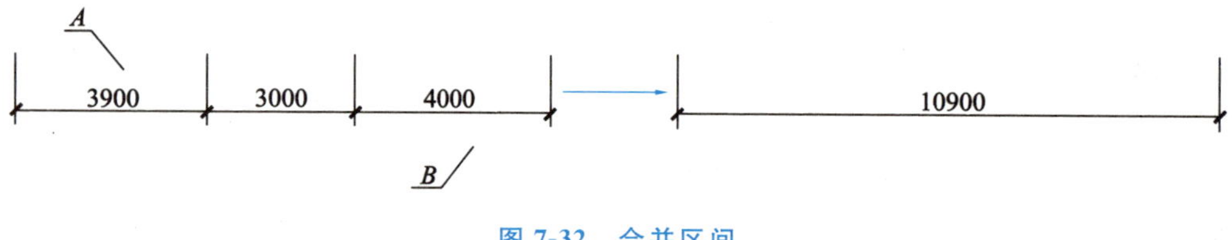

图 7-32　合并区间

7.4.8 等分区间

本命令用于等分指定的尺寸标注区间，类似于多次执行【增补尺寸】命令，可提高标注效率。

✧【练习 7-17】 等分区间练习。

具体步骤如下：

(1)按 Ctrl+O 组合键，打开本书配套附件“第 7 章\等分区间素材”。

(2)单击【尺寸标注】→【尺寸编辑】→【等分区间】(DFQJ)菜单命令，命令行提示：

请选择需要等分的尺寸区间＜退出＞：(点取标有“3900”的尺寸线作为要等分区间内的尺寸线)

输入等分数＜退出＞：3(输入等分数量)

请选择需要等分的尺寸区间＜退出＞：(继续执行本命令或按回车键退出命令，结果如图 7-33 所示)

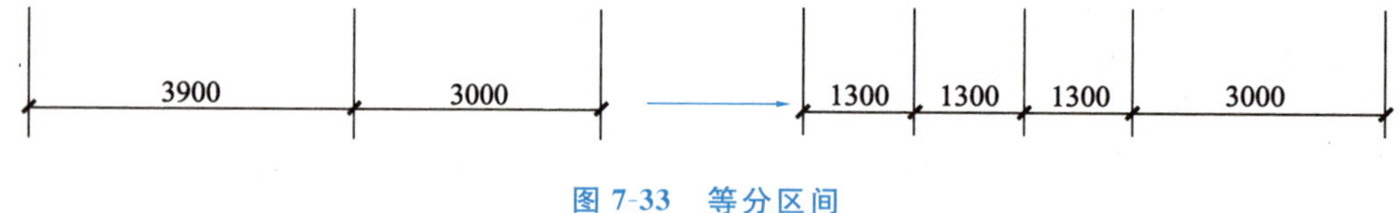

图 7-33　等分区间

7.4.9 等式标注

本命令对指定的尺寸标注区间的尺寸自动按等分数列出等分公式作为标注文字，除不尽的尺寸保留一位小数。等式标注支持在位编辑，可以实现自动计算的功能。

✧【练习 7-18】 等式标注练习。

具体步骤如下：

(1)按 Ctrl+O 组合键，打开本书配套附件“第 7 章\等式标注素材”。

(2)单击【尺寸标注】→【尺寸编辑】→【等式标注】(DSBZ)菜单命令，命令行提示：

请选择需要等分的尺寸区间＜退出＞：(点取标有“3900”的尺寸线作为要按等式标注的区间尺寸线)

输入等分数＜退出＞:13(按该处的等分公式要求输入等分数)

请选择需要等分的尺寸区间＜退出＞:(该区间的尺寸文字按等式标注,按回车键退出命令,结果如图 7-34所示)

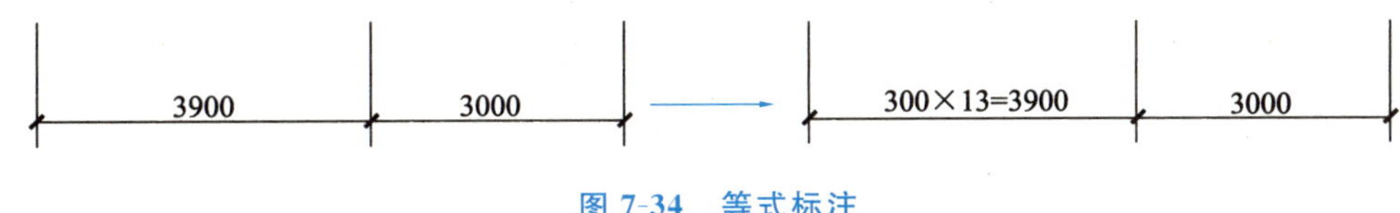

图 7-34　等式标注

7.4.10　尺寸等距

本命令用于对选中尺寸标注在垂直于尺寸线方向进行尺寸间距的等距调整。

✧【练习 7-19】　尺寸等距练习。

(1)按 Ctrl+O 组合键,打开本书配套附件“第 7 章\尺寸等距素材”。

(2)单击【尺寸标注】→【尺寸编辑】→【尺寸等距】(CCDJ)菜单命令,命令行提示:

选择参考标注＜退出＞:(选取最上一排标注作为基点的尺寸标注,在等距调整中参考标注不动,其他标注按要求调整位置)

选择其他标注＜退出＞:(选取下面两排标注作为等距调整的尺寸标注,支持点选和框选)

请选择其他标注:(重复提示直至单击鼠标右键或按回车键或空格键确认)

请输入尺寸线间距＜2000＞:800(输入尺寸线间距,按回车键退出命令,结果如图 7-35 所示)

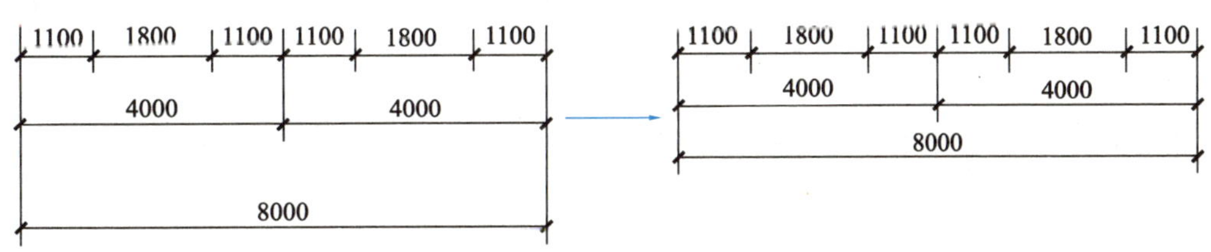

图 7-35　尺寸等距

7.4.11　对齐标注

本命令用于一次按 Y 向坐标对齐多个尺寸标注对象,对齐后各个尺寸标注对象按参考标注的高度对齐排列。

✧【练习 7-20】　对齐标注练习。

具体步骤如下:

(1)按 Ctrl+O 组合键,打开本书配套附件“第 7 章\对齐标注素材”。

(2)单击【尺寸标注】→【尺寸编辑】→【对齐标注】(DQBZ)菜单命令,命令行提示:

选择参考标注＜退出＞:(选取标有“1100”的尺寸线作为样板的标注,它的高度作为对齐的标准)

选择其他标注＜退出＞:(框选其他要对齐排列的标注)

……

选择其他标注＜退出＞:(按回车键退出命令,结果如图 7-36 所示)

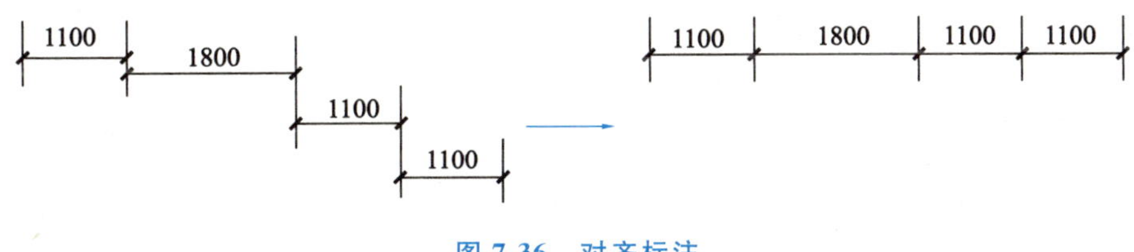

图 7-36　对齐标注

7.4.12 增补尺寸

本命令用于在一个天正自定义直线标注对象中增加区间，增补新的尺寸界线断开原有区间，但不增加新标注对象，双击尺寸标注对象即可进入本命令。

✧【练习 7-21】 增补尺寸练习。

具体步骤如下：

(1)按 Ctrl+O 组合键，打开本书配套附件“第 7 章\增补尺寸素材”。

(2)单击【尺寸标注】→【尺寸编辑】→【增补尺寸】(ZBCC)菜单命令，命令行提示：

请选择尺寸标注<退出>:(点取标有“8000”的尺寸线作为要在其中增补的尺寸线分段)

点取待增补的标注点的位置或[参考点(R)]<退出>:(捕捉点取 *A* 作为增补点)

点取待增补的标注点的位置或[参考点(R)/撤销上一标注点(U)]<退出>:(捕捉点取 *B* 作为增补点)

点取待增补的标注点的位置或[参考点(R)/撤销上一标注点(U)]<退出>:(连续点取其他增补点 *C*、*D*，没有顺序区别)

点取待增补的标注点的位置或[参考点(R)/撤销上一标注点(U)]<退出>:(按回车键退出命令，结果如图 7-37 所示)

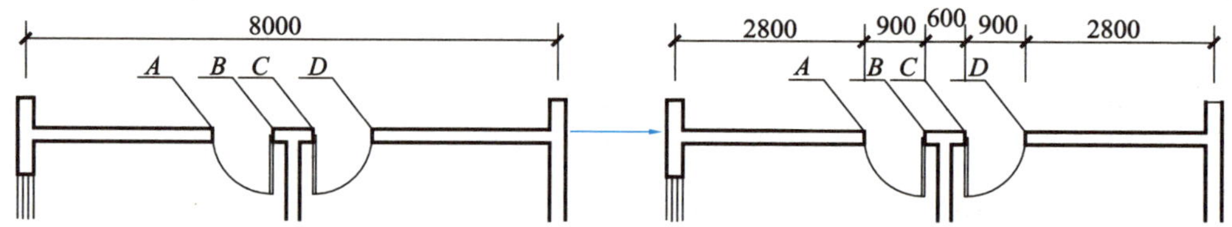

图 7-37 增补尺寸

注意：尺寸标注夹点提供“增补尺寸”模式控制，拖动尺寸标注夹点时，按 Ctrl 键切换为“增补尺寸”模式，即可在拖动位置添加尺寸界线。

7.4.13 尺寸转化

本命令将 AutoCAD 尺寸标注对象转化为天正标注对象。

单击【尺寸标注】→【尺寸编辑】→【尺寸转化】(CCZH)菜单命令后，命令行提示：

请选择 AutoCAD 尺寸标注：(一次选择多个尺寸标注，按回车键进行转化，完成后提示下面的文字)

全部选中的 N 个对象成功地转化为天正尺寸标注！

7.4.14 尺寸自调

本命令将对天正标注的文字位置进行自动调整，使得文字位置不重叠。

✧【练习 7-22】 尺寸自调练习。

具体步骤如下：

(1)按 Ctrl+O 组合键，打开本书配套附件“第 7 章\尺寸自调素材”。

(2)单击【尺寸标注】→【尺寸自调】(CCZT)菜单命令，命令行提示：

请选择天正尺寸标注：找到 1 个(选择文字位置重合的标注)

请选择天正尺寸标注：(按回车键退出命令，结果如图 7-38 所示)

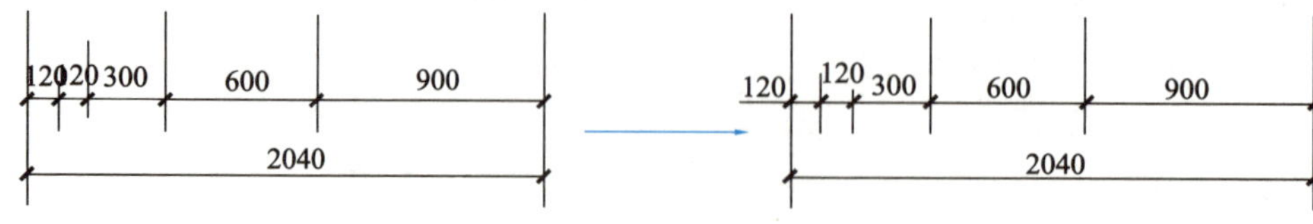

图 7-38 尺寸自调

7.5 符号标注

T20 天正建筑提供了符合国内建筑制图标准的符号标注样式，用户可以方便快速地完成建筑图形的规范化符号标注。T20 天正建筑提供的符号标注主要包括坐标、标高、剖切符号、引出标注和箭头标注等。其中剖切符号除了具有标注功能外，还用于辅助生成剖面。本节主要介绍这些符号的创建方法和编辑方法。

7.5.1 坐标标注

本命令在总平面图上标注测量坐标或者施工坐标，取值根据世界坐标或者当前用户坐标，支持批量标注坐标功能，坐标对象可以提供线端夹点，可调整文字基线长度。

✧【练习 7-23】 坐标标注练习。

具体步骤如下：

(1)按 Ctrl+O 组合键，打开本书配套素材“第 7 章\坐标标注素材”。

(2)单击【符号标注】→【坐标标注】(ZBBZ)菜单命令，命令行提示：

当前绘图单位：mm，标注单位：m；以世界坐标取值；北向角度 90.0000°

请点取标注点或[设置(S)\批量标注(Q)]<退出>：(点取 *A*)

点取坐标标注方向<退出>：(点取合适位置)

请点取标注点或[设置(S)\批量标注(Q)]<退出>：(点取 *B*)

点取坐标标注方向<退出>：(点取合适位置)

请点取标注点或[设置(S)\批量标注(Q)]<退出>：(点取 *C*)

点取坐标标注方向<退出>：(点取合适位置)

请点取标注点或[设置(S)\批量标注(Q)]<退出>：(点取 *D*)

点取坐标标注方向<退出>：(点取合适位置)

请点取标注点<退出>：(按 Esc 键退出命令，结果如图 7-39 所示)

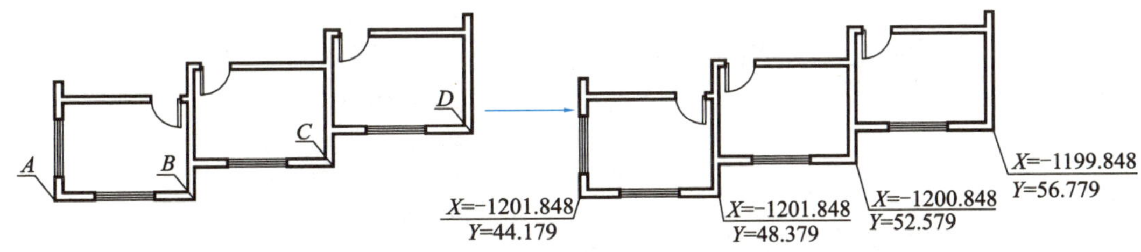

图 7-39 标注坐标

7.5.2 坐标检查

本命令用于在总平面图上检查测量坐标或者施工坐标，避免由于人为修改坐标标注值导致设计位置的错误。

✧【练习 7-24】 坐标检查练习。

具体步骤如下：

(1)按 Ctrl+O 组合键，打开本书配套附件“第 7 章\坐标检查素材”。

(2)单击【符号标注】→【坐标检查】(ZBJC)菜单命令，显示图 7-40 所示的对话框。

单击“确定”按钮后，命令行提示：

选择待检查的坐标：指定对角点：找到 4 个，总计 4 个

选择待检查的坐标：选中的坐标 4 个，其中 4 个有错！

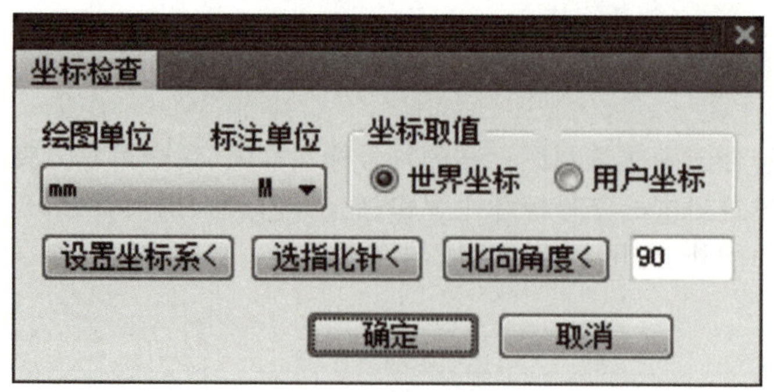

图 7-40 “坐标检查”对话框

第 1/4 个错误的坐标，正确标注(X=-1210.791，Y=48.612)或[全部纠正(A)/纠正坐标(C)/纠正位置(D)/退出(X)]＜下一个＞：A(输入“A”全部纠正，按 Esc 键结束命令)

坐标标注正确时提示如下：

选中的坐标 4 个，全部正确！

注：输入“C”，纠正错误的坐标值，程序自动完成坐标纠正；输入“D”，不改坐标值，而是移动原坐标符号，在该坐标值的正确坐标位置进行坐标标注；输入“A”，全部错误的坐标值都进行纠正。

7.5.3 标高标注

本命令可用于建筑专业的平面图标高标注，立面图、剖面图楼面标高标注以及总图专业的地坪标高标注、绝对标高和相对标高的关联标注，地坪标高符合总图制图规范的三角形、圆形实心标高符号，提供可选的两种标注排列，标高数字右方或者下方可加注文字，说明标高的类型。

单击【符号标注】→【标高标注】(BGBZ)命令后，显示图 7-41 所示的对话框。

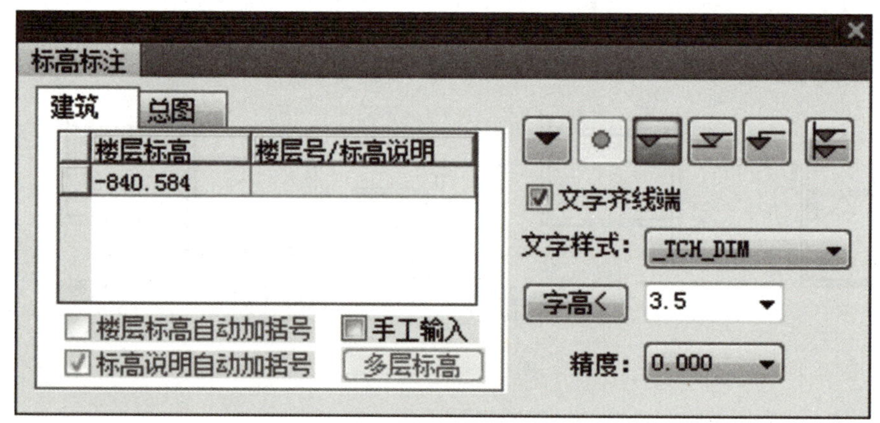

图 7-41 “标高标注”对话框

默认不勾选“手工输入”复选框，自动取光标所在的 Y 坐标作为标高数值，当勾选“手工输入”复选框时，要求在表格内输入楼层标高。

其他参数包括文字样式与字高、精度的设置。上面有五个图标按钮可用，其中“实心三角”除了用于总图也用于沉降点标高标注，其他几个按钮可以同时起作用，例如可注写带有“基线”和“引线”的标高符号。此时命令提示点取基线端点，也提示点取引线位置。

1. 建筑标高

在“标高标注”对话框中，单击“建筑”选项卡切换到建筑标高页面，界面左方显示一个输入标高和说明的电子表格，在“楼层标高”一栏中可填入一个起始标高，右栏可以填入相对标高值，用于标注建筑和结构的相对标高。

“建筑”选项卡中各控件说明如下：

建筑标高的标注精度自动切换为 0.000，小数点后保留三位。

“文字齐线端”复选框用于规定标高文字的取向，勾选后文字总是与文字基线端对齐；去除勾选则表示文字与标高三角符号一端对齐，与符号左右无关。

“楼层标高自动加括号”复选框用于按《房屋建筑制图统一标准》(GB/T 50001—2017)规定绘制多层标高，勾选后除第一个楼层标高外，其他楼层的标高加括号。

“标高说明自动加括号”复选框用于设置是否在说明文字两端添加括号，勾选后说明文字自动添加括号。

“多层标高”按钮用于处理多层标高的电子表格自动输入和清理。

“自动填楼层号到标高表格”复选框勾选后，以 1F、2F、3F 顺序自动添加标高说明。

“清空”按钮用于清除多层标高电子表格全部标高数据；“添加”按钮用于按当前起始标高和层号自动计算各层标高填入电子表格。

✧【练习 7-25】 建筑标高标注练习。

具体步骤如下：

(1)按 Ctrl+O 组合键，打开本书配套附件“第 7 章\建筑标高标注素材”。

(2)单击【符号标注】→【标高标注】(BGBZ)菜单命令，在对话框中进行操作，如图 7-42 所示。

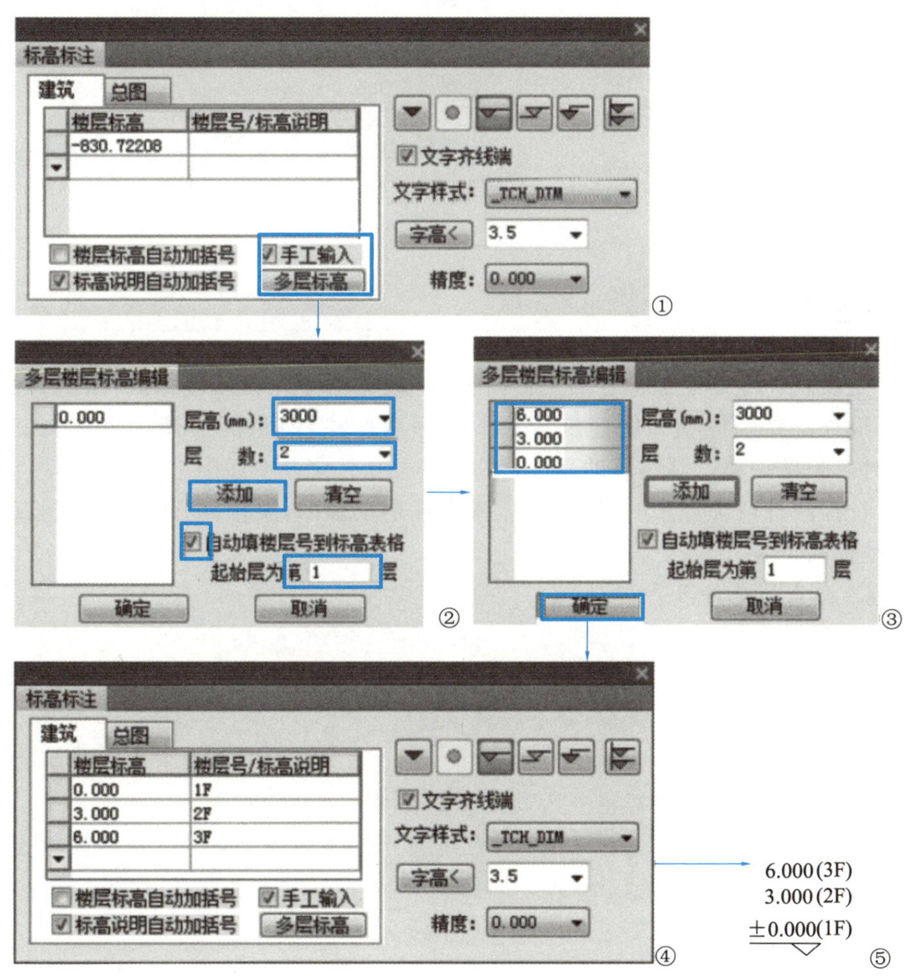

图 7-42 标注建筑标高

2. 总图标高

在“标高标注”对话框中，单击“总图”选项卡切换到总图标高页面，如图 7-43 所示，总图标高的标注精度自动切换为 0.00，保留两位小数。实心三角标高符号提供了三种标高文字位置的选择，右上是按新总图制图标准新图例补充的；为用户对标注室内标高的需求提供空心三角的标高符号，文字位置固定在上方。

"总图"选项卡中各控件说明如下：

"自动换算绝对标高"复选框勾选，在换算关系框输入标高关系，绝对标高自动算出并标注两者换算关系，当注释为文字时自动加括号作为注释。

"相对标高/注释"中输入相对标高，由命令计算出绝对标高框的内容。

"上下排列""左右排列"用于标注绝对标高和相对标高的关系以及标高文字与标高符号之间的关系，有两种排列方式，由用户自己选择。

当"自动换算绝对标高"复选框没有勾选时，也可在绝对标高位置手工输入文字说明。

✧【练习 7-26】 总图标高标注练习。

键入 Ctrl+O 组合键，打开本书配套附件"第 7 章\总图标高标注素材"，单击【标高标注】(BGBZ)菜单命令，步骤和方法如图 7-43 所示。

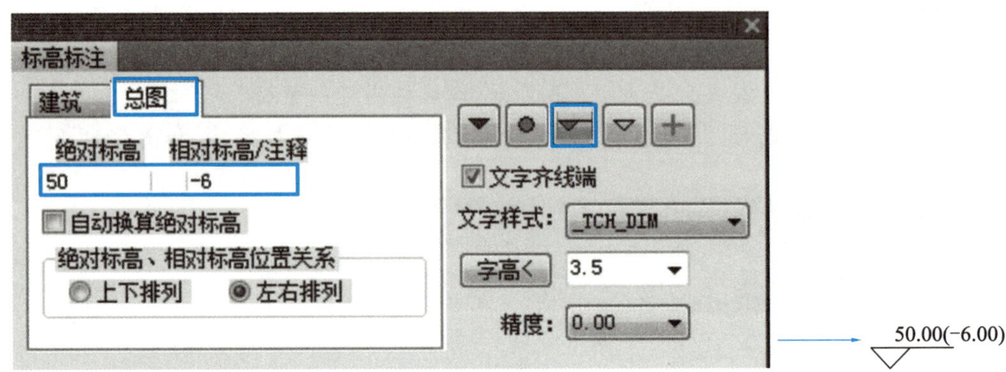

图 7-43 总图标高标注

7.5.4 标高检查

本命令用于在立面图和剖面图上检查天正标高符号，避免由于人为修改标高标注值导致设计位置的错误。利用该命令可检查世界坐标系和用户坐标系下的标高标注，但只能选择基于其中一个坐标系进行检查，而且应与绘制时的条件一致。须注意的是，本命令不适用于检查平面图上的标高符号，查出不一致的标高对象后用户可以选择两种解决方法：一是认为标高位置是正确的，要求纠正标高数值；二是认为标高数值是正确的，要求移动标高位置。

✧【练习 7-27】 标高检查练习。

具体步骤如下：

(1)按 Ctrl+O 组合键，打开本书配套附件"第 7 章\标高检查素材"。

(2)单击【标高检查】(BGJC)菜单命令，命令行提示：

选择参考标高或[参考当前用户坐标系(T)]<退出>:(选择作为标准的具有正确标高数值的标高符号)

选择待检查的标高标注:(选择需要检查的其他标高符号)

选择待检查的标高标注:(按回车键结束选择，系统显示检查结果，第一个错误的标高符号被红色方框框起来)

选中的标高 4 个，其中 2 个有错！

第 2/1 个错误的标注，正确标注(6.000)或[全部纠正(A)/纠正标高(C)/纠正位置(D)/退出(X)]<下一个>:(按回车键观察下一个错误的标高标注符号)

第 2/2 个错误的标注，正确标注(3.000)或[全部纠正(A)/纠正标高(C)/纠正位置(D)/退出(X)]<下一个>:(输入"A"全部按正确数值进行纠正)

其中全部纠正是指对标高数值进行一次性纠正，纠正位置是指移动标高对象，使得标高位置与自身标高数值一致，如图 7-44 所示。

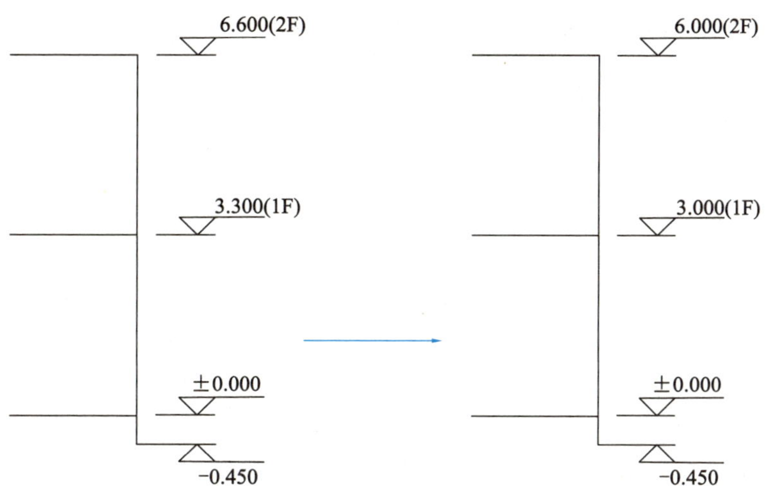

图 7-44 检查并纠正标高

7.5.5 标高对齐

本命令用于把选中的所有标高按新点取的标高位置或参考标高位置竖向对齐。如果当前标高采用的是带基线的形式，则还需要再点取基线对齐点。

✧【练习 7-28】 标高对齐练习。

(1)按 Ctrl+O 组合键，打开本书配套附件"第 7 章\标高对齐素材"。

(2)单击【符号标注】→【标高对齐】(BGDQ)菜单命令，命令行提示：

请选择需对齐的标高标注或[参考对齐(Q)]<退出>：(选择需要对齐的多个标高对象，或者输入"Q"参见下面的说明)

请选择需对齐的标高标注或[参考对齐(Q)]<退出>：(继续选择或者按回车键结束选择)

请点取标高对齐点<不变>：(拖动对齐标高，给出对齐点，标高在给出位置就位，单击鼠标右键或按回车键或空格键取消本命令)

请点取标高基线对齐点<不变>：(当选择的有一个标高对象是带基线的形式，则还需要给出基线对齐点，如图 7-45 所示)

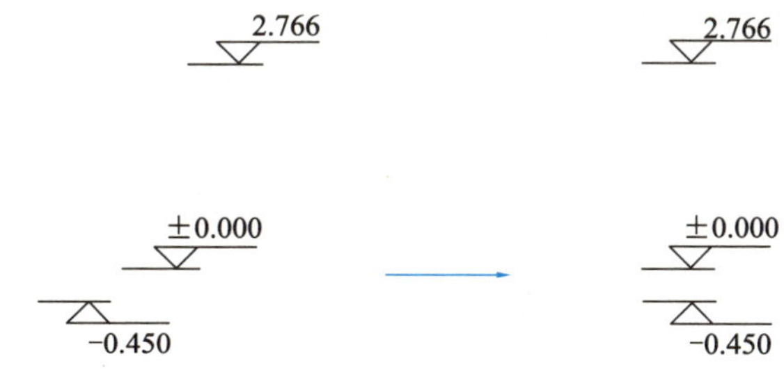

图 7-45 标高对齐

7.5.6 箭头引注

本命令用于绘制带有箭头的引出标注，文字可从线端标注也可从线上标注，引线可以多次转折，用于楼梯方向线、坡度等标注，共提供 5 种箭头样式和两行说明文字。

✧【练习 7-29】 箭头引注练习。

(1)按 Ctrl+O 组合键，打开本书配套附件"第 7 章\箭头引注素材"。

(2)单击【箭头引注】(JTYZ)菜单命令，显示图 7-46 所示的对话框。

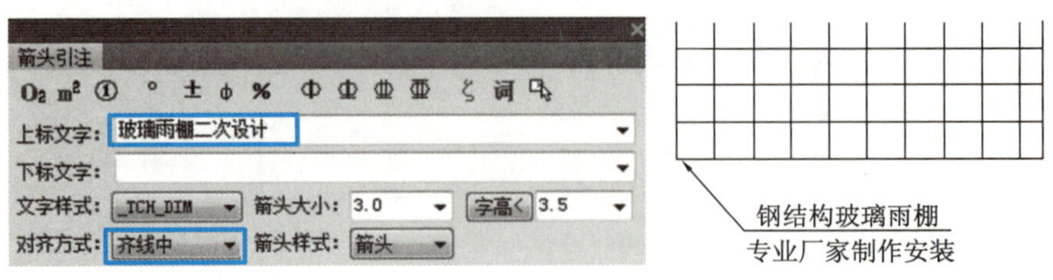

图 7-46　箭头引注

在对话框中输入引线端部或者引线上下要标注的文字，可以从下拉列表选取命令保存的文字历史记录，也可以不输入文字只画箭头。对话框中还提供了更改箭头长度、样式的功能，箭头长度按最终图纸尺寸为准，以毫米为单位给出；箭头的可选样式有“箭头”“半箭头”“点”“十字”“无”共 5 种，半箭头用于坡度符号标注。

在对话框中输入要注写的文字，在线端时仅输入一行文字，设置好参数，按命令行提示取点标注：

箭头起点或[点取图中曲线(P)/点取参考点(R)]＜退出＞：(点取箭头起始点)

直段下一点[弧段(A)/回退(U)]＜结束＞：[画出引线(直线或弧线)]

……

直段下一点[弧段(A)/回退(U)]＜结束＞：(按回车键结束，结果如图 7-46 所示)

双击箭头引注中的文字，即可进入在位编辑框修改文字。

7.5.7　引出标注

本命令可用于对多个标注点进行说明性的文字标注，自动按端点对齐文字，具有拖动自动跟随的特性。

✧【练习 7-30】　引出标注练习。

具体步骤如下：

(1)按 Ctrl+O 组合键，打开本书配套附件“第 7 章\引出标注素材”。

(2)单击【引出标注】(YCBZ)菜单命令，显示图 7-47 所示的对话框。

(3)在对话框中编辑好标注内容及其形式后，按命令行提示取点标注：

请给出标注第一点＜退出＞：(点取标注引线上的第一点)

输入引线位置或[更改箭头形式(A)]＜退出＞：(点取文字基线上的第一点)

点取文字基线位置＜退出＞：(点取文字基线上的结束点)

输入其他的标注点＜结束＞：(按回车键结束命令，结果如图 7-48 所示)

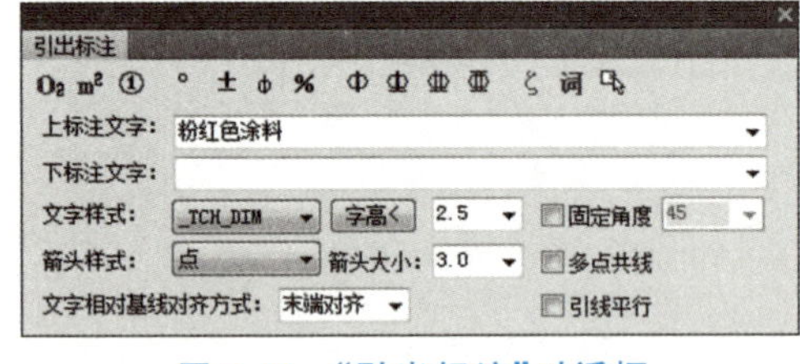

图 7-47　“引出标注”对话框

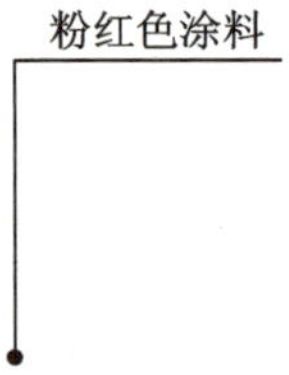

粉红色涂料

图 7-48　引出标注

勾选“多点共线”和“引线平行”的结果分别如图 7-49 所示。

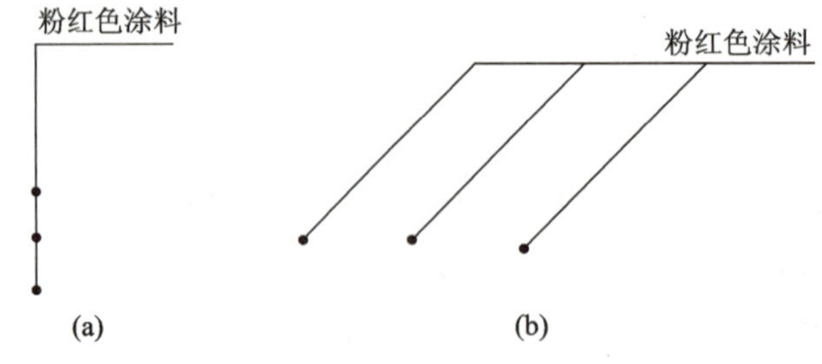

图 7-49　多个标注点引出标注

(a)多点共线；(b)引线平行

注：引出标注支持双击对象进入编辑对话框，如图 7-50 所示。

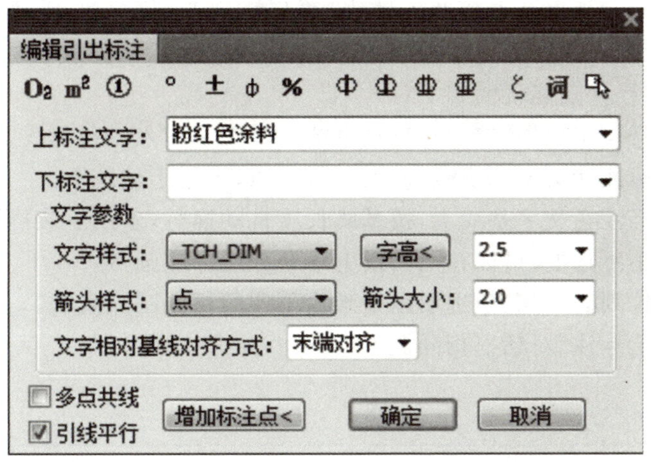

图 7-50 “编辑引出标注”对话框

与“引出标注”对话框不同的是，“编辑引出标注”对话框多了“增加标注点”按钮，单击该按钮可进入图形添加引出线与标注点，可以改变复选框修改引线引出方式。

7.5.8 做法标注

本命令用于在施工图纸上标注工程的材料做法，通过专业词库可调入墙面、地面、楼面、顶棚和屋面标准做法，软件提供了多行文字的做法标注文字，每一条做法说明都可以按需要的宽度拖动为多行，支持多行文字位置和宽度的控制夹点，按新版国家制图规范要求提供了做法标注圆点的标注选项，支持做法标注的输入界面行数，输入更方便。

✧【练习 7-31】 做法标注练习。

具体步骤如下：

(1)按 Ctrl+O 组合键，打开本书配套附件“第 7 章\做法标注素材”。

(2)单击【做法标注】(ZFBZ)菜单命令，显示图 7-51 所示的对话框。

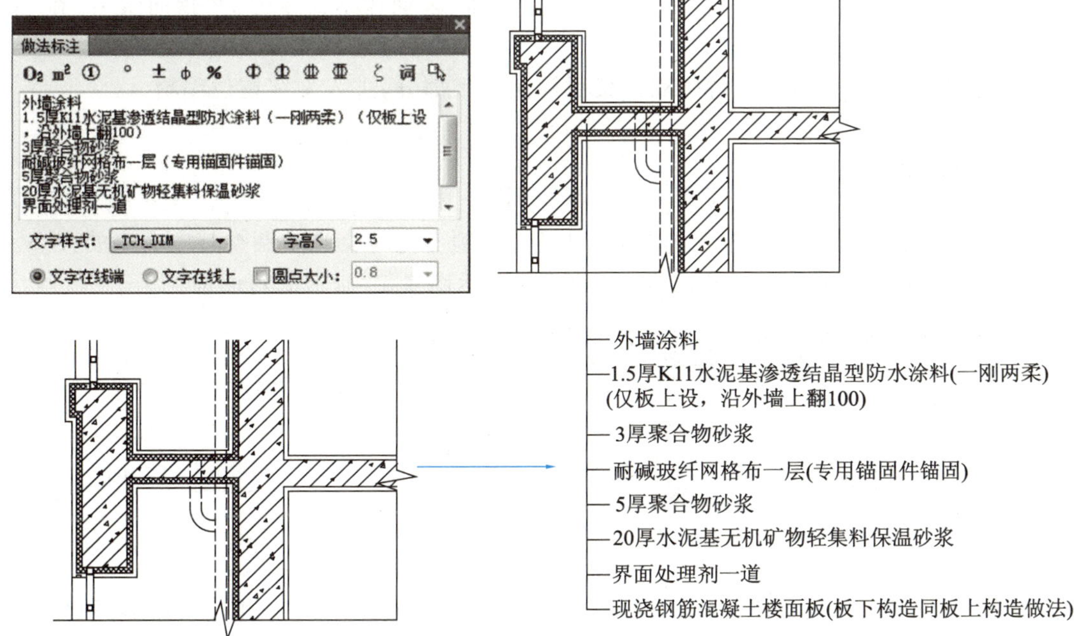

图 7-51 做法标注

光标进入多行编辑框后单击“词库”图标，可进入专业词库，从第一栏取得系统预设的做法标注。

双击做法标注对象，在对话框中可见到新提供的“增加标注点<”按钮，单击可在引线上增加做法定位的标注点。

“做法标注”对话框的各控件功能说明如下：

多行编辑框：供输入多行文字使用，按回车键结束的一段文字写入一条基线上，可随宽度自动换行。

文字在线端：文字内容标注在文字基线线端，为一行表示，多用于建筑图。

文字在线上：文字内容标注在文字基线上，按基线长度自动换行，多用于装修图。

圆点大小：勾选圆点大小复选框，可以在引出线上增补分层标注圆点。

圆点直径：圆点直径下拉列表，在其中选取以毫米为单位的标注圆点直径。

其他控件的功能与“引出标注”对话框相同。

7.5.9 索引符号

本命令为图中另有详图的某一部分标注索引号，指出表示这些部分的详图在哪张图上，分为“指向索引”和“剖切索引”两类。

创建索引符号时，弹出“索引符号”对话框，在其中设置参数，然后根据命令行的提示指定索引符号节点位置、转折点位置、文字索引号位置即可完成创建索引符号的操作，如图 7-52 所示。

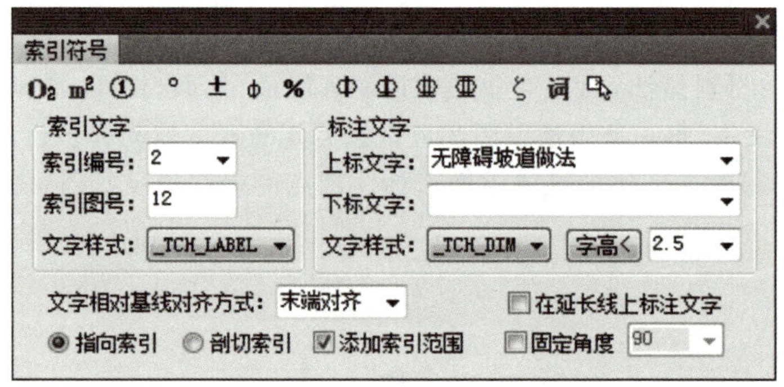

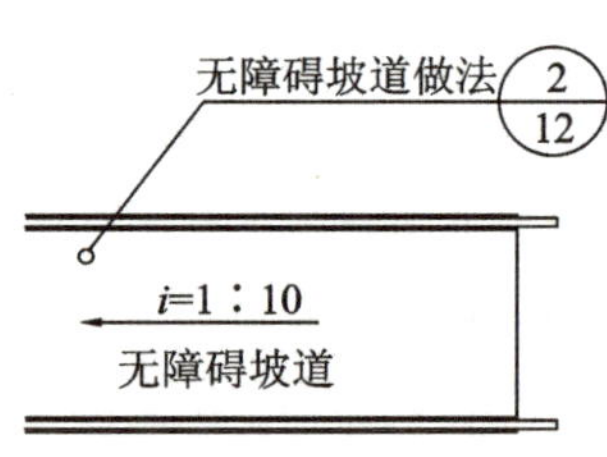

图 7-52　标注索引符号

“索引符号”对话框中控件功能与“引出标注”对话框类似，区别在本命令分为“指向索引”和“剖切索引”两类，标注时按要求选择标注。

双击索引标注对象可进入编辑对话框，双击索引标注文字部分，进入文字在位编辑。

7.5.10 图名标注

本命令用于在所绘图形下方标注该图的图名和比例，比例变化时会自动调整其中文字的大小。

单击【符号标注】→【图名标注】(TMBZ)菜单命令后，显示图 7-53 所示的对话框。

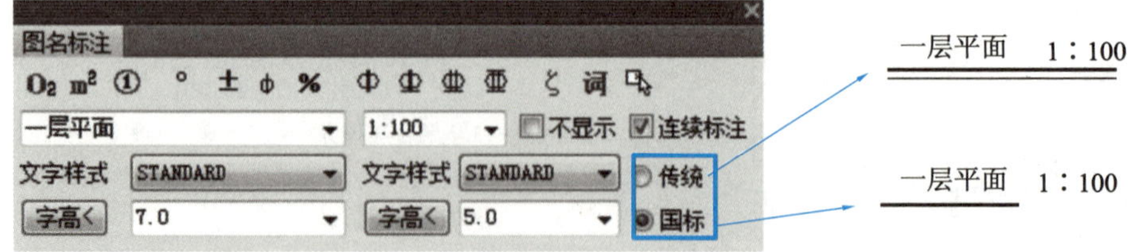

图 7-53　图名标注

双击图名标注对象进入对话框修改样式设置，双击图名文字或比例文字进入在位编辑修改文字，移动图名标注夹点设在对象中间，可以用捕捉对齐图形中心线获得良好效果。

7.5.11 剖切符号

T20 天正建筑剖切符号包含了剖面剖切和断面剖切，在生成剖面时执行【建筑剖面】与【构件剖面】命令需要事先绘制此符号，用以定义剖面方向。

✧【练习 7-32】 剖切符号练习。

具体步骤如下：

(1)按 Ctrl+O 组合键，打开本书配套附件“第 7 章\剖切符号素材”。

(2)单击【剖切符号】(PQFH)菜单命令，显示图 7-54 所示的对话框。

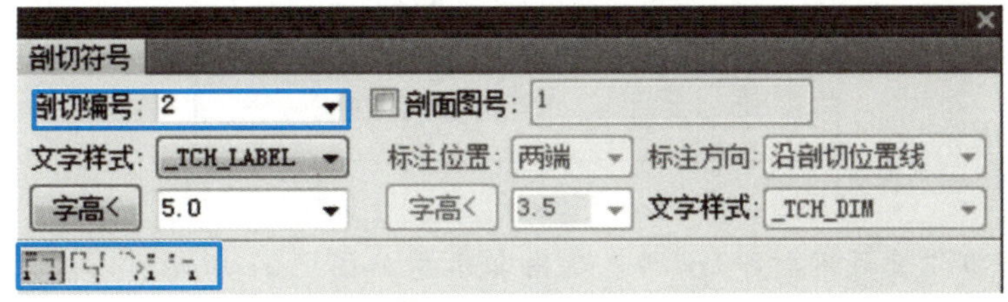

图 7-54 “剖切符号”对话框

工具栏从左到右分别是“正交剖切”“正交转折剖切”“非正交转折剖切”“断面剖切”共 4 种剖面符号的绘制方式，如图 7-55 所示。

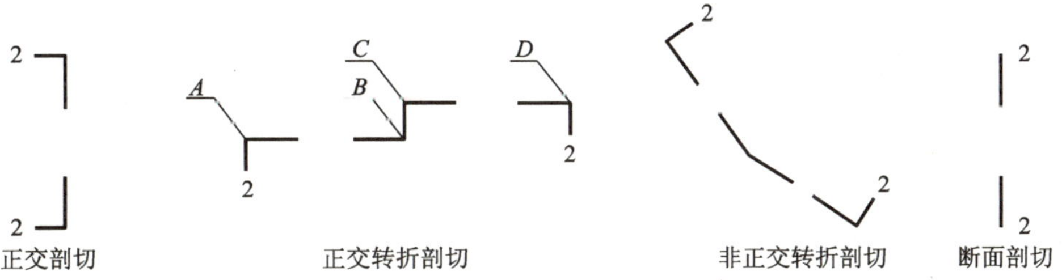

图 7-55 剖面符号的绘制方式

(3)单击“正交转折剖切”图标后，命令行提示：

点取第一个剖切点＜退出＞：(给出第一点 *A*)

点取第二个剖切点＜退出＞：(沿剖线给出第二点 *B*)

点取下一个剖切点＜结束＞：(沿剖线给出第三点 *C*)

点取下一个剖切点＜结束＞：(给出结束点 *D*)

点取下一个剖切点＜结束＞：(按回车键结束)

点取剖视方向＜当前＞：(点取下方指示剖视方向)

标注完成后，拖动不同夹点即可改变剖面符号的位置以及剖切方向，双击可以修改剖切编号。

7.5.12 加折断线

本命令用于绘制折断线，形式符合制图规范的要求，并可以依照当前比例更新其大小，在切割线一侧的天正建筑对象不予显示，用于解决天正对象无法从对象中间打断的问题。本命令支持制图标准的双折断线功能，可以自动屏蔽双折断线内部的天正构件对象。

✧【练习 7-33】 加折断线练习。

具体步骤如下：

(1)按 Ctrl+O 组合键，打开本书配套附件“第 7 章\加折断线素材”。

(2)单击【加折断线】(JZDX)菜单命令，命令行提示：

点取折断线起点或[选多段线(S)\绘双折断线(Q)，当前：绘单折断线]＜退出＞：(点取折断线起点或者输入“S”选择已有的多段线)

点取折断线终点或[改折断数目，当前=1(N)]＜退出＞：(点取折断线终点或者输入“N”修改折断数目。需注意的是，折断数目为 0 时不显示折断线，可用于切割图形)

当前切除外部,请选择保留范围或[改为切除内部(Q)]<不切割>:[拖动切割线边框改变保留范围(外部被切割),给点完成命令,按回车键仅画出折断线]

双击选择闭合多段线:(选择后显示图 7-56 所示的对话框)

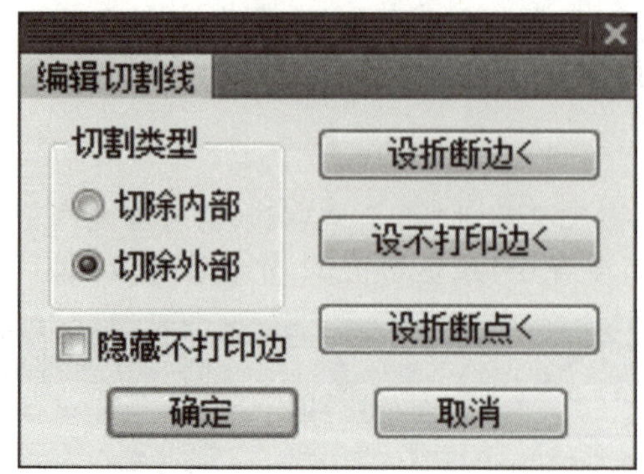

图 7-56 "编辑切割线"对话框

"切除内部""切除外部""隐藏不打印边"所表示内容示意如图 7-57 所示。

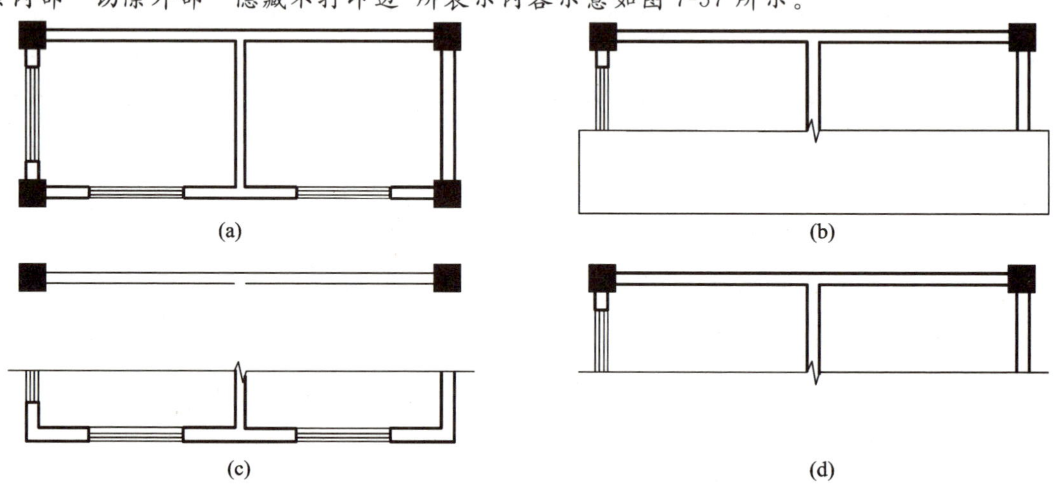

图 7-57 加折断线

(a)原图;(b)切除内部;(c)切除外部;(d)切除内部隐藏不打印边

7.5.13 索引图名

本命令为图中被索引的详图标注索引图名,可选择"标注在圈内""旧圆圈样式""标注可出圈"三种方式。比例夹点便于调整详图比例与索引圈的关系,无模式对话框为用户提供更方便的交互方法。

✧【练习 7-34】 索引图名练习。

具体步骤如下:

(1)按 Ctrl+O 组合键,打开本书配套附件"第 7 章\索引图名素材"。

(2)单击【索引图名】(SYTM)菜单命令,显示图 7-58 所示的对话框。

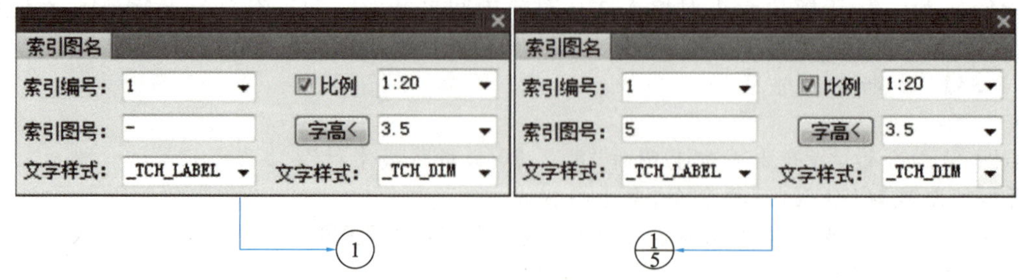

图 7-58 "索引图名"对话框

索引图名对象有两个夹点,拖动圈内的夹点可移动索引图名,第二个夹点调整比例文字与索引圈的关系。

7.5.14 画指北针

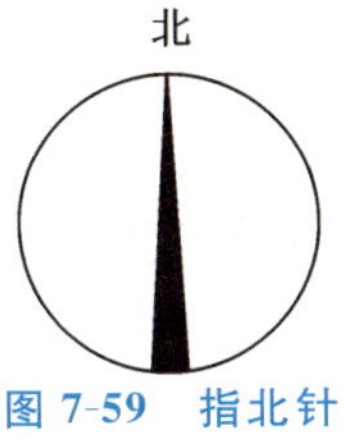

图 7-59 指北针

本命令在图上绘制一个国标规定的指北针符号对象，从插入点到更改方向夹点的方向为指北针的方向，这个方向在坐标标注时起指示北向坐标的作用。

单击【符号标注】→【画指北针】(HZBZ)菜单命令后，命令行提示：

指北针位置＜退出＞：(点取指北针的插入点)

指北针方向＜90.0＞：(拖动光标或输入角度定义指北针方向，*X* 正向为 0，如图 7-59 所示)

7.6 实战演练——绘制某办公楼平面文字、尺寸、符号标注、门窗表

本节综合运用前面所学知识，绘制某办公楼平面文字、尺寸、符号标注、门窗表，完善平面图。

1. 文字标注

(1)单行文字标注。

①打开 6.5 节最后保存的文件，单击【文件】→【另存为】菜单命令，将该文件另存为“第 7 章 7.6 绘制某办公楼平面文字、尺寸、符号标注.dwg”。

②单击【文字表格】→【单行文字】(DHWZ)命令，弹出【单行文字】对话框，如图 7-60 所示。在“文字输入列表”中输入“沿街店铺用房”，选择【字高】为 7.0，在图中左侧居中部位单击放置文字；在“文字输入列表”中输入“办公门厅”，在图中右侧居中部位单击放置文字；在“文字输入列表”中输入“值班”，在图中右下居中部位单击放置文字；按回车键结束命令(也可以拷贝文字内容到合适位置，双击文字，进行修改为正确的文字内容)，最终结果如图 7-61 所示。

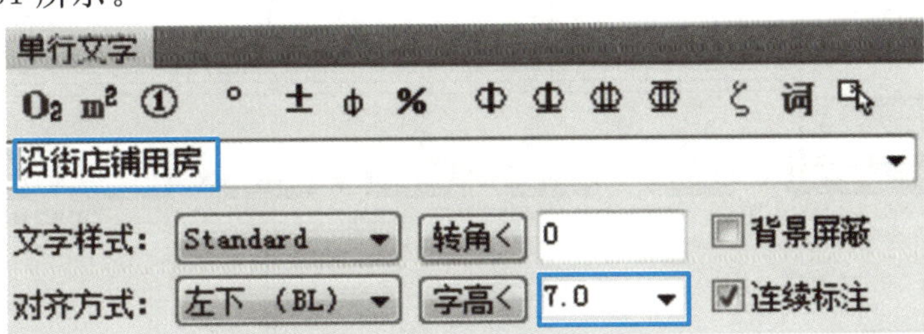

图 7-60 “单行文字”对话框

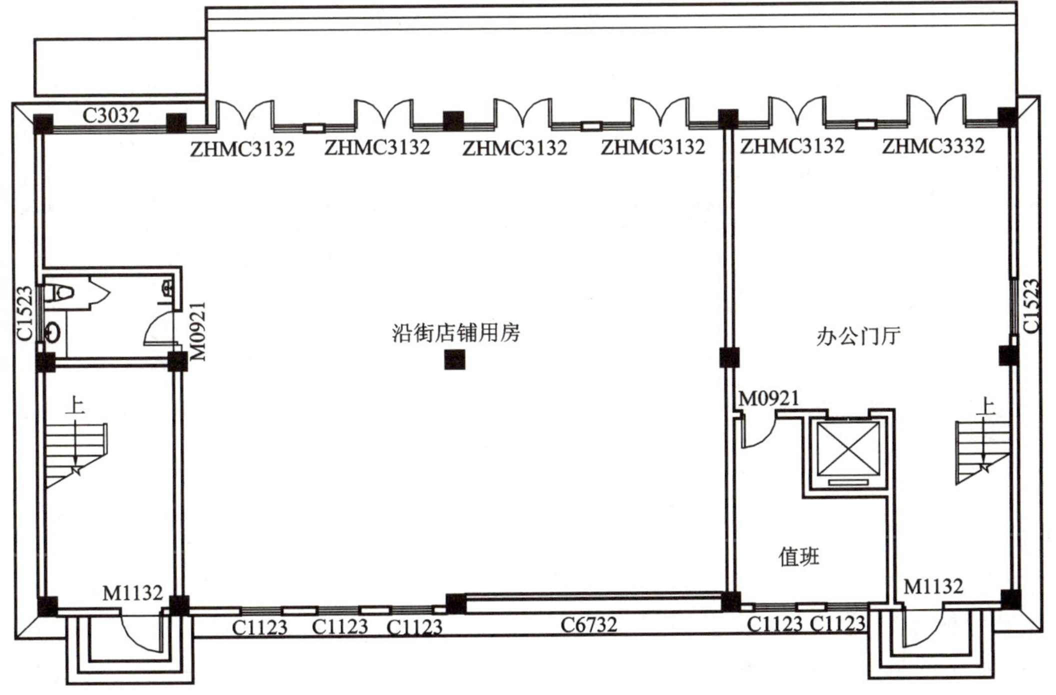

图 7-61 单行文字标注房间名称

(2)多行文字标注。

单击【文字表格】→【多行文字】命令，弹出【多行文字】对话框，如图7-62所示。在“文字输入区”中输入“说明:1.本工程总建筑面积为1824平方米，其中本层建筑面积为352平方米。2.柱子定位及尺寸详结施图，外墙除注明外，均为200厚，内墙除注明外，均为200(100)厚。3.卫生间地面除注明外比相应楼地面低40，卫生间布置详大样图，卫生间内洁具均为示意。”确认行距系数为“0.3”，页宽为“160”，字高为“5.0”，单击“确定”按钮，在平面图左下侧合适位置单击放置文字，最终效果如图7-63所示。

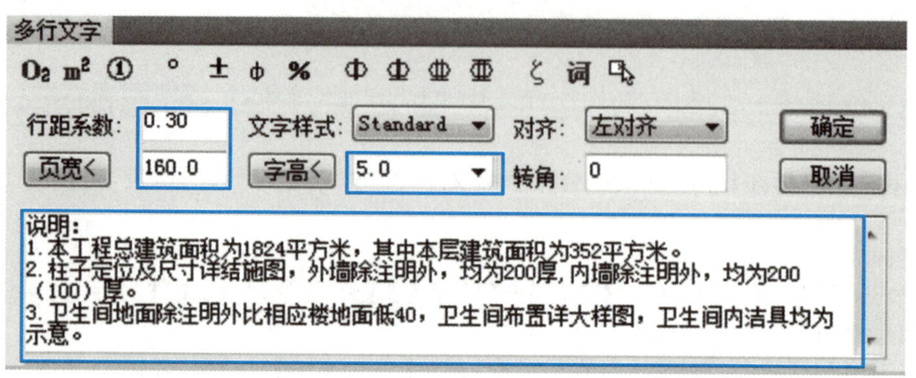

图7-62 “多行文字”对话框

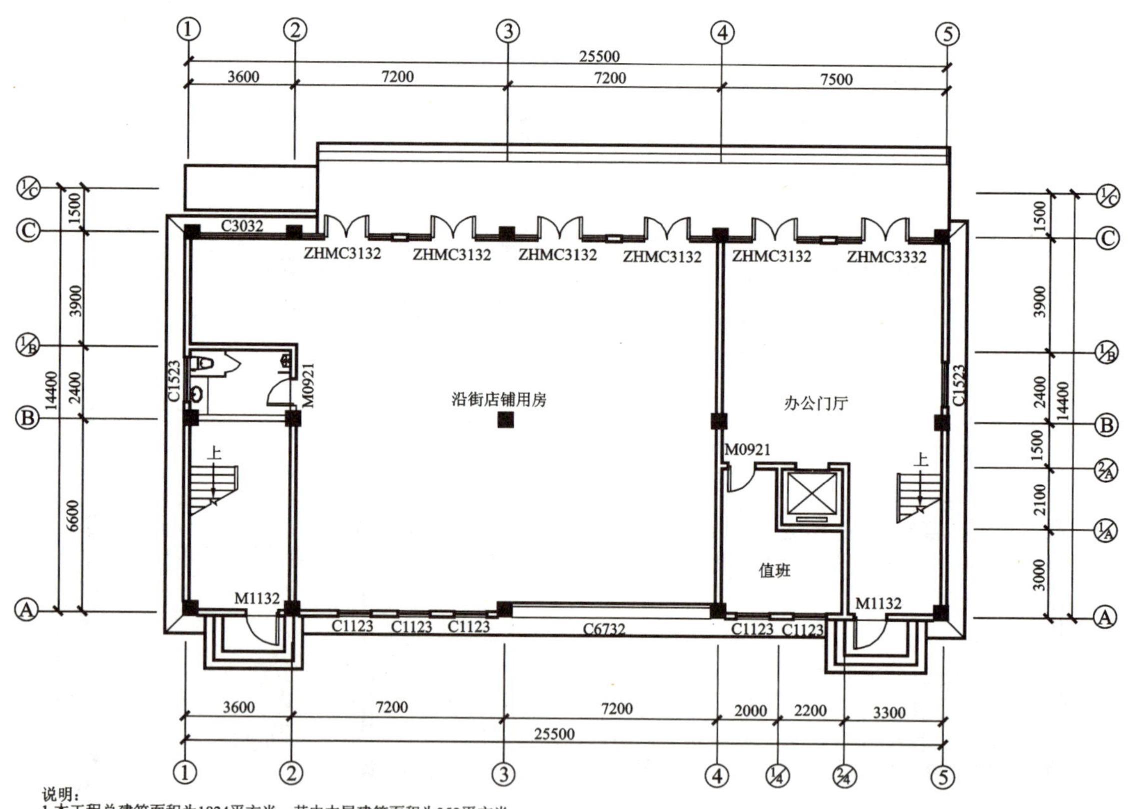

图7-63 多行文字标注说明

2.尺寸标注

(1)门窗标注。

①单击【尺寸标注】→【门窗标注】(MCBZ)命令，根据提示用线选择第一、二道尺寸线及墙体，然后选择其他需要标注的墙体。最后标注下开间对应位置的门窗尺寸线，标注完成后的效果如图7-64所示。

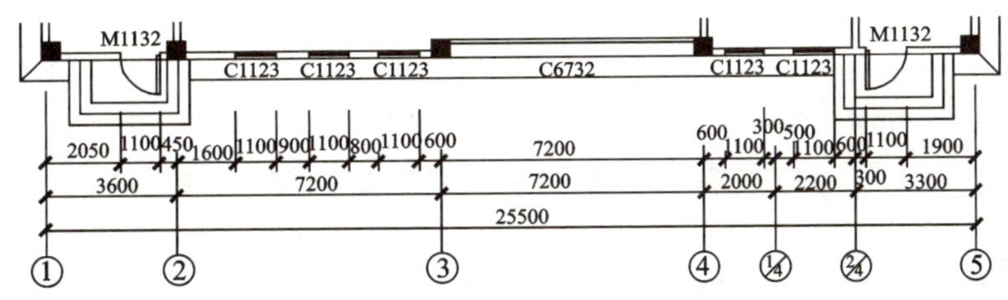

图 7-64　标注下开间的门窗尺寸线

②用同样的方法，将其他位置的门窗进行标注，完成后的效果如图 7-65 所示。

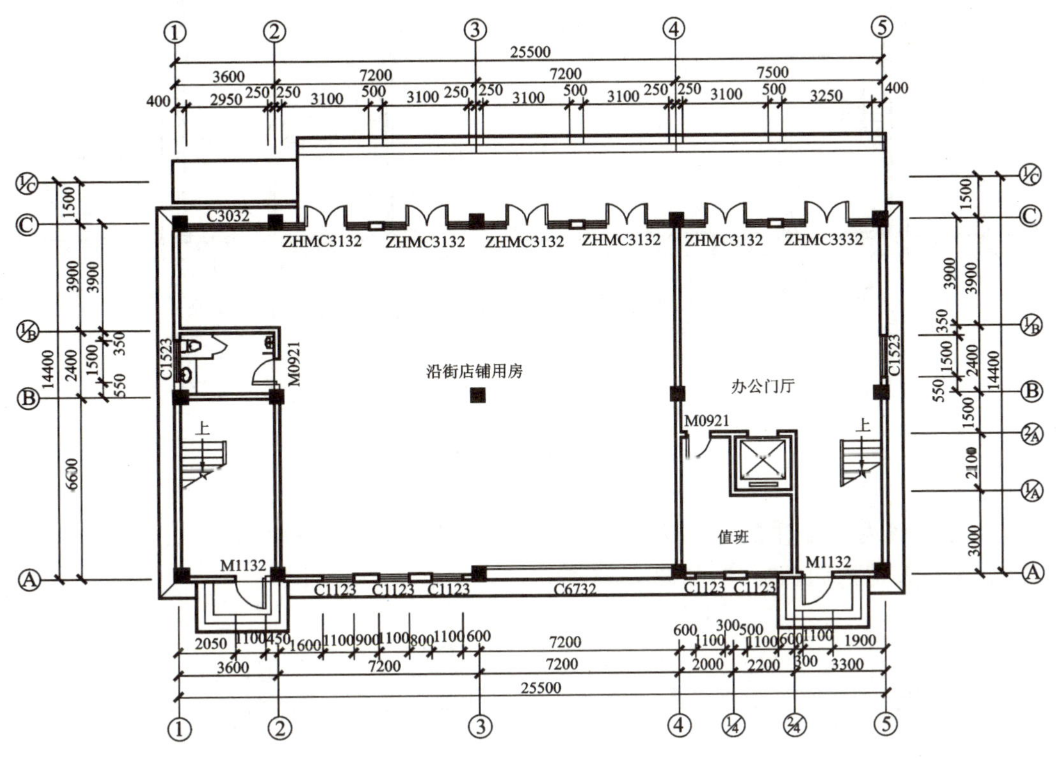

图 7-65　标注其他位置门窗尺寸线

(2)外包尺寸标注。

①单击【尺寸标注】→【外包尺寸】(WBCC)命令，根据命令行提示，框选Ⓐ轴线上的所有建筑构件，按回车键确认；框选第一、二道尺寸线，按回车键确认后即完成Ⓐ轴线上墙体的外包尺寸绘制，如图7-66所示。

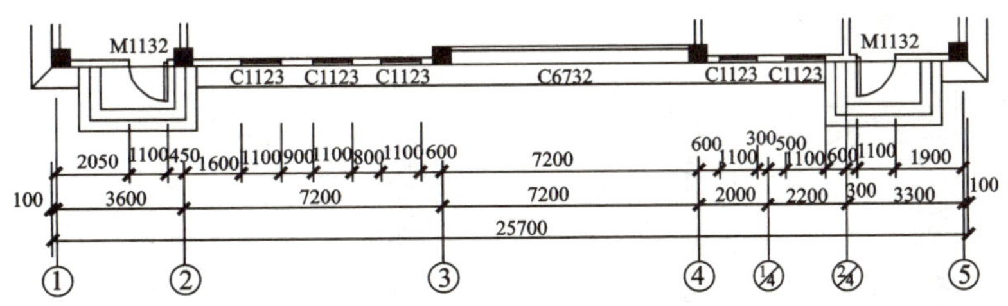

图 7-66　Ⓐ轴线墙体外包尺寸绘制

②同样的方法，对其他位置进行外包尺寸标注，①轴线、⑤轴线上的墙体外包尺寸需要进行尺寸线的调整，利用 AutoCAD 的【拉伸】、【移动】等命令修改左右两侧的尺寸线长度，移动尺寸线的位置，利用夹点编辑调整第一道、第二道尺寸线，也就是总尺寸的夹点位置，改变总尺寸的标注，完成后的效果如图 7-67 所示。

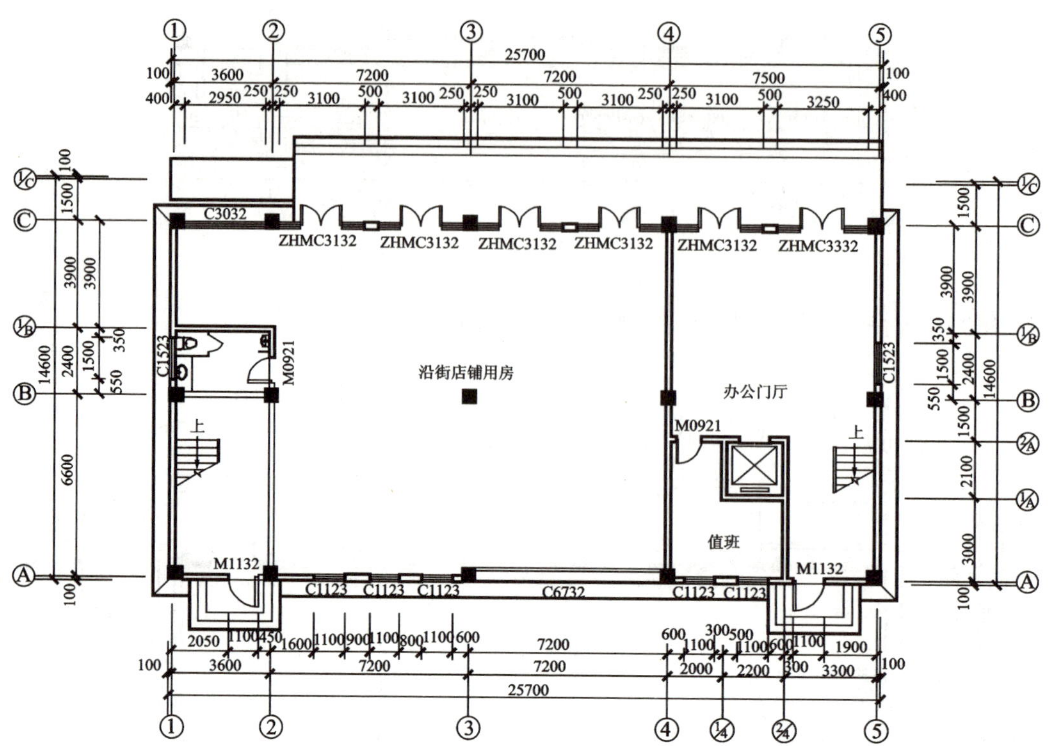

图 7-67　其他位置外包尺寸标注

(3)内门标注。

单击【尺寸标注】→【内门标注】(NMBZ)命令后,根据命令行提示,点取起点 A、终点 B,完成内门的标注。同样的方法,完成其他内门的标注,如图 7-68 所示。

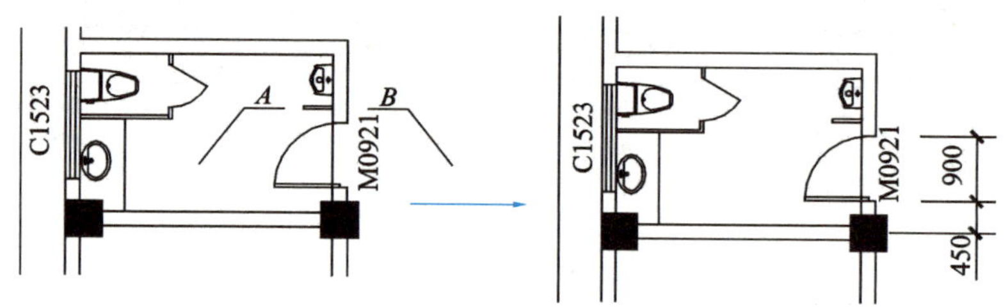

图 7-68　内门标注

(4)墙厚标注。

单击【尺寸标注】→【墙厚标注】(QHBZ)命令后,根据命令行提示分别选择需要标注墙厚的墙体两侧两点。标注后的效果如图 7-69 所示。

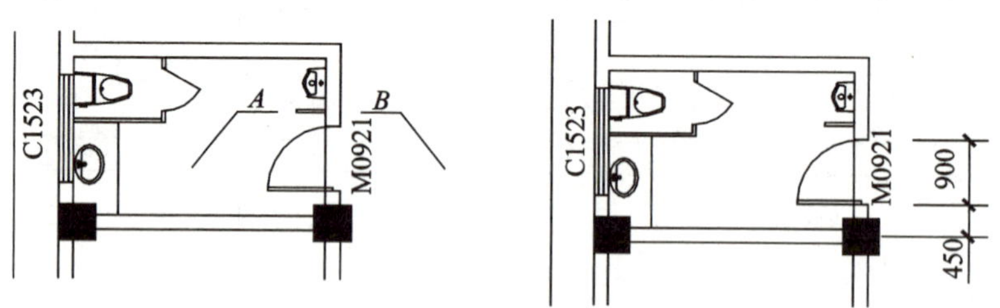

图 7-69　墙厚标注

(5)逐点标注。

①补绘北侧外墙外包造型。用 AutoCAD 多段线(PL)命令将Ⓒ轴线两个组合门窗之间的墙段进行造型立柱外包轮廓绘制,使其与柱外皮尺寸相同。

②单击【尺寸标注】→【逐点标注】(ZDBZ)命令后，根据命令行提示分别选择需要标注的点进行逐点标注。标注后的效果如图 7-70 所示。

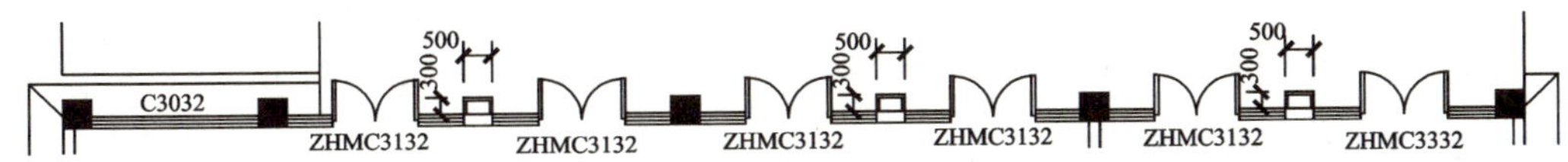

图 7-70　逐点标注

3. 符号标注

(1)标高标注。

①单击【符号标注】→【标高标注】(BGBZ)命令，弹出"标高标注"对话框，在"建筑"选项卡中勾选"手工输入"，"楼层标高"栏中输入"0"，标高样式选择普通标高，字高选择"3.5"，在图中室内合适位置单击即可完成室内±0 的建筑标高，如图 7-71 所示。

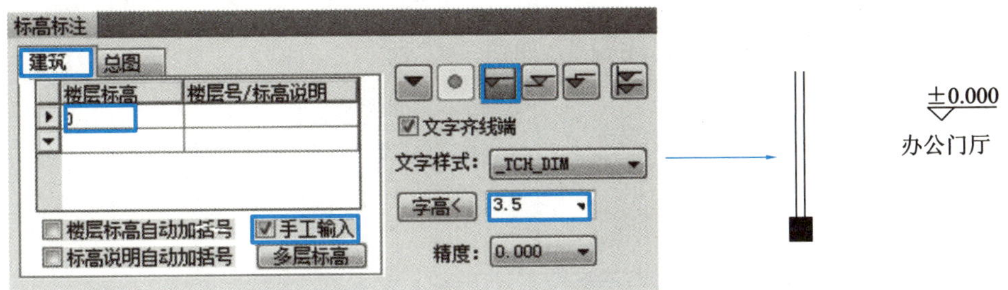

图 7-71　室内标高标注

②用同样方法在室外标注"－0.450"，卫生间标注"－0.040"(也可以拷贝至合适位置，双击修改完成)，如图 7-72 所示。

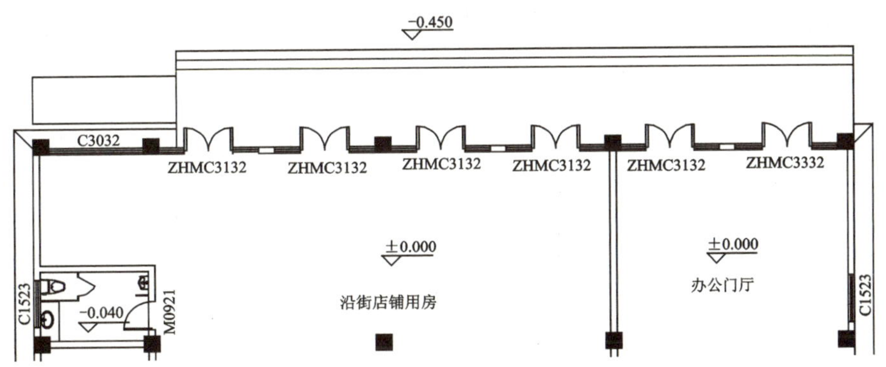

图 7-72　其他位置标高标注

(2)坡道坡度箭头引注。

单击【符号标注】→【箭头引注】(JTYZ)命令，弹出"箭头引注"对话框，"上标文字"中输入"1∶10"，"下标文字"中输入"下"，对齐方式为齐线中，其他保持默认。在坡道处按上坡方向依次确定两点，单击即可完成坡道坡度标注，如图 7-73 所示。

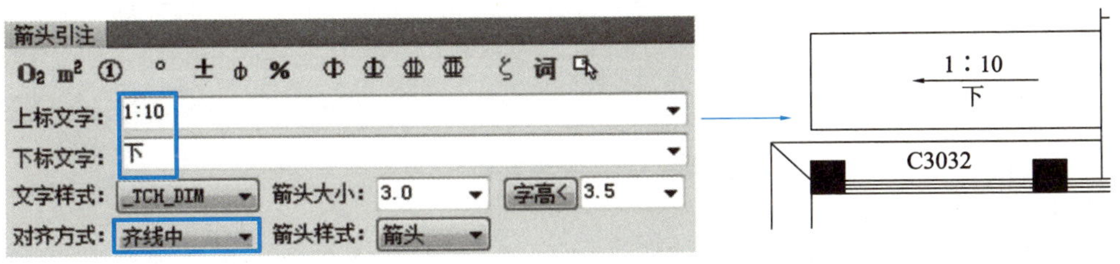

图 7-73　坡道坡度标注

(3)引出标注。

①单击【符号标注】→【引出标注】(YCBZ)命令,弹出"引出标注"对话框,"上标文字"中输入"无障碍坡道(余同)","下标文字"中输入"做法详见 03J926-3/22",箭头样式为点,对齐方式为末端对齐,其他保持默认。单击图中坡道,根据提示在合适位置确认,即可完成坡道引出标注,如图 7-74 所示。

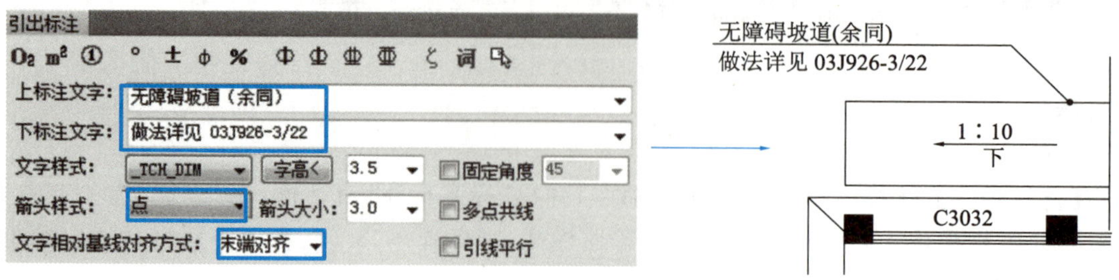

图 7-74 坡道引出标注

②同样方式,完成Ⓒ轴线造型立柱的标注说明,如图 7-75 所示。

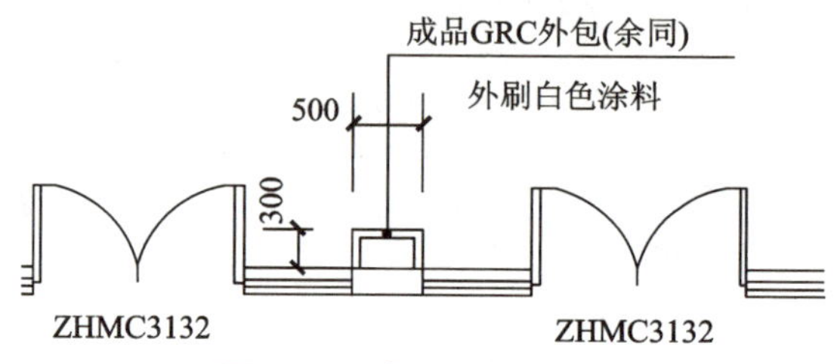

图 7-75 造型立柱的标注

(4)剖切符号。

选择【符号标注】→【剖切符号】(PQFH)命令,弹出"剖切符号"对话框,剖切编号设置为 1,采用以正交剖切的方式,根据命令行提示,第一点为 A,第二点为 B,指定剖视方向即可完成剖切符号的绘制,如图 7-76 所示。

图 7-76 绘制剖切符号

(5)画指北针。

单击【符号标注】→【画指北针】(HZBZ)命令,根据命令行提示,在图中合适位置单击确定指北针的中心点位置,然后移动鼠标能够看到指北针在移动,再次单击指定指北针的方向。

（6）图名标注。

单击【符号标注】→【图名标注】（TMBZ）命令，弹出“图名标注”对话框，按图 7-77 设置好相关参数后，在图中合适位置单击即可完成图名标注（双击图名标注对象可进入对话框修改样式设置），结果如图 7-77 所示。

图 7-77 图名标注

绘制完成的某办公楼平面最终效果如图 7-78 所示。其他楼层的绘制，限于篇幅原因不再赘述，读者可对照案例素材自行练习。

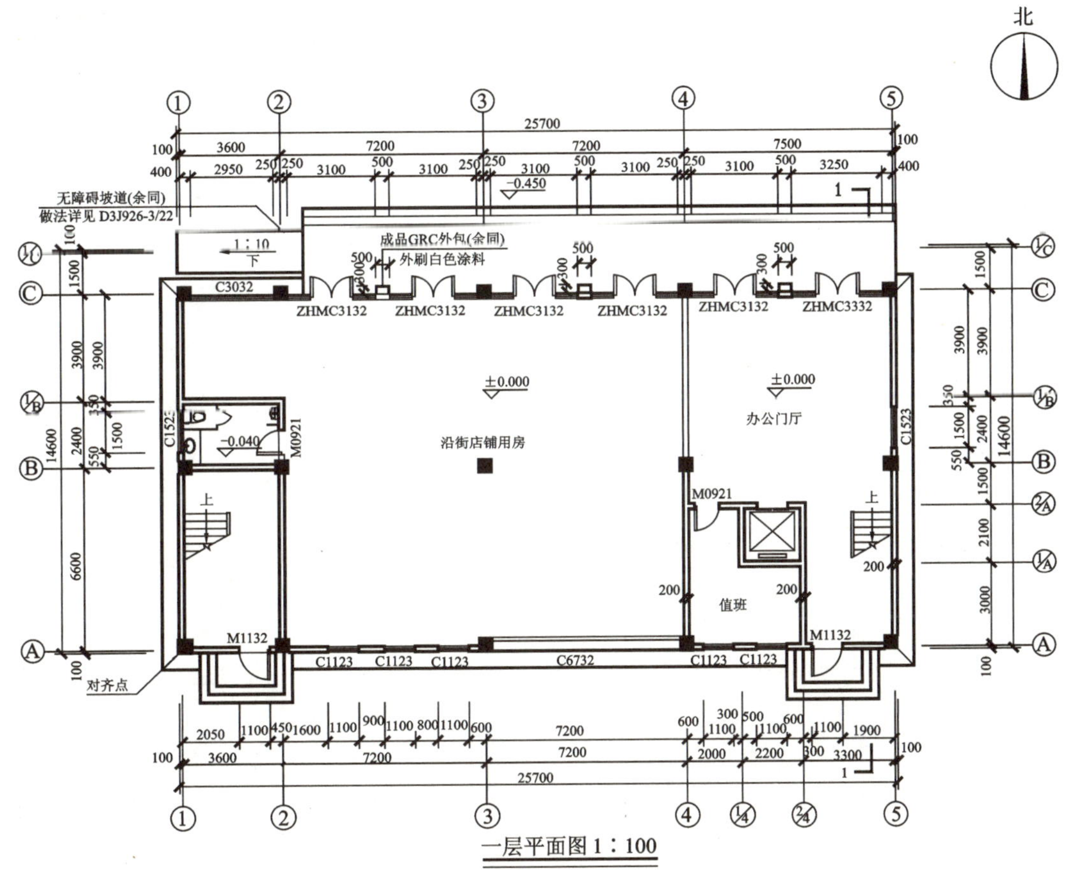

图 7-78 某办公楼平面图

4. 编制门窗表

（1）双击图纸中的平面图“某办公楼实例平面图”，软件即以“某办公楼实例平面图”作为当前图纸。

（2）单击【门窗】→【门窗总表】（MCZB）命令，或在“楼层”展卷栏单击“门窗总表”按钮，在图中适当位置单击即可生成门窗总表，如图 7-79 所示（可按 S 键进行表头等设置）。

门窗表

类型	设计编号	洞口尺寸(mm)	数量						图集选用			备注
			1	2	3	4	5	合计	图集名称	页次	选用型号	
普通门	M0821	800×2100		2	2	2		6				
	M0921	900×2100	2	1	1	5		9				
	M1132	1100×3200	2					2				
	M1521	1500×2100		6	6	2		14				
普通窗	C1120	1100×2000		8	8	8		24				
	C1123	1100×2300	5					5				
	C1320	1300×2000		1	1	1		3				
	C1523	1500×2300	2	2	2	2		8				
	C2324	2340×2400				1		1				
	C2324	2300×2400				2		2				
	C3032	2950×3200	1					1				
	C3424	3360×2400				1		1				
	C3624	3600×2400		2	2			4				
	C3924	3900×2400		1	1	1		3				
	C4024	3950×2400		2	2	2		6				
	C6724	6700×2400		1	1	1		3				
	C6727	6700×2700	1					1				
组合门窗	ZHMC3132	3100×3200	5					5				
	ZHMC3332	3250×3200	1					1				

图 7-79　门窗表

8 立　　面

本章导读

建筑立面设计是建筑设计中的一个重要组成部分，用来表达建筑物立面的造型和装修图样，反映建筑物的外貌和立面装修做法。T20 天正建筑通过相应平面图、构件中的三维信息，可以自动生成建筑立面图，从而大大提高了建筑绘图的速度和效率。本章详细讲述了天正建筑立面图的创建和编辑方法。

学习目标

✧ 理解工程管理的概念，掌握工程的创建方法。
✧ 掌握创建建筑以及建筑构件立面的方法。
✧ 掌握建筑立面的深化编辑方法。

8.1　立面生成与工程管理

在 T20 天正建筑中，立面生成是由【工程管理】命令实现的，在【工程管理】命令界面上，通过【新建工程】→【添加图纸】（平面图）的操作建立工程，在工程的基础上定义平面图与楼层的关系，从而建立平面图与立面楼层之间的关系。需要注意的是，一个平面图除了可代表一个自然楼层外，还可代表多个相同的自然层，方法是在楼层表中层号处填写起始层号并用“～”或“—”隔开即可。

为了能获得尽量准确和详尽的立面图，用户在绘制平面图时，楼层高度、墙高、窗高、窗台高、阳台栏板高、台阶踏步高、级数等竖向参数应尽量正确。

8.1.1　新建工程

在生成建筑立面图和剖面图之前，都需要创建新工程，下面将通过具体实例讲解新建工程的操作方法。

✧【练习 8-1】　新建工程。

具体步骤如下：

（1）按 Ctrl＋～组合键，或单击【文件布图】→【工程管理】（GCGL）命令，弹出“工程管理”面板，在“工程管理”下拉列表中选择“新建工程”选项，如图 8-1 所示。

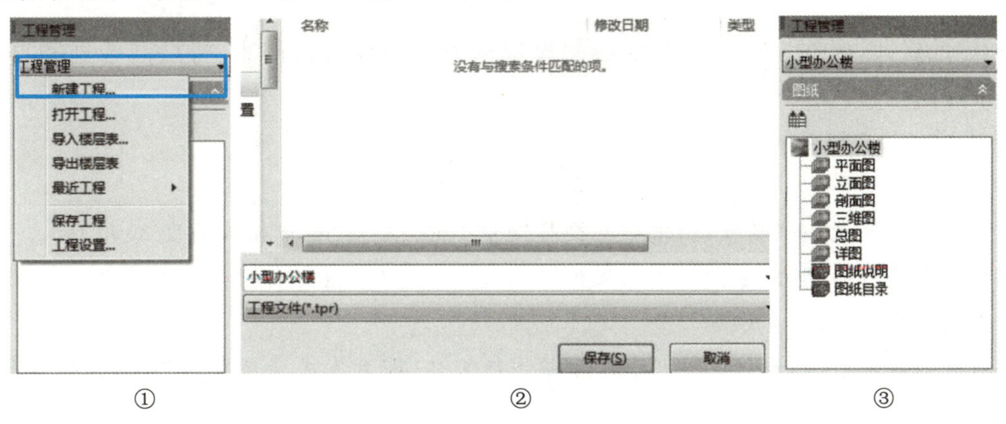

图 8-1　新建工程

(2)系统弹出“另存为”对话框，输入新工程的名称，并指定保存工程的文件夹。

(3)单击“保存”按钮，保存工程项目，即完成新工程的创建，同时得到一个扩展名为“tpr”的项目文件。

8.1.2 打开工程

要具体操作某个工程项目，首先应该打开工程文件，在“工程管理”面板中打开“工程管理”下拉列表框，选择其中的“打开工程”选项，在弹出的对话框中选择需要打开的项目文件，单击“打开”按钮即可。

8.1.3 添加图纸

在工程新建之后，还需要在该新工程中添加图纸，即把绘制好的图纸提到该工程文件夹中，以方便立面图和剖面图的自动生成。

✧【练习 8-2】 添加图纸。

具体步骤如下：

(1)打开已创建好的“低层住宅.tpr”文件，右键单击图纸列表中的“平面图”选项，在弹出的快捷菜单中选择“添加图纸”命令。

(2)在弹出的“选择图纸”对话框中，选择需要添加的图纸，包括“一层”“二三层”和“屋顶”，单击“打开”按钮添加图纸，过程如图 8-2 所示。

图 8-2 添加图纸

8.1.4 创建楼层表

图纸添加完成后，需要在“工程管理”面板的楼层选项栏中设置楼层表，将层高数据和自然层号对应起来。

✧【练习 8-3】 创建楼层表。

具体步骤如下：

(1)展开“楼层”选项栏，在“层号”栏中输入楼层编号 1，在“层高”栏中输入高度 3000 mm。

(2)单击楼层表各行右侧的“选择标准层文件”按钮，在打开的“选择标准层图形文件”中，添加该楼层的图纸文件，单击“打开”按钮，将其添加。

(3)使用同样的方法，依次添加 2、3 层和屋顶层图纸文件，即可完成楼层表的创建，过程如图 8-3 所示。

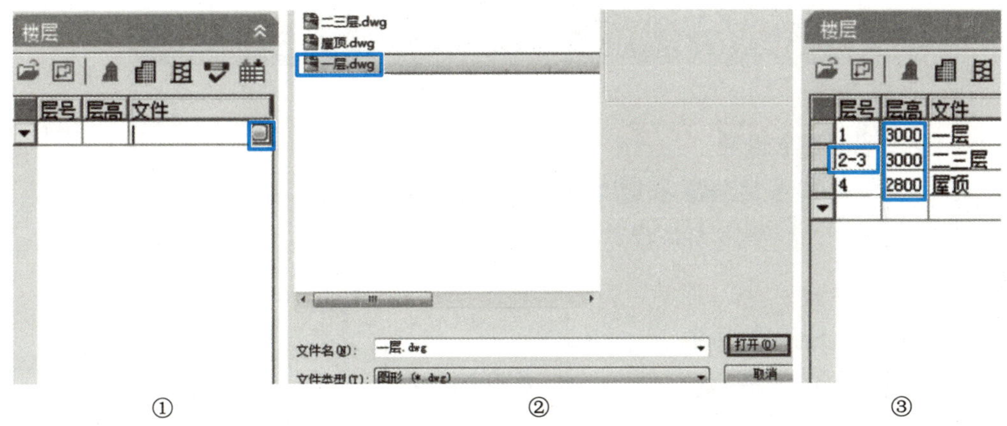

图 8-3　创建楼层表

注：当用户将各楼层平面都存放在一个 DWG 文件中时，首先应将此 DWG 文件打开，并处于当前窗口，然后单击“楼层”工具栏中的“在当前图中框选楼层范围”按钮，接着在绘图区中框选相对应的楼层平面，并指定对齐点即可完成楼层表的创建。

8.2　创建立面图

工程新建完成且添加图纸、完成楼层表创建后，T20 天正建筑就可以根据需要自动生成立面图，并创建符合规范的立面标注。

8.2.1　建筑立面

本命令按照【工程管理】命令中的数据库楼层表格数据，一次生成多层建筑立面。在生成立面图时，可以设置标注的形式，如在图形的哪一侧标注立面尺寸和标高；同时可以设置门窗和阳台的样式，其方法与标准层立面设置相同；设定是否在立面图上绘制出每层平面的层间线；设定首层平面的室内外高差；在楼层表设置中可以修改标准层的层高。

✧【练习 8-4】　建筑立面练习。

具体步骤如下：

(1)在“工程管理”面板中打开已创建好的“低层住宅.tpr”文件。

(2)在“图纸”展卷栏中双击打开一层平面图。

(3)在“楼层”展卷栏单击“建筑立面”按钮，如图 8-4 所示，命令行提示：

请输入立面方向或[正立面(F)/背立面(B)/左立面(L)/右立面(R)]<退出>：F(输入快捷键或者按视线方向给出两点指定生成建筑立面的方向)

请选择要出现在立面图上的轴线:[在图纸上选取起始轴①和终止轴⑨(一般是选择同立面方向上的开间或进深轴线，选轴号无效)]

(4)在图 8-5 所示的对话框中单击“生成立面”按钮，弹出“输入要生成的文件”对话框，输入文件名“南立面”，单击“保存”后生成立面图文件，并且打开该文件作为当前图显示，如图 8-6 所示。

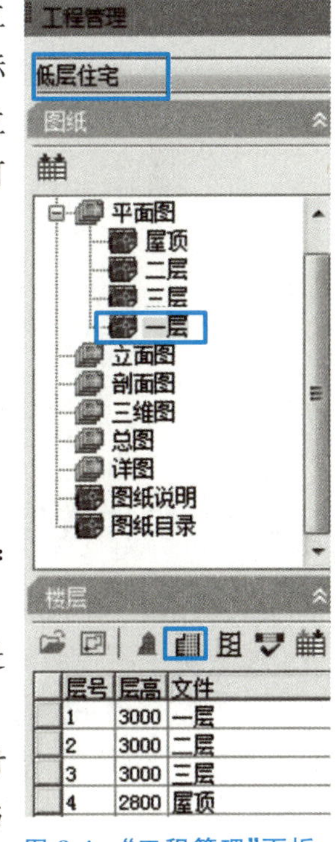

图 8-4　“工程管理”面板

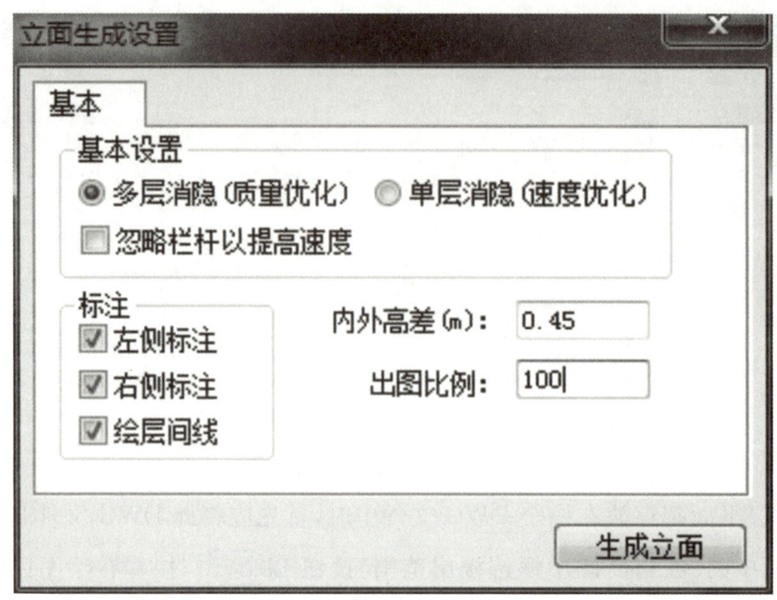

图 8-5 “立面生成设置”对话框

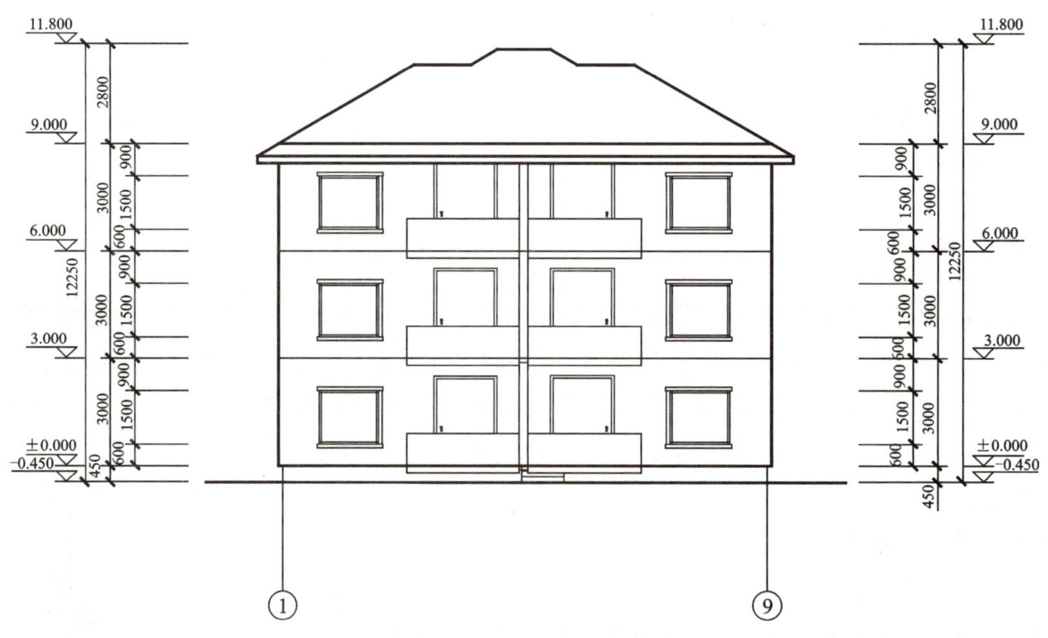

图 8-6 生成并打开立面图文件

8.2.2 构件立面

本命令用于生成当前标准层、局部构件或三维图块对象在选定方向上的立面图与顶视图。生成的立面图内容取决于选定的对象的三维图形。

单击【立面】→【构件立面】(GJLM)菜单命令后，命令行提示：

请输入立面方向或[正立面(F)/背立面(B)/左立面(L)/右立面(R)/顶视图(T)]<退出>:F(输入“F”生成正立面)

请选择要生成立面的建筑构件:(点取楼梯平面对象)

请选择要生成立面的建筑构件:(按回车键结束选择)

请点取放置位置:(拖动生成后的立面图，在合适的位置给点插入，如图 8-7 所示)

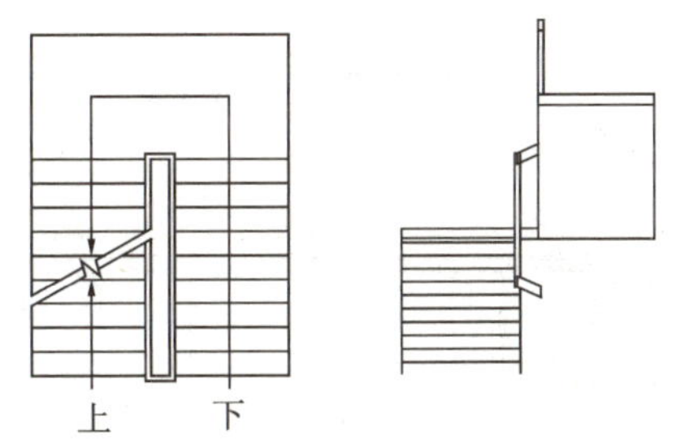

图 8-7　生成构件立面

8.3　立面图的编辑

利用【工程管理】命令生成立面图后，有些部分可能存在一些问题或内容不够完善，此时需要对生成的立面图进行细部深化和立面编辑。T20 天正建筑提供了多种立面编辑的工具，包括立面门窗、门窗参数、立面窗套和立面阳台等。

8.3.1　立面门窗

本命令用于替换、添加立面图上的门窗，同时也对立面图的门窗图块进行维护。

✧【练习 8-5】　立面门窗练习。

具体步骤如下：

(1)按 Ctrl+O 组合键，打开本书配套附件“第 8 章\立面门窗素材”，如图 8-6 所示。

(2)单击【立面门窗】(LMMC)菜单命令后，在弹出的“天正图库管理系统”对话框中选择用于替换的门窗样式，如图 8-8 所示。

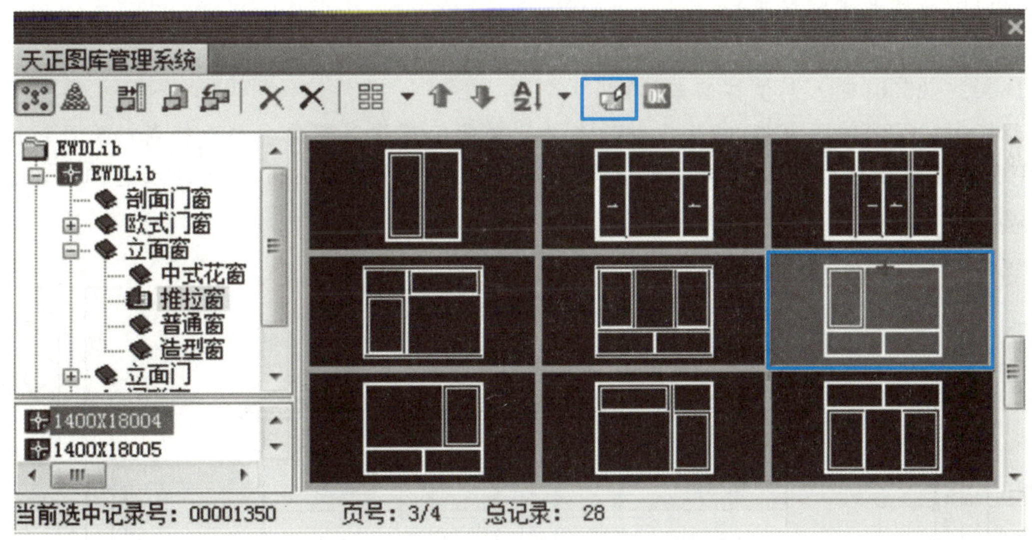

图 8-8　“天正图库管理系统”对话框

(3)单击对话框上方“替换”按钮，依次选择需要替换的窗，按回车键确认，使用镜像命令，将右侧窗户镜像使得与左侧窗户对称，完成窗户的替换，如图 8-9 所示。

8.3.2　门窗参数

本命令用于修改立面门窗的尺寸和位置，在绘图区中选择需要修改的门窗并按 Enter 键确认，然后依次

图 8-9　替换窗户

在命令行中输入要修改的门窗参数值，即可完成门窗参数的修改。

本命令把已经生成的立面门窗尺寸以及门窗底标高作为默认值，用户修改立面门窗尺寸，系统按尺寸更新所选门窗。

✧【练习 8-6】　门窗参数练习。

具体步骤如下：

(1)按 Ctrl+O 组合键，打开本书配套附件“第 8 章\门窗参数素材”，如图 8-9 所示。

(2)单击【门窗参数】(MCCS)菜单命令后，命令行提示：

选择立面门窗：(选择 1 层的两个阳台门)

选择立面门窗：(按回车键结束)

底标高<900>：0(需要时输入新的门窗底标高，从地面起算)

高度<1600>：2500(输入新值按回车键)

宽度<1800>：1800(输入新值，按回车键后各个选择的门窗均以底部中点为基点对称更新)

(3)同样方法将 2 层阳台门参数改为底标高 3000 mm、高度 2500 mm，3 层的阳台门参数改为底标高 6000 mm，高度 2300 mm，完成效果如图 8-10 所示。

图 8-10　修改的台门参数

(4)参照练习 8-5 的方法将阳台门进行替换,最终成果如图 8-11 所示。

图 8-11　替换阳台门

8.3.3　立面阳台

本命令用于替换、添加立面图上阳台的样式,同时也是对立面阳台图块的管理工具。

✧【练习 8-7】　立面阳台练习。

具体步骤如下:

(1)按 Ctrl+O 组合键,打开本书配套附件"第 8 章\立面阳台素材",如图 8-11 所示。

(2)单击【立面阳台】(LMYT)菜单命令,在弹出的"天正图库管理系统"对话框中选择"阳台 1",单击替换按钮,依次选择所需要替换的阳台,按回车键确认,完成阳台替换后的效果如图 8-12 所示。

图 8-12　替换阳台

8.3.4　立面屋顶

本命令可用于生成多种形式的屋顶立面样式。

✧【练习 8-8】　立面屋顶练习。

具体步骤如下:

(1)按 Ctrl+O 组合键,打开本书配套附件"第 8 章\立面屋顶素材",如图 8-13 所示。

图 8-13　立面屋顶素材

(2)单击【立面屋顶】(LMWD)菜单命令，在弹出的“立面屋顶参数”对话框中设置相关参数，如图 8-14 所示。

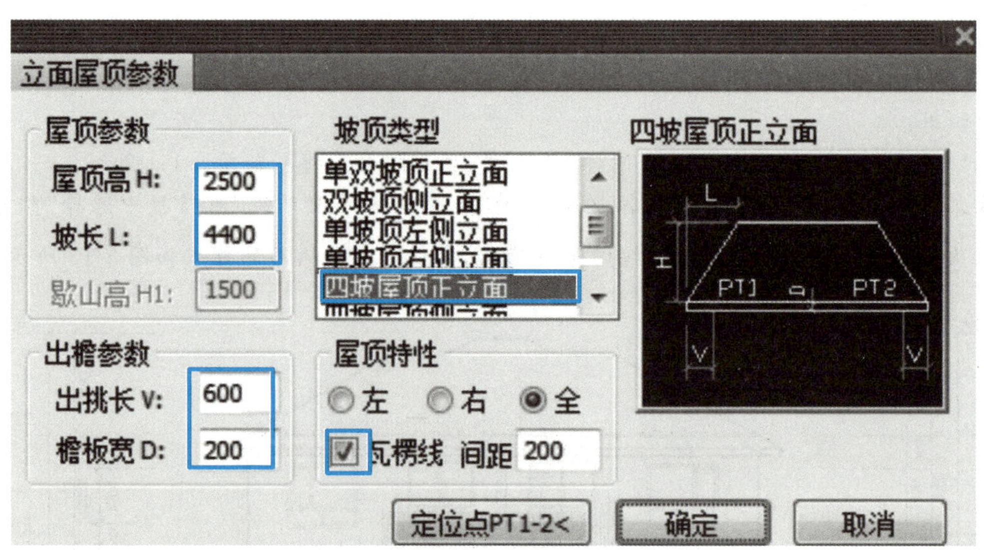

图 8-14　“立面屋顶参数”对话框

对话框中各控件的功能说明见表 8-1。

表 8-1　“立面屋顶参数”对话框中各控件及功能说明

控件	功能
屋顶高	屋顶的高度，即从定位基点 PT1 到屋脊的高度
坡长	坡屋顶倾斜部分的水平投影长度
屋顶特性	屋顶特性表示屋顶与相邻墙体的关系，“全”表示屋顶不与相邻墙体连接，完全显示；“左”表示屋顶左侧显示，右侧与其他墙体连接；“右”表示屋顶右侧显示，左侧与其他墙体连接
出挑长	在正立面时为出山长；在侧立面时为出檐长

(3)单击“定位点 PT1-2<”依次选择 A、B 两点，按“确定”按钮，完成屋顶绘制，结果如图 8-15 所示。

图 8-15　绘制屋顶

8.3.5 立面窗套

本命令为已有的立面窗创建全包的窗套或者窗楣线和窗台线。

✧【练习 8-9】 立面窗套练习。

具体步骤如下：

(1)按 Ctrl+O 组合键，打开本书配套附件“第 8 章\立面窗套素材”，如图 8-16 所示。

图 8-16　立面窗套素材

(2)单击“立面窗套”(LMCT)菜单命令后，命令行提示：

请指定窗套的左下角点<退出>:(选择窗套的左下角点)

请指定窗套的右上角点<推出>:(选择窗套的右上角点)

(3)在弹出的“窗套参数”对话框中设置相关参数，如图 8-17 所示。

(4)用同样方法依次对所有窗户进行立面窗套绘制，最终结果如图 8-18 所示。

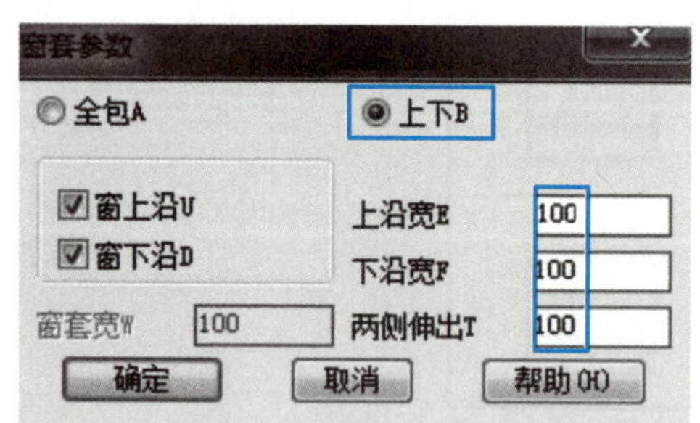

图 8-17 “窗套参数”对话框

图 8-18 绘制立面窗套

8.3.6 雨水管线

本命令在立面图中按给定的位置生成编组的雨水斗和雨水管，可自动遮挡立面上的各种装饰格线。

✧【练习 8-10】 雨水管线练习。

具体步骤如下：

(1)按 Ctrl+O 组合键，打开本书配套附件“第 8 章\雨水管线素材”，如图 8-19 所示。

图 8-19 雨水管线素材

(2)单击【雨水管线】(YSGX)命令后，命令行提示：

当前管径为 100

请指定雨水管的起点[参考点(R)/管径(D)]＜退出＞:R

请指定雨水管的参考点:(点取 *A* 为参考点)

请指定雨水管的起点[管径(D)]＜退出＞:400(光标向右指向雨水管在 *A* 右侧 400 mm 位置开始绘制)

请指定雨水管的下一点[管径(D)/回退(U)]＜退出＞:(点取雨水管的下一点，随即画出平行的雨水管，其间的墙面装饰线自动被雨水管遮挡)

请指定雨水管的下一点[管径(D)/回退(U)]＜退出＞:(在雨水管的终点按回车键结束绘制)

同样的方法绘制另一侧雨水管线，雨水管线绘制结果如图 8-20 所示。

图 8-20 绘制雨水管线

8.3.7 柱立面线

本命令按默认的正投影方向模拟圆柱立面投影，在柱子立面范围内画出有立体感的竖向投影线。

单击【立面】→【柱立面线】(ZLMX)菜单命令后，命令行提示：

输入起始角＜180＞：(输入平面圆柱的起始投影角度或取默认值)

输入包含角＜180＞：(输入平面圆柱的包角或取默认值)

输入立面线数目＜12＞：(输入立面投影线数量或取默认值)

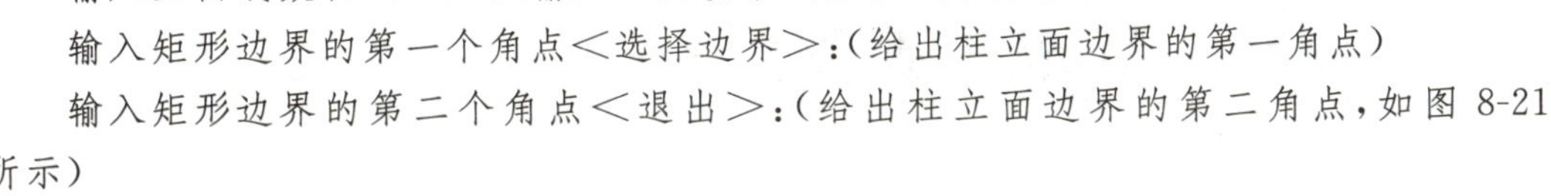

输入矩形边界的第一个角点＜选择边界＞：(给出柱立面边界的第一角点)

输入矩形边界的第二个角点＜退出＞：(给出柱立面边界的第二角点，如图 8-21 所示)

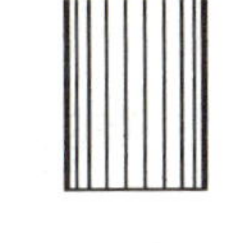

图 8-21 柱立面线

8.3.8 图形裁剪

本命令用于对地面图形进行裁剪，从而表现出立面构件之间的前后遮挡关系。

✧【练习 8-11】 图形裁剪练习。

具体步骤如下：

(1)按 Ctrl＋O 组合键，打开本书配套附件“第 8 章\图形裁剪素材”。

(2)单击【立面】→【图形裁剪】(TXCJ)命令后，命令行提示：

请选择被裁剪的对象：找到 1 个(选择阳台门)

矩形的第一个角点或[多边形裁剪(P)/多段线定边界(L)/图块定边界(B)]＜退出＞：(点取 *A*)

另一个角点＜退出＞：(点取 *B*)

(3)最终完成效果如图 8-22 所示，左侧为裁剪后，右侧为裁剪前。

8.3.9 立面轮廓

本命令自动搜索建筑立面外轮廓，在边界上加一圈粗实线，但不包括地坪线在内。

单击【立面】→【立面轮廓】(LMLK)菜单命令后，命令行提示：

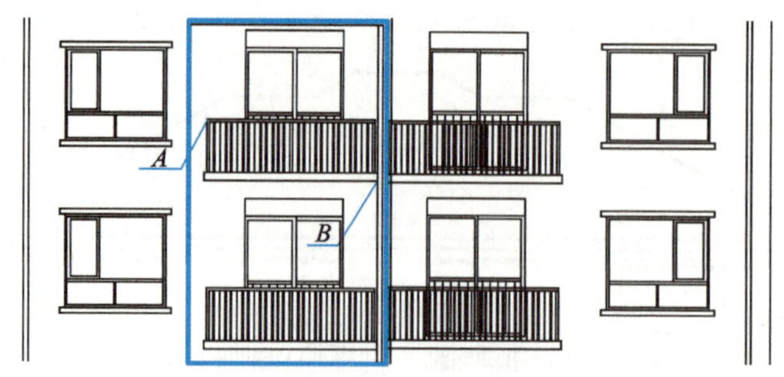

图 8-22　图形裁剪

选择二维对象:(选择外墙边界线和屋顶线)

请输入轮廓线宽度＜0＞:(输入 0～50 的数值)

在复杂的情况下搜索轮廓线会失败,无法生成轮廓线,此时请使用多段线绘制立面轮廓线。立面轮廓线的绘制结果如图 8-23 所示。

图 8-23　立面轮廓

8.4　实战演练——创建某办公楼正立面

本节综合运用前面所学知识,绘制某办公楼正立面图。

1. 创建工程

(1)新建工程。

按 Ctrl+～组合键,或单击【文件布图】→【工程管理】(GCGL)命令,弹出"工程管理"面板,在"工程管理"下拉列表框中选择"新建工程"选项;命名本工程为"某办公楼实例",将文件保存到用户指定的目录中,单击"保存"按钮后完成新建工程。

(2)添加图纸。

单击"图纸"卷展栏,鼠标右键单击图纸列表中的"平面图"选项,在弹出的快捷菜单中单击"添加图纸"命令;在软件弹出的"选择图纸"对话框中找到平面图文件目录,选择需要添加的图纸(某办公楼实例平面图),单击"打开"按钮,完成添加图纸,如图 8-24 所示。

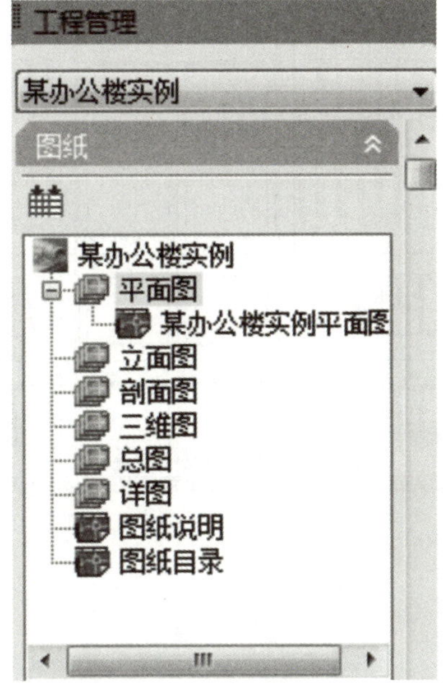

图 8-24 添加图纸

(3)创建楼层表。

①双击新添加的某办公楼实例平面图，单击展开“楼层”选项栏，在“层号”栏中输入楼层编号 1。

②单击“在当前图中框选楼层范围，同一文件中可布置多个楼层平面”图标，根据命令行提示框选一层平面，选择一层平面左下角的柱子的左下对齐点，成功定义楼层 1，在“层高”栏中输入高度“3900”，如图 8-25 所示。

图 8-25 定义楼层 1

③使用同样的方法，依次添加 2～4 层和屋顶层图纸文件，即可完成楼层表的创建，如图 8-26 所示。

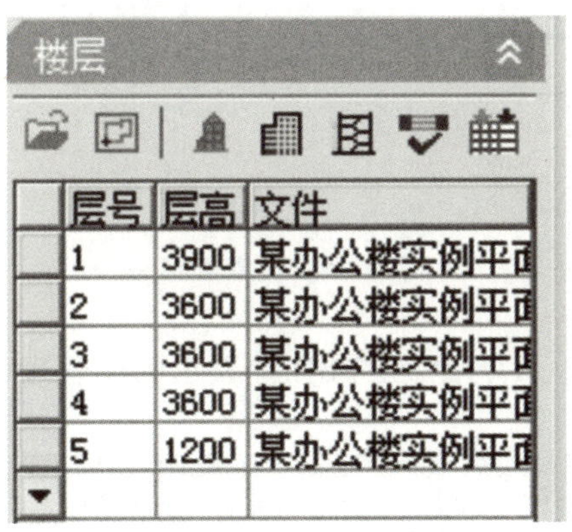

层号	层高	文件
1	3900	某办公楼实例平面
2	3600	某办公楼实例平面
3	3600	某办公楼实例平面
4	3600	某办公楼实例平面
5	1200	某办公楼实例平面

图 8-26 创建楼层表

2. 生成立面

在“楼层”展卷栏中单击“建筑立面”按钮，根据命令行提示输入“F”选择生成正立面，在图纸上选取起始轴①和终止轴⑤(一般是选择同立面方向上的开间或进深轴线，选轴号无效)，显示“立面生成设置”对话框，保持默认参数，单击“生成立面”按钮，弹出“输入要生成的文件”对话框，输入文件名“某办公楼实例正立面图”，单击“保存”按钮后生成立面图文件，并且打开该文件作为当前图显示，如图 8-27 所示。

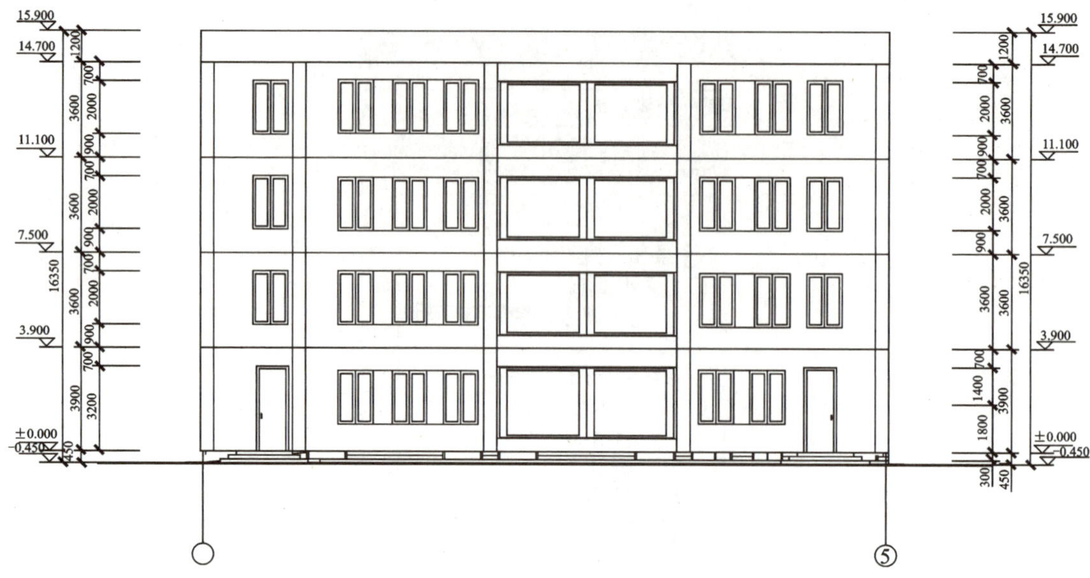

图 8-27　生成立面

3. 编辑立面

(1)整理图形。

删除不必要的楼层线，修整±0.000标高以下的乱线，整理窗间墙上的乱线，添加缺失的轴号①，整理后的图纸如图8-28所示。

图 8-28　整理图形

(2)替换立面门窗。

①单击【立面门窗】(LMMC)菜单命令后，在弹出的“天正图库管理系统”对话框中选择用于替换的门窗样式，如图8-29所示。

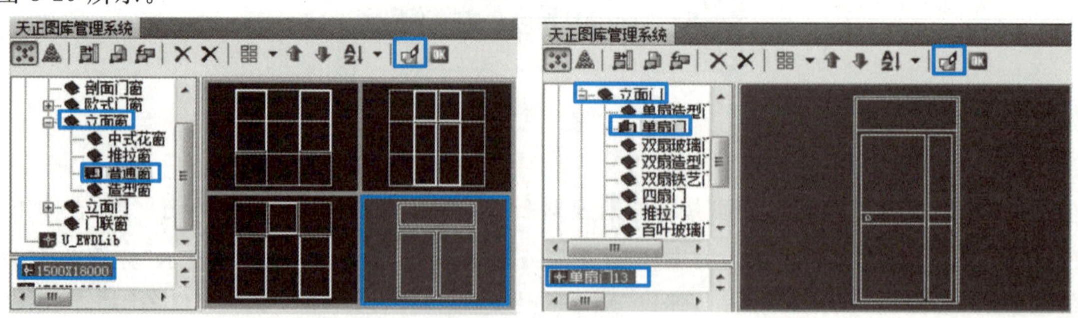

图 8-29　选择替换的门窗样式

②单击对话框上方“替换”按钮，依次选择需要替换的门窗，按回车键确认，完成门窗的替换，进一步整理图形，最终结果如图 8-30 所示。

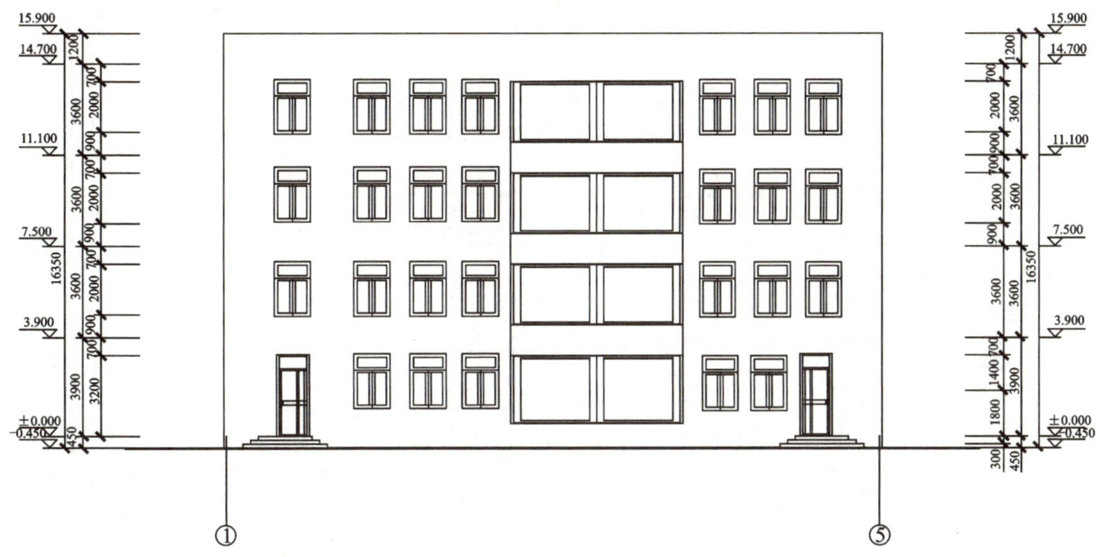

图 8-30 替换门窗

(3)自定义图块，替换落地窗。

①综合运用 AutoCAD，绘制以下造型窗，尺寸如图 8-31 所示。

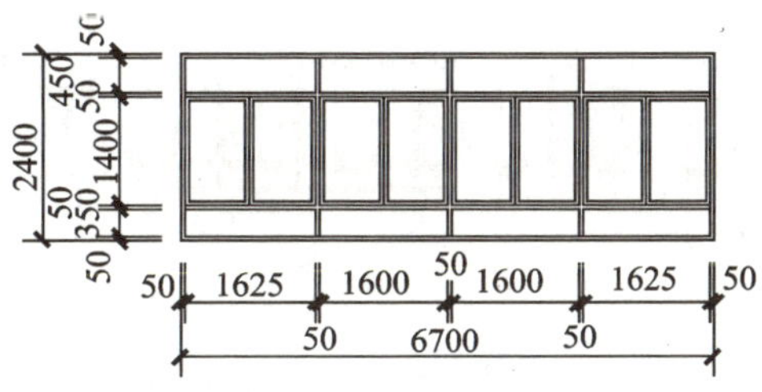

图 8-31 绘制造型窗

②单击【立面门窗】(LMMC)菜单命令后，在弹出的“天正图库管理系统”对话框中选择“新图入库” 按钮，根据命令行提示框选新绘制的造型窗，图块左下角为基点，即可完成新图入库的操作，如图 8-32 所示。

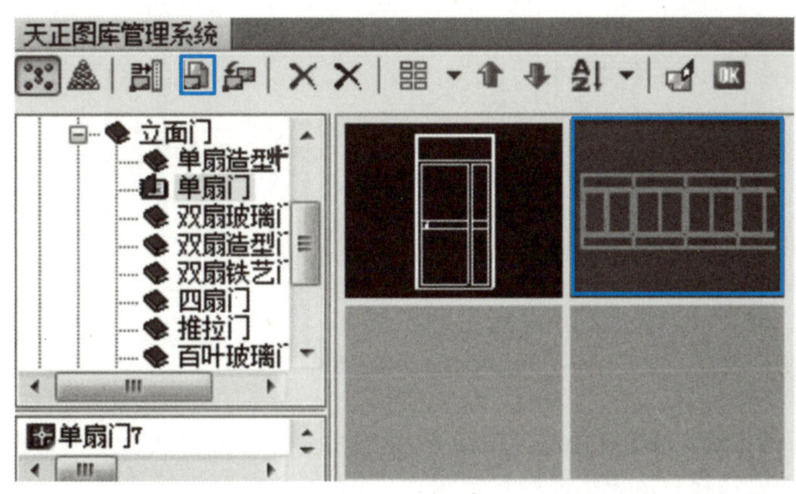

图 8-32 新图入库

③单击【立面门窗】(LMMC)菜单命令后，按照替换立面门窗的操作步骤，完成中间造型窗的替换并整理图形，最终结果如图8-33所示。

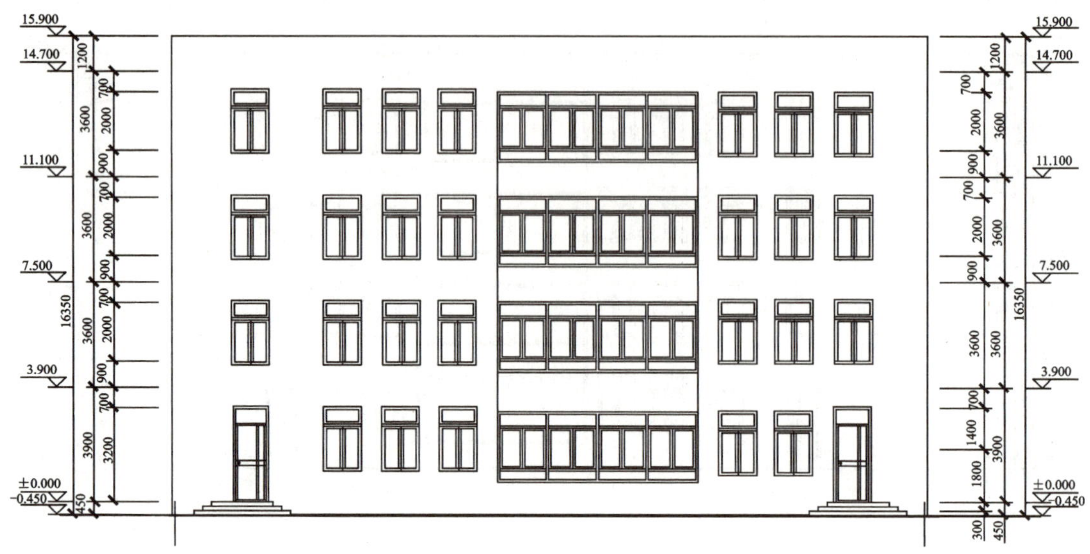

图8-33　替换造型窗

(4)绘制入口雨棚、立面填充。

综合运用AutoCAD，绘制入口雨棚、立面填充，如图8-34所示。

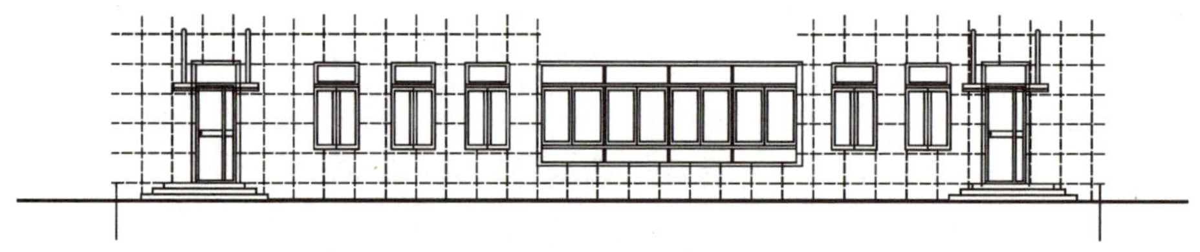

图8-34　绘制入口雨棚、立面填充

(5)图形裁剪。

单击【立面】→【图形裁剪】(TXCJ)菜单命令，选择门作为被裁剪的对象，以矩形方式作为裁剪区域，完成对门的裁剪，形成雨棚在前门在后的前后遮挡关系，另一侧参照操作，结果如图8-35所示。

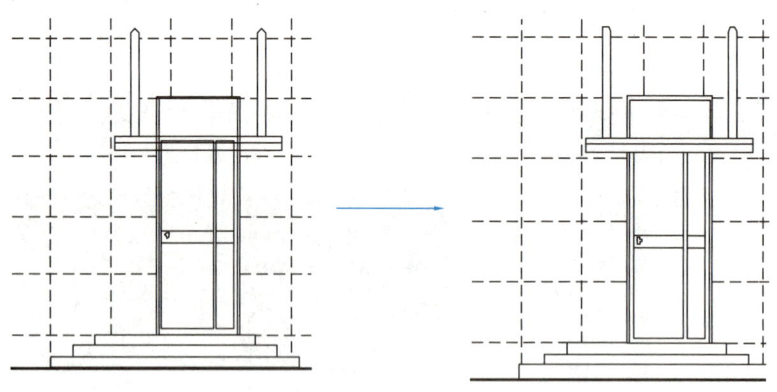

图8-35　图形裁剪

(6)做法标注。

单击【符号标注】→【做法标注】(ZFBZ)菜单命令，在弹出的对话框中从上至下依次输入“灰色仿石漆涂料”“白色涂料”“灰色仿石漆涂料”，根据命令行提示，给出最下侧墙面为标注第一点，立面上方为文字基线位置，在合适位置确定文字基线方向和长度，在窗间墙确定第二个标注点，最上方墙面为第三个标注点，按回车键结束命令，完成做法标注，如图 8-36 所示。

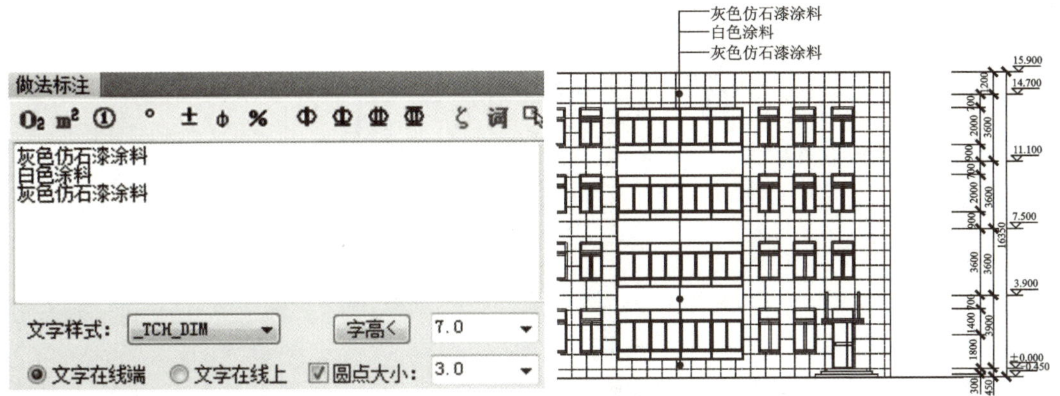

图 8-36　做法标注

(7)立面轮廓。

单击【立面】→【立面轮廓】(LMLK)命令，根据命令行提示，框选整个立面范围作为二维对象，输入“50”作为轮廓线宽度，完成立面轮廓线的绘制。

(8)图名标注。

单击【符号标注】→【图名标注】(TMBZ)命令，弹出“图名标注”对话框，设置相关参数，在图中合适位置单击即可完成图名标注(双击图名标注对象可进入对话框修改样式设置)，最终结果如图 8-37 所示。

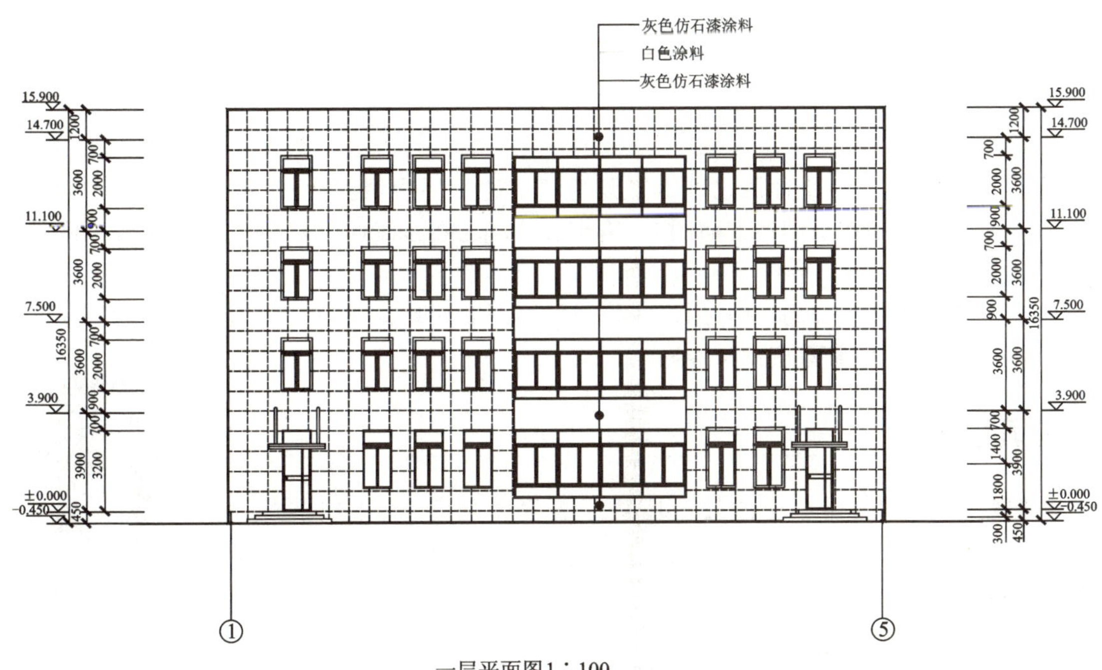

图 8-37　图名标注

(9)按 Ctrl＋S 组合键快速保存，结束本次操作。

9 剖　　面

本章导读

一套完整的工程图纸，不仅需要绘制工程的各层平面图、立面图，还需要绘制剖面图，以表达建筑物内部的设计。建筑剖面图是将建筑物于垂直方向剖切得到的正投影图，用来反映建筑物内部的构造细节。T20 天正建筑剖面图是通过平面图构件中的三维信息进行消隐获得的纯粹二维图形。本章详细讲述了天正建筑剖面图的创建和编辑方法。

学习目标

✧ 理解剖面图的概念，掌握剖面图的创建方法。

✧ 掌握剖面深化编辑的方法。

✧ 掌握创建剖面楼梯与栏杆的方法。

9.1 剖面图的创建

与创建建筑立面相同，建筑剖面图也可由工程管理中的楼层表数据生成，因此应首先建立工程管理数据。剖面图和立面图的区别在于创建剖面图时，需事先在首层平面图中绘制出剖切符号，不同的剖切位置将得到不同的建筑剖面图。

为了获得尽量准确和详尽的剖面图，用户在绘制平面图时楼层高度、墙高、窗高、窗台高、阳台栏板高和台阶踏步高、台阶级数等竖向参数应尽量准确。

9.1.1 建筑剖面

本命令按照【工程管理】命令中的数据库楼层表格数据，一次生成多层建筑剖面。

✧【练习 9-1】 建筑剖面练习。

具体步骤如下：

(1)在“工程管理”面板中打开已创建好的“低层住宅.tpr”文件。

(2)在“图纸”展卷栏中双击打开一层平面图，如图 9-1 所示。

(3)在“楼层”展卷栏单击“建筑剖面”按钮，命令行提示：

请选择一剖切线：(选择 1—1 剖切符号)

请选择要出现在剖面图上的轴线：(拾取Ⓐ轴线，提示找到 1 个)

请选择要出现在剖面图上的轴线：(拾取Ⓑ轴线，提示找到 2 个)

请选择要出现在剖面图上的轴线：(拾取Ⓒ轴线，提示找到 3 个)

请选择要出现在剖面图上的轴线：(拾取Ⓓ轴线，提示找到 4 个)

请选择要出现在剖面图上的轴线：(按 Esc 键结束命令)

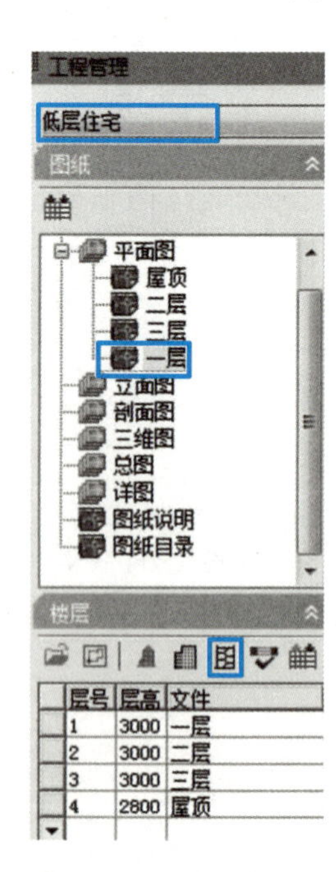

图 9-1　打开一层平面图

(4)屏幕显示“剖面生成设置”对话框，其中包括基本设置与楼层表参数，如图 9-2 所示。

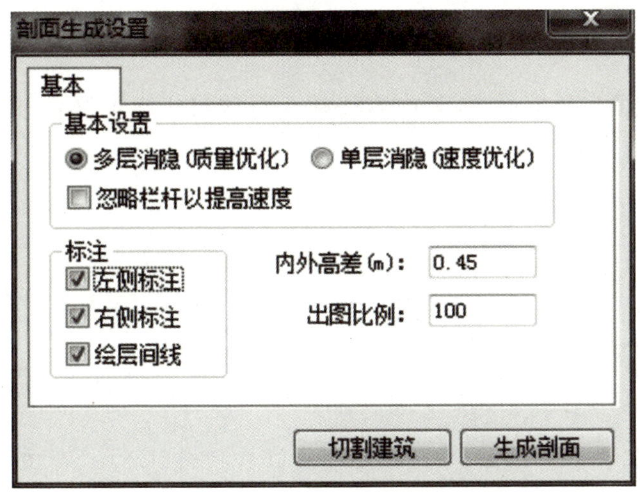

图 9-2 “剖面生成设置”对话框

(5)单击“生成剖面”按钮后，在“保存文件”对话框中，输入剖面图的文件名及路径，单击“确认”按钮保存剖面图文件并生成剖面图，如图 9-3 所示：

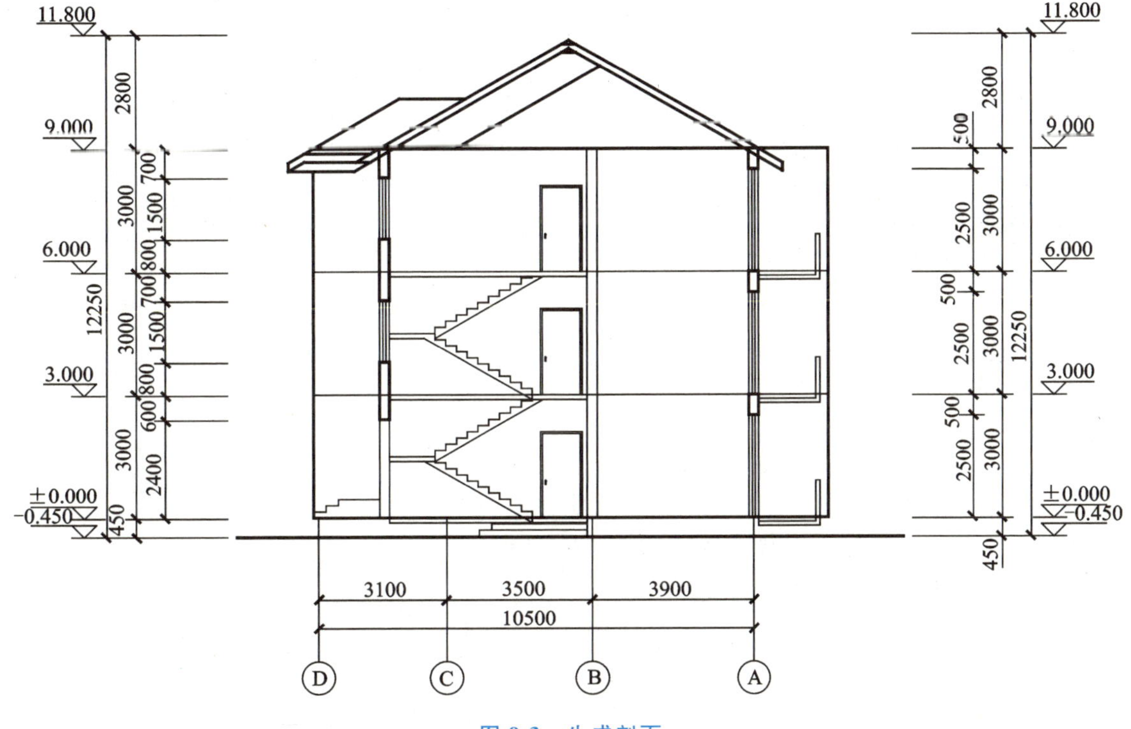

图 9-3 生成剖面

9.1.2 构件剖面

本命令用于生成当前标准层、局部构件或三维图块对象在指定剖视方向上的剖视图。

单击【剖面】→【构件剖面】(GJPM)菜单命令后，命令行提示：

请选择一剖切线：(点取用“剖面剖切”命令定义好的剖切线)

请选择需要剖切的建筑构件：(选择与该剖切线相交的构件以及沿剖视方向可见的构件)

请选择需要剖切的建筑构件：(按回车键结束命令)

请点取放置位置：(拖动生成的立面图，在合适的位置给点插入，如图 9-4 所示)

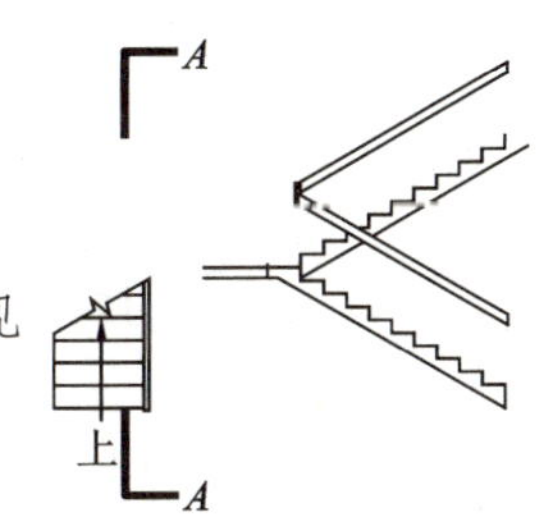

图 9-4 构件剖面

9.2 剖面图的编辑

利用剖面生成工具生成的建筑剖面图，其内容往往会有些与实际不符合，此时就需要对生成的剖面图进一步处理，以完善建筑剖面图的绘制。

9.2.1 画剖面墙

本命令用一对平行的 AutoCAD 直线或圆弧对象，在 S_WALL 图层直接绘制剖面墙。

单击【剖面】→【画剖面墙】(HPMQ)菜单命令后，命令行提示：

点取墙的起点(圆弧墙宜逆时针绘制)[取参照点(F)单段(D)]<退出>:(点取剖面墙起点 A)

墙厚当前值：左墙 120，右墙 240。

请点取直墙的下一点[弧墙(A)/墙厚(W)/取参照点(F)/回退(U)]<结束>:(输入"W"修改墙厚)

请输入左墙厚<120>:(按回车键保持默认)

请输入右墙厚<240>:(修改为"120")

墙厚当前值：左墙 120，右墙 120。

请点取直墙的下一点[弧墙(A)/墙厚(W)/取参照点(F)/回退(U)]<结束>:(点取剖面墙下一点 B)

墙厚当前值：左墙 120，右墙 120。

请点取直墙的下一点[弧墙(A)/墙厚(W)/取参照点(F)/回退(U)]<结束>:(按回车键结束剖面墙绘制，如图 9-5 所示)

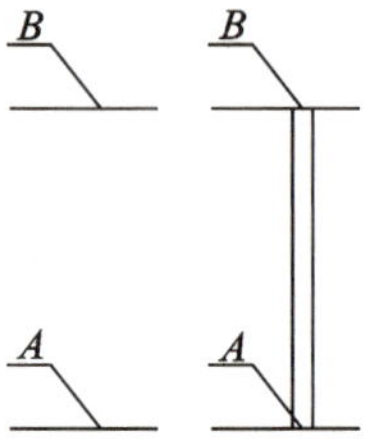

图 9-5 画剖面墙

9.2.2 双线楼板

本命令用一对平行的 AutoCAD 直线对象，在 S_FLOORL 图层直接绘制剖面双线楼板。

单击【剖面】→【双线楼板】(SXLB)命令，命令行提示：

请输入楼板的起始点<退出>:(点取楼板的起始点 A)

结束点<退出>:(点取楼板的结束点 B)

楼板顶面标高<-1144791>:(按回车键)

楼板的厚度(向上加厚输负值)<120>:(按回车键接受默认值)

结束命令后，按指定位置绘出双线楼板，效果如图 9-6 所示。

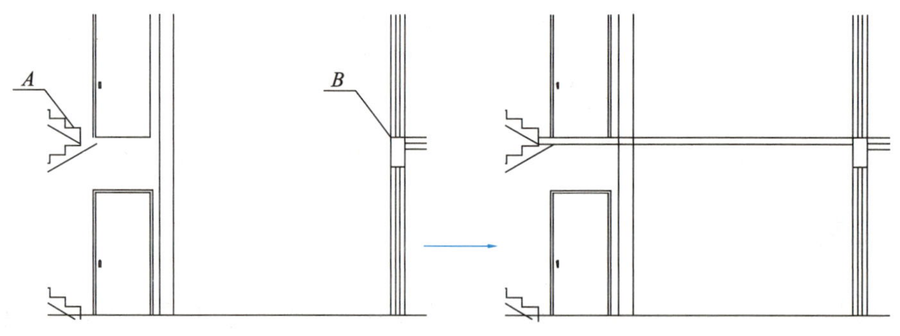

图 9-6 画双线楼板

9.2.3 加剖断梁

本命令在剖面楼板处按给出尺寸加梁剖面，裁剪双线楼板底线。

单击【剖面】→【加剖断梁】(JPDL)命令，命令行提示：

请输入剖面梁的参照点<退出>:(点取楼板顶面的定位参考点 A)

梁左侧到参照点的距离<100>:0

梁右侧到参照点的距离<150>:240

梁底边到参照点的距离<300>:500(输入包括楼板厚在内的梁高,然后绘制剖断梁,裁剪楼板底线,如图 9-7 所示)

在 B 点进行同样的操作,完成 B 点梁的绘制。

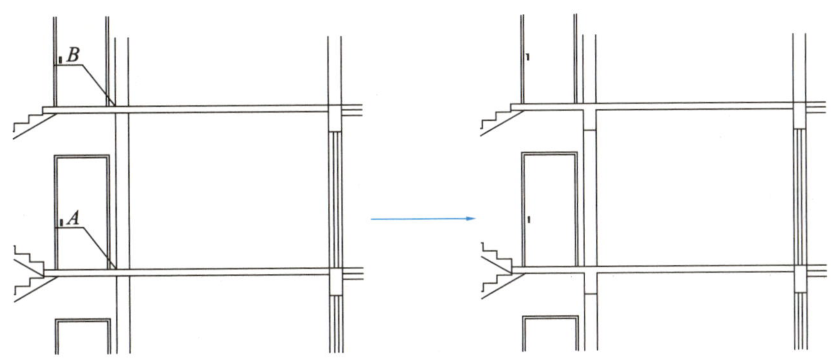

图 9-7　加剖断梁

9.2.4　剖面门窗

本命令可连续插入剖面门窗(包括含有门窗过梁或开启门窗扇的非标准剖面门窗),可替换已经插入的剖面门窗,还可以修改剖面门窗高度与窗台高度值,对剖面门窗详图的绘制和修改提供了全新的工具。

✧【练习 9-2】　剖面门窗练习。

具体步骤如下:

(1)按 Ctrl+O 组合键,打开本书配套附件“第 9 章\剖面门窗素材”。

(2)单击【剖面门窗】(PMMC)命令,命令行提示:

请点取剖面墙线下端或[选择剖面门窗样式(S)/替换剖面门窗(R)/改窗台高(E)/改窗高(H)]<退出>:

门窗下口到墙下端距离<3800>:1400

门窗的高度<1800>:1500

(3)在“剖面门窗样式”对话框中单击门窗样式,此时显示的是默认的剖面门窗样式,如果上次插入过剖面门窗,最后的门窗样式即被保留为默认的剖面门窗样式。弹出“天正图库管理系统”对话框,可替换剖面门窗样式,如图 9-8、图 9-9 所示。

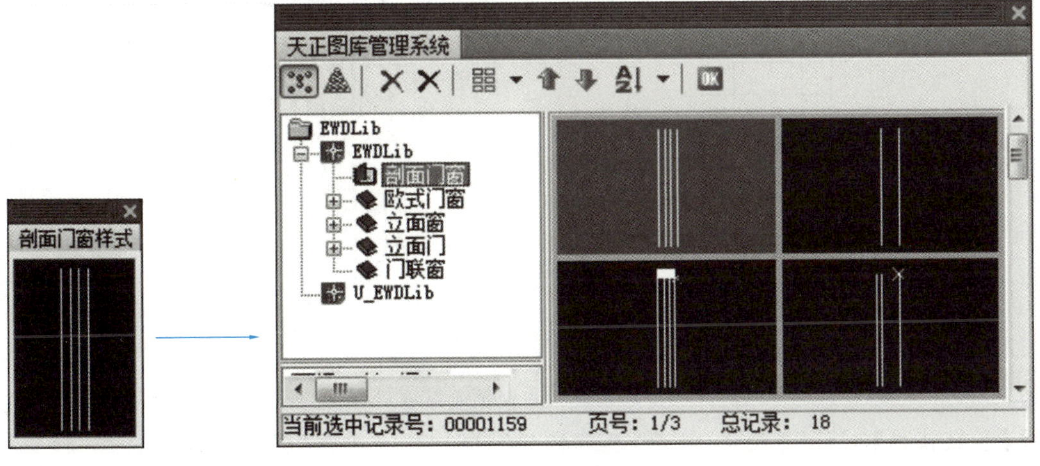

图 9-8　替换门窗样式

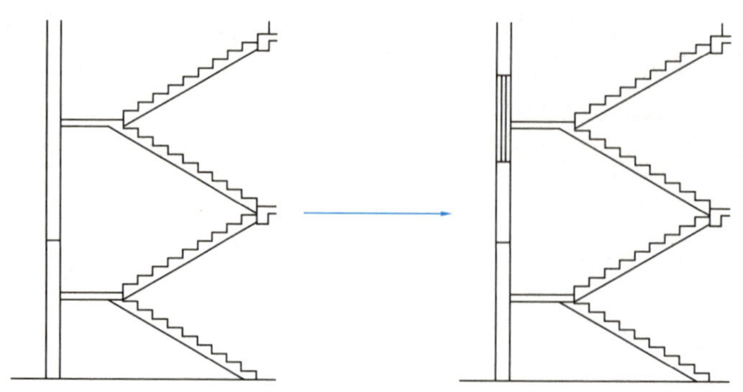

图 9-9　绘制剖面门窗

9.2.5　门窗过梁

本命令可在剖面门窗上方画出给定梁高的矩形过梁剖面，带有灰度填充。

单击【门窗过梁】(MCGL)命令，命令行提示：

选择需加过梁的剖面门窗：(点取要添加过梁的剖面门窗图块，可多选)

……

选择需加过梁的剖面门窗：(按回车键退出选择)

输入梁高<120>：(按回车键结束命令，结果如图 9-10 所示)

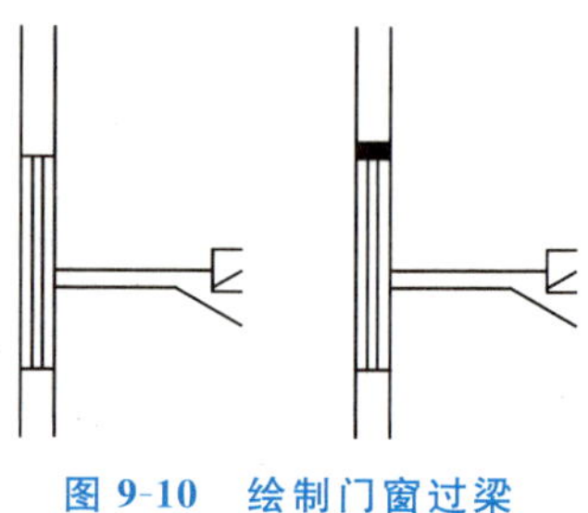

图 9-10　绘制门窗过梁

9.3　剖面楼梯与栏杆

9.3.1　参数楼梯

本命令包括两种梁式楼梯和两种板式楼梯，并可从平面楼梯获取梯段参数。本命令可以绘制双跑 U 形楼梯，条件是各跑步数相同，而且之间对齐(没有错步)，此时参数中的梯段高是其中的分段高度而非总高度。

✧【练习 9-3】　参数楼梯练习。

具体步骤如下：

(1)按 Ctrl+O 组合键，打开本书配套附件“第 9 章\参数楼梯素材”，如图 9-11 所示。

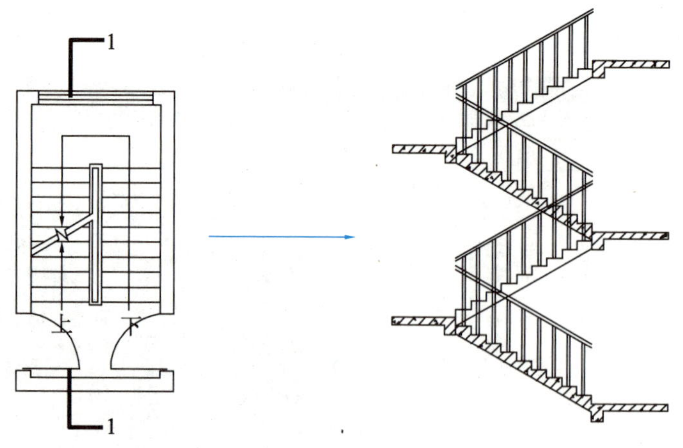

图 9-11　参数楼梯素材

(2)单击【参数楼梯】(CSLT)命令，显示“参数楼梯”对话框，可单击“提取梯段数据<”按钮提取楼梯平面中的相关数据进行相关设置，如图 9-12 所示。

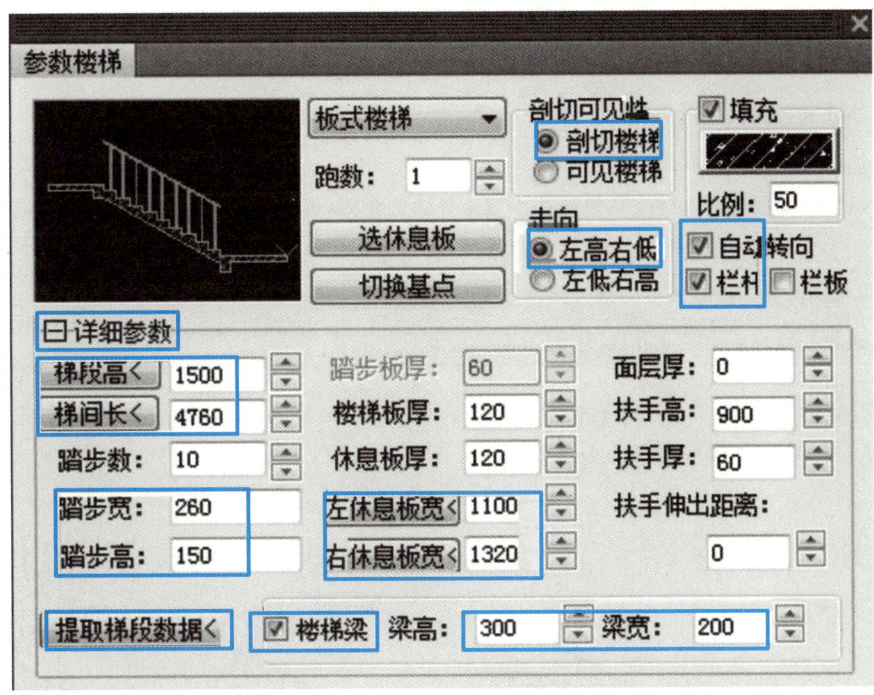

图 9-12　“参数楼梯”对话框

对话框中各控件及功能说明见表 9-1。

表 9-1　“参数楼梯”对话框中各控件及功能说明

控件	功能
梯段类型列表	选定当前梯段的形式，有板式楼梯、梁式现浇 L 形、梁式现浇△形和梁式预制四种可选
跑数	默认跑数为 1，在无模式对话框下可以连续绘制，此时各跑之间不能自动遮挡，跑数大于 2 时各跑间按剖切与可见关系自动遮挡
剖切可见性	用以选择画出的梯段是剖切部分还是可见部分，以图层 S_STAIR 或 S_E_STAIR 表示，颜色也有区别
自动转向	在每次执行单跑楼梯绘制后，如勾选此项，楼梯走向会自动更换，便于绘制多层的双跑楼梯
选休息板	用于确定是否绘出左右两侧的休息板，有全有、全无、左有和右有几种选项
切换基点	确定基点在楼梯上的位置，在左右平台板端部切换
栏杆/栏板	一对互锁的复选框，切换栏杆或者栏板，也可两者都不勾选
填充	勾选后单击下面的图像框，可选取图案或颜色（SOLID）填充剖切部分的梯段和休息平台区域，可见部分不填充
比例	在此指定剖切部分的图案填充比例
梯段高＜	当前梯段左右平台面之间的高差
梯间长＜	当前楼梯间总长度，用户可以单击此按钮从图上取两点获得，也可以直接输入，其等于梯段长度加左右休息平台宽的常数
踏步数	当前梯段的踏步数量，用户可以单击调整
踏步宽	当前梯段的踏步宽度，由用户输入或修改，它的改变会同时影响左右休息平台宽，需要适当调整
踏步高	当前梯段的踏步高，通过梯段高除以踏步数算得
踏步板厚	梁式预制楼梯和现浇 L 形楼梯时使用的踏步板厚度
楼梯板厚	用于现浇楼梯板厚度
左（右）休息板宽＜	当前楼梯间的左右休息平台（楼板）宽度，可用户输入、从图上取得或者由系统算出，均为 0 时梯间长等于梯段长，修改左休息板长后，相应右休息板长会自动改变，反之亦然
面层厚	当前梯段的装饰面层厚度

续表

控件	功能
扶手(栏板)高	当前梯段的扶手/栏板高
扶手厚	当前梯段的扶手厚度
扶手伸出距离	从当前梯段起步和结束位置到扶手接头外边的距离(可以为0)
提取楼梯数据<	从天正5以上平面楼梯对象提取梯段数据,双跑楼梯时只提取第一跑数据
楼梯梁	勾选后,分别在编辑框中输入楼梯梁剖面高度和宽度
斜梁高	选梁式楼梯后出现此参数,应大于楼梯板厚

(3)参数设置完成后任意位置单击,确定第一跑楼梯,然后软件自动转向,单击 A 点完成第二跑楼梯,依次操作单击 B、C 点,完成剩余楼梯绘制,如图 9-13 所示。

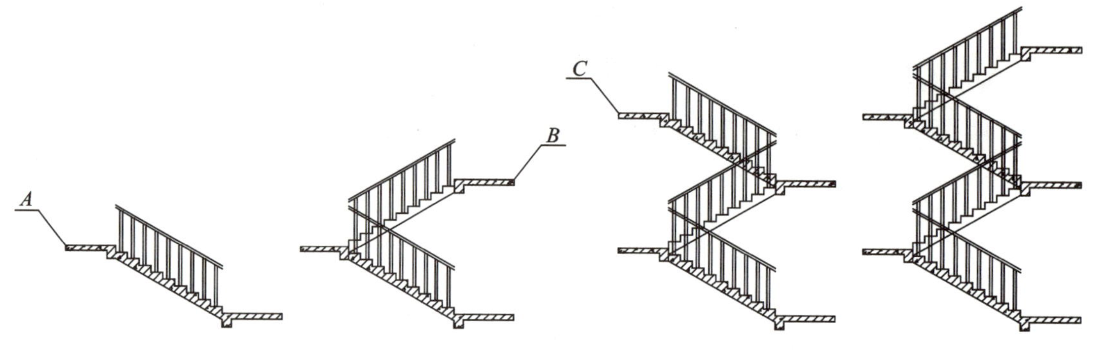

图 9-13　绘制参数楼梯

注意:直接创建的多跑剖面楼梯带有梯段遮挡特性,逐段叠加的楼梯梯段不能自动遮挡栏杆,应使用 AutoCAD 裁剪命令自行处理。

9.3.2　参数栏杆

本命令按参数交互方式生成楼梯栏杆。

单击【剖面】→【参数栏杆】(CSLG)菜单命令后,显示图 9-14 所示的对话框,其中各控件的功能说明见表9-2。

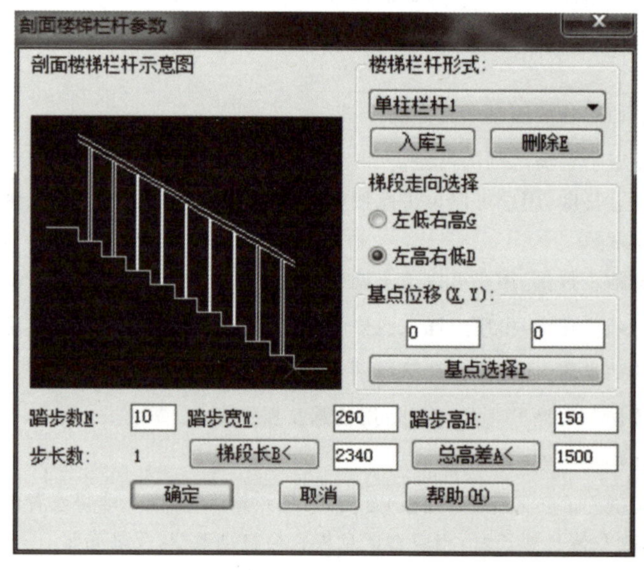

图 9-14　“剖面楼梯栏杆参数”对话框

表 9-2　　“剖面楼梯栏杆参数”对话框中各控件及功能说明

控件	功能
楼梯栏杆形式	列出已有的栏杆形式
入库	用来扩充栏杆库
删除	删除栏杆库中由用户添加的某一栏杆形式
步长数	指栏杆基本单元所跨越楼梯的踏步数
梯段长	指梯段始末点的水平长度，通过给出梯段两个端点获得
总高差	指梯段始末点的垂直高度，通过给出梯段两个端点获得
基点选择	从图形中按预定位置切换基点

9.3.3 楼梯栏杆

本命令根据图层识别在双跑楼梯中剖切到的梯段与可见的梯段，按常用的直栏杆设计，自动处理两相邻梯跑栏杆的遮挡关系。

单击【剖面】→【楼梯栏杆】(LTLG)命令，命令行提示：

请输入楼梯扶手的高度<1000>：(按回车键接受默认值)

是否打断遮挡线<Y/N>？<Yes>(按回车键使用默认值)

按回车键后由系统处理可见梯段被剖面梯段的遮挡，自动截去部分栏杆扶手，命令行接着显示：

输入楼梯扶手的起始点<退出>：*A*

结束点<退出>：*B*

……

重复要求输入各梯段扶手的起始点与结束点，分段画出楼梯栏杆扶手，按回车键退出，结果如图 9-15 所示。

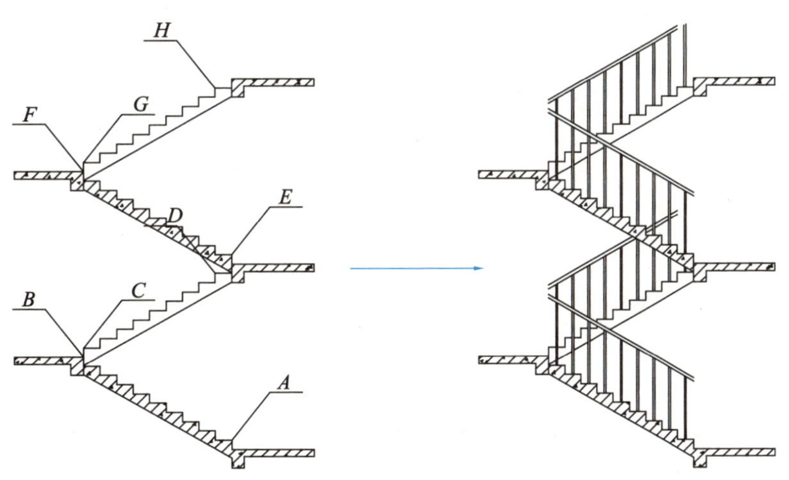

图 9-15　画楼梯栏杆

9.3.4 楼梯栏板

本命令根据实心栏板设计，可按图层自动处理栏板遮挡踏步，即对可见梯段以虚线表示，对剖面梯段以实线表示。

本命令操作与【楼梯栏杆】命令相同。

9.3.5 扶手接头

本命令与【剖面楼梯】、【参数栏杆】、【楼梯栏杆】、【楼梯栏板】各命令均可配合使用，对楼梯扶手和楼梯栏板的接头做倒角与水平连接处理，水平伸出长度可以由用户输入。

单击【剖面】→【扶手接头】(FSJT)命令，命令行提示：

请输入扶手伸出距离<0.00>:150

请选择是否增加栏杆[增加栏杆(Y)/不增加栏杆(N)]<增加栏杆(Y)>:[默认是在接头处增加栏杆(对栏板两者效果相同)]

请指定两点来确定需要连接的一对扶手！选择第一个角点<取消>:(给出第一点)

另一个角点<取消>:[给出第二点，开始处理第一对扶手(栏板)]

请指定两点来确定需要连接的一对扶手！选择第一个角点<取消>:(给出第一点)

另一个角点<取消>:[给出第二点，处理第二对扶手(栏板)，继续提示角点，最后按回车键退出命令，效果如图9-16所示]

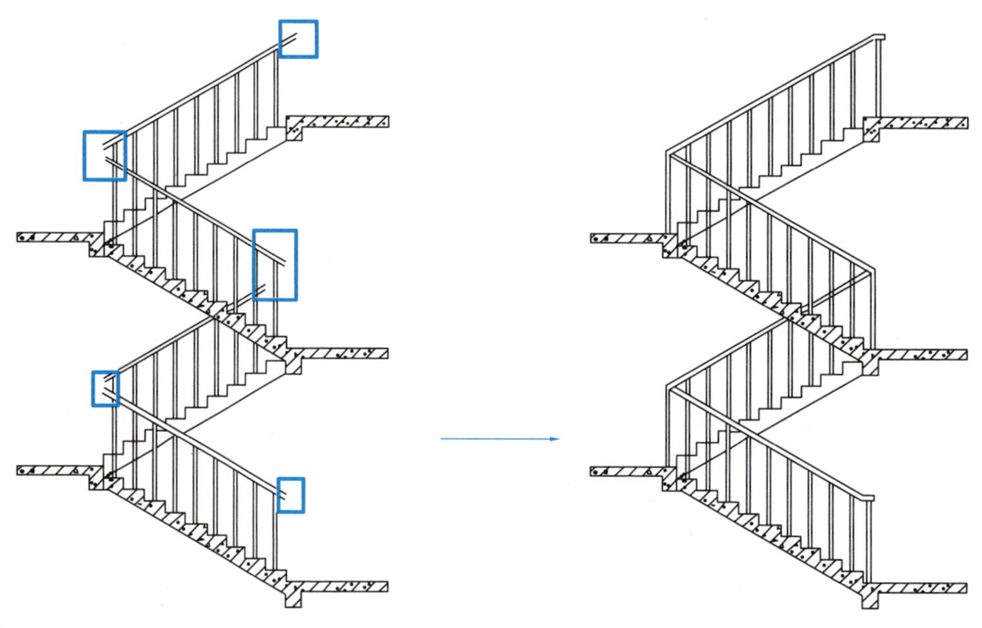

图9-16 处理扶手接头

9.4 剖面加粗、填充

9.4.1 剖面填充

本命令将剖面墙线与楼梯按指定的材料图例做图案填充，与AutoCAD的图案填充(Bhatch)使用条件不同，本命令不要求墙端封闭即可填充图案。

单击【剖面填充】(PMTC)命令，命令行提示：

请选取要填充的剖面墙线梁板楼梯<全选>:(选择要填充材料图例的成对墙线)

按回车键后显示图9-17所示的对话框，从中选择填充图案与比例，单击“确定”按钮后执行填充，效果如图9-18所示。

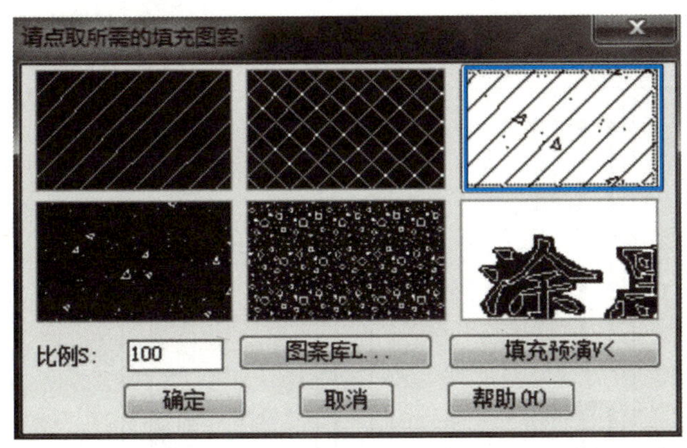

图 9-17 “请点取所需的填充图案:”对话框

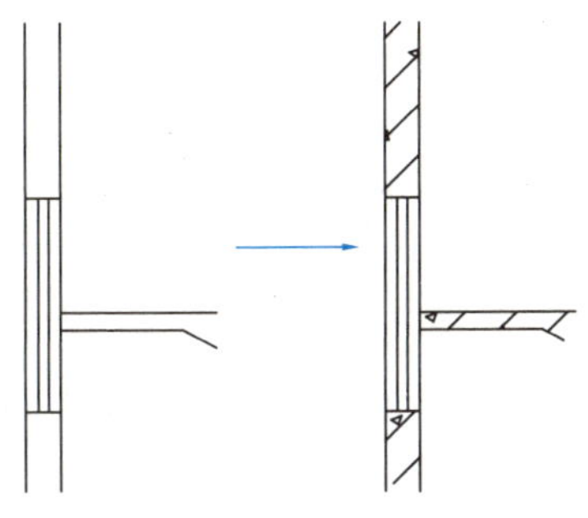

图 9-18 剖面填充

9.4.2 向内加粗

本命令将剖面图中的墙线向墙内侧加粗,能做到窗墙平齐的出图效果。

单击【剖面】→【向内加粗】(XNJC)菜单命令后,命令行提示:

请选取要变粗的剖面墙线梁板楼梯线(向内侧加粗)<全选>:(以任意选择方式选取需要加粗的墙线或楼梯、梁板线)

选择对象:(上次选择的部分亮显,继续选择或者按回车键结束选择,误选按 Esc 键放弃命令)

完成命令后,选中的部分加粗,如图 9-19 所示。这些加粗的墙线是绘制在 PUB_WALL 图层的多段线,如果需要对加粗后的墙线进行编辑,应该先执行【取消加粗】命令。

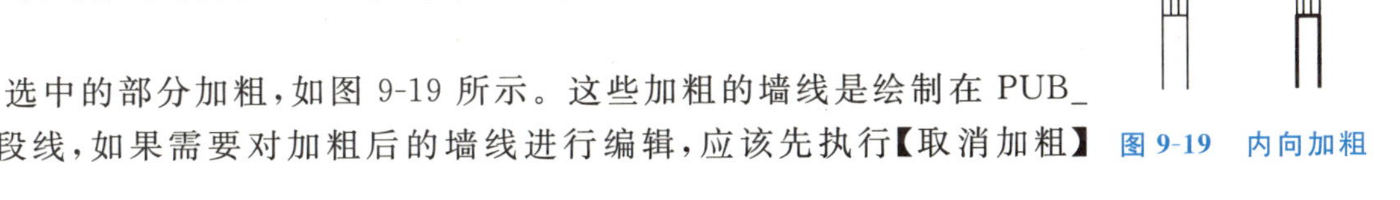

图 9-19 内向加粗

9.4.3 取消加粗

本命令将已加粗的剖面墙线恢复原状,但不影响该墙线已有的剖面填充。

单击【剖面】→【取消加粗】(QXJC)菜单命令后,命令行提示:

请选取要恢复细线的剖切线<全选>:(选取已经加粗的墙线或按回车键恢复本图所有的加粗墙线)

选择对象:(继续选择或者按回车键结束选择,误选按 Esc 键放弃命令)

9.5 实战演练——创建某办公楼剖面图

本节综合运用前面所学知识,绘制某办公楼剖面图。

1. 打开工程

(1)按 Ctrl+~组合键,或单击【文件布图】→【工程管理】(GCGL)命令,弹出“工程管理”面板,在“工程管理”下拉列表框中选择“打开工程”选项,在弹出的对话框中找到 8.4 节保存的路径,打开工程“某办公楼实例”。

(2)双击图纸中的“某办公楼实例平面图”,软件即以“某办公楼实例平面图”作为当前图纸。

2. 创建剖面

单击【剖面】→【建筑剖面】(JZPM)命令,或在“楼层”展卷栏单击“建筑剖面”按钮,根据命令行提示,选择 1—1 剖切符号,选择轴线(1/C)、Ⓒ、Ⓑ、Ⓐ出现在剖面图上,随后屏幕显示“剖面生成设置”对话框,保持参数默认,单击“生成剖面”按钮后,出现“保存文件”对话框,保存并输入剖面图的文件名为“某办公楼实例 1—1 剖面图”及路径,单击“确认”按钮后生成剖面图,如图 9-20 所示。

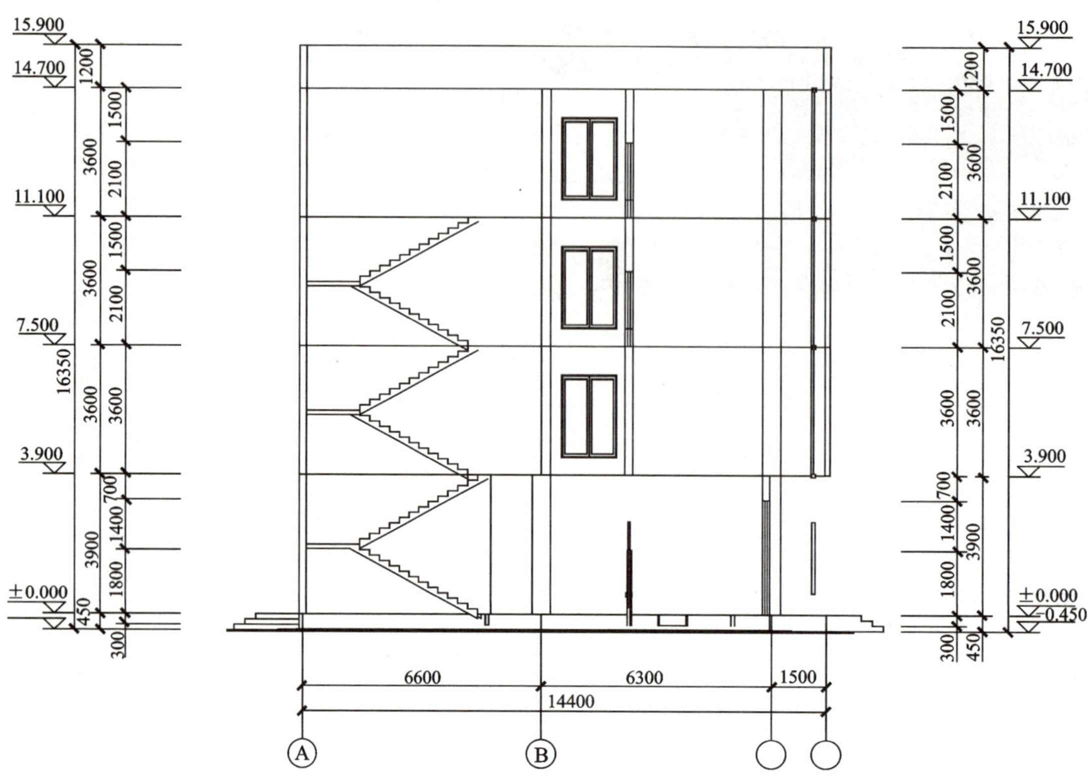

图 9-20　生成剖面图

3. 编辑剖面

(1)整理图形。

删除门窗,整理±0.000标高以下的乱线,整理窗间墙上的乱线,添加缺失的轴号©、①/©,整理后的图纸如图9-21所示。

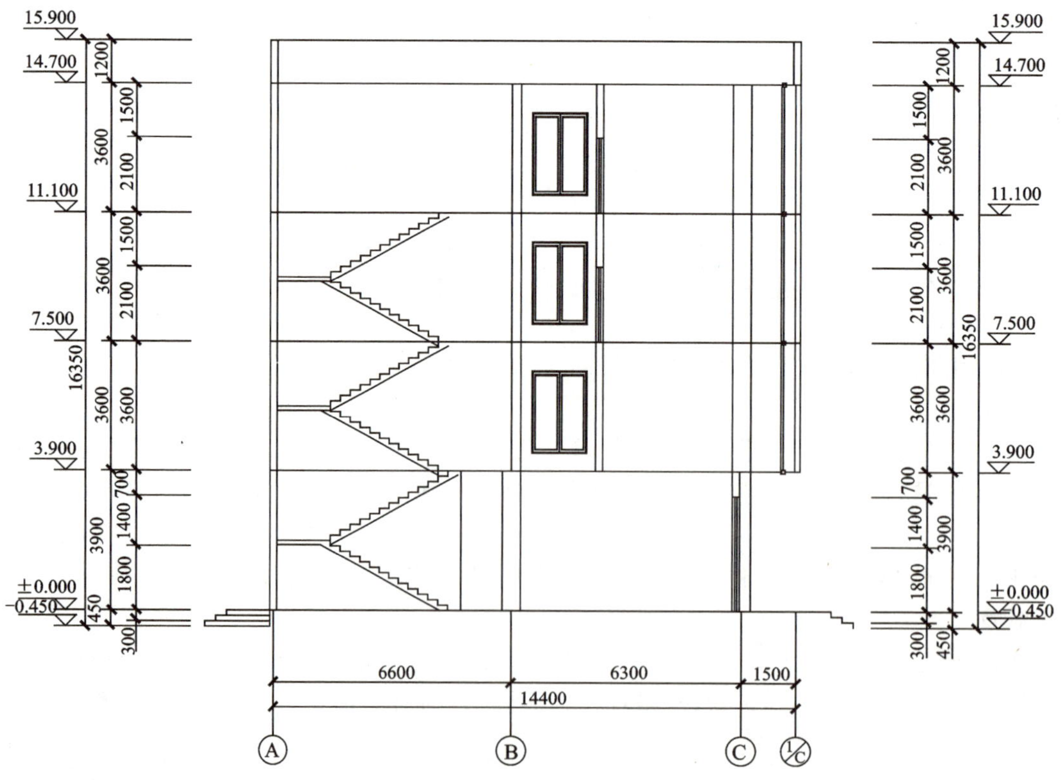

图 9-21　整理图形

（2）替换立面窗。

单击【立面门窗】（LMMC）菜单命令后，在弹出的“天正图库管理系统”对话框中选择用于替换的窗样式，单击“替换”按钮，依次选择需要替换的门窗，按回车键确认，完成窗的替换，进一步整理图形，最终结果如图 9-22 所示。

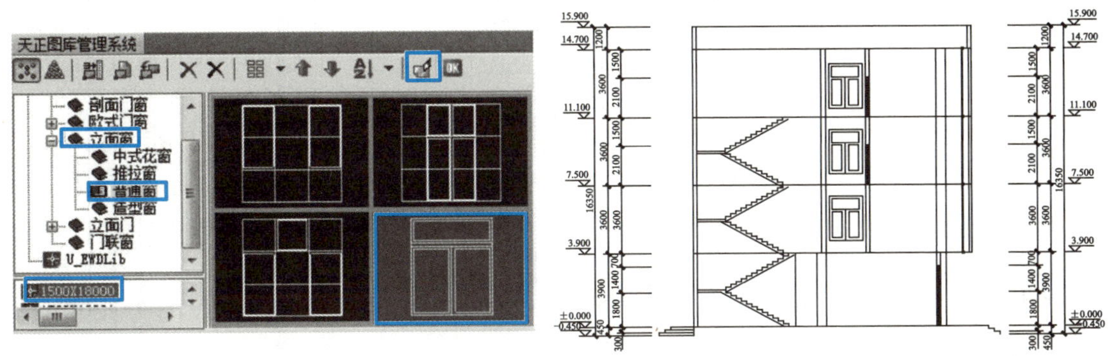

图 9-22　替换立面窗

（3）绘制地坪线。

利用 AutoCAD【多段线】（PL）命令，沿着低层地坪线和室内±0 的位置绘制一条多段线，利用【偏移】命令选中刚才所绘制的线条，向下偏移复制“30”，选中所复制的线条，输入“MO”弹出“特性”面板，在“全局宽度”选项中输入“60”，即可完成对地坪线的加粗绘制，如图 9-23 所示。

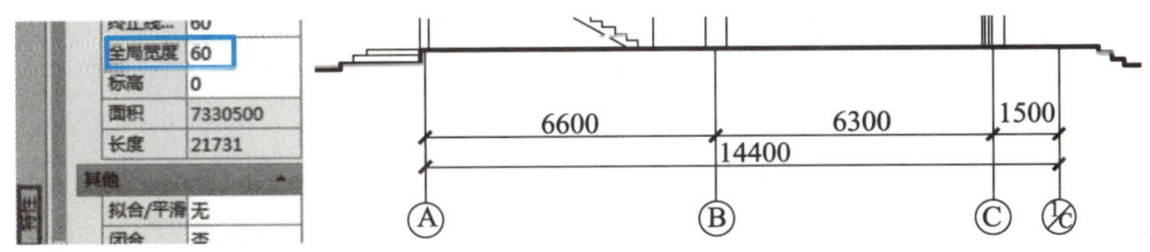

图 9-23　绘制地坪线

（4）加双线楼板。

单击【剖面】→【双线楼板】（SXLB）命令后，根据命令行提示点取楼板的起始点 A，点取楼板的结束点 B，楼板顶面标高保持默认，输入“120”作为楼板的厚度，按回车键结束命令，完成一层楼板的创建；用同样的方法完成二层、三层楼板以及屋面板的创建，最终效果如图 9-24 所示。

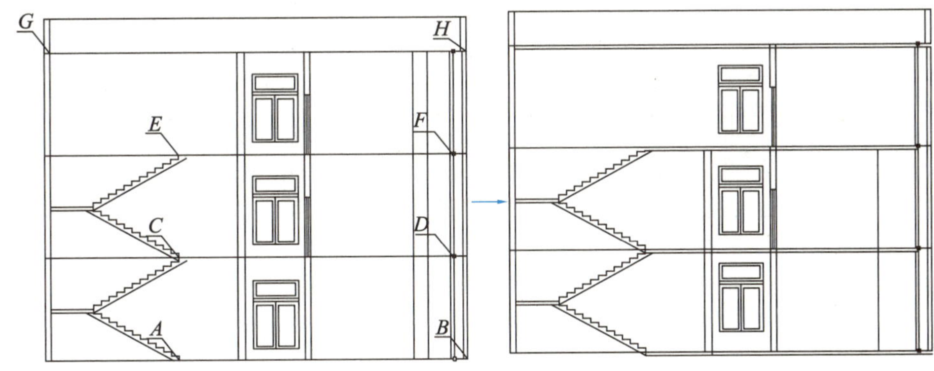

图 9-24　加双线楼板

（5）加剖断梁。

单击【剖面】→【加剖断梁】（JPDL）命令后，根据命令行提示点取楼板的起始点 A，梁左侧到参照点的距离为 0，梁右侧到参照点的距离为 200 mm，梁底边到参照点的距离为 300 mm，生成 A 点的梁；同理绘制其他点处的梁，完成剖段梁的绘制（注意参照点和梁左右的关系，梯段梁宽 200 mm、高 400 mm，楼层梁宽 300 mm、高 700 mm），修整相关线条，最终效果如图 9-25 所示。

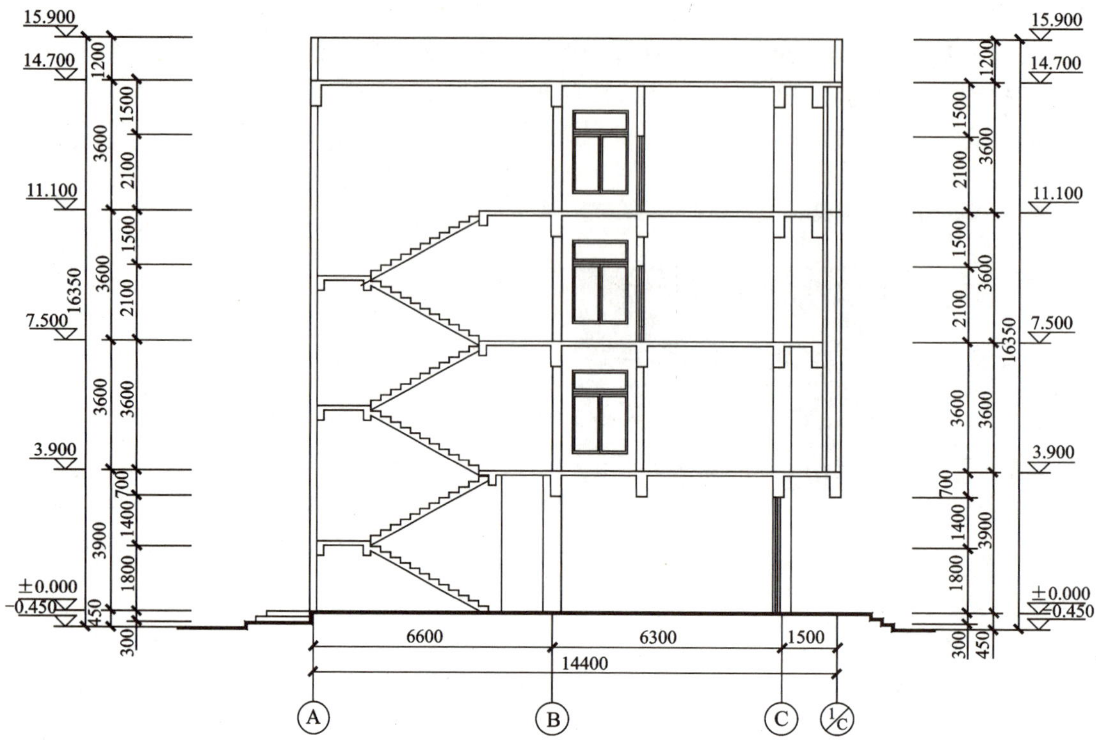

图 9-25　加剖断梁

(6)添加剖面门窗。

①单击【剖面】→【剖面门窗】(PMMC)命令，根据命令行提示，选择二层轴处的墙体，门窗下口到墙下端距离为 0，门窗的高度为 2100 mm，完成二层(1/B)轴处丢失剖面门的绘制，如图 9-26 所示。

②修整(1/C)轴处的幕墙线：将整个幕墙线删除，贴梁外边缘绘制 2～4 层的幕墙线并将所绘制的线置于“S_WALL”图层，以 100 mm 的间距偏移复制一根线，完成幕墙线的绘制。

③单击【剖面】→【剖面门窗】(PMMC)命令，根据命令行提示，选择刚才所绘制的幕墙的墙体，门窗下口到墙下端距离为 0，门窗的高度为 1680，完成幕墙剖面的绘制，如图 9-27 所示。

图 9-26　添加剖面门窗

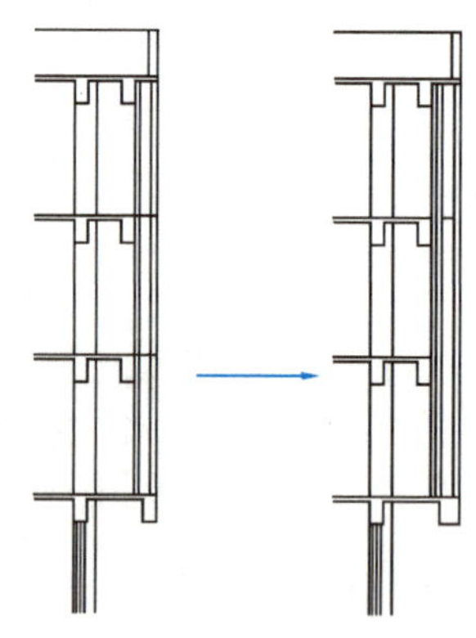

图 9-27　绘制幕墙剖面

(7)添加门窗过梁。

单击【剖面】→【门窗过梁】(MCGL)命令，根据命令行提示点取要添加过梁的剖面门窗图块，输入梁高 120 mm，按回车键结束命令，完成(1/B)轴处内门上方的过梁绘制。

(8)绘制楼梯扶手。

①单击【剖面】→【楼梯栏杆】(LTLG)命令，根据命令行提示确认默认扶手高度为 1000 mm，打断遮挡线，输入楼梯扶手的起始点 A，结束点 B，依次完成楼梯栏杆扶手的绘制(如果栏杆扶手绘制不成功，可以单独对某一段重新绘制)。

②单击【剖面】→【扶手接头】(FSJT)命令,输入扶手伸出距离为 100 mm,确认在接头处增加栏杆,分段框选需要扶手连接的部位,即可完成楼梯扶手的连接,修整相关遮挡关系,最终结果如图 9-28 所示。

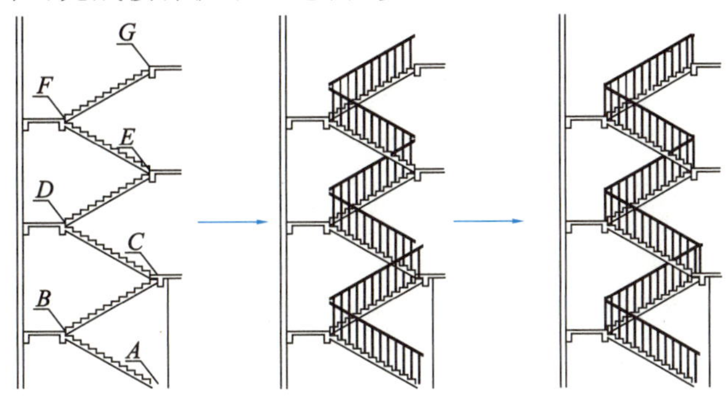

图 9-28 绘制楼梯扶手

(9)剖面填充。

单击【剖面】→【剖面填充】(PMTC)命令,根据命令行提示选择要填充材料图例的楼板线、楼梯线,选择填充比例 S 为"100",图案为"涂黑",单击"确定"按钮后执行填充(如果不能填充成功,请确保相关图层正确,或者可以用 AutoCAD 填充样式来填充)。

(10)添加文字。

单击【文字表格】→【单行文字】(DHWZ)命令,弹出"单行文字"对话框,在"文字输入列表"中输入"办公门厅",选择字高为"7.0",在图中入口部位放置,按回车键结束命令(也可以拷贝文字内容到合适位置,双击文字修改为正确的文字内容)。同样操作完成对其他文字的添加。

(11)调整标注。

对右侧标注时应标注出右侧的结构形式,因此需要标注梁高、窗高等信息,可通过【增补尺寸】、【合并区间】等相关命令完成。这里不再赘述,请查阅相关章节自行完成。

(12)图名标注。

单击【符号标注】→【图名标注】(TMBZ)命令,弹出"图名标注"对话框,设置相关参数,在图中合适位置单击即可完成图名标注(双击图名标注对象可进入对话框修改样式设置),最终结果如图 9-29 所示。

(13)按 Ctrl+S 组合键快速保存,结束本次操作。

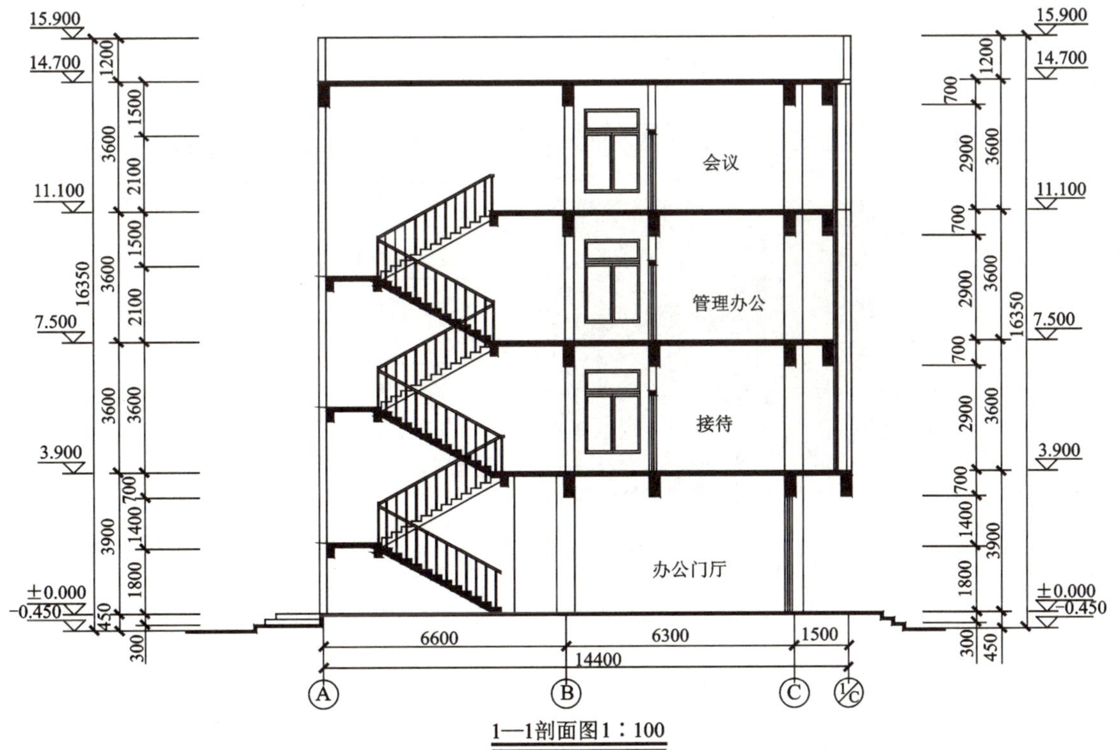

图 9-29 标注图名

10 文件布图

本章导读

当建筑图绘制完成后，需要打印出图纸便于指导施工和交流，在打印图纸之前，需要插入不同比例图纸的图框，完成不同比例图纸的出图。为了解决用户之间的图纸文件兼容问题，实现不同版本之间的交流，T20 天正建筑提供了相关命令来转换图纸格式。本章详细讲述了天正图框的插入、比例的修改以及图形转换命令。

学习目标

✧ 掌握不同图框和出图比例的使用方法。

✧ 掌握图形转换命令的方法。

10.1 图纸布局命令

10.1.1 插入图框

本命令用于在当前模型空间或图纸空间插入图框，支持用户自定义图框。

单击【文件布图】→【插入图框】(CRTK)菜单命令后，显示图 10-1 所示的对话框，其中各控件及功能说明见表 10-1。

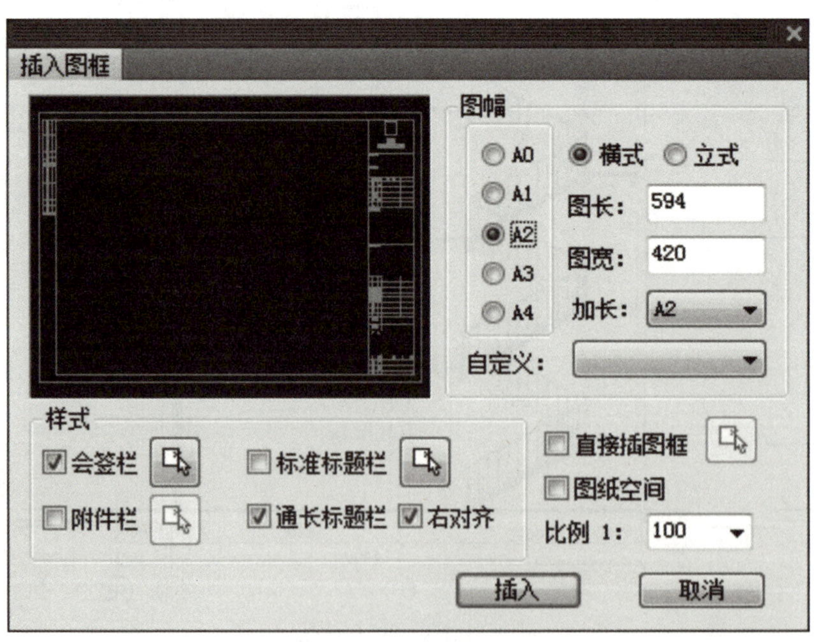

图 10-1 “插入图框”对话框

表 10-1　　“插入图框”对话框中各控件及功能说明

控件	功能
图幅	共有 A4、A3、A2、A1、A0 五种标准图幅，单击某一图幅的按钮，就选定了相应的图幅
图长/图宽	通过输入数字，直接设定图纸的长宽尺寸或显示标准图幅的图长与图宽
横式/立式	选定图纸格式为立式或横式
加长	选定加长型的标准图幅，单击右边的箭头，出现国标加长图幅供选择
自定义	如果使用过在图长和图宽栏中输入的非标准图框尺寸，命令会把此尺寸作为自定义尺寸保存在此下拉列表中，单击右边的箭头可以从中选择已保存的 20 个自定义尺寸
比例	设定图框的出图比例，此数字应与“打印”对话框的“出图比例”一致。此比例也可从列表中选取，如果列表没有，也可直接输入。勾选“图纸空间”后，此控件暗显，比例自动设为 1∶1
图纸空间	勾选此项后，当前视图切换为图纸空间(布局)，“比例 1:”自动设置为 1∶1
会签栏	勾选此项，允许在图框左上角加入会签栏，单击右边的按钮从图框库中可选取预先入库的会签栏
标准标题栏	勾选此项，允许在图框右下角加入国标样式的标题栏，单击右边的按钮从图框库中可选取预先入库的标题栏
通长标题栏	勾选此项，允许在图框右方或者下方加入用户自定义样式的标题栏，单击右边的按钮从图框库中可选取预先入库的标题栏，命令自动从用户所选中的标题栏尺寸判断插入的是竖向还是横向的标题栏，采取合理的插入方式并添加通栏线
右对齐	图框在下方插入横向通长标题栏时，勾选“右对齐”可使得标题栏右对齐，左边插入附件
附件栏	勾选“通长标题栏”后，“附件栏”可选，勾选“附件栏”后，允许图框　端加入附件栏，单击右边的按钮从图框库中可选取预先入库的附件栏，可以是设计单位徽标或者会签栏
直接插图框	勾选此项，允许在当前图形中直接插入带有标题栏与会签栏的完整图框，而不必选择图幅尺寸和图纸格式，单击右边的按钮从图框库中可选取预先入库的完整图框

如图 10-2 所示，直接插入事先入库的完整图框，使用方法如下：

(1)勾选“直接插图框”，然后单击其后的按钮进入“天正图库管理系统”选择完整图框，其中每个标准图幅和加长图幅都要独立入库，每个图框都是带有标题栏、会签栏和设计院院标等附件的完整图框。

(2)图纸空间下插入时勾选“图纸空间”，模型空间下插入则勾选“比例”。

(3)确定所有选项后，单击“插入”按钮，其他与前面叙述相同。

(4)单击“插入”按钮后，如果当前为模型空间，基点为图框中点，拖动显示图框，命令行提示：

请点取插入位置<返回>:(点取图框位置即可插入图框，单击鼠标右键或按回车键返回对话框重新更改参数)

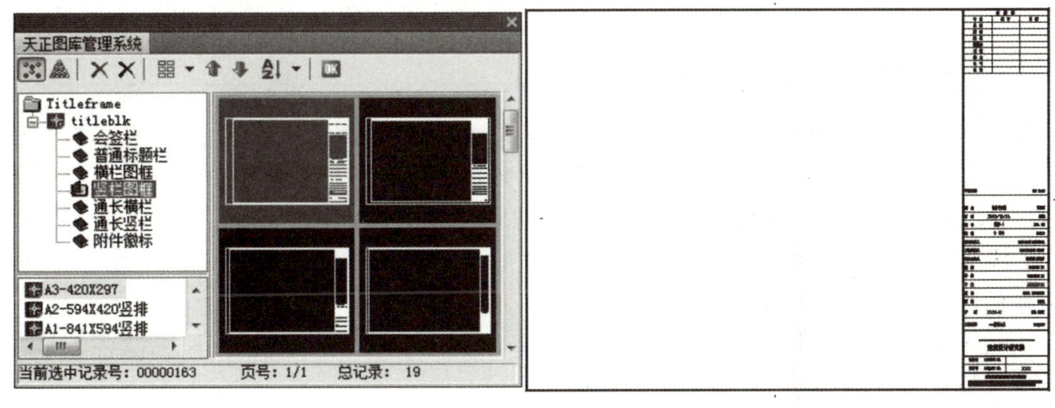

图 10-2　插入图框

10.1.2 改变比例

本命令用于改变模型空间中指定范围内图形的出图比例，如果修改成功，会自动作为新的当前比例；本命令执行后建筑对象大小不会变化，但包括工程符号的大小、尺寸和文字的字高等注释相关对象的大小会发生变化。

如果在模型空间使用本命令，可更改某一部分图形的出图比例。

改变比例有两种方法，分别介绍如下：

(1)单击【改变比例】(GBBL)命令，命令行提示：

请输入新的出图比例 1：＜100＞：50

请选择要改变比例的图元：指定对角点：(框选所有图形，找到 20 个)

请提供原有的出图比例＜100＞：(按回车键完成操作)

(2)框选所有待改变比例的图形，然后单击状态栏左下角的“比例”按钮，将比例设为 1：50，完成改变比例操作，按 Esc 键退出命令。

注：经过比例修改后的图形在布局中大小有明显改变，但是维持了注释相关对象的大小相等，从图 10-3 中可见轴号、详图号、尺寸文字字高等都是一致的，符合国家制图标准的要求。

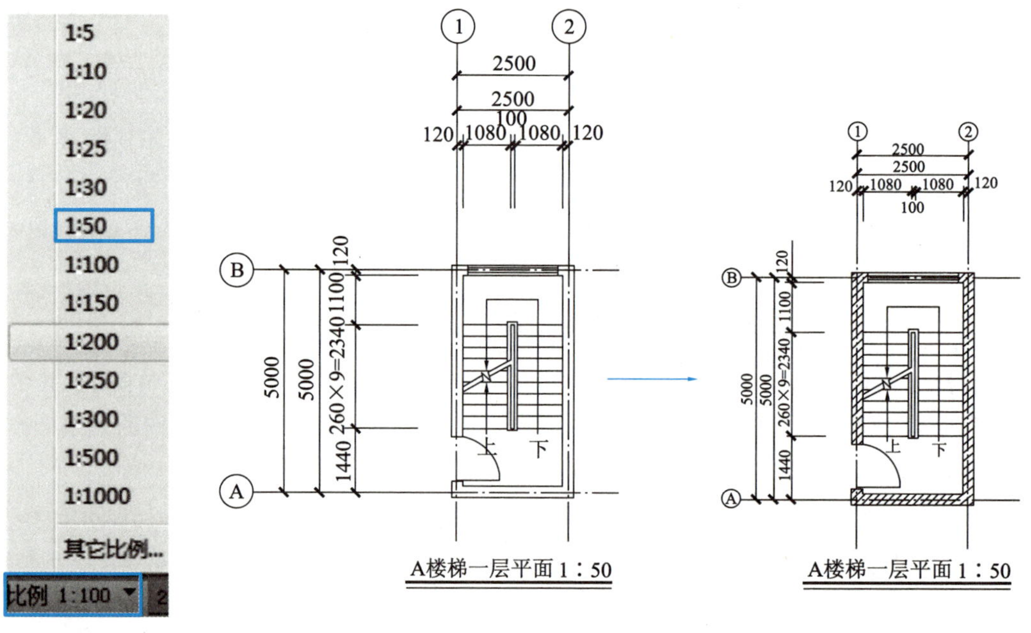

图 10-3 改变比例

10.1.3 图形切割

在绘制建筑图时，还需要将图形的某一部分进行放大处理，绘制建筑大样，T20 天正建筑提供了图形切割功能，可将一幅图形中指定的一个区域复制为一个单独的图形，并提取带有轴号和填充的局部区域便于绘制详图，遮挡范围随意调整，可把切割线设置为折断线或隐藏。

✧【练习 10-1】 图形切割练习。

具体步骤如下：

(1)按 Ctrl+O 组合键，打开本书配套附件“第 10 章\图形切割素材”。

(2)单击【图形切割】(TXQG)命令，命令行提示：

矩形的第一个角点或[多边形裁剪(P)/多段线定边界(L)/图块定边界(B)]＜退出＞：(点取第一个角点)

另一个角点＜退出＞:(点取第二个角点定义裁剪矩形框)

此时程序已经把刚才定义的裁剪矩形内的图形完成切割,并提取出来,拖动光标位置,同时提示:

请点取插入位置:(在图中给出该局部图形的插入位置,结果如图 10-4 所示)

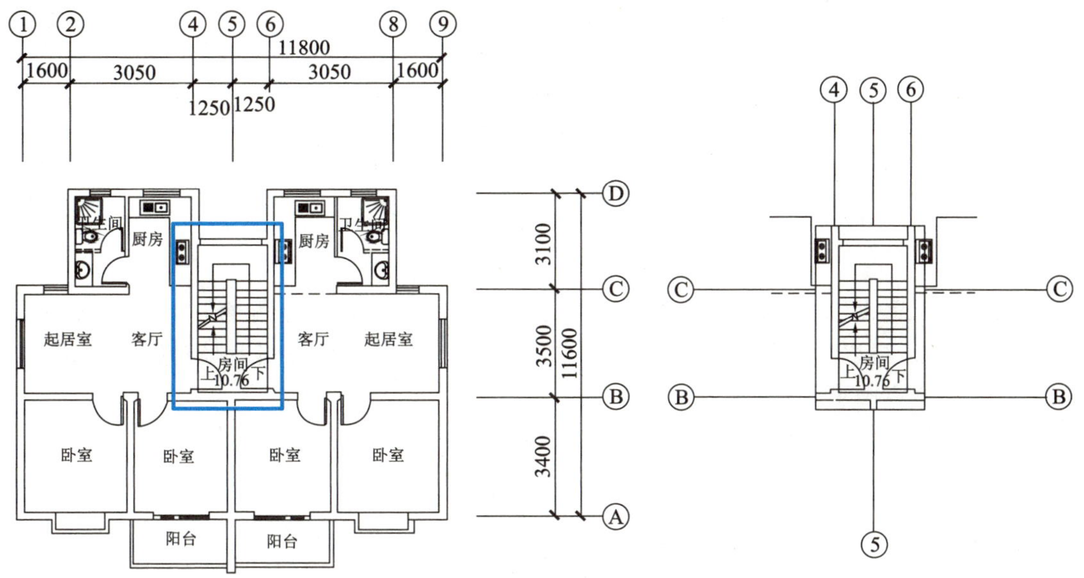

图 10-4 图形切割

双击切割线可显示“编辑切割线”对话框,设置其中某些边为折断边(显示折断线),并隐藏不打印的切割线,如图 10-5 所示。

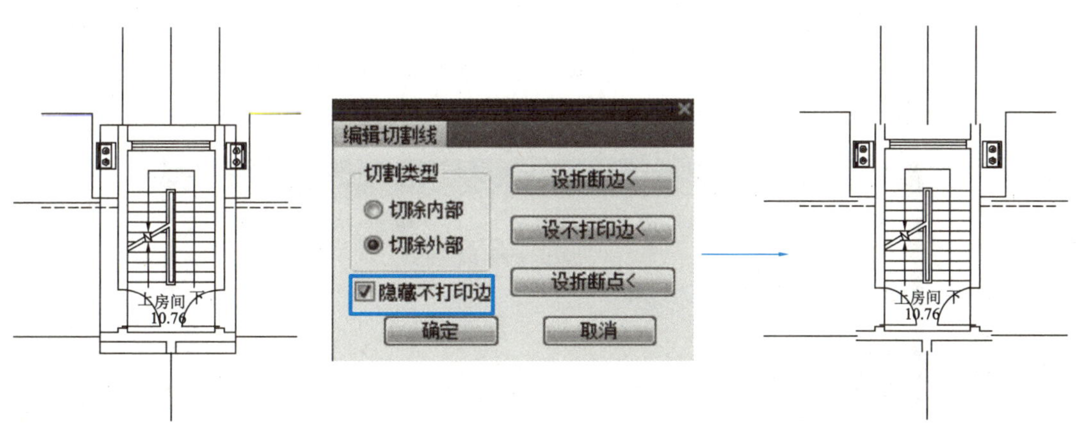

图 10-5 编辑切割线

10.2 格式转换导出

天正软件提供了与 AutoCAD 软件的接口,同时也提供了高版本与低版本软件的兼容方法。本节所介绍的多种文件导出转换工具以及天正插件,可以解决用户之间的文件交流问题。

10.2.1 旧图转换

本命令用于对 TArch3 格式的平面图进行转换,将原来用 AutoCAD 图形对象表示的内容升级为新版的自定义专业对象格式。

单击【文件布图】→【旧图转换】(JTZH)菜单命令后,显示图 10-6 所示的对话框。

图 10-6 “旧图转换”对话框

用户可以为当前工程设置统一的三维参数，在转换完成后，对不同的情况再进行对象编辑。如果仅转换图上的部分旧版图形，可以勾选其中的“局部转换”复选框，单击“确定”按钮后只对指定的范围进行转换，适用于转换插入的旧版本图形。

完成后还应该对连续的尺寸标注运用【连接尺寸】命令加以连接，否则尽管是天正标注对象，但是依然是分段的。

10.2.2 整图导出

本命令将最新的天正格式 DWG 图导出为天正各版本的 DWG 图或者各专业条件图，以达到与低版本兼容的目的。

单击【文件布图】→【整图导出】(ZTDC)菜单命令后，显示图 10-7 所示的对话框，其中各控件及功能说明见表 10-2。

在其中选择天正对象的保存类型、导出的 AutoCAD 文件版本、图形的导出内容、文件名称，选择文件保存路径，选定后单击“保存”按钮保存导出图形文件，命令行会显示生成文件的结果。

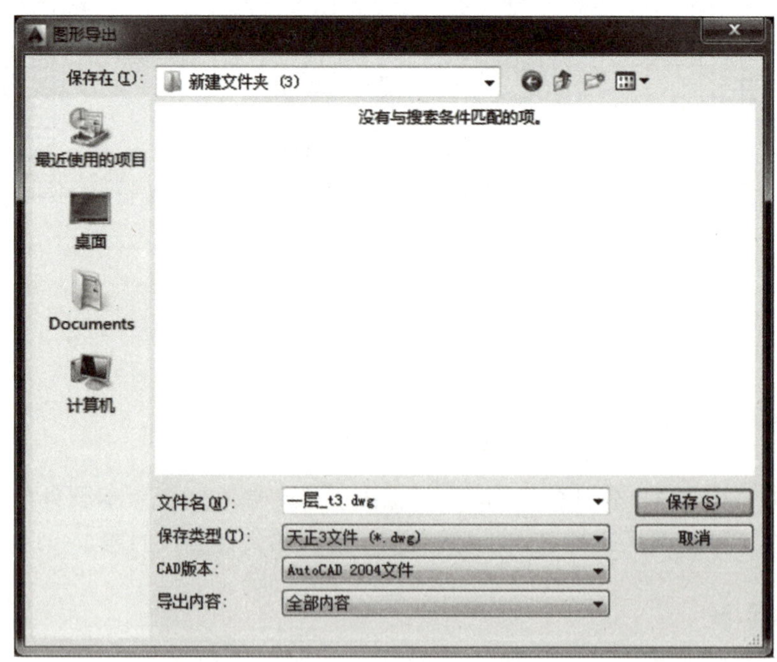

图 10-7 “图形导出”对话框

表 10-2　　“图形导出”对话框中各控件及功能说明

控件	功能
保存类型	提供 T3、T5、T6、T7、T8、T9、T20 版本对象格式转换类型的选择，其中 T20 版本表示格式不作转换，选择后自动在文件名加_tx 的后缀(x=3、5、6、7、8、9、20)
CAD 版本	提供 AutoCAD 图形版本转换，可以选择 R14、2000—2002、2004—2006、2007—2009、2010—2012、2013—2014 的各版本格式，与天正对象格式独立分开 CAD版本: AutoCAD 2000文件 AutoCAD R14文件 AutoCAD 2000文件 AutoCAD 2004文件 AutoCAD 2007文件 AutoCAD 2010文件 AutoCAD 2013文件
导出内容	在下拉列表中选择如下的多个选项，系统按各公用专业要求导出图中的不同内容 导出内容: 全部内容 全部内容 三维模型 结构基础条件图 结构平面条件图 设备专业条件图 配置...
	全部内容：一般用于与其他使用天正低版本的建筑师解决图档交流的兼容问题
	三维模型：不必转到轴测视图，在平面视图下即可导出天正对象构造的三维模型
	结构基础条件图：为结构工程师创建基础条件图，此时门窗洞口被删除，使墙体连续，砖墙可选保留，填充墙删除或者转化为梁，受配置的控制，其他的处理包括删除矮墙、矮柱、尺寸标注、房间对象；混凝土墙保留(门改为洞口)，其他内容均保留不变
	结构平面条件图：为结构工程师创建楼层平面图，砖墙可选保留(门改为洞口)或转化为梁，同样也受配置的控制，其他的处理包括删除矮墙、矮柱、尺寸标注、房间对象；混凝土墙保留(门改为洞口)，其他内容均保留不变
	设备专业条件图：为暖通、水、电专业创建楼层平面图，隐藏门窗编号，删除门窗标注，其他内容均保留不变
	配置：默认配置是按框架结构转为结构平面条件图设计的，砖墙保留，填充墙删除，如果要转基础图，单击“配置”进入如下界面进行修改 结构条件图选项 墙体材料　导出操作 轻质隔墙　删除 玻璃幕墙　删除 填充墙　删除 填充墙1　删除 填充墙2　删除 砖墙　保留 确定　取消

10.2.3 局部导出

本命令类似【整图导出】命令，也是将最新的天正格式 DWG 图档导出为天正各版本的 DWG 图或者各专业条件图，不同之处是【整图导出】将当前图形全部内容导出，而本命令选择当前图形中的任意部分导出。

单击【文件布图】→【局部导出】(JBDC)菜单命令后,命令行提示:

请选择要导出的对象<退出>:(采用任意选择方式选择需要导出的部分图形)

请选择要导出的对象<退出>:(单击鼠标右键结束选择,进入“图形导出”对话框,同【整图导出】命令)

在对话框中选择天正对象的保存类型、导出的 AutoCAD 文件版本、图形的导出内容、文件名称,选择文件保存路径,选定后单击“保存”按钮保存导出图形文件,命令行会显示生成文件的结果。

10.2.4 批量导出

本命令将当前版本的图档批量转化为天正旧版 DWG 格式,同样支持图纸空间布局的转换,在转换 R14 版本时只转换第一个图纸空间布局,用户可以自定义文件的后缀;天正对象的导出格式不与 AutoCAD 图形版本关联。

单击【文件布图】→【批量导出】(PLDC)菜单命令后,显示图 10-8 所示的对话框。

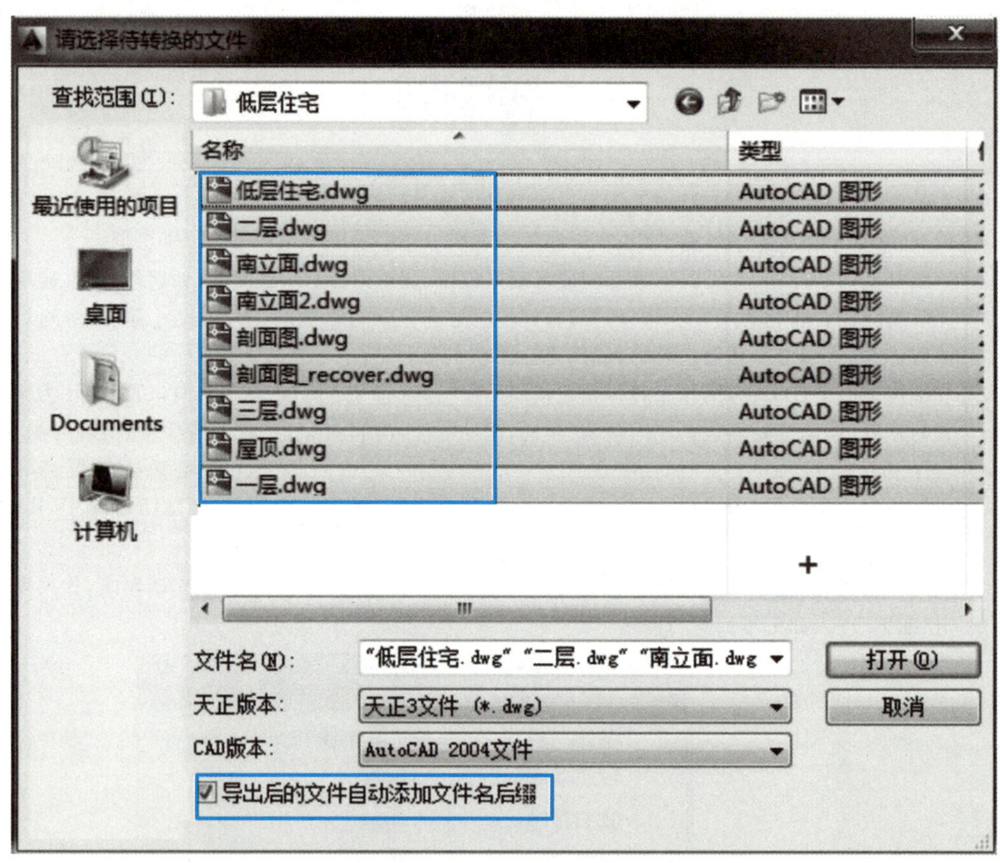

图 10-8 “请选择待转换的文件”对话框

在对话框中允许多选文件,对话框下面独立提供了天正对象的保存类型选择,不仅与 AutoCAD 图形版本有关,还可以独立选择转换后文件所属的 CAD 版本,与整图导出命令相同;用户还可以选择勾选导出后的文件末尾是否添加 t3/t9 等文件名后缀;用户在对话框中选择转换后的文件夹,进入目标文件夹后单击“确定”按钮开始转换,命令行会提示转换后的结果。

10.2.5 图纸保护

本命令可以创建不能修改的只读对象,使得用户发布的图形文件保留原有的显示特性,只可以被观察或者既可以被观察也可以打印,但不能修改,也不能导出,以达到保护设计成果的目的。

单击【文件布图】→【图纸保护】(TZBH)菜单命令后,命令行提示:

选择需要保护的图元<退出>:(选取要保护的图形部分)

选择需要保护的图元<退出>:(按回车键进入对话框,如图 10-9 所示)

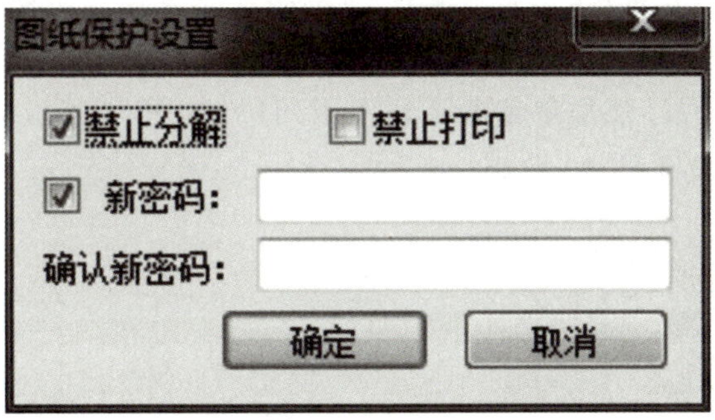

图纸保护设置

☑禁止分解 ☐禁止打印

☑ 新密码:

确认新密码:

确定 取消

图 10-9 “图纸保护设置”对话框

生成只读对象后另存盘,即可完成图纸保护的操作过程。在没有安装天正软件环境下用 AutoCAD 或者天正建筑软件没有升级到天正建筑当前版本,都无法看到只读对象,要打开只读对象必须升级天正建筑到 T20 版本,安装 T20 天正建筑或者 T20 天正。

10.3 实战演练——创建某办公楼图纸布局

本节综合运用前面所学知识,创建某办公楼图纸布局。

1. 打开工程

(1)按 Ctrl+~组合键,或单击【文件布图】→【工程管理】(GCGL)命令,弹出“工程管理”面板,在“工程管理”下拉列表框中选择“打开工程”选项;在弹出的“打开”对话框中,找到 8.4 节保存的路径,打开工程“某办公楼实例”。

(2)双击图纸中的“某办公楼实例平面图”,软件即以“某办公楼实例平面图”作为当前图纸。

2. 绘制楼梯平面大样

(1)图形切割。

单击【文件布图】→【图形切割】(TXQG)命令,在图中Ⓑ轴上方点取一角点,另一个角点取②轴右方,此时程序已经把刚才定义的裁剪矩形内的图形完成切割,并提取出来,拖动光标位置,在图中合适位置给出该局部图形,双击隐藏不打印的切割线,如图 10-10 所示。

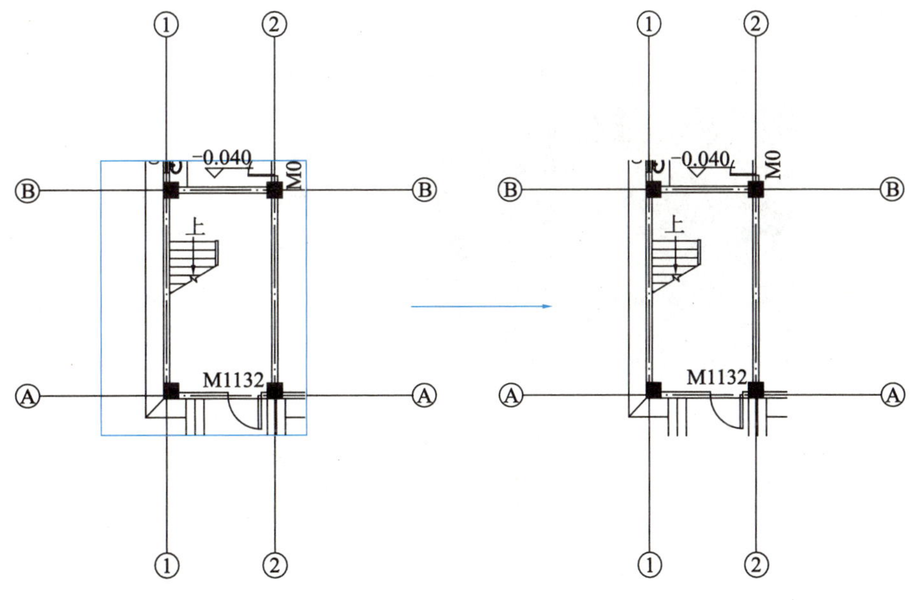

图 10-10 图形切割

(2)尺寸符号标注。

删除生成的轴号,利用【轴网标注】(ZWBZ)、【楼梯标注】(LTBZ)、【对齐标注】(DQBZ)、【增补尺寸】(ZBCC)、【标高标注】(BGBZ)、【剖切符号】(PQFH)、【图名标注】(TMBZ)等完成一层楼梯大样的绘制,如图 10-11所示。

(3)改变比例。

①框选所有待改变比例的图形,然后单击状态栏左下角的"比例"按钮,将比例设置为 1∶50,完成改变比例操作,按 Esc 键退出命令,如图 10-11 所示。

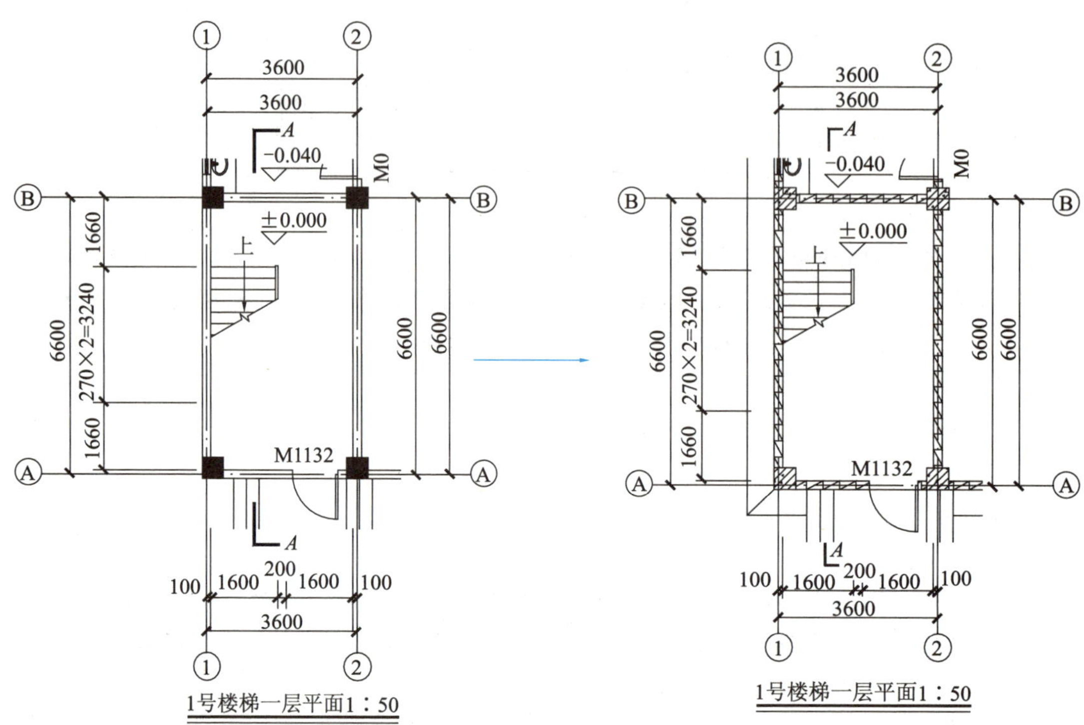

图 10-11　改变比例

②同理绘制其他楼层楼梯大样。

3. 插入图框

(1)单击【文件布图】→【插入图框】(CRTK)命令,弹出"插入图框"对话框,设置参数如图 10-12 所示。将图框插入平面图中的一层平面中,调整到合适位置,使图纸居中、饱满(双击图框中的文字,可按需要进行修改),最终效果如图 10-13 所示。

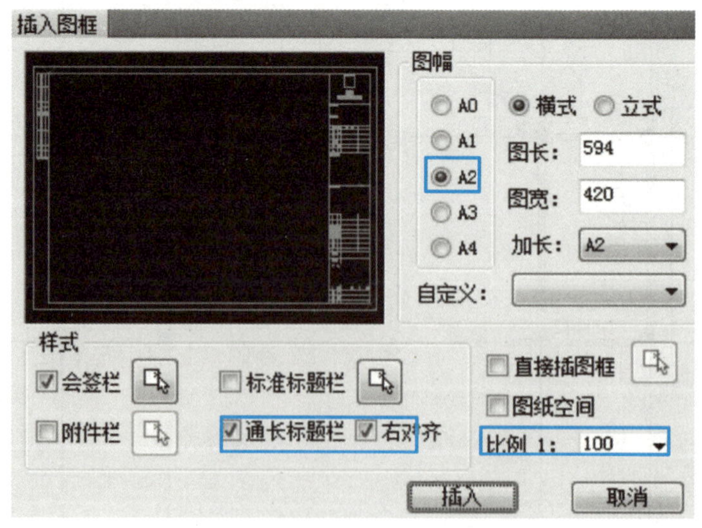

图 10-12　设置"插入图框"参数

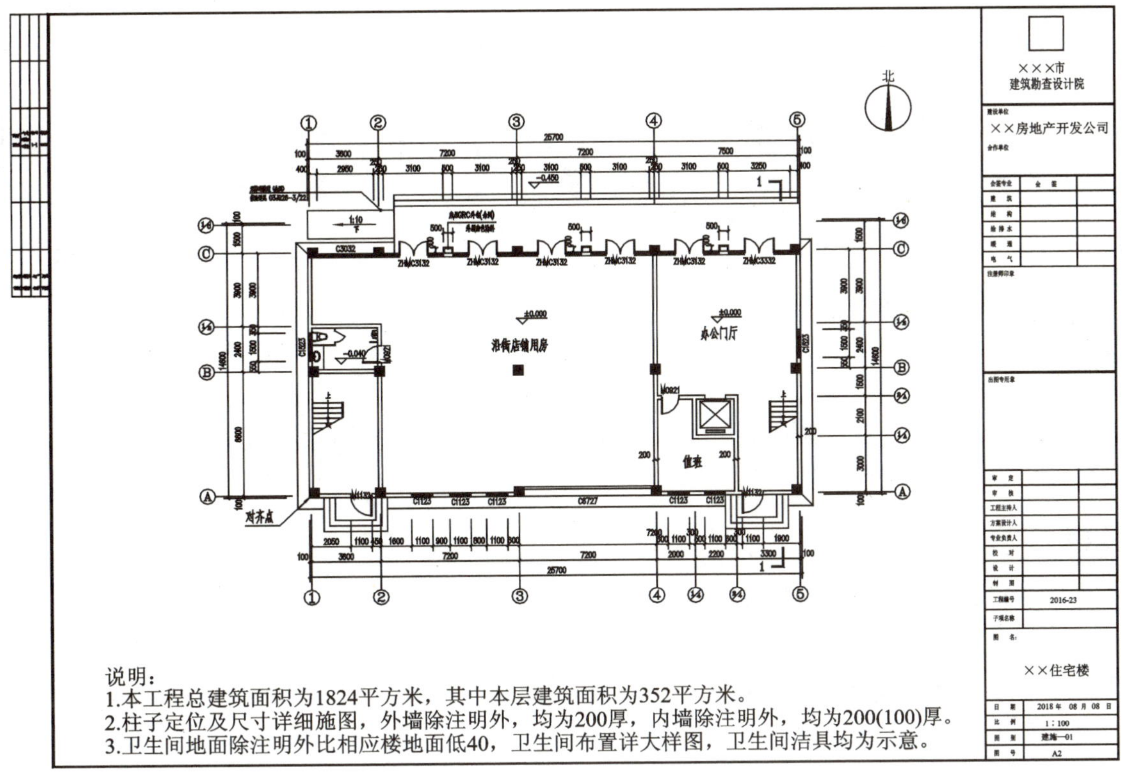

图 10-13 一层平面图插入图框

(2)同理按 1∶50 的图框插入楼梯详图中，调整到合适的位置，最终效果如图 10-14 所示。

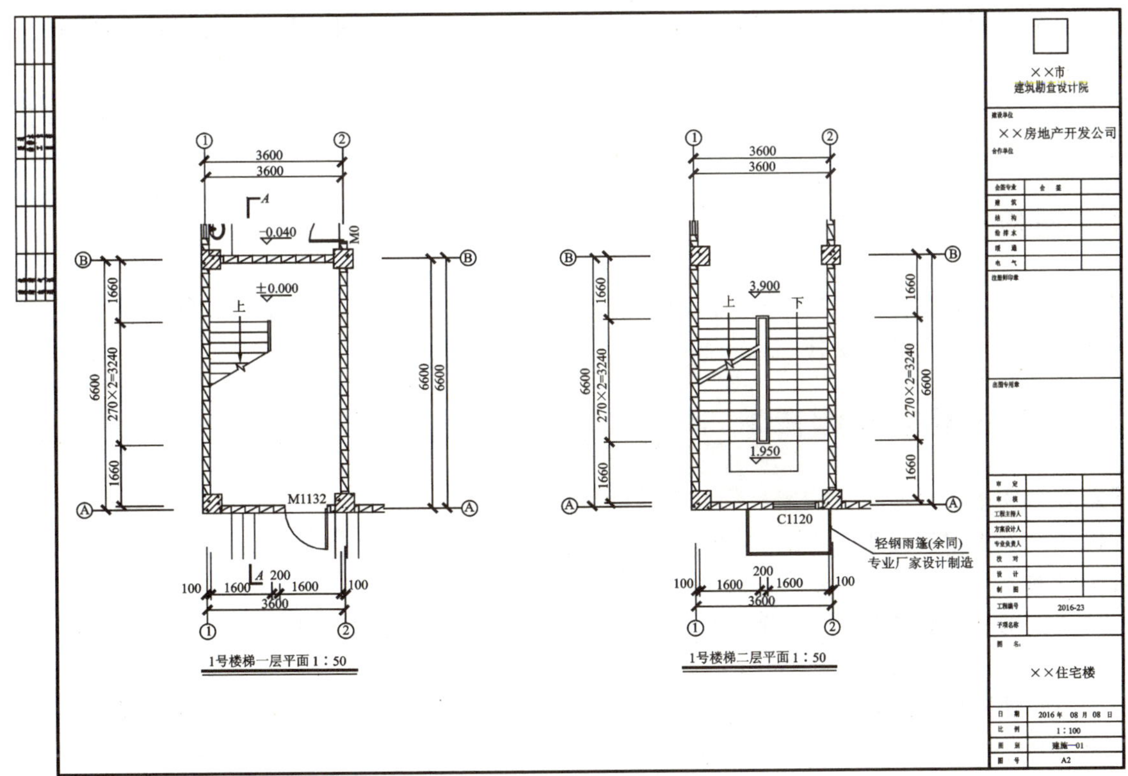

图 10-14 楼梯详图插入图框

(3)其他图纸参照操作完成，按 Ctrl+S 组合键快速保存，结束本次操作。

11　综合实例——绘制多层住宅施工图

本章导读

本章以多层住宅实例讲解建筑施工图的绘制流程，通过本章的学习，读者可以全面掌握多层住宅施工图的绘制方法和绘图技巧。

学习目标

✧ 了解多层住宅建筑施工图绘制基本流程。
✧ 掌握天正建筑绘制平面图的思路和方法。
✧ 掌握天正建筑绘制立面图的思路和方法。
✧ 掌握天正建筑绘制剖面图的思路和方法。

11.1　绘制住宅标准层平面图

住宅建筑的平面图通常包括底层平面图、标准层平面图、顶层平面图、屋顶平面图等，通常情况下会先绘制一个单元的标准层平面图，然后通过修改获得其他平面图。其绘制思路与单纯利用 AutoCAD 绘制建筑平面图的方法类似，包括绘制轴网、墙体、门窗、家具、标注等步骤，只是在天正建筑中，有很多参数化的模块，能够简化作图，节约时间。

11.1.1　新建文件并保存

启动天正软件，系统会自动创建一个新的空白文档，单击【文件】→【保存】菜单命令，将该文件另存为“第 11 章综合实例——绘制多层住宅施工图. dwg”。

11.1.2　轴网的绘制与编辑

轴网是建筑物单体平面布置和墙柱构件定位的依据。完整的轴网由轴线、轴号和尺寸标注三个相对独立的系统构成。天正建筑提供了专门的轴网绘制、编辑和标注命令。

1. 绘制轴网

(1)单击【轴网柱子】→【绘制轴网】(HZZW)命令，弹出“绘制轴网”对话框，默认“直线轴网”面板，可以通过上下开间、左右进深来确定轴网尺寸。

本例所用的轴网尺寸为：

下开间 3100、3600、3100、3100、3600、3100；

上开间 2800、3900、1800、2600、1800、3900、2800；

左进深 4200、3300、3600；

右进深 4200、3300、3000、600。

以上的轴网数据可以在输入位置处直接输入相应的数据，还可以通过数据栏输入或者选择相应的数值

和个数，单击“确定”按钮。在绘图区域单击鼠标左键以确定轴网左下角的位置，完成后的结果如图 11-1 所示。

(2)单击【轴网柱子】→【轴网标注】(ZWBZ)菜单命令，打开“轴网标注”对话框，勾选“双侧标注”单选按钮。

(3)选择开间起始轴线(最左侧轴线)和终止轴线(最右侧轴线)，按 Enter 键确认，完成开间轴网的标注。

(4)不结束命令，选择进深起始轴线(最下侧轴线)和终止轴线(最上侧轴线)，按 Enter 键确认，完成进深轴网的标注，如图 11-2 所示。

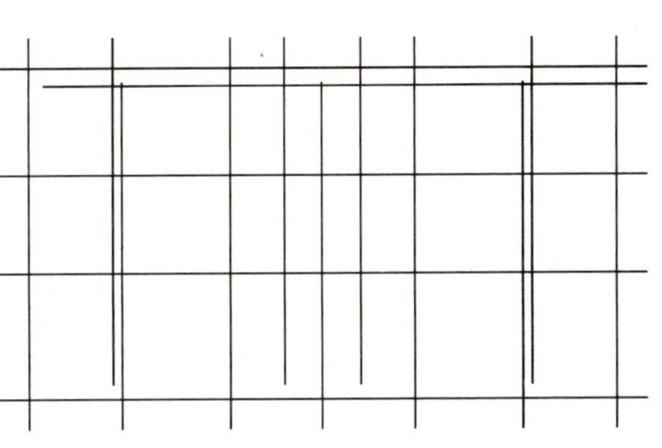

图 11-1 绘制轴网

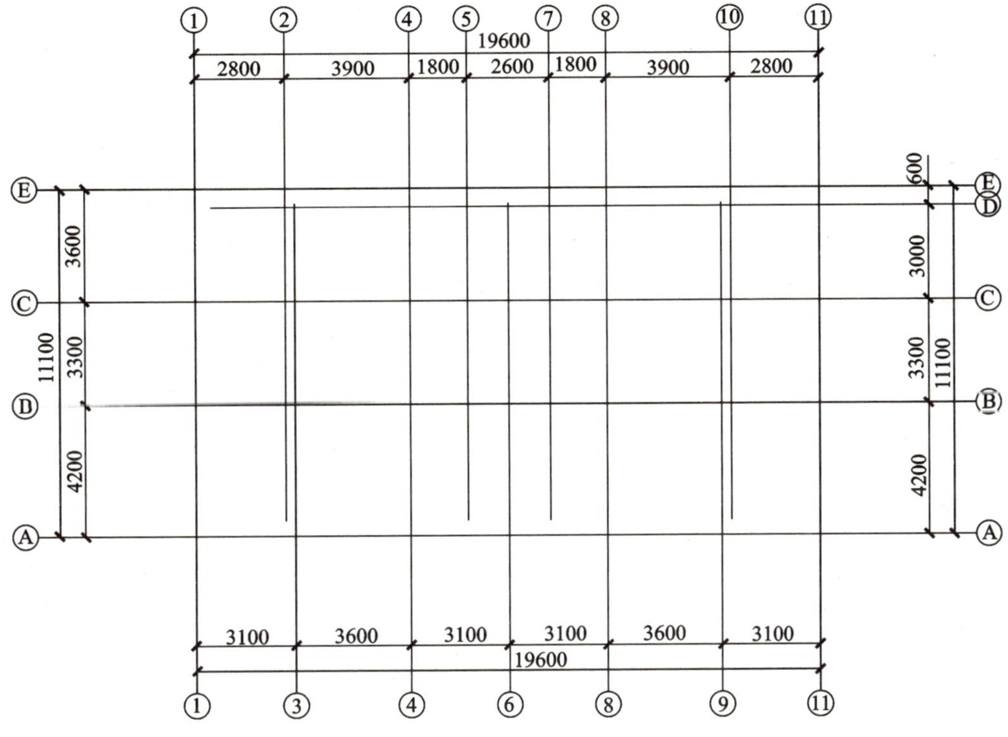

图 11-2 轴网标注

(5)单击Ⓔ轴号，再单击轴号圆心处的夹点，调整轴号位置，完成后如图 11-3 所示。

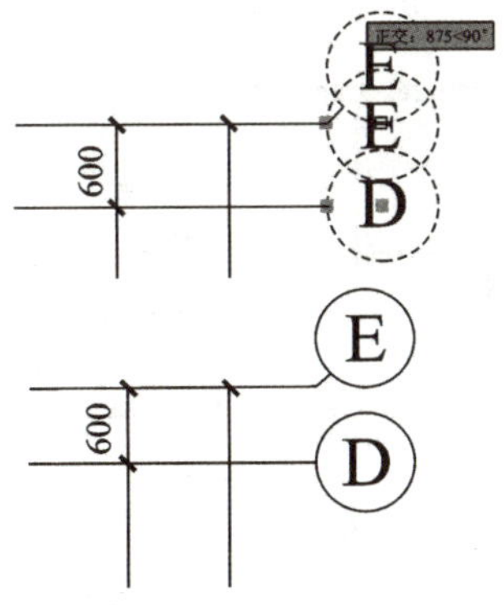

图 11-3 调整轴号位置

2. 编辑轴网

(1)利用【轴改线型】(ZGXX)命令，将轴线改为点画线。

(2)利用 AutoCAD【修剪】(Trim)命令修剪轴线，【偏移】命令复制修改轴线，最终轴网如图 11-4 所示。

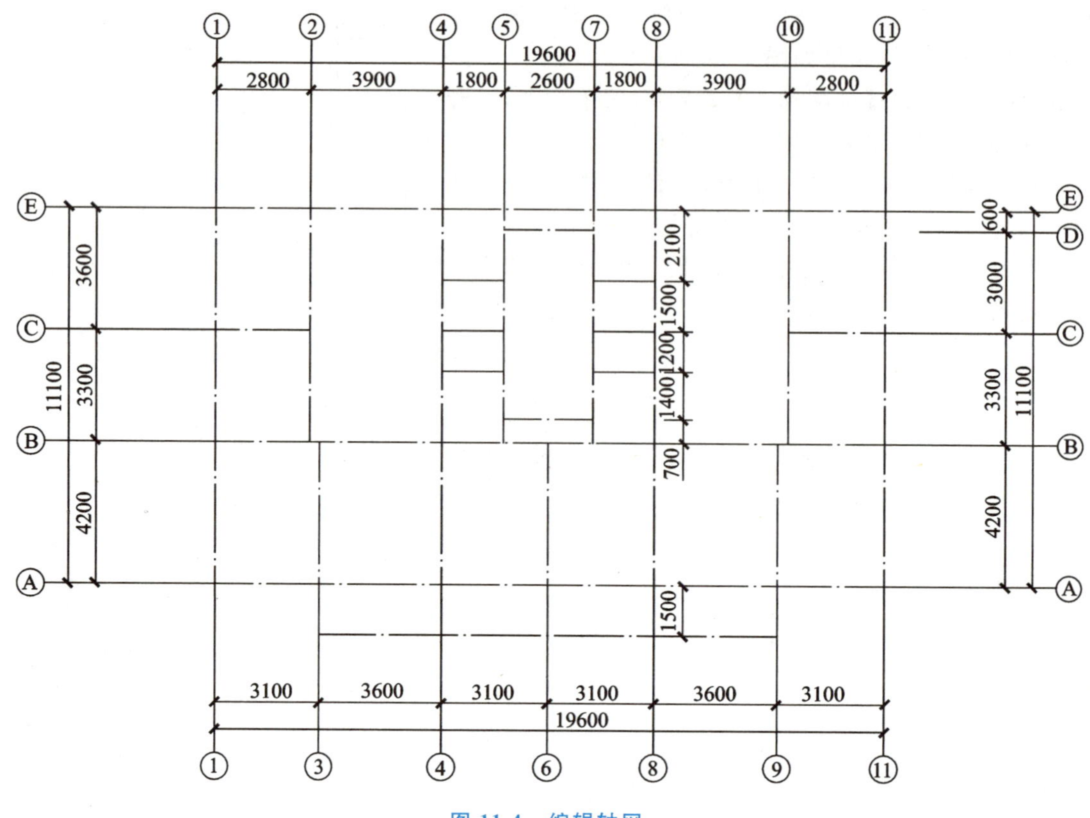

图 11-4　编辑轴网

11.1.3　绘制墙体

墙体的绘制方法主要有两种：

一种是【单线变墙】命令，可以选择所有的轴线，系统会识别内外墙，然后根据预设的墙厚绘制，产生需要的墙体，当然这会造成多余的墙体，可以根据需要进行删减。

另一种方法就是【绘制墙体】命令，根据设计的需要，采用不同的方法来绘制相应位置的墙体，这种方式可以按部就班绘制，本例采用这种方式。

单击【墙体】→【绘制墙体】(HZQT)命令，墙厚左右宽都为 120 mm，也即总厚度为 240 mm，选择【直墙】的方式绘制墙体，将厕所隔墙改为总厚 120 mm，最终如图 11-5 所示。

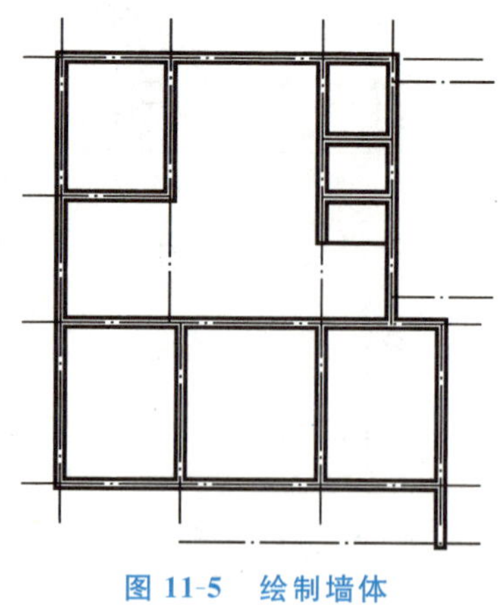

图 11-5　绘制墙体

11.1.4　绘制阳台

单击【楼梯其他】→【阳台】(YT)命令，弹出“绘制阳台”对话框，对照图 11-6 设置相关参数，选择阴角阳

台后，鼠标回到绘图区域，根据命令行提示捕捉 A 点为起点，按“F”键，阳台翻转到对侧，继续点取 B 点为终点，按回车键完成阳台绘制，如图 11-6 所示。

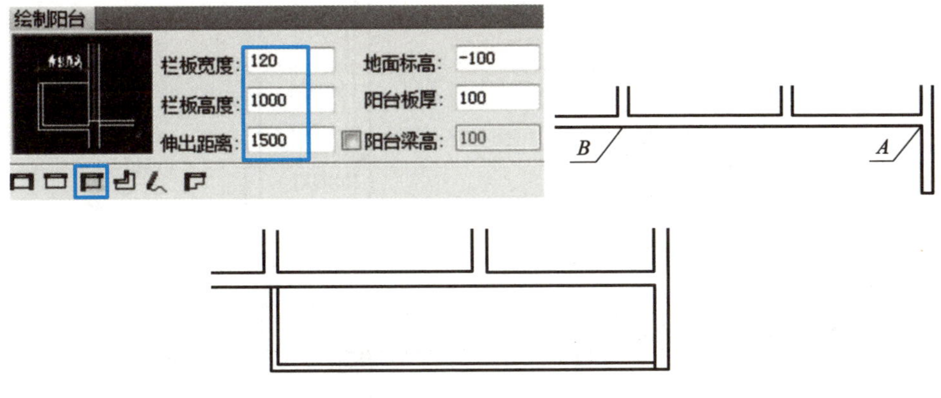

图 11-6 绘制阳台

11.1.5 添加构造柱

由于本例是多层住宅，采用的是砖混结构，因此墙体是承重构件，定位轴线以墙体为准。依据设计规范要求，需要在相应的位置添加构造柱。添加构造柱和添加结构柱的方法类似。

单击【轴网柱子】→【构造柱】(GZZ)菜单命令，按命令行提示要求选取添加构造柱的墙角位置，单击图形的左上角墙体连接处，接着会添加构造柱，并且弹出对话框进行构造柱的尺寸设置。通常情况下，构造柱尺寸为 240 mm×240 mm，与普通 240 砖墙相吻合。

注：如果填充完成后的构造柱显示的是线框，则需要在构造柱或者墙体位置处单击鼠标右键，在弹出的菜单中单击“填充关闭”，这样就可以显示为填充的柱子。依次在所需要的位置添加构造柱，完成后如图11-7所示。

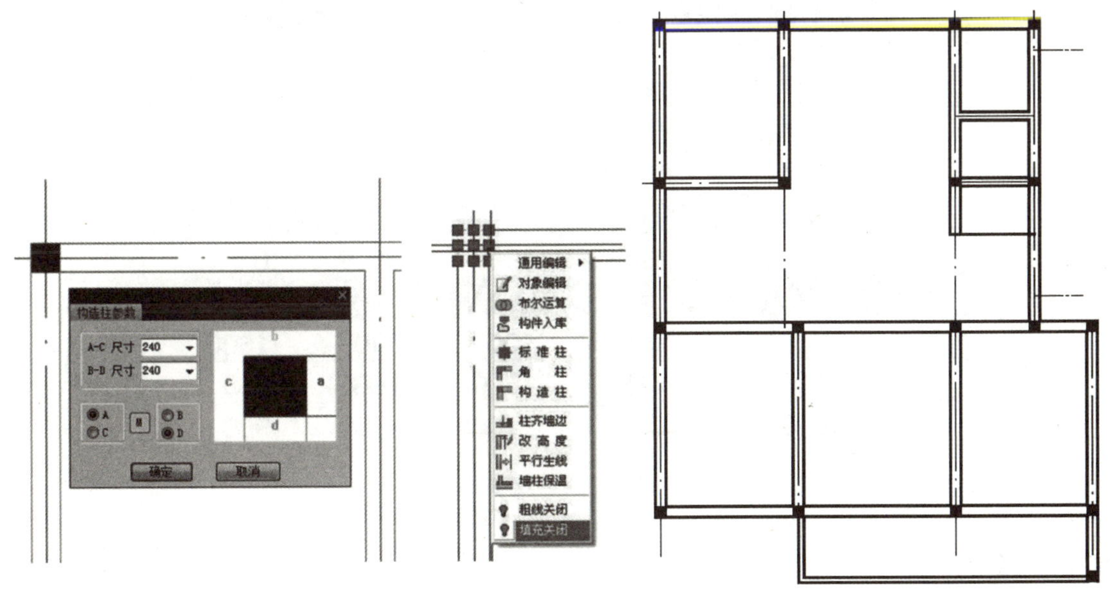

图 11-7 添加构造柱

11.1.6 门窗的插入与编辑

天正建筑可以完成几乎所有的建筑门窗，创建门窗的方法也非常灵活，给建筑师提供了非常大的方便。插入门窗后的效果如图 11-8 所示，本例所插入的门窗数据如图 11-9 所示(所有窗居轴线中插入，门垛宽插入 240 mm 厚墙时垛宽为 240 mm，插入 120 mm 厚墙时垛宽为 120 mm)。

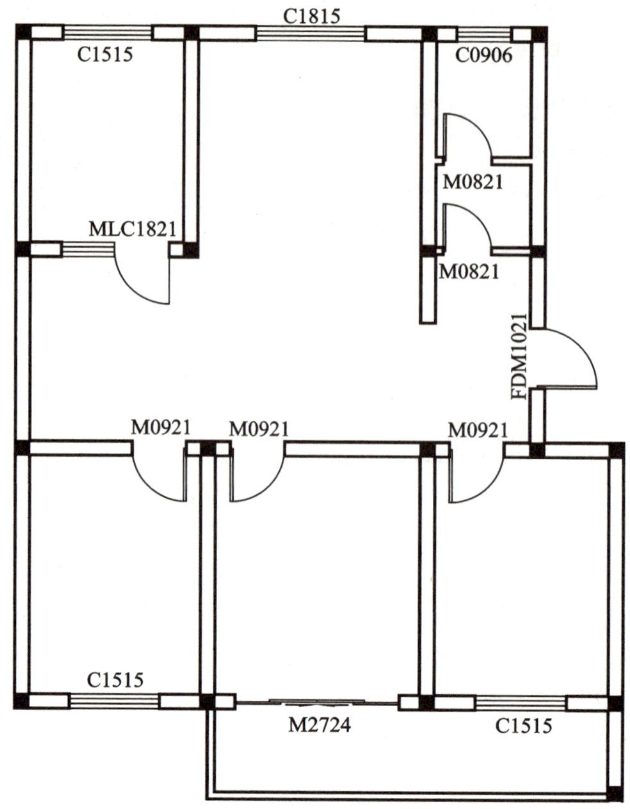

图 11-8　门窗插入效果

编号	新编号	宽度	高度	底高
门				
FDM1021[1]	FDM1021	1000	2100	0
M0821[2]	M0821	800	2100	0
M0921[3]	M0921	900	2100	0
M2724[1]	M2724	2700	2400	0
门连窗				
MLC1821[1]	MLC1821	1800	2100	0
窗				
C0906[1]	C0906	900	600	1800
C1515[3]	C1515	1500	1500	900
C1815[1]	C1815	1800	1500	900

图 11-9　门窗参数

1. 绘制门

(1)绘制普通门。

单击【门窗】→【插门】(CM)命令,在弹出的对话框中设置参数如下:门宽为 1000 mm,门高为 2100 mm,门槛高为 0,编号为“FDM1021”,单击“垛宽定距插入”按钮设置垛宽为 900 mm,在⑤轴交Ⓑ、Ⓒ轴线间的墙段插入门 FDM1021,如图 11-10 所示。

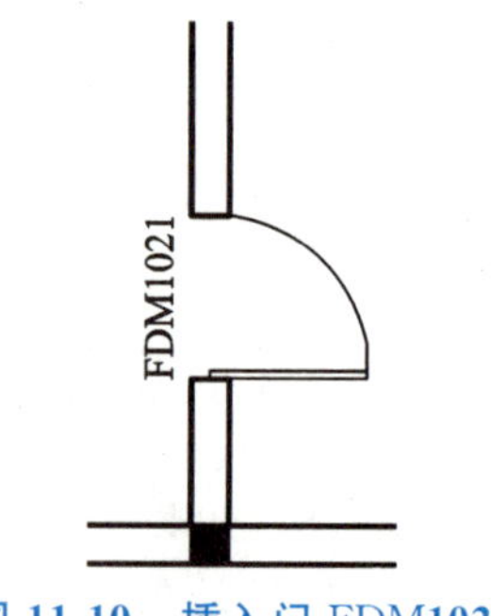

图 11-10　插入门 FDM1021

(2)绘制门连窗。

①单击【门窗】→【插门】(CM)命令,在弹出的对话框中选择“门连窗”,设置

参数如下:总宽为 1800 mm,门高为 2100 mm,门槛高为 0,编号为“自动编号”,单击“垛宽定距插入”按钮设置垛宽为 240 mm,在Ⓒ轴交①、②轴线间的墙段插入门 MLC1821,如图 11-11 所示。

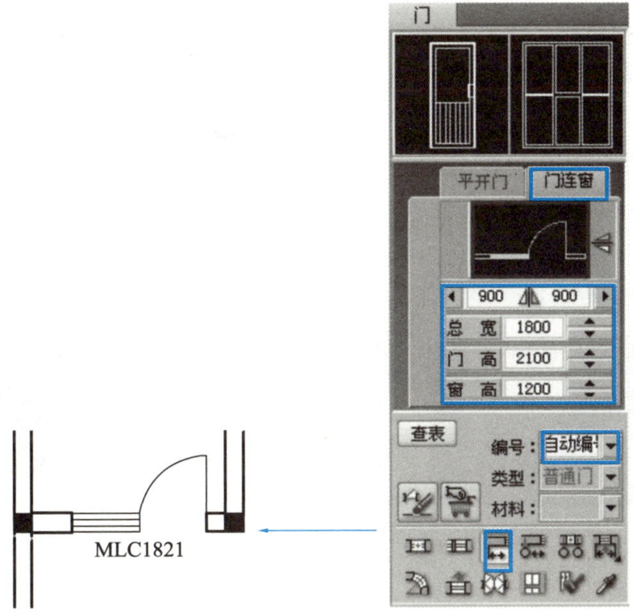

图 11-11 插入门 MLC1821

②同理完成对其他门的绘制。

2. 绘制普通窗

单击【门窗】→【插窗】(CC)命令,在弹出的对话框中设置参数如下:窗宽为 1500 mm,窗高为 1500 mm,窗台高为 900 mm,选择“自动编号”以“依据点取位置两侧的轴线进行等分插入”的方式在Ⓐ轴交④～⑥轴线间的墙段插入窗 C1515,如图 11-12 所示。

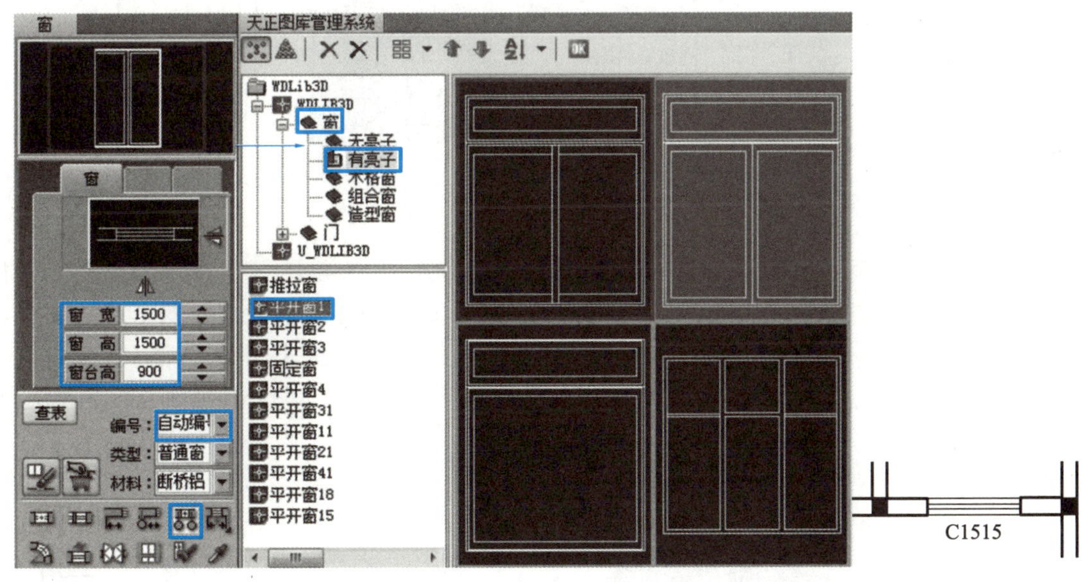

图 11-12 绘制普通窗

3. 编辑门窗——绘制门口线

单击【门窗】→【门窗工具】→【门口线】(MKX)命令,保持弹出对话框中参数默认,选择需要加门口线的门 M0821,点取降板一侧作为门口线所在的一侧,按回车键结束门口线绘制,同理完成 M2724 门口线的绘制。

11.1.7 房间家具的布置

1. 卫生间布置

利用天正建筑的【布置洁具】命令，可以非常方便地布置卫生间的相应洁具，操作简洁。

(1)布置大便器。

单击【房间屋顶】→【房间布置】→【布置洁具】(BZJJ)命令，弹出"天正洁具"对话框，在左上栏目中选择"洁具"→"大便器"，在左下栏目中选择"坐便器 12"或者在右侧预览框中双击所需要布置的卫生洁具，在弹出的对话框中设置"初始间距"为 600 mm，以"沿墙内侧边线布置"的方式在图中布置洁具，如图 11-13 所示。

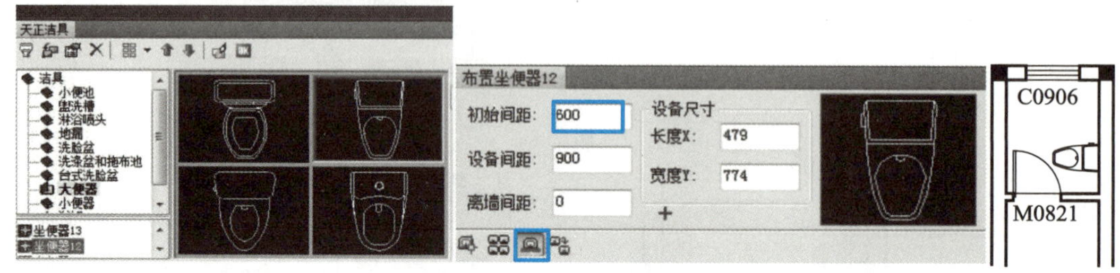

图 11-13　布置大便器

(2)布置浴缸。

单击【房间屋顶】→【房间布置】→【布置洁具】(BZJJ)命令，弹出"天正洁具"对话框，在左上栏目中选择"洁具"→"浴缸"，在左下栏目中选择"浴缸 08"或者在右侧预览框中双击所需要布置的卫生洁具，先选择"1500 * 720"尺寸，再修改长度为 1560 mm。软件根据命令行提示输入"D"点取方式布置，输入"A"转 90°，输入"T"改基点，选择浴缸的左上角，对齐到卫生间左上角，如图 11-14 所示。

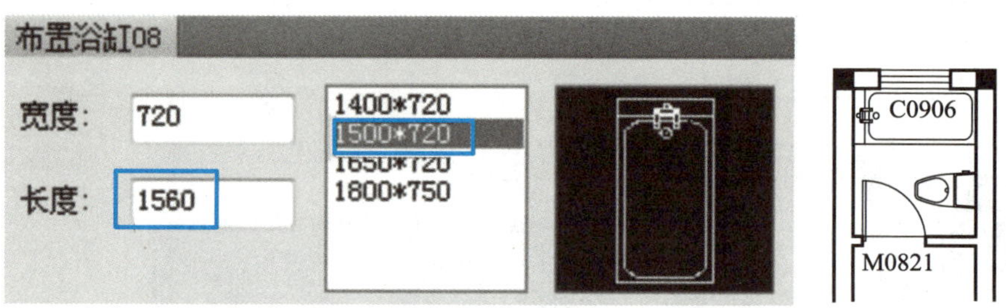

图 11-14　布置浴缸

(3)布置洗脸盆。

单击【房间屋顶】→【房间布置】→【布置洁具】(BZJJ)命令，弹出"天正洁具"对话框，在左上栏目中选择"洁具"→"台式洗脸盆"，在左下栏目中选择"台上式洗脸盆 4"或者在右侧预览框中双击所需要布置的卫生洁具，根据弹出的对话框，保持数据默认，以"沿墙内侧边线布置"的方式在图中布置洁具，两扇卫生间门之间右侧的墙段为"插入基点"，不继续下一点操作，确认台面宽度为默认 600 mm，台面长度由默认 1100 mm 改为 1380 mm，移动台面到合适的位置，结果如图 11-15 所示。

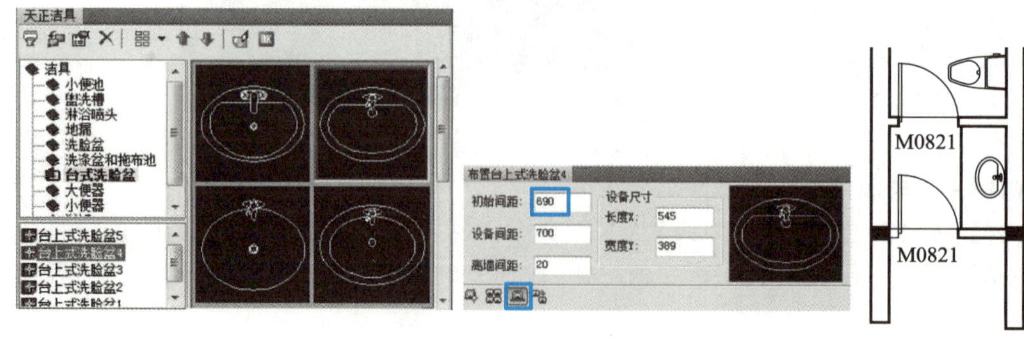

图 11-15　布置洗脸盆

2. 房间布置

厨房、卧室、客厅等房间的家具布置需要通过天正的自带图库完成。

(1)厨房需要布置炉具、洗涤盆等，首先利用 AutoCAD 的基本命令绘制操作台面的位置。台面宽 550 mm，沿着①轴和Ⓔ轴的墙体布置。

(2)单击【图块图案】→【通用图库】(TYTK)命令，弹出“天正图库管理系统”对话框，然后根据需要选择“平面厨具”→“煤气灶”→“双眼煤气灶 2”。在对话框右侧显示的图案上双击，弹出“图块编辑”对话框，如果需要调整尺寸或者比例等，可以在这里进行设置。软件根据命令行提示输入“A”转 90°，放置到合适位置，如图 11-16 所示。

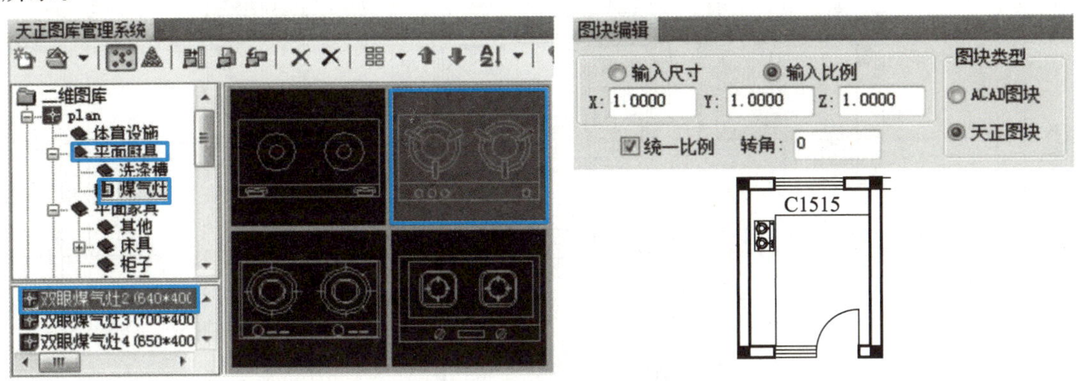

图 11-16　布置煤气灶

(3)客厅、卧室、餐厅等其他房间的布置与厨房布置相似，完成后的结果如图 11-17 所示。

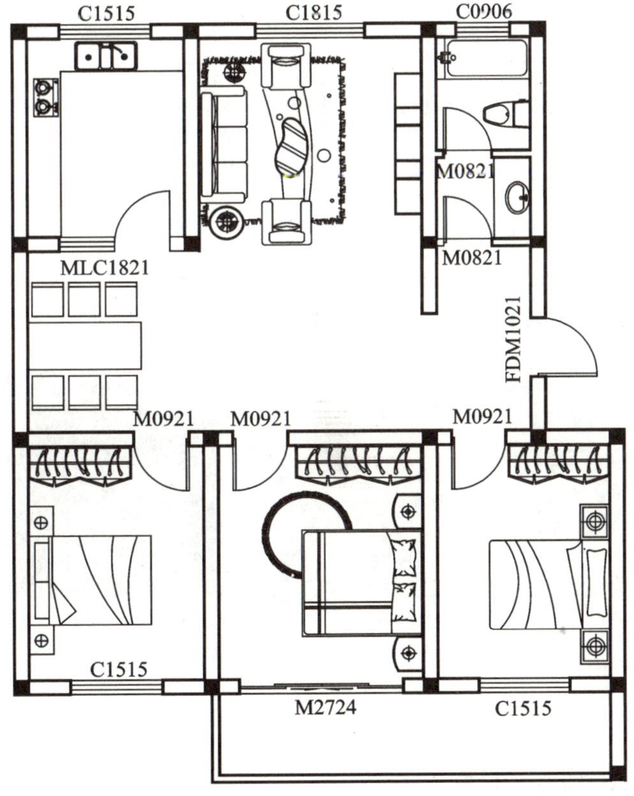

图 11-17　房间布置

11.1.8　楼梯的创建

1. 规整平面图

完成家具布置后，关闭“fur”“DOTE”图层显示，选择除⑥轴墙体和构造柱以外的所有对象，执行镜像命

令，获得整个单元的平面图。然后打开所有图层，补充Ⓓ轴的墙体和窗户，窗户尺寸为 1500 mm×720 mm，编号为 C1515；补充 FDM1021 下方的管道井的墙体和窗户，墙厚为 120 mm，门宽为 1200 mm，双开门，门槛高为 200 mm，门高为 1900 mm，自动编号，类型为丙级防火门，居中插入。结果如图 11-18 所示。

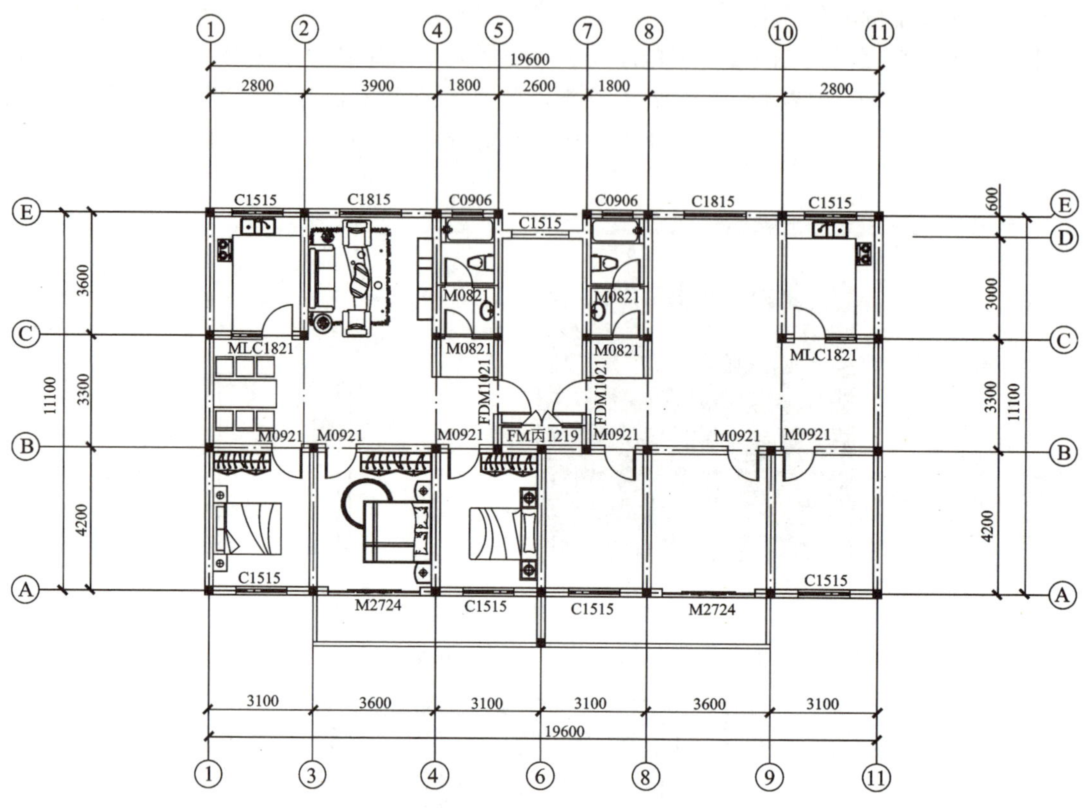

图 11-18　规整平面图

2. 创建双跑楼梯

本例需要在⑤、⑦轴和Ⓑ、Ⓓ轴之间创建双跑楼梯。

单击【楼梯其他】→【双跑楼梯】(SPLT)命令，在弹出的“双跑楼梯”对话框中设置相关参数，鼠标返回绘图区，捕捉楼梯左上角点，插入设置好的楼梯，如图 11-19 所示。

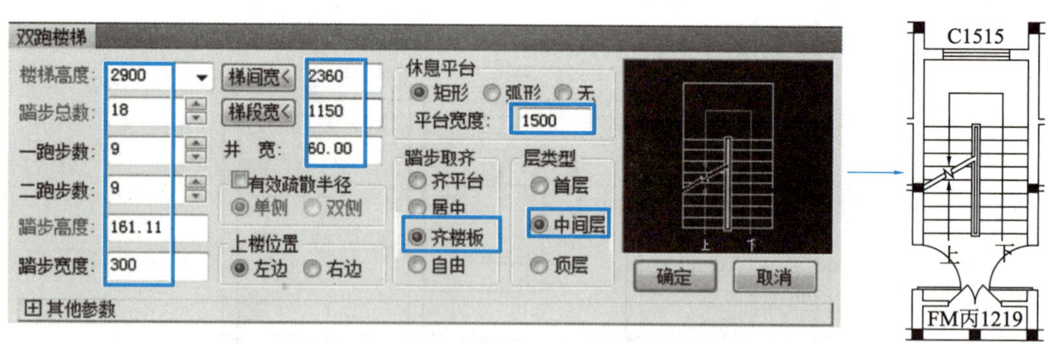

图 11-19　绘制双跑楼梯

11.1.9　文字、尺寸、符号标注

1. 房间名称、面积标注

在建筑平面中注写房间名称是建筑设计中的统一要求，尤其是在住宅建筑设计中，需要标注各房间的名称和使用面积等。房间面积可以通过多种命令获得，本例采用【搜索房间】命令来完成。

(1)单击【房间屋顶】→【搜索房间】(SSFJ)命令，弹出“搜索房间”对话框，进行图 11-20 所示的参数设置，

鼠标返回绘图区，根据提示选择右侧半个单元的所有墙体，按回车键确认后，结果如图 11-20 所示。

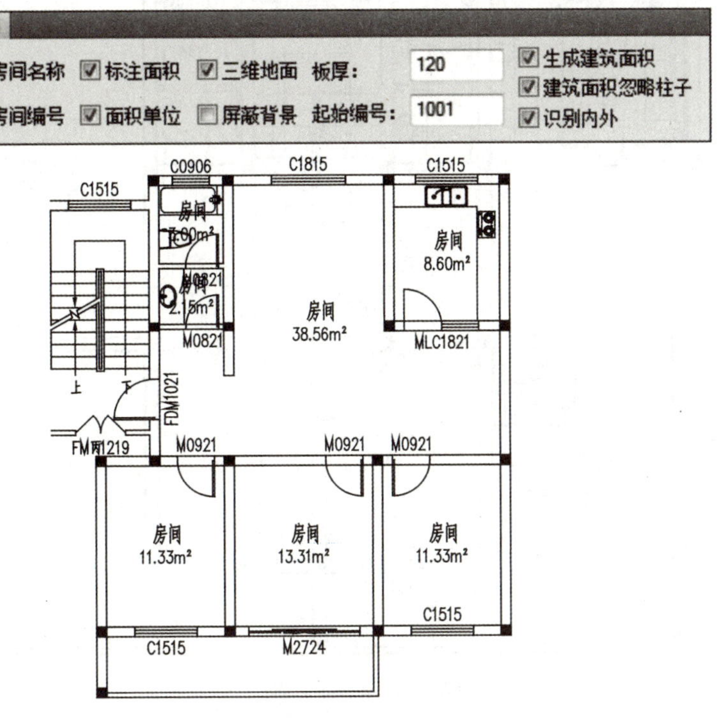

图 11-20　搜索房间

(2)在轮廓线处双击，打开“编辑房间”对话框，根据需要选择相应的房间名称(在“房间”位置双击，实现文字的在位编辑，用户根据需要输入房间名称，也可以完成名称的修改)，结果如图 11-21 所示。

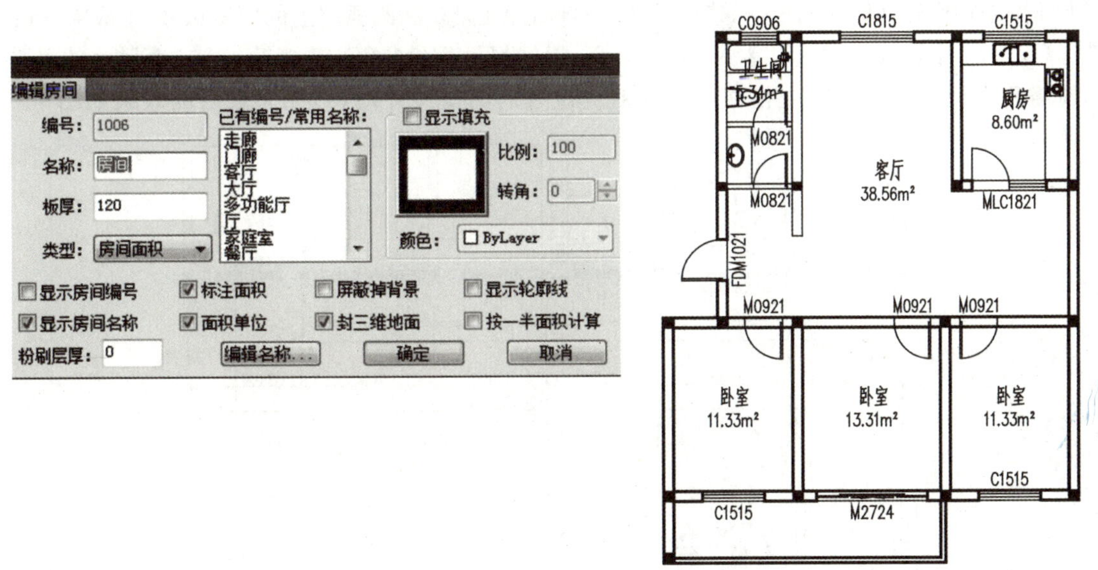

图 11-21　编辑房间

由于餐厅和起居室之间没有墙体隔开，因此没有餐厅面积，通过【夹点编辑】和【复制房间名称】等命令修改起居室和餐厅，同时卫生间两部分也合成一个房间标注，完成后的结果如图 11-22 所示。

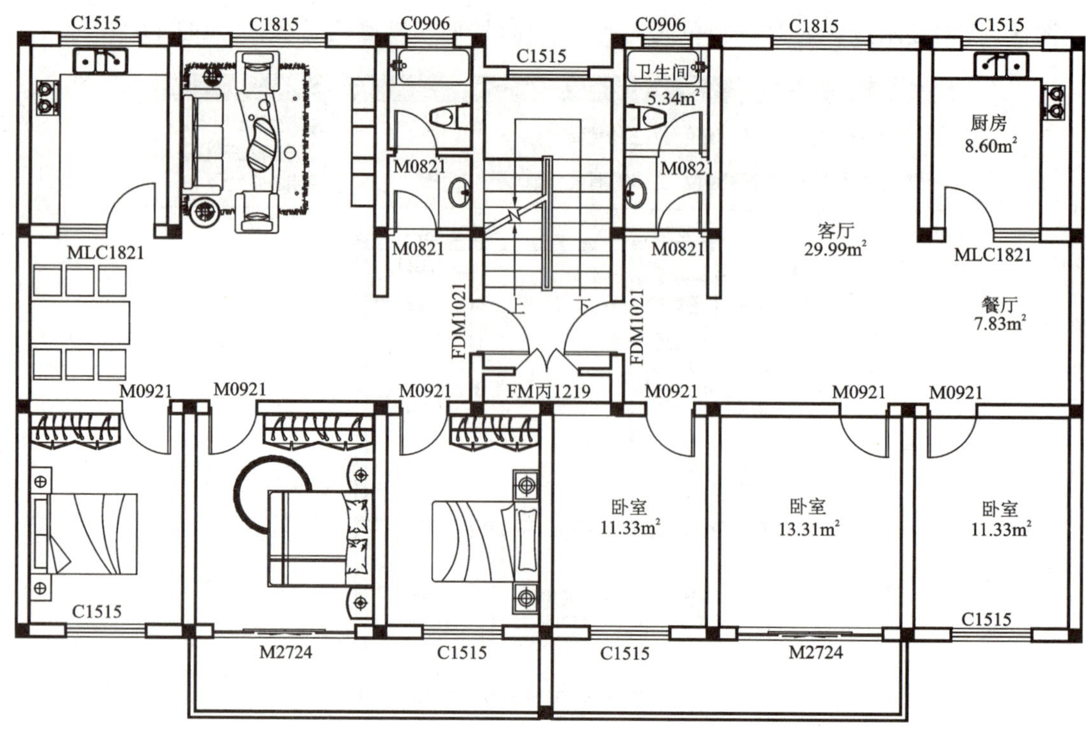

图 11-22　房间名称、面积标注

2. 尺寸标注

(1)门窗标注。

【门窗标注】命令适合标注建筑平面图的门窗尺寸,有两种使用方式:

①在平面图中参照轴网标注的第一、二道尺寸线,自动标注直墙和圆弧墙上的门窗尺寸,生成第三道尺寸线。

②单击【尺寸标注】→【门窗标注】(MCBZ)命令,根据提示用线(AB)选择第一、二道尺寸线及墙体,然后再选择其他需要标注的墙体。首先标注下开间对应位置的门窗尺寸线,标注完成后的效果如图 11-23 所示。

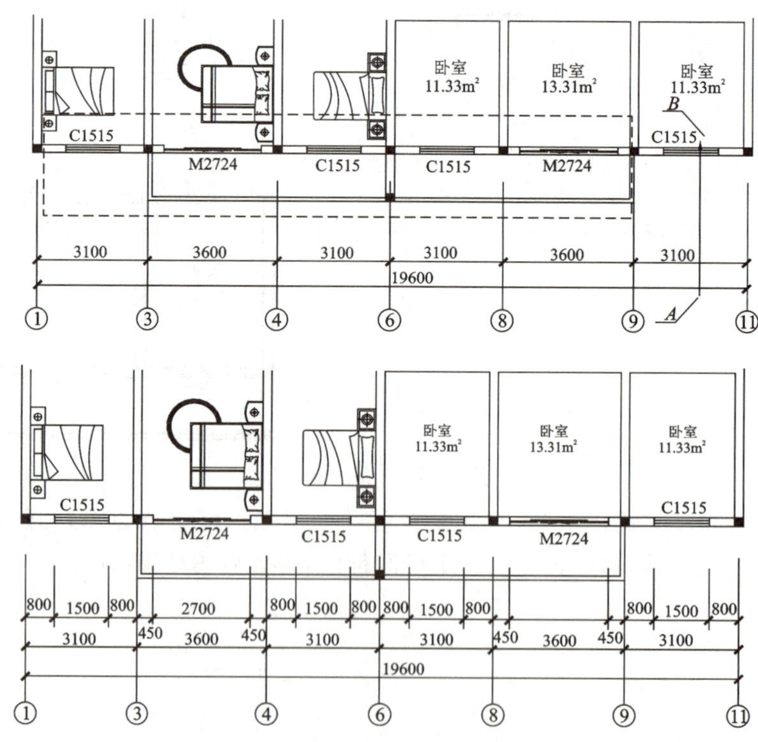

图 11-23　标注下开间的门窗尺寸线

同样的方法，将其他位置的门窗进行标注，完成后的结果如图 11-24 所示。

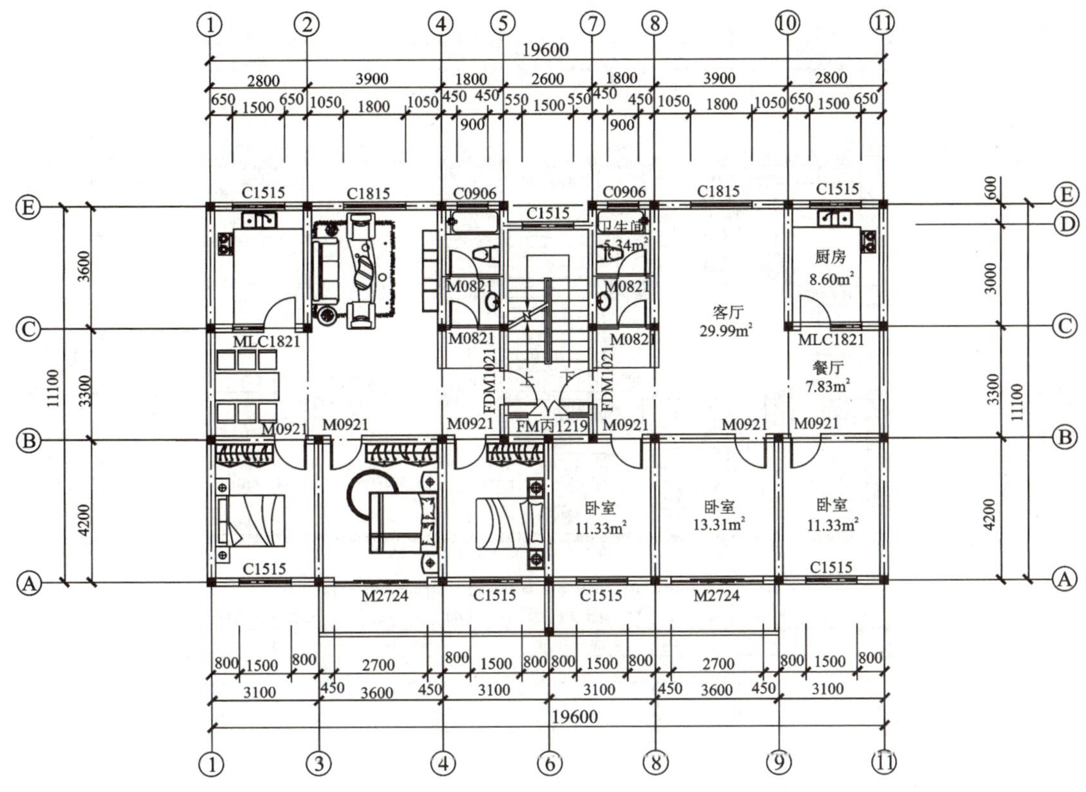

图 11-24 标注门窗尺寸

(2)外包尺寸标注。

①单击【尺寸标注】→【外包尺寸】(WBCC)命令，根据命令行提示，框选Ⓐ轴线上的所有建筑构件，按回车键确认；选择第一、二道尺寸线，按回车键确认后即完成Ⓐ轴线上墙体的外包尺寸绘制，如图 11-25 所示。

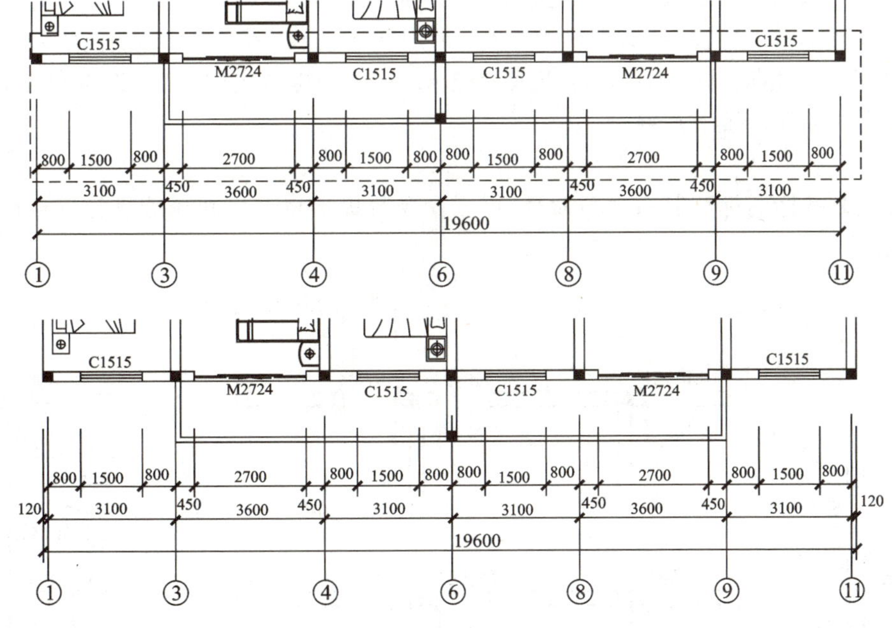

图 11-25 标注Ⓐ轴线上墙体的外包尺寸

②同样的方法，对其他位置进行外包尺寸标注，完成后的结果如图 11-26 所示。

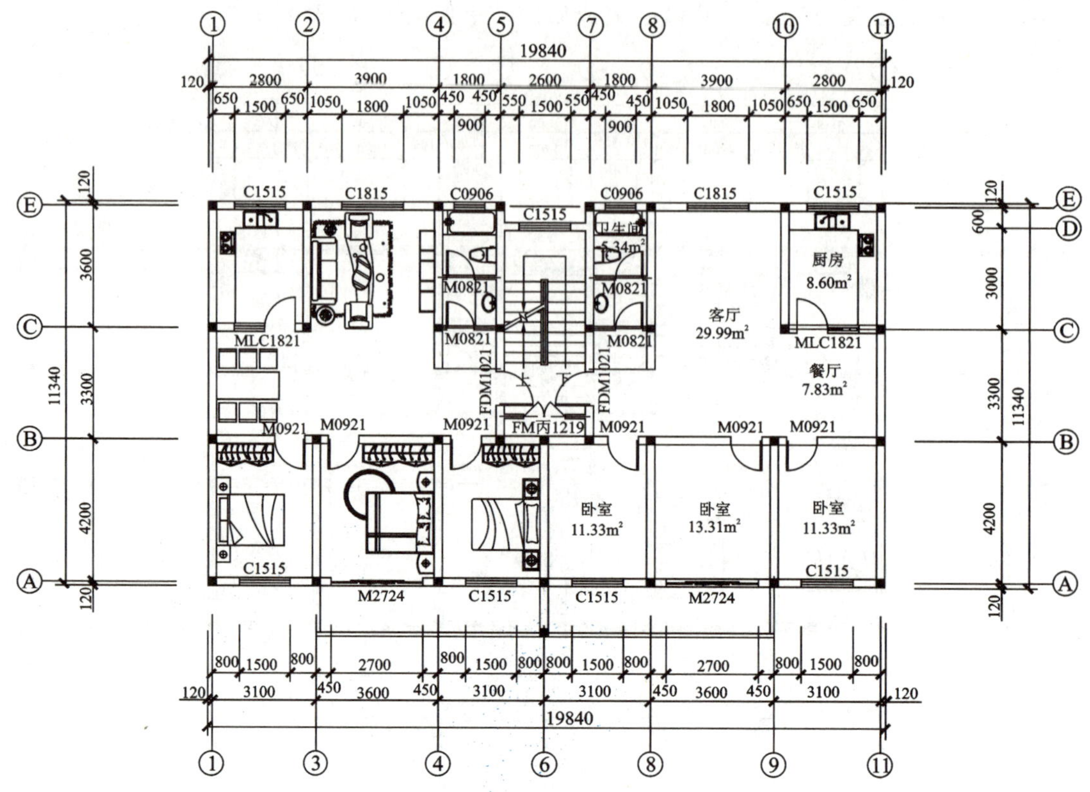

图 11-26　完成外包尺寸标注

(3)墙厚标注。

单击【尺寸标注】→【墙厚标注】(QHBZ)命令,根据命令行提示分别选择需要标注墙厚的墙体两侧两点。标注后的效果如图 11-27 所示。

(4)内门标注。

单击【尺寸标注】→【内门标注】(NMBZ)命令,根据命令行提示点取起点、终点,完成内门的标注,如图 11-28所示。需注意提示的标注方式,即轴线定位,请用线选门窗,并且第二点作为尺寸线位置。因而在设定起点时选择在标注门窗的另一侧点取起点或者键入"A"改为垛宽定位,然后选择终点,一定要经过标注的室内门窗,在尺寸线标注位置上给终点。

(5)逐点标注。

单击【尺寸标注】→【标商标注】(ZDBZ)命令,根据命令行提示将卫生间隔墙进行逐点标注。标注后的效果如图 11-29 所示。

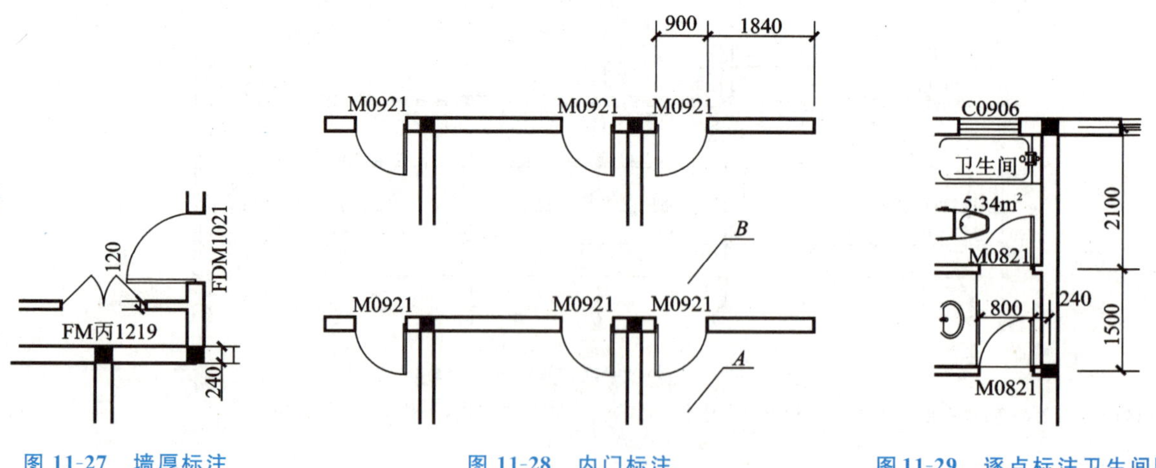

图 11-27　墙厚标注

图 11-28　内门标注

图 11-29　逐点标注卫生间隔墙

3. 符号标注

(1)标高标注。

单击【符号标注】→【标高标注】(BGBZ)命令,弹出"标高标注"对话框,在"建筑"选项卡中勾选"手工输入","楼层标高"栏中输入"2.9",此时表格自动增加下一行,光标下移在新增的行中依次输入"5.8""8.7""11.6",标高样式选择"普通标高","字高"选择 3.5,鼠标移动到绘图区后在起居室的空白处单击,效果如图 11-30 所示。

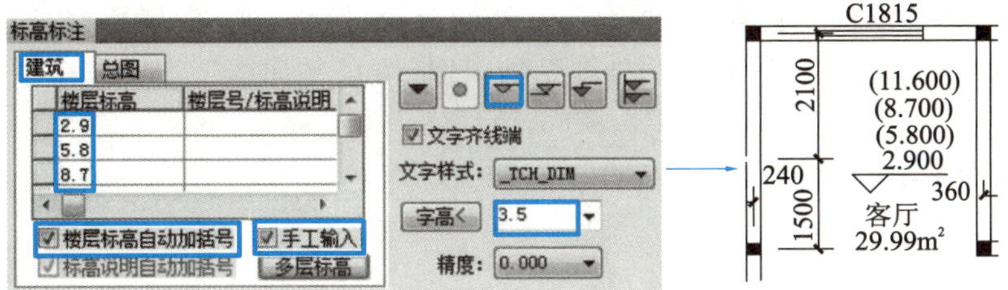

图 11-30 标注标高

(2)图名标注。

单击【符号标注】→【图名标注】(TMBZ)命令,弹出"图名标注"对话框,按图 11-31 设置好相关参数后,在图中合适位置单击即可完成图名标注(双击图名标注对象可进入对话框修改样式设置),如图 11-31 所示。

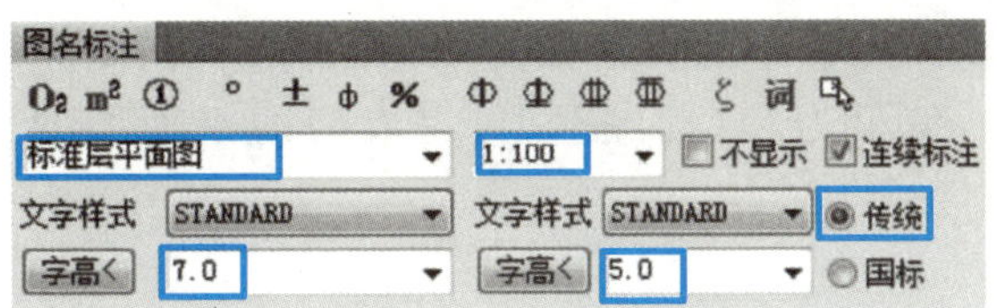

图 11-31 标注图名

至此,标准层平面图绘制完毕,最终结果如图 11-32 所示。

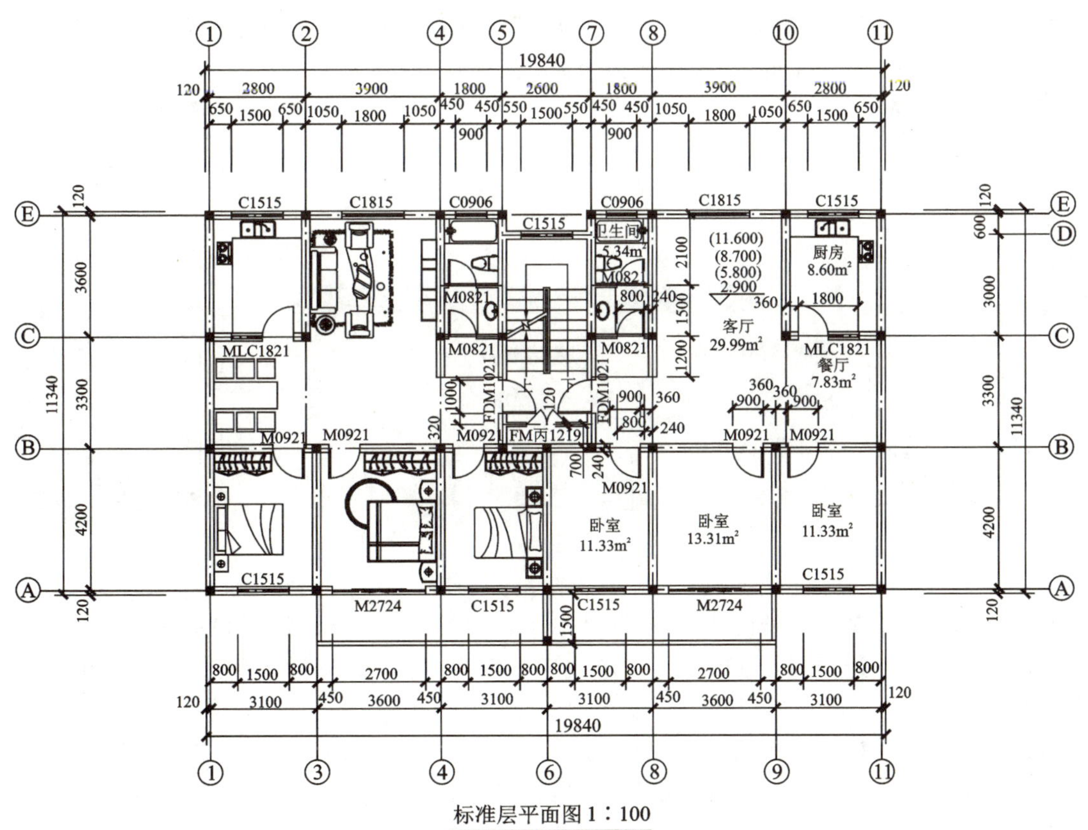

图 11-32 标准层平面图

按 Ctrl+S 组合键快速保存,结束本次操作。

11.2 绘制首层平面图

在已绘制好的标准层平面图的基础上修改补充可以得到首层、顶层、屋顶平面图，以便完成平面图的绘制并可以生成立面图和剖面图。

首层平面图与标准层平面图相比较，需要增加室外的台阶、散水、坡道、剖切符号、指北针等内容。打开“第11章综合实例——绘制多层住宅施工图.dwg”，拷贝“标准层平面图”，在此基础上进行修改。

11.2.1 修改楼梯间

1. 修改为首层平面楼梯

双击楼梯间进入“双跑楼梯”对话框，修改“一跑步数”为12步，“二跑步数”为8步，“踏步宽度”为260 mm，“平台宽度”为1200 mm，在“层类型”中选择“首层”，单击“确定”按钮退出后，图形中的楼梯已经调整好，如图11-33所示。

2. 修改入户门

执行【门窗替换】(MCTH)命令，将楼梯间Ⓓ轴的窗户改为双扇外开门，门宽为1500 mm，门高为2400 mm，门槛高为0，编号为“自动编号”。完成后的平面图如图11-33所示。

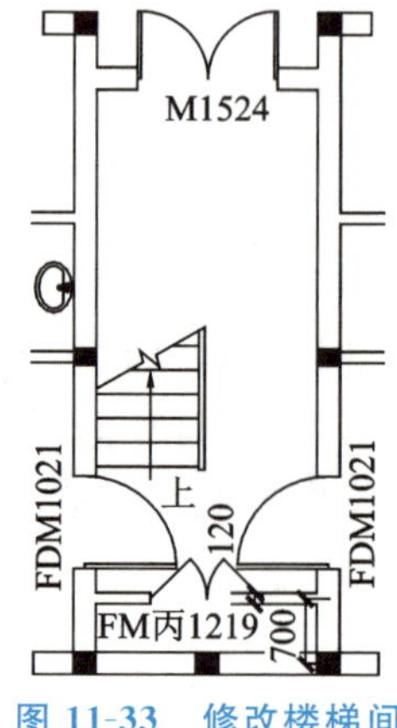

图 11-33 修改楼梯间

11.2.2 绘制台阶和坡道

(1)用AutoCAD的【矩形】命令绘制台阶边缘线，并让其与台阶保持同一图层。

(2)单击【楼梯其他】→【台阶】(TJ)命令，弹出“台阶”对话框，设置好相关参数后，按照提示在绘图区域选择矩形平台轮廓，单击没有踏步的边，确认生成台阶，如图11-34所示。

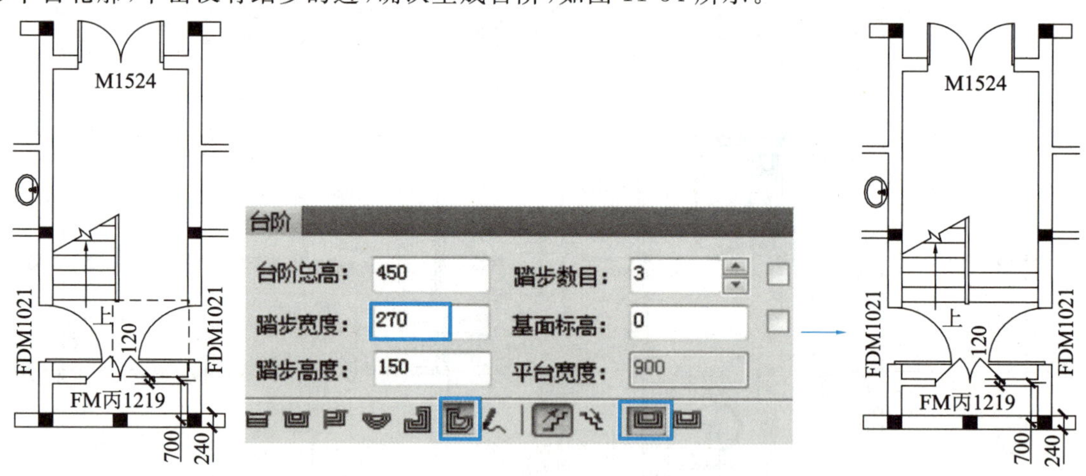

图 11-34 生成台阶

(3)按照同样的方法绘制入口处的台阶，台阶休息平台出挑1600 mm，如图11-35所示。

(4)单击【楼梯其他】→【台阶】(TJ)命令，设定坡道宽度为1000 mm，插入到入口的左侧，如图11-36所示，完成台阶绘制。

(5)单击【符号标注】→【箭头引注】(JTYZ)命令，弹出图11-37所示的“箭头引注”对话框，“上标文字”中输入“1∶8”，“下标文字”输入“下”，“对齐方式”为“齐线中”，其他保持默认。在坡道处按上坡方向依次确定两点，单击即可完成坡道坡度标注。

(6)同理，“上标文字”中输入“下”，“对齐方式”为“在线端”，其他不变，完成台阶的箭头引注，台阶坡道绘制最终如图11-38所示。

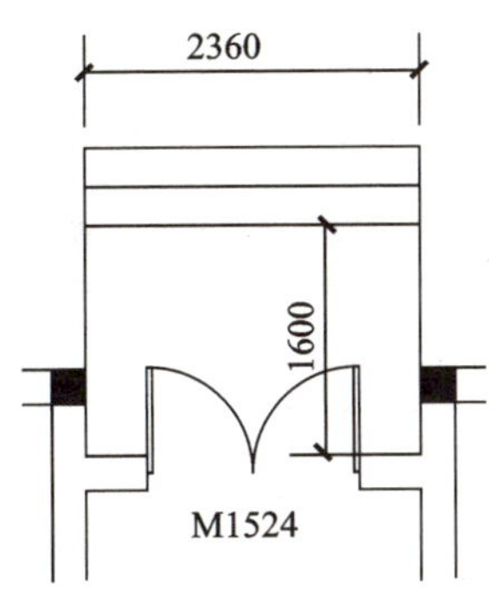

图 11-35 绘制入口处的台阶

坡道

坡道长度: 3600
坡道高度: 450
坡道宽度: 1000
边坡宽度: 0
坡顶标高: 0
☐左边平齐
☐右边平齐
☑加防滑条

图 11-36 “坡道”对话框

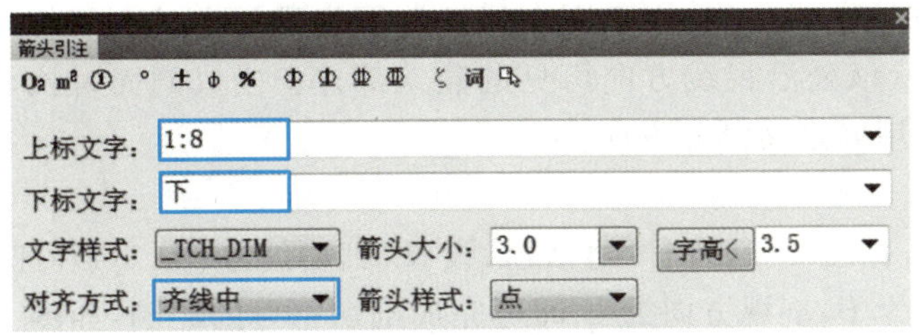

图 11-37 “箭头引注”对话框

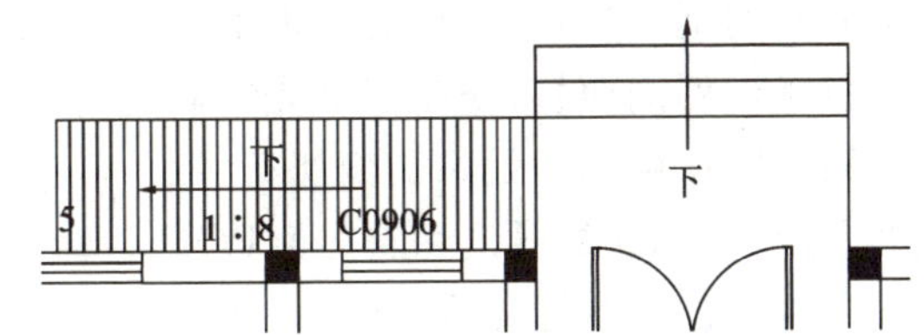

图 11-38 绘制台阶和坡道

11.2.3 散水的绘制

单击【楼梯其他】→【散水】(SS)命令，在弹出的“散水”对话框中设置好相关参数后，框选所绘制平面完成散水绘制，最终结果如图 11-39 所示。

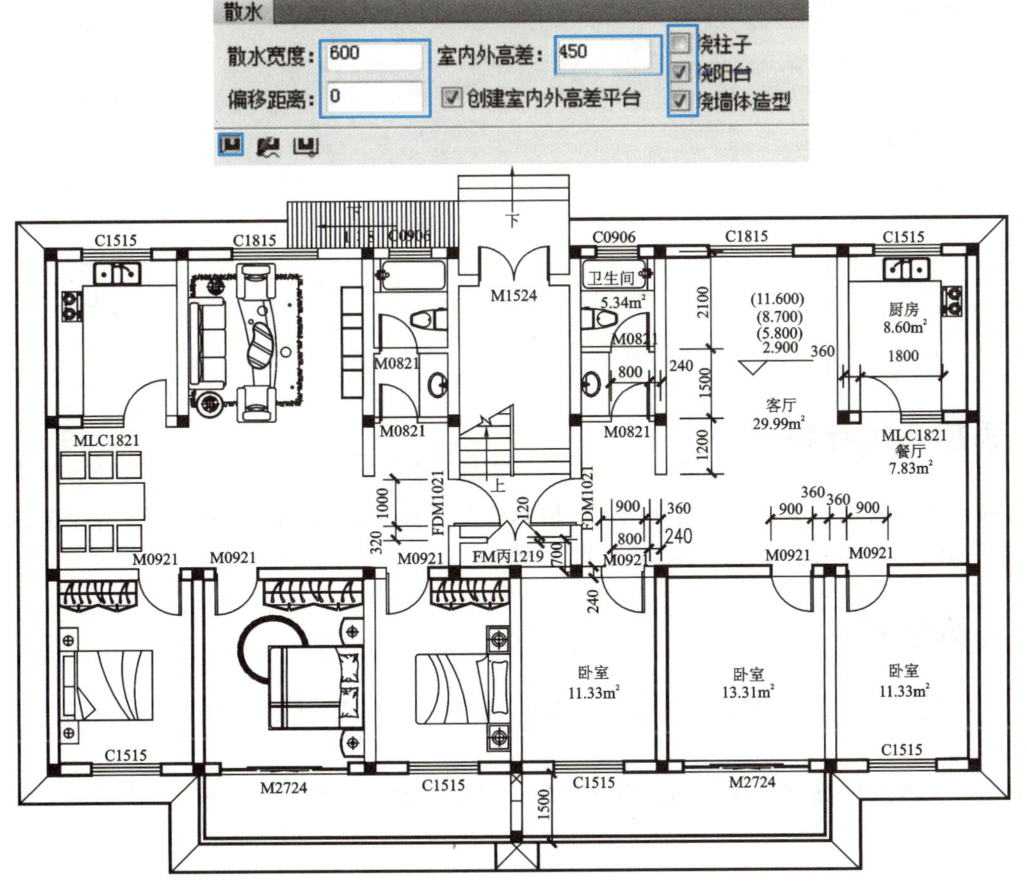

图 11-39 绘制散水

此时，阳台分户墙位置处的散水出现错误，需要进行编辑修改。双击散水，根据【在位编辑】命令的提示，输入“D”，减顶点，这里要删除 4 个顶点，结束修改就完成了散水的编辑，如图 11-40 所示。

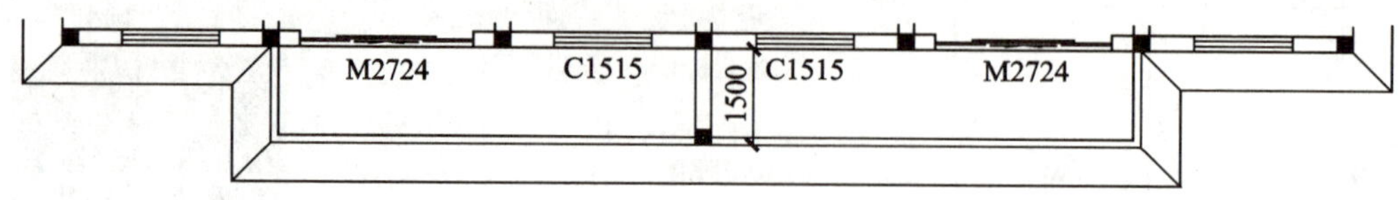

图 11-40 编辑散水

11.2.4 添加剖切符号

【剖切符号】命令支持任意角度的转折剖切符号绘制功能，用于图中标注制图标准规定的剖切符号，用于定义编号的剖面图，表示剖切面上的构件以及从该处沿视线方向可见的建筑部件。生成剖面时执行【建筑剖面】与【构件剖面】命令需要事先绘制此符号，用以定义剖面方向。

本例需要在楼梯间处添加剖切符号。

单击【符号标注】→【剖切符号】(PQFH)命令，弹出“剖切符号”对话框，设置“剖切编号”为 1，以“正交剖切”的方式，根据命令行提示，第一点为 A，第二点为 B，剖视方向为 C 即可完成剖切符号的绘制，如图 11-41 所示。

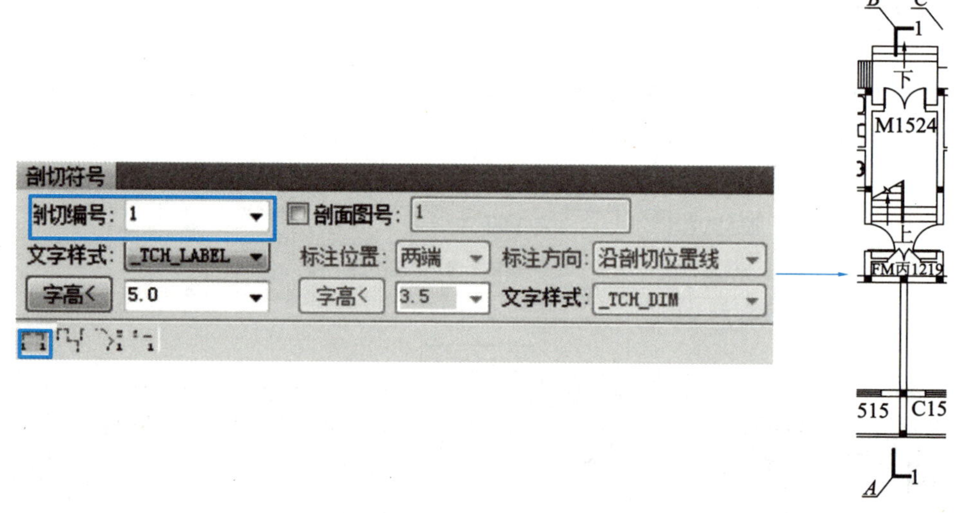

图 11-41 绘制剖切符号

11.2.5 添加指北针等

单击【符号标注】→【画指北针】(HZBZ)命令，根据命令行提示，在图中合适位置单击确定指北针的中心点位置，然后移动鼠标能够看到指北针在移动，再次单击指定指北针的方向。

11.2.6 修改标高

(1)双击图中的多层标高，将多余的楼层标高删除，保留一个标高，将数据改为“0”，即可完成室内±0 的标高的修改。

(2)拷贝刚才修改的标高到楼梯下部及室外部位，分别改为“－0.45”“－0.9”，标高修改完成。

11.2.7 图名标注

(1)双击标准层平面图的图名,修改为“一层平面图”,光标移出修改区域即可完成图名的修改。

(2)在绘制了台阶坡道和剖切符号等后,原有的尺寸标注位置需要进行调整,利用 AutoCAD 的【拉伸】命令即可完成。最终完成的首层平面图如图 11-42 所示。

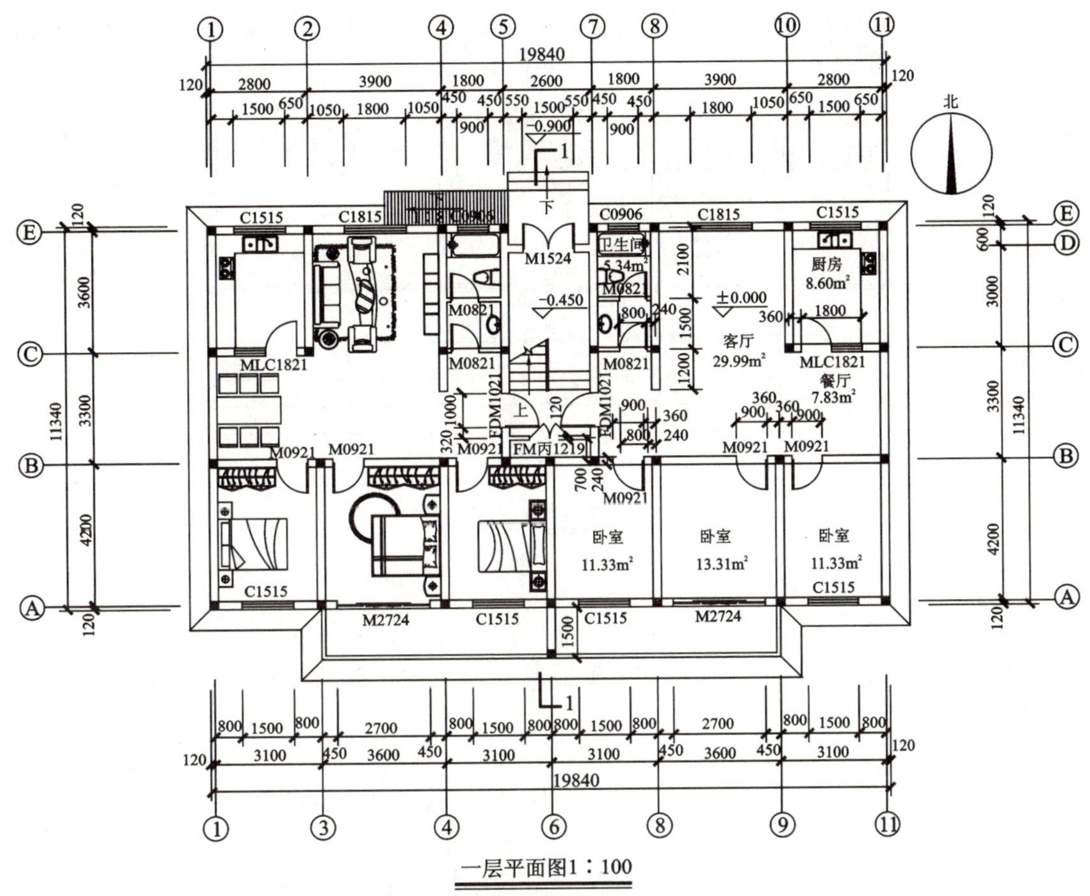

图 11-42 首层平面图

(3)按 Ctrl+S 组合键快速保存,结束本次操作。

11.3 绘制顶层平面图

与首层平面图的绘制方法类似,在标准层平面图的基础上进行修改、补充等操作,这里需要修改的内容相对较少。

(1)打开“第 11 章综合实例——绘制多层住宅施工图. dwg”,拷贝“标准层平面图”,在此基础上进行修改。

(2)修改楼梯为顶层类型,修改相应的文字、注释等内容。顶层平面图最终绘制结果如图 11-43 所示。

(3)按 Ctrl+S 组合键快速保存,结束本次操作。

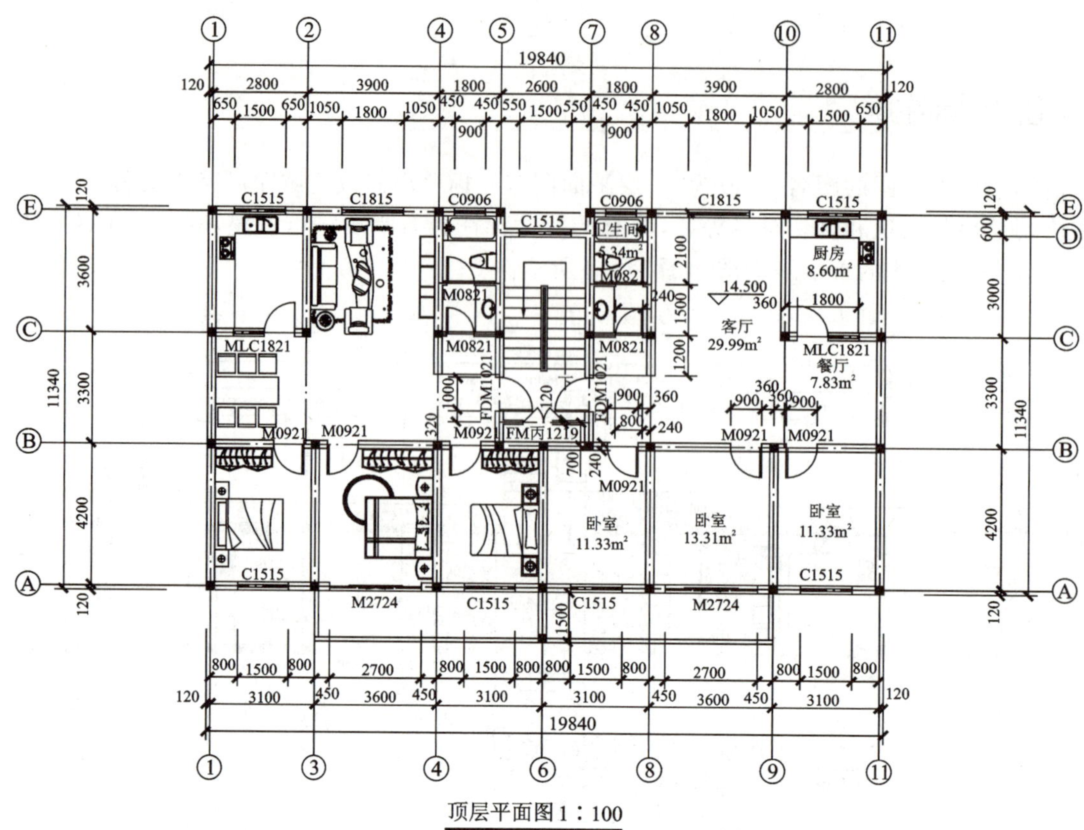

图 11-43　顶层平面图

11.4　绘制屋顶平面图

(1)打开"第 11 章综合实例——绘制多层住宅施工图.dwg",拷贝"标准层平面图",在此基础上进行修改。

(2)整理图形。

执行【删除】命令,将屋顶墙线以外的多余对象删除,只保留轴线、轴号及轴线标注,轴线层可以先关闭。修改图名,然后将轴线标注的尺寸线进行整理,以便更加整齐美观。整理后的结果如图 11-44 所示。

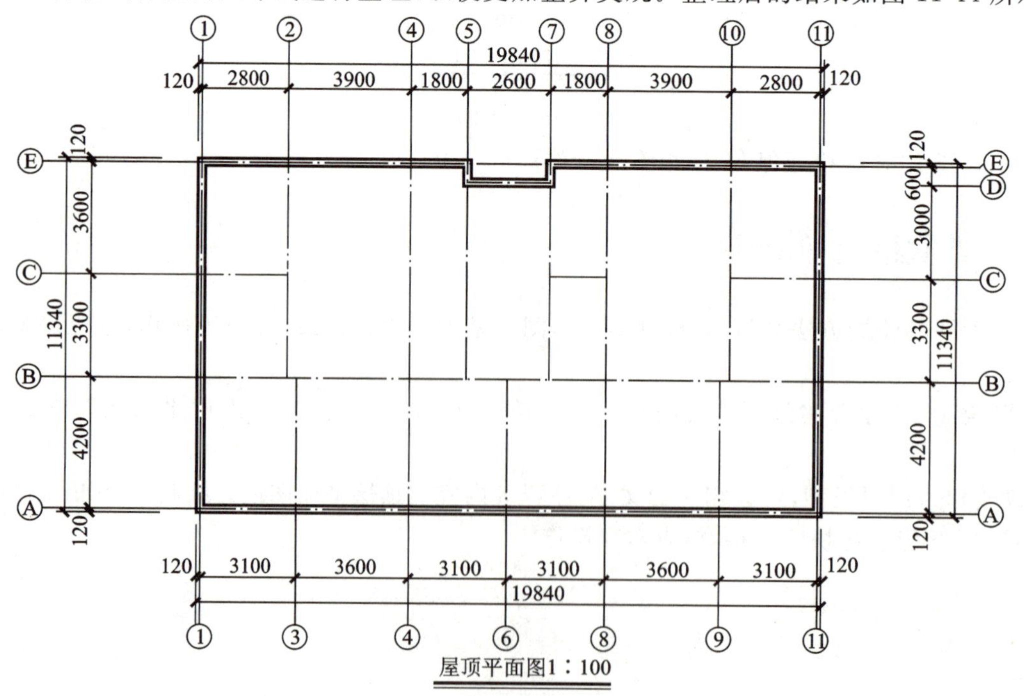

图 11-44　整理图形

(3)生成屋顶边界线。

单击【房间屋顶】→【搜屋顶线】(SWDX)命令，根据命令行提示框选整个屋顶平面图所有墙体，偏移外皮距离为 300 mm，完成命令生成边界线，执行【删除】命令，删除墙体，完成后如图 11-45 所示。

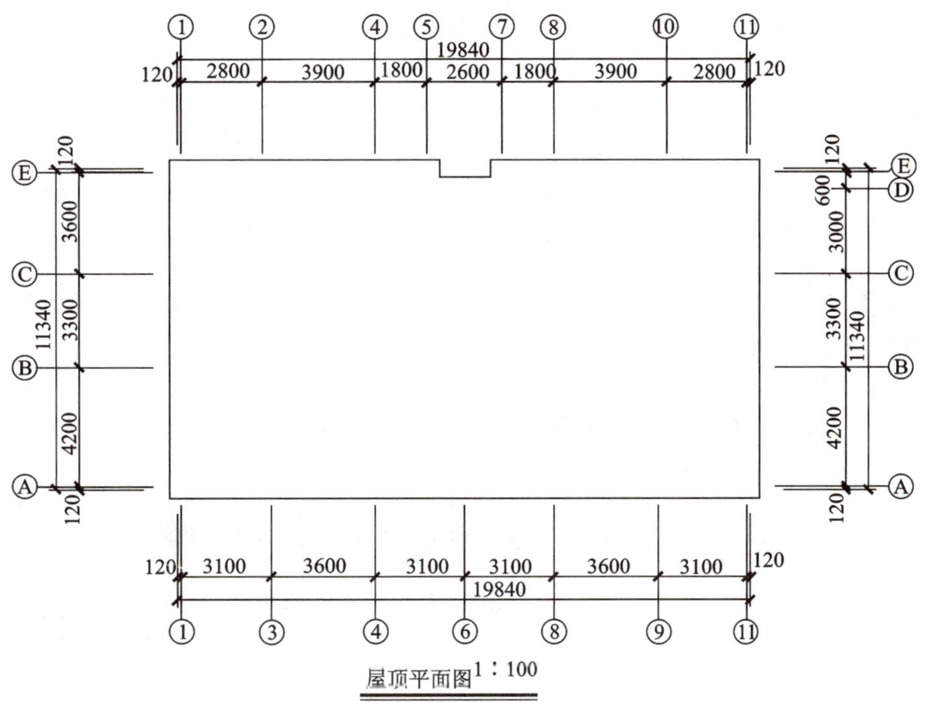

图 11-45　生成屋顶边界线

(4)绘制檐沟线。

利用屋顶线执行【偏移】命令，分别向外偏移距离 180 mm、240 mm，生成檐沟线和压顶线(由于生成坡屋顶之后屋顶线就会消失，因此必须在生成坡屋顶之前先偏移复制出需要的檐沟线或者其他线条)，结果如图 11-46 所示。

图 11-46　绘制檐沟线

(5)生成坡屋顶。

本例需要的是多坡屋顶，比较复杂，根据天正建筑的特点，这里选用【任意坡顶】命令。该命令由封闭的任意形状 PLINE 线生成指定坡度的坡形屋顶，可采用对象编辑单独修改每个边坡的坡度，可支持布尔运算，而且可以被其他闭合对象裁剪。

单击【房间屋顶】→【任意坡顶】(RYPD)命令，根据命令行提示先选择最内侧的屋顶边界线，然后按照默认的角度“30”和出檐长度“600”即可完成，完成后如图 11-47 所示。

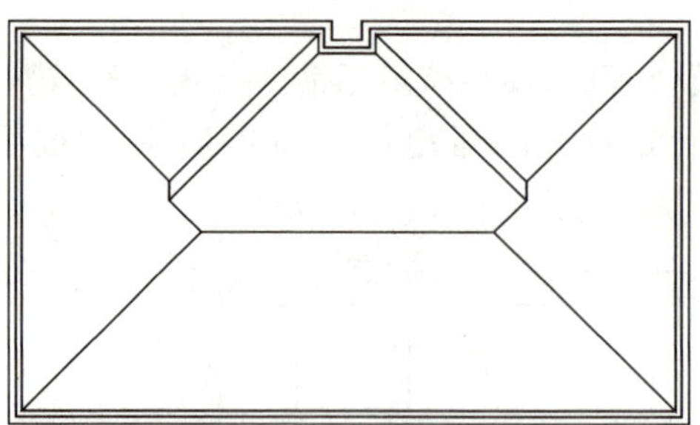

图 11-47　生成坡屋顶

(6)修改标注。

①删除多余轴号。

单击【轴网柱子】→【删除轴号】(SCZH)命令,根据命令行提示框选两端轴号之间的轴号,按回车键确认,不需要重排轴号,完成操作,同理对其他方向的轴号进行删除。

②修改第二道尺寸线。

综合运用【增补尺寸】(ZBCC)、【合并区间】(HBQJ)命令修改第二道尺寸线,结果如图 11-48 所示。

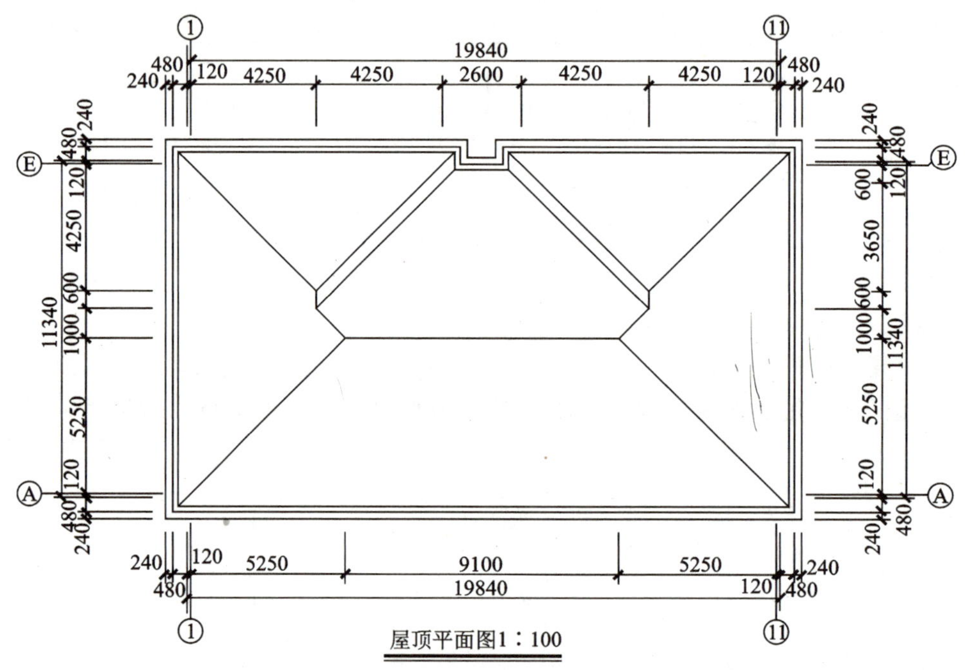

图 11-48　修改标注

(7)添加符号。

①单击【符号标注】→【箭头引注】(JTYZ)命令,弹出"箭头引注"对话框,"上标文字"中输入"57.7",单击"%",对齐方式为"齐线中",箭头样式为"半箭头",其他保持默认,如图 11-49 所示。在屋顶处按上坡方向依次确定两点,单击即可完成坡道坡度标注。

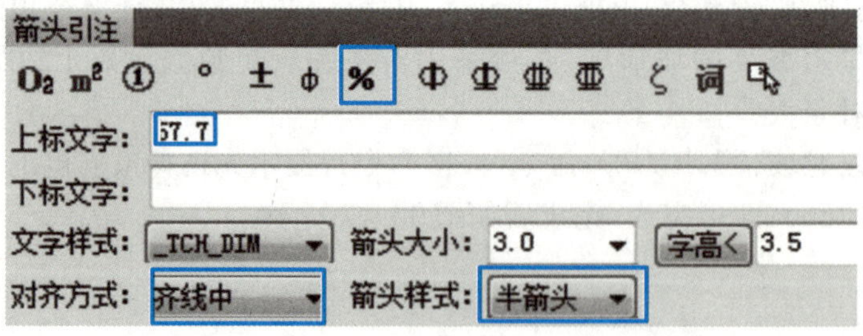

图 11-49　"箭头引注"对话框

②同理绘制檐沟的坡度。另外绘制分水线和雨水管落水口平面位置等，完成屋顶平面图的绘制，如图 11-50所示。

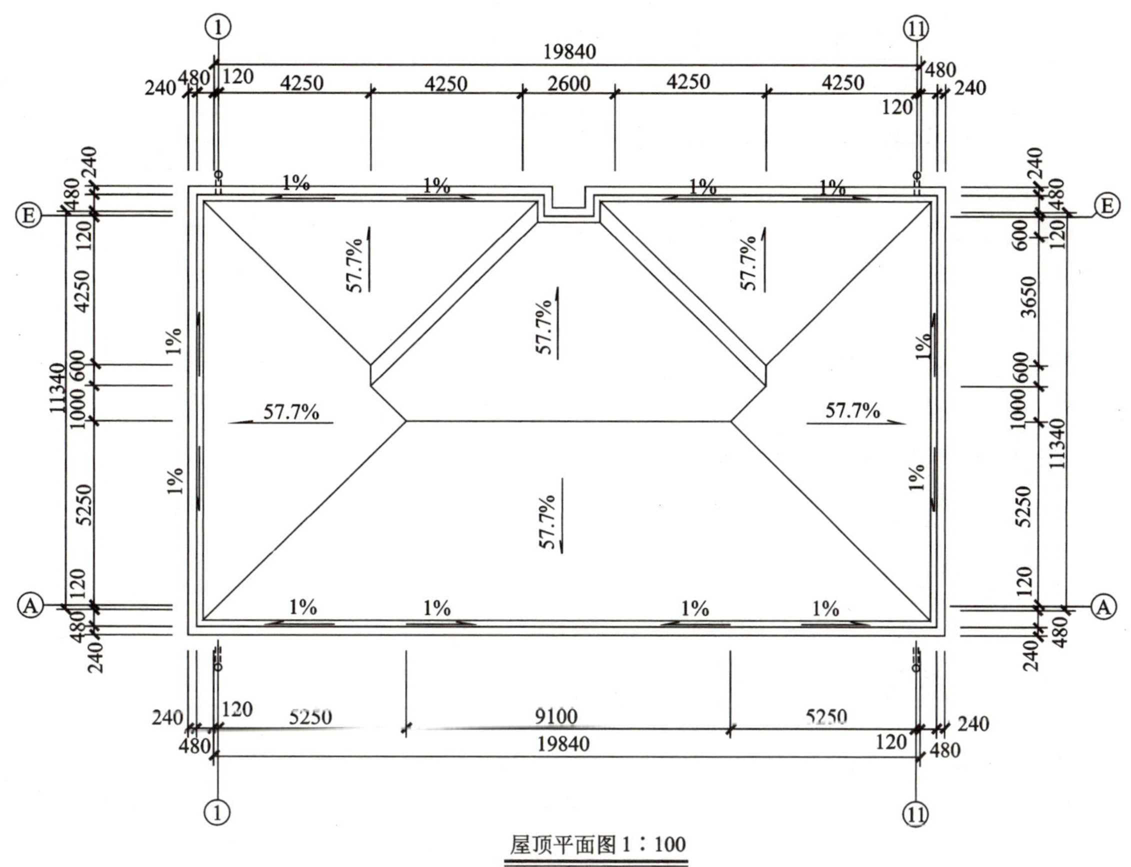

图 11-50　屋顶平面图

(8)按 Ctrl+S 组合键快速保存，结束本次操作。

11.5　工程管理与门窗表

11.5.1　添加图纸到工程

(1)单击【文件布图】→【工程管理】(GCGL)命令，在弹出的对话框中单击“工程管理”，执行【新建工程】命令，命名本工程为“多层住宅”，将文件保存到用户指定的目录中，单击“保存”按钮后完成新建工程。

(2)新建工程完成后在“楼层”面板中，以“在当前图中框选楼层范围，同一文件中可布置多个楼层平面”分别在“层号”“层高”“文件”中添加本例所需要的参数，如图11-51所示。这样就完成了楼层表的创建。

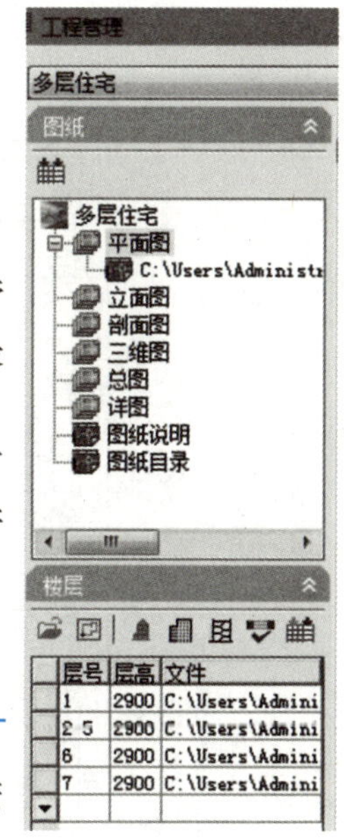

图 11-51

11.5.2　建立门窗表

(1)单击【门窗】→【门窗总表】(MCZB)命令，或在“楼层”展卷栏单击“门窗总表”按钮，在绘图区适当位置单击即可生成门窗总表，如图 11-52 所示(可按“S”键进行表头等设置)。

门窗表

类型	设计编号	洞口尺寸(mm)	数量					图集选用			备注
			1	2～5	6	7	合计	图集名称	页次	选用型号	
普通门	FDM1021	1000×2100	2	2×4=8	2		12				
	M0821	800×2100	4	4×4=16	4		24				
	M0921	900×2100	6	6×4=24	6		36				
	M1524	1500×2400	1				1				
	M2724	2700×2400	2	2×4=8	2		12				
丙级防火门	FM丙1219	1200×1900	1	1×4=4	1		6				
门连窗	MLC1821	1800×2100	2	2×4=8	2		12				
普通窗	C0906	900×600	2	2×4=8	2		12				
	C1515	1500×1500	6	7×4=28	7		41				
	C1815	1800×1500	2	2×4=8	2		12				

图 11-52 门窗表

如果用户需要对表格内的文字、表格行列的大小等进行调整，可以单击表格后，再单击鼠标右键选择相应的内容编辑，也可以直接在表格的夹点处双击，更改需要设定的内容。

如果需要修改某一个文字内容，则直接在文字处双击鼠标左键。

(2)按 Ctrl+S 组合键快速保存，结束本次操作。

11.6 绘制立面图

11.6.1 生成立面图

(1)按 Ctrl+～组合键，或单击【文件布图】→【工程管理】(GCGL)命令，弹出“工程管理”面板，在“工程管理”下拉列表框中，选择“打开工程”选项；在弹出的“打开”对话框中，找到 11.5 节保存的路径，打开工程“多层住宅”。

(2)在“楼层”展卷栏单击“建筑立面”按钮，根据命令行提示输入“B”选择生成正立面，在图纸上选取起始轴①和终止轴⑪(一般是选择同立面方向上的开间或进深轴线，选轴号无效)，显示“立面生成设置”对话框，设置内位高差为 0.9，其他保持默认参数，单击“生成立面”按钮，弹出“输入要生成的文件”对话框，输入文件名“多层住宅 1—1 立面图”，单击“保存”按钮后生成立面图文件，并且打开该文件作为当前图显示，如图 11-53 所示。

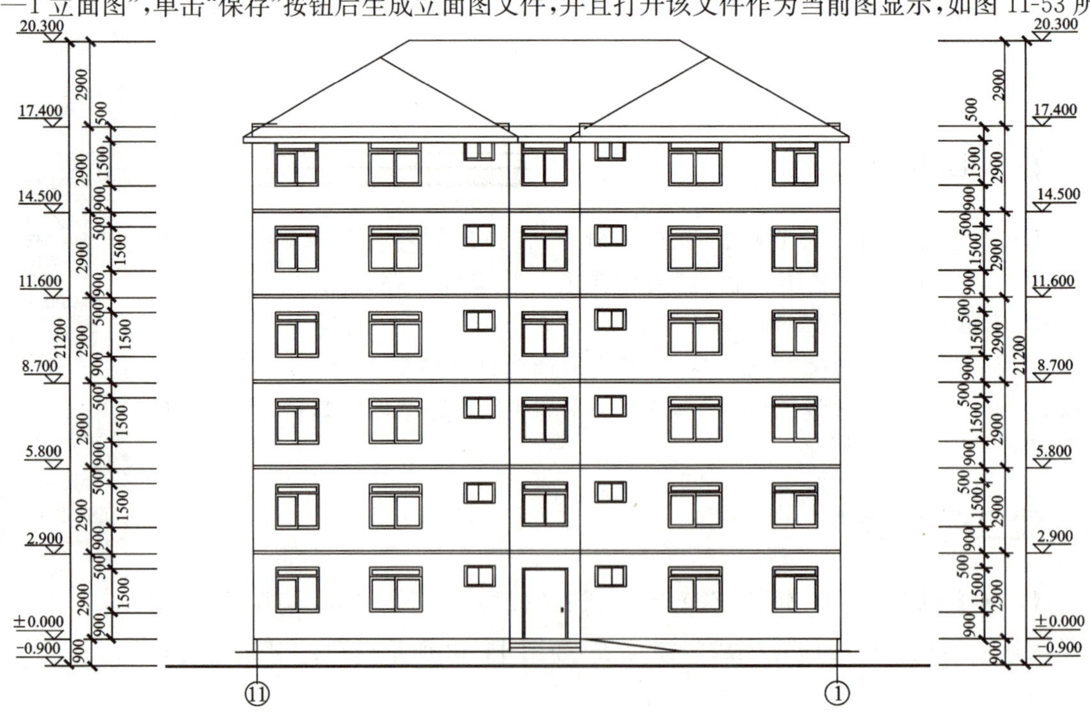

图 11-53 多层住宅 1—1 立面图

11.6.2 修改深化立面图

用上述方法生成的立面图有时会存在一些问题，不能完全准确反映建筑外观，而且用户在绘制平面图形时考虑不周，也会导致立面出现局部错误。此时可用 AutoCAD 的命令修改在生成过程中多余或遗漏的图线。生成的立面图中主要构件是门窗、阳台和柱子等，也需要进行美化。

1. 整理图形

(1)删除多余的线条，将散水、台阶选中后向下移动 450 mm(由于自动生成的散水和坡道投影线多，选择的时候需要耐心和仔细，避免漏选)。

(2)屋顶向上偏移 200 mm，入口上部的雨棚、屋顶参照图 11-54 尺寸修改。

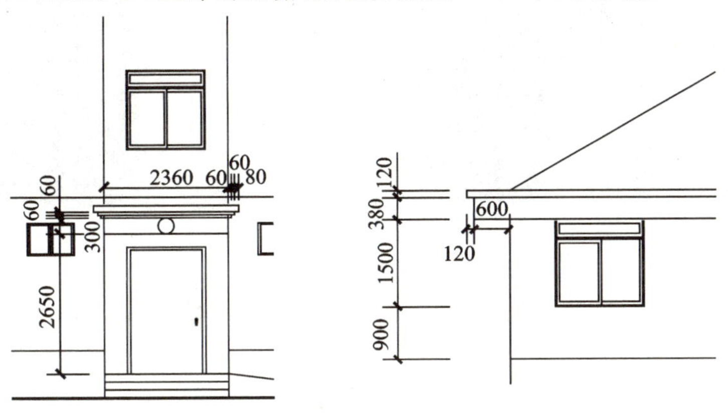

图 11-54 入口上部的雨棚、屋顶

(3)删除顶层窗户，复制五层窗户到六层，检查图形，补全轴号、修改标注、检查标高等，整理后的立面图如图 11-55 所示。

图 11-55 整理后的立面图

2. 修改立面门窗

(1)门窗替换。

①单击【立面门窗】(LMMC)菜单命令后，在弹出的“天正图库管理系统”对话框中选择用于替换的门窗样式：入户大门为“双扇铁艺”→“铁艺门 11”，C1815 样式为“推拉窗”→“2100X27002”，C1515 样式为“推拉窗”→“HTC－10P730”，如图 11-56 所示。

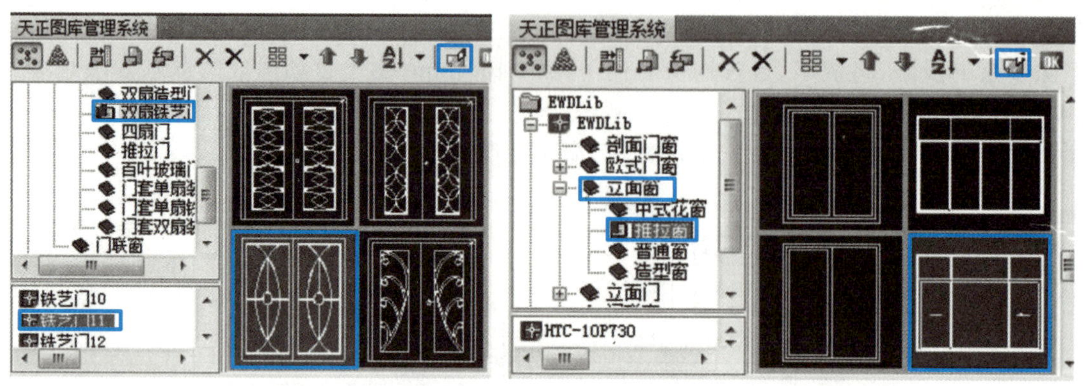

图 11-56　门窗替换样式

②单击对话框上方的“替换”按钮，依次选择需要替换的门窗，按回车键确认，完成门窗的替换，进一步整理图形，最终结果如图 11-57 所示。

图 11-57　门窗替换

(2)楼梯间窗户修改。

执行【移动】命令，将楼梯间处的窗户向下移动 1500 mm，然后将雨棚上面的第一个窗户分解开，再执行【修剪】命令，修剪与雨棚相交遮挡的线条，同时也要将楼梯间部分的层高线剪切，最终效果如图 11-58所示。

图 11-58　修改楼梯间窗户

3. 增加立面窗套

单击【立面】→【立面窗套】(LMCT)命令，根据命令行提示进行相关操作，在弹出的“窗套参数”对话框中设置相关参数，如图 11-59 所示，然后采用复制、阵列等方法，将所有楼层的窗套都加上。

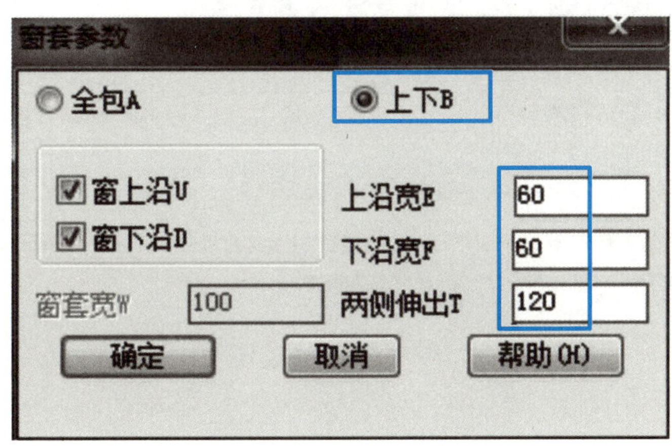

图 11-59　“窗套参数”对话框

11.6.3　立面标注

1. 标高标注

(1)单击【符号标注】→【标高标注】(BGBZ)命令，在弹出的对话框中取消“手工输入”，点取楼梯间窗口上沿进行标高标注，拷贝标高标注到剩余楼层的楼梯间窗户，执行【标高检查】(BGJC)命令，选择±0.000 标高为参考标高，框选所绘制的标高，全部纠正。

(2)同理对卫生间高窗下沿进行标高标注，结果如图 11-60 所示。

图 11-60　立面标高标注

2. 索引标注

单击【符号标注】→【索引符号】(SYFH)命令，弹出“索引符号”对话框，根据图 11-61 填写相应内容，完成后的索引符号如图 11-61 所示。

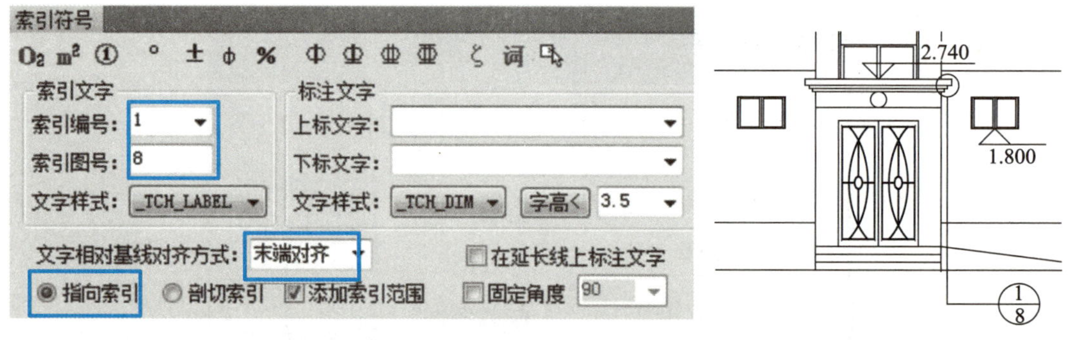

图 11-61　索引标注

同理对檐口进行索引标注。

3. 做法标注

单击【符号标注】→【引出标注】(YCBZ)命令，弹出“引出标注”对话框，在“上标注文字”中填写“暖白色外墙涂料”，然后根据命令行提示，自第一层外墙开始向上引出标注，确定标注位置后再通过编辑逐一增加标注点。其他部位参照操作，结果如图 11-62 所示。

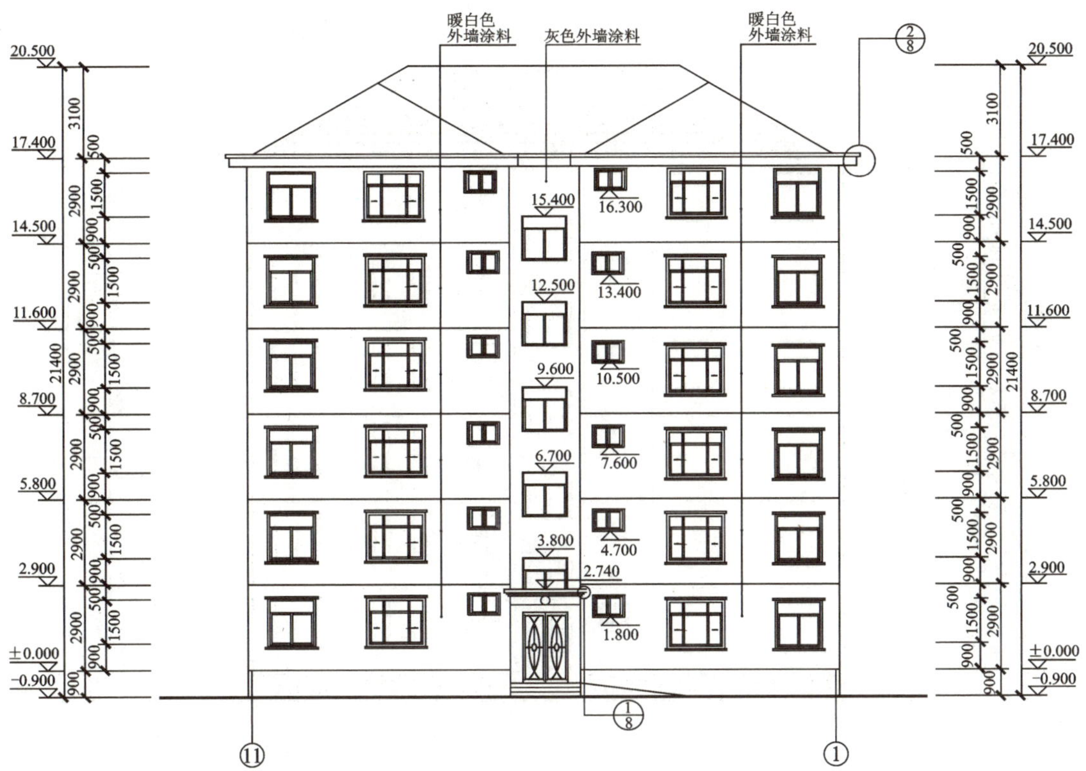

图 11-62　做法标注

4. 图名标注

单击【符号标注】→【图名标注】(TMBZ)命令,弹出“图名标注”对话框,输入“11—1 立面图”,分别选择 11 和 1 两个数字,然后单击①按钮;最后指定平面图中图名所在位置后结束,结果如图 11-63 所示。

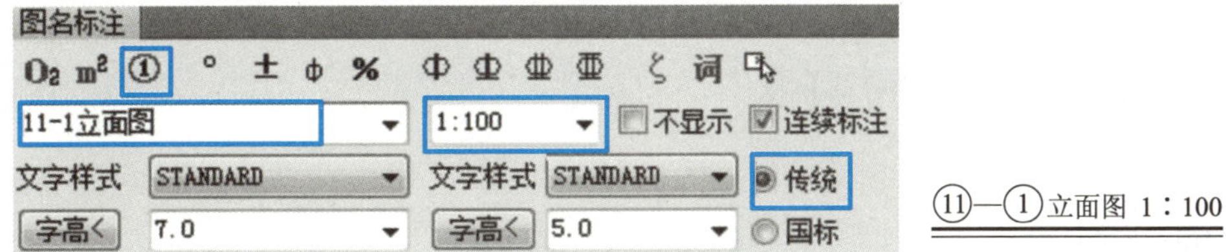

图 11-63　图名标注

5. 立面填充

(1)单击 AutoCAD 的【图案填充】命令,选择天正建筑中的“文化石 01”图案,在±0.000 以下墙体上填充。然后选择“西班牙瓦屋面”填充到屋顶中,比例均为“150”。

(2)单击【立面】→【立面轮廓】(LMLK)菜单命令,根据命令行提示,框选整个立面范围作为二维对象,输入“50”作为轮廓线宽度,完成立面轮廓线的绘制,最终结果如图 11-64 所示。

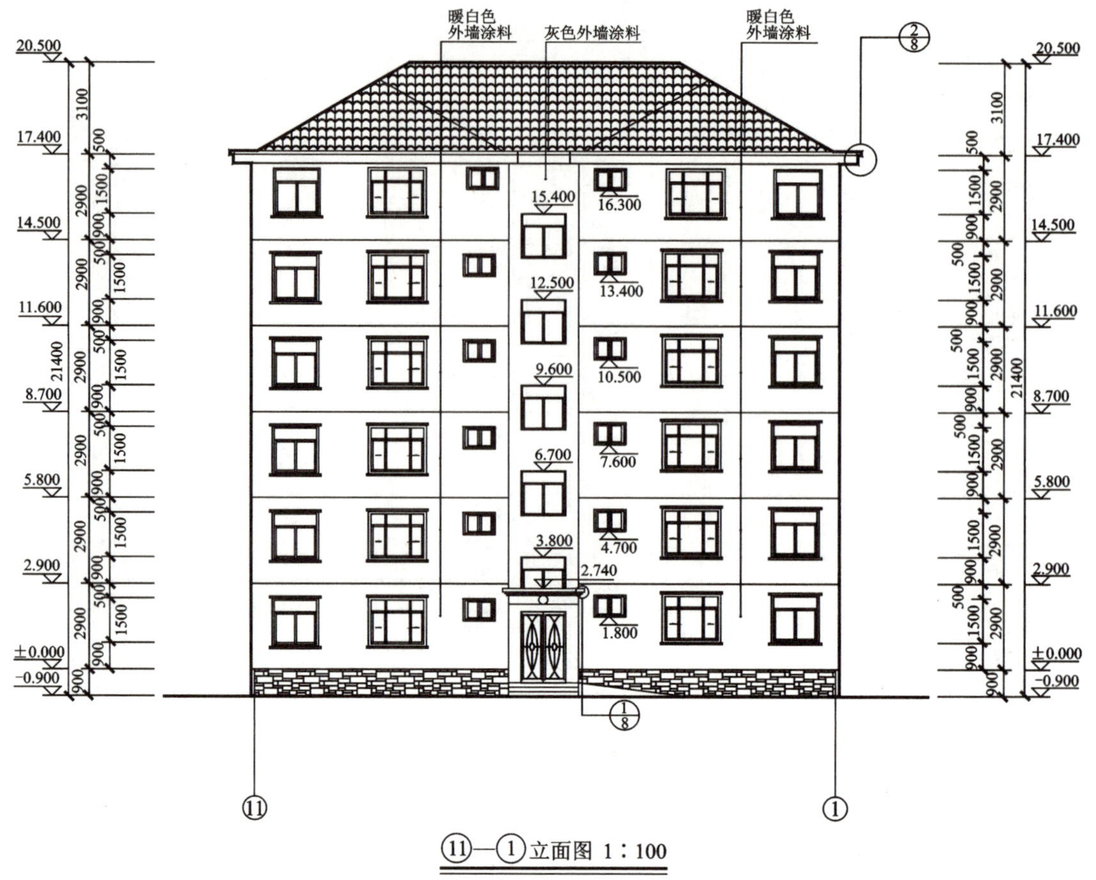

图 11-64 立面填充

(3)按 Ctrl+S 组合键快速保存，结束本次操作。

11.7 天正建筑绘制剖面图

11.7.1 生成剖面图

按 Ctrl+～组合键，或单击【文件布图】→【工程管理】(GCGL)，弹出“工程管理”面板，在“工程管理”下拉列表中选择“打开工程”选项；在弹出的“打开”对话框中，找到 11.5 节保存的路径，打开工程“多层住宅”。在“楼层”展卷栏单击“建筑剖面”按钮，选择 1—1 剖切符号，选择轴线Ⓐ、Ⓑ、Ⓓ、Ⓔ出现在剖面图上，随后屏幕显示“剖面生成设置”对话框，设置内外高差为 0.9，其他参数保持默认，单击“生成剖面”后出现“保存文件”对话框，保存剖面图文件，输入剖面图的文件名为“多层住宅 1—1 剖面图”及路径，单击“确认”按钮后生成剖面图，如图 11-65 所示。

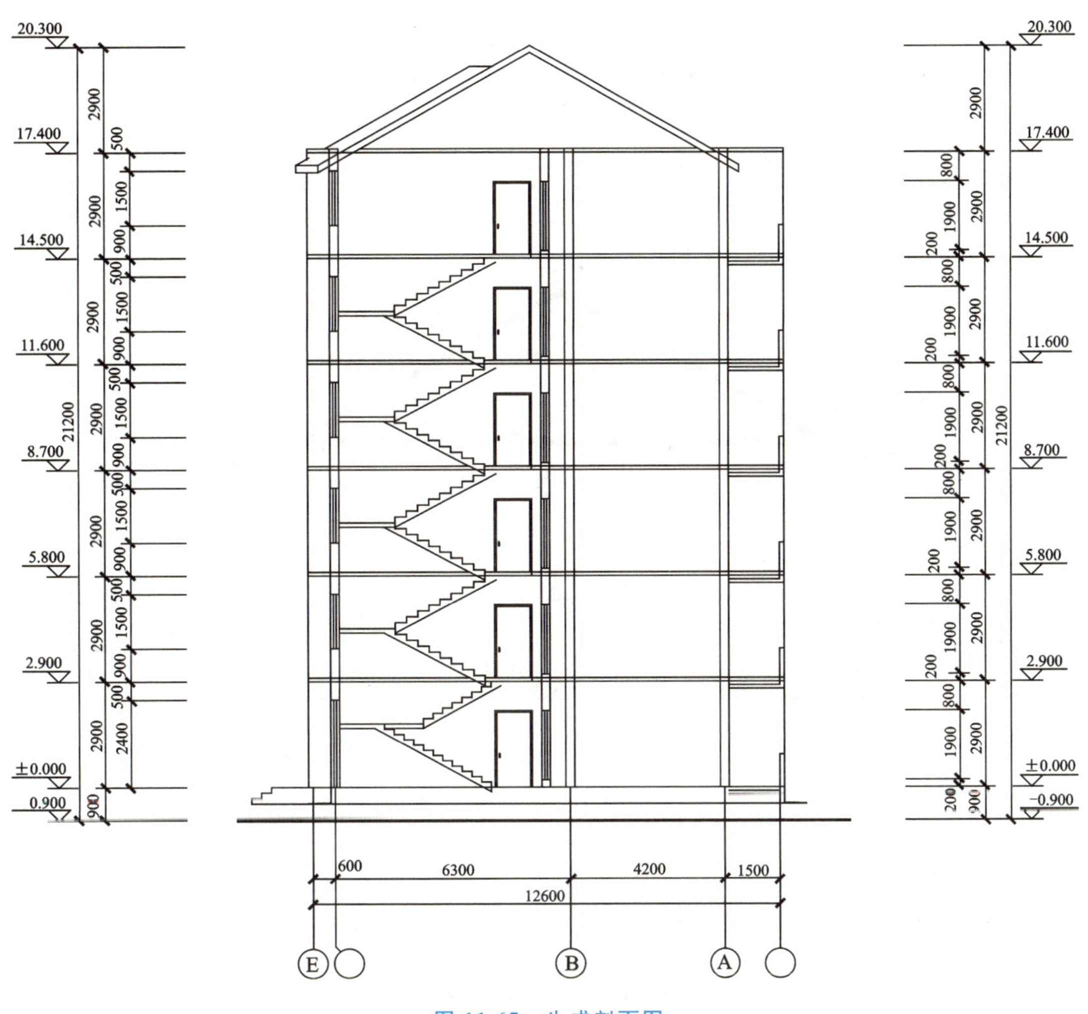

图 11-65 生成剖面图

11.7.2 修改深化剖面图

1. 图形整理

(1)屋顶修改。

仔细观察生成的剖面图,会发现屋顶与立面图类似,高度需要调整,部分位置需要处理。首先将檐口部分选中,向上提高 200 mm,然后将 240 mm 的墙体向上延伸到屋顶,使它们交接在一起。

檐口部位需要补充檐沟等,根据屋顶平面图的尺寸和剖切位置,绘制出檐沟等位置的剖切轮廓和投影线等,并将顶层的层高线向下偏移 120 mm,形成楼板的厚度。其余参照图 11-66 所示的尺寸进行绘制。

执行"图案填充"命令,选择"solid 实体"填充图案模式,完成后的效果如图 11-66 所示。

(2)绘制地坪、调整轴号标注。

入口处的台阶和地坪等位置也出现了错误,需要通过延伸修剪等进行处理,完成后将入口处的台阶向下移动 450 mm。然后根据前面绘制的首层平面图和立面图,利用 ML 多线绘制一条线宽 40 mm 的地坪线。最后在楼梯间增加三个踏步,尺寸为 270 mm×150 mm,完成后的效果如图 11-67 所示。

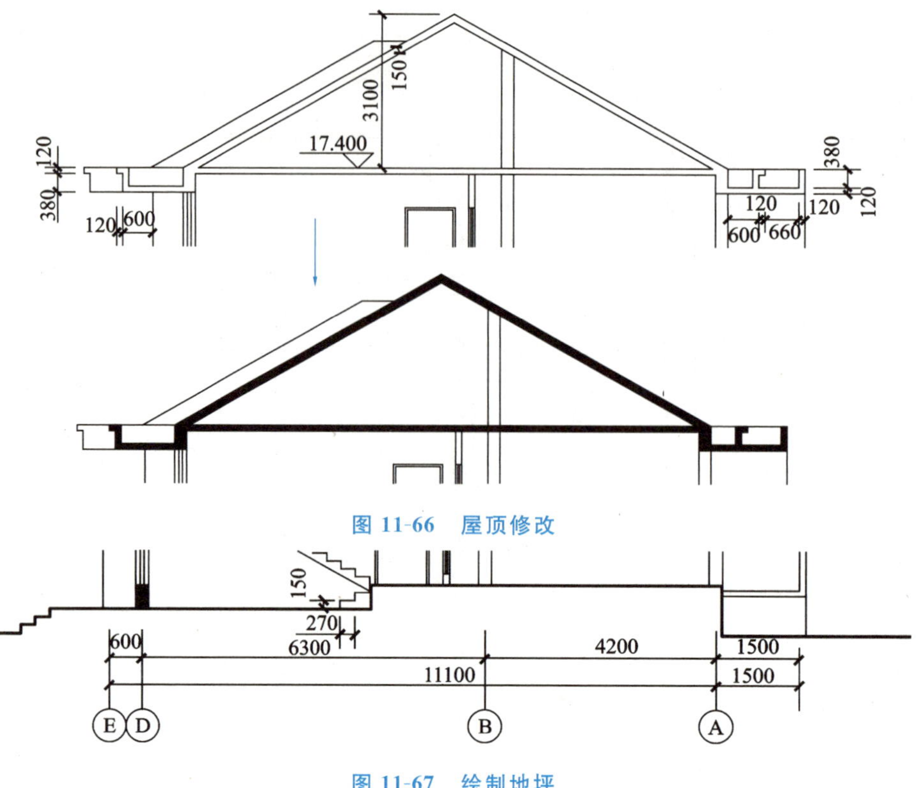

图 11-66　屋顶修改

图 11-67　绘制地坪

(3)整理图形。

整理图面不必要的图形，删除阳台等多余的线条；剪出中间管道井不需要的楼层线；将每层的楼层线向下平移 100 mm；将最下一层的投影门复制替换到楼上各层。整理后的图形如图 11-68 所示。

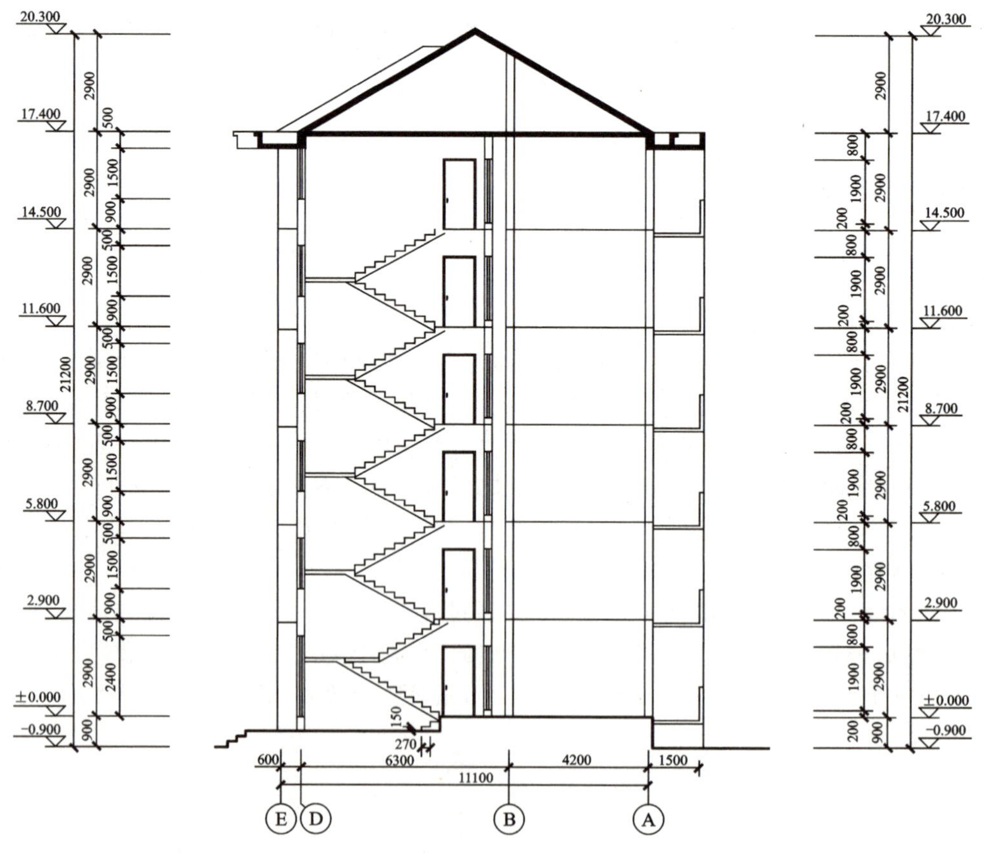

图 11-68　整理图形

(4)调整楼梯间门窗。

自动生成的楼梯间门窗高度位置不对，所以需要进行调整。首先将门向下移动 450 mm，然后将上部的窗向下移动 1500 mm，此时需要参考“11.6.3 立面标注”中的尺寸标注。修改后的效果如图 11-69 所示。

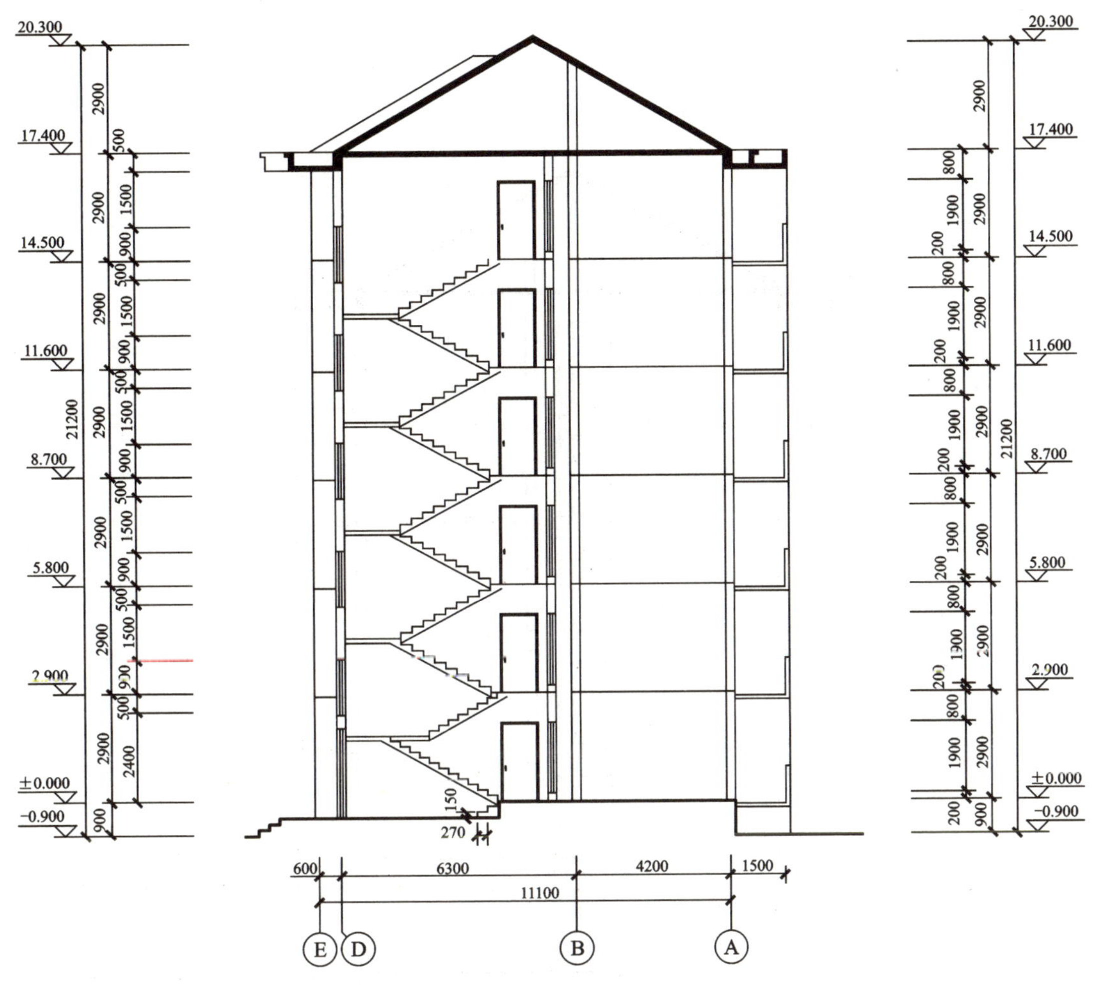

图 11-69 调整楼梯间门窗

2. 编辑剖面

(1)添加剖面楼板。

单击【剖面】→【双线楼板】(SXLB)命令，捕捉起点和结束点，然后根据命令行提示输入相应的楼板标高、楼板厚度 120 mm 即可。完成后的结果如图 11-70 所示。同样在其他楼层处添加楼板。同理在楼梯楼层平台绘制剖面楼板。

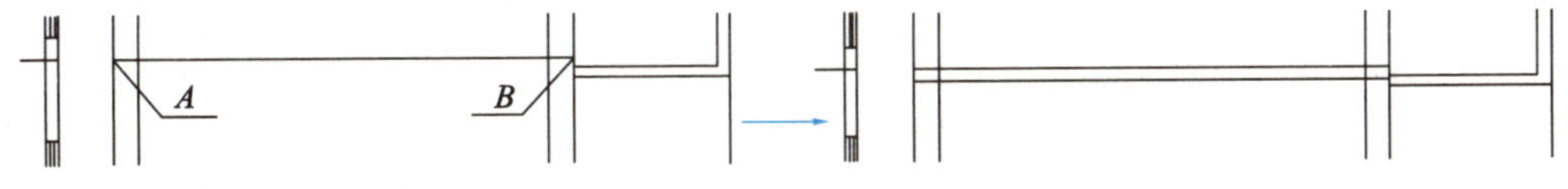

图 11-70 添加剖面楼板

(2)添加剖断梁。

单击【剖面】→【加剖断梁】(JPDL)命令，根据命令行提示点取楼板的起始点 A，梁左侧到参照点的距离为 200 mm，梁右侧到参照点的距离为 0，梁底边到参照点的距离为 300 mm，生成 A 点的梁；同理绘制其他点处的梁，完成剖段梁的绘制(注意参照点和梁左右的关系，梯段梁宽 200 mm、高 400 mm，楼层梁宽 240 mm、高 500 mm)，如图 11-71 所示。修整相关线条，最终效果如图 11-72 所示。

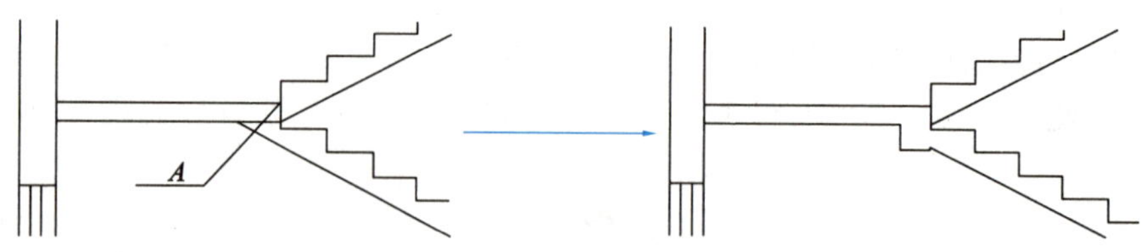

图 11-71　绘制 A 点剖断梁

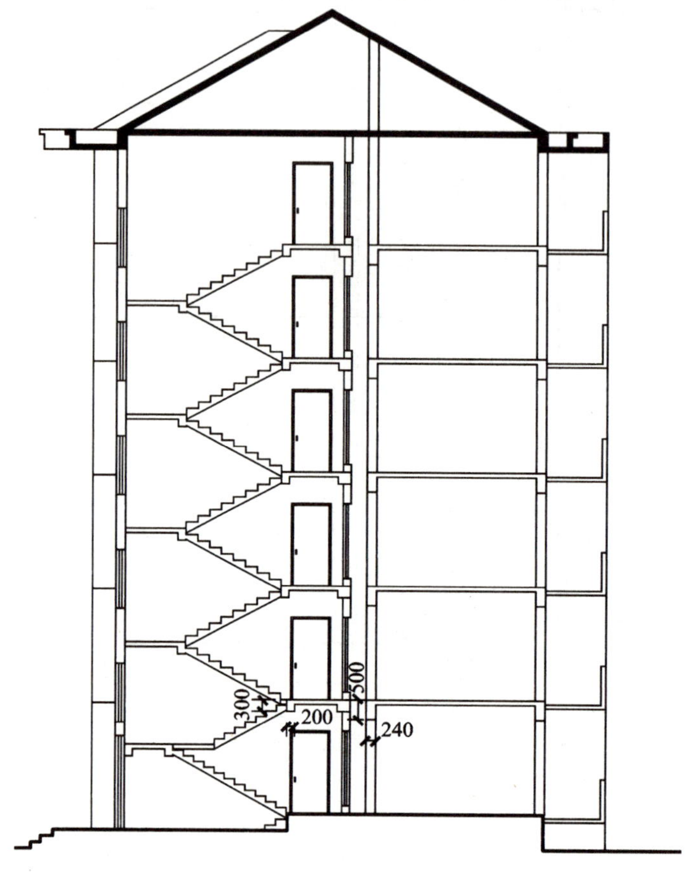

图 11-72　添加剖断梁

(3)添加过梁。

门窗的上部通常都需要有过梁，有时候过梁可以和主梁叠加在一起，这里需要给楼梯间位置的窗、管道井处的门增加过梁。

单击【剖面】→【门窗过梁】(MCGL)命令，根据命令行提示点取要添加过梁的剖面门窗图块，输入梁高120 mm，按回车键结束命令；完成后在门窗上部就添加了填充好的过梁，如图 11-73 所示。

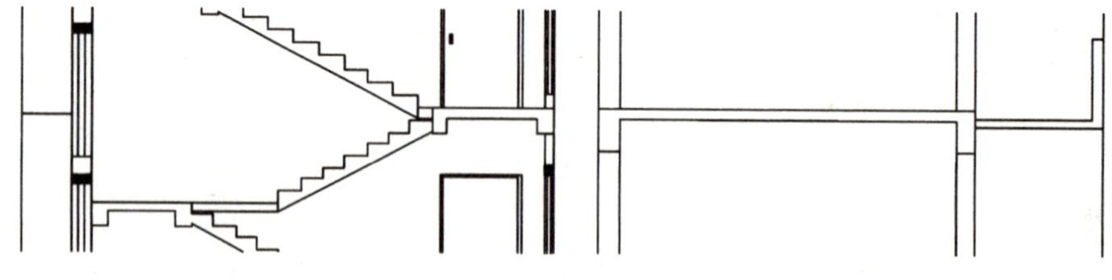

图 11-73　添加过梁

(4)加粗和填充。

根据建筑制图要求，在 1∶100 的图示中，被剖切到的梁、楼板、墙体等构件需要填充黑色，利用 Auto-CAD 的填充命令即可。完成后的效果如图 11-74 所示。

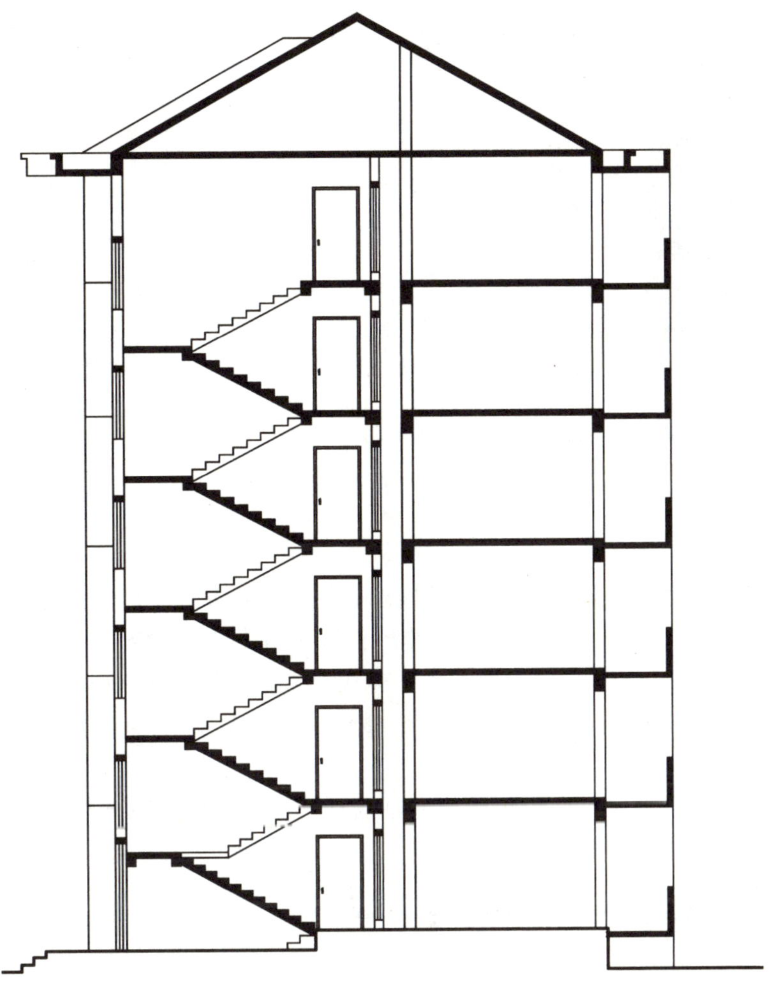

图 11-74　加粗和填充

(5)添加楼梯栏杆。

天正建筑剖面中,“楼梯栏杆”和“参数栏杆”都可以生成栏杆,但是前者只能生成较简单的直线栏杆,而后者可以生成多种甚至是用户自定义的栏杆,本例使用“参数栏杆”来完成。

单击【剖面】→【参数栏杆】(CSLG)命令,弹出“剖面楼梯栏杆参数”对话框,单击“左高右低”按钮,输入第一跑的梯段步数、步宽、步高等参数,如图 11-75 所示。单击“确定”按钮后,插入楼梯第一个梯段中。

然后插入第二个梯段的参数,参数设置如图 11-76 所示。第三个梯段的参数如图 11-77 所示。同样的方法完成所有的栏杆。结果如图 11-78 所示。

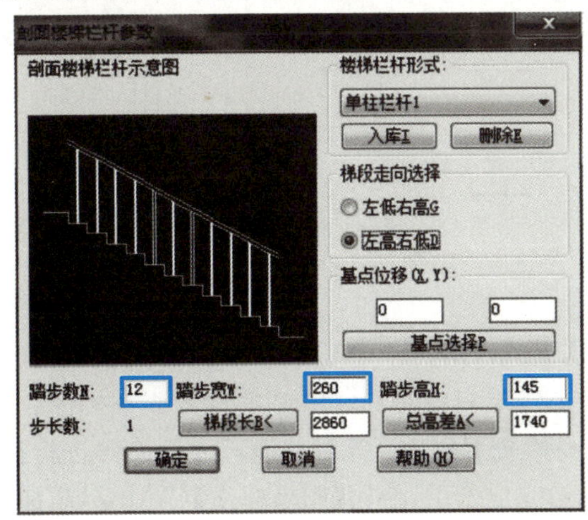

图 11-75　插入第一个梯段

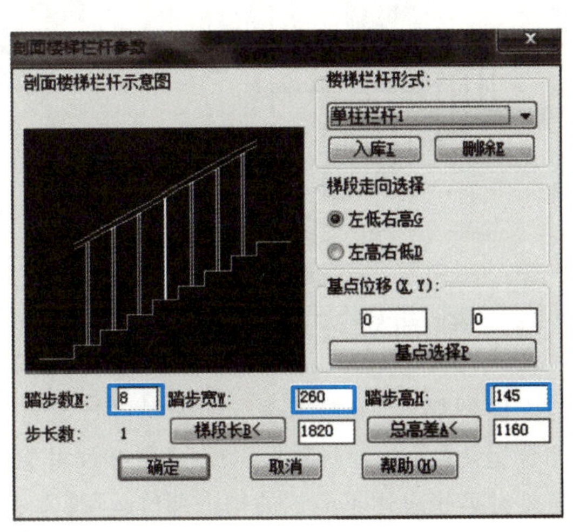

图 11-76　插入第二个梯段

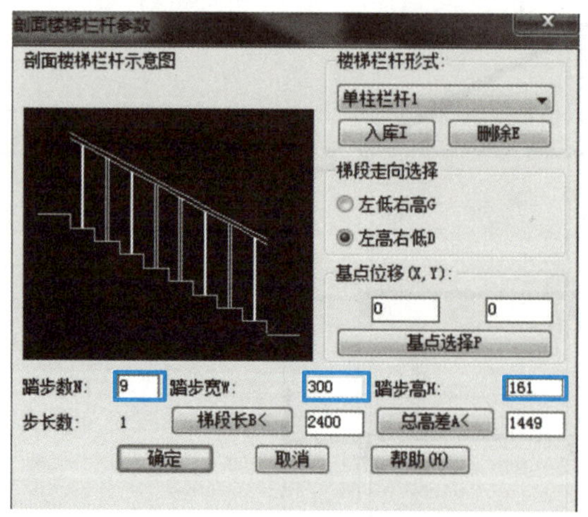

图 11-77　插入第三个梯段

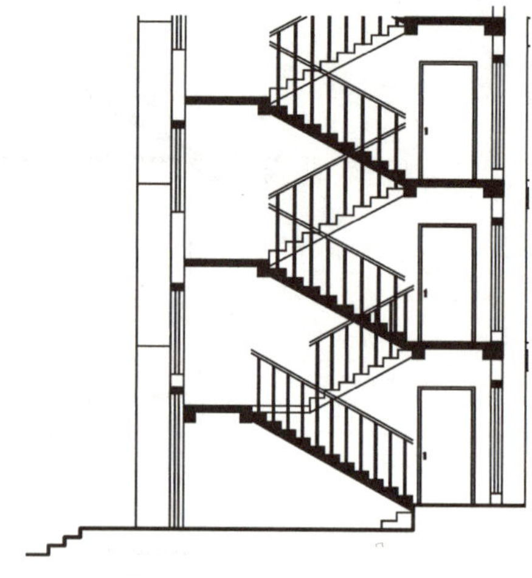

图 11-78　添加楼梯栏杆

(6)扶手接头。

【扶手接头】命令与【剖面楼梯】、【参数栏杆】、【楼梯栏杆】、【楼梯栏板】各命令均可配合使用,对楼梯扶手和楼梯栏板的接头做倒角与水平连接处理,水平伸出长度可以由用户输入。

单击【剖面】→【扶手接头】(FSJT)命令,输入扶手伸出距离为 120 mm,确认在接头处增加栏杆,分段框选需要扶手连接的部位,即可完成楼梯扶手的连接,修整相关遮挡关系,最终结果如图 11-79 所示。

(7)绘制剖面雨棚。

依据图 11-80 所示的尺寸,在入口处绘制雨棚的剖面线,并执行填充命令,完成结果如图 11-80 所示。

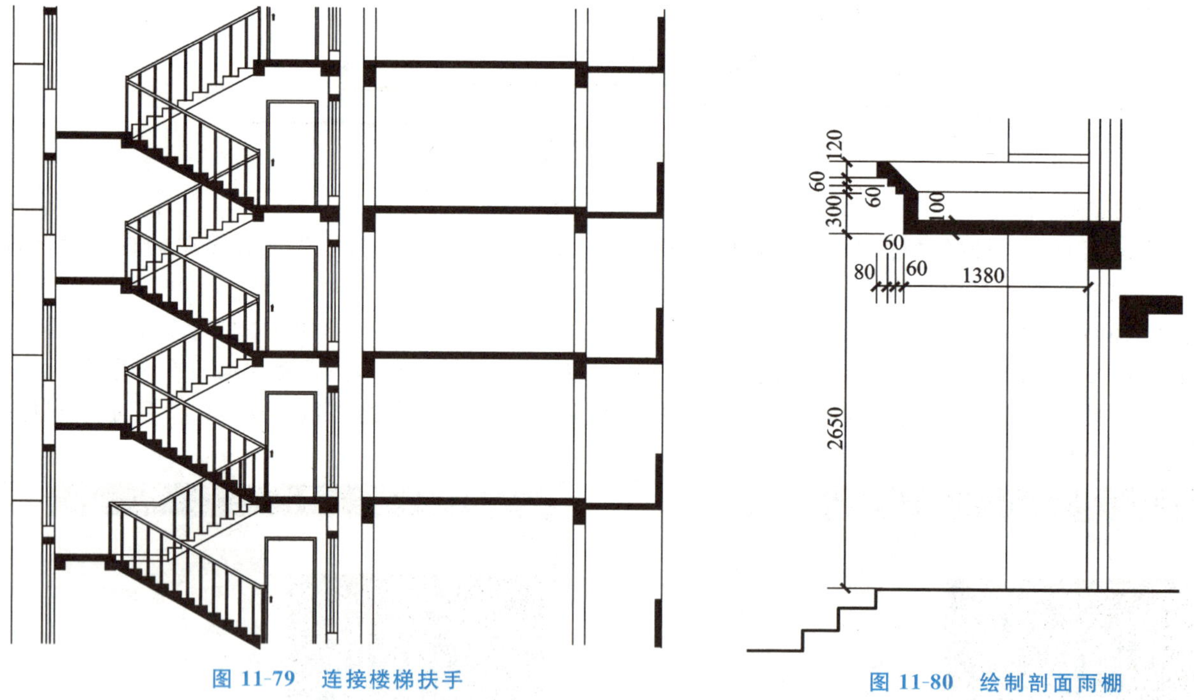

图 11-79　连接楼梯扶手

图 11-80　绘制剖面雨棚

11.7.3　剖面标注

与立面图相同,虽然在生成剖面时进行了自动标注,但是还需要对没有标注清楚的地方逐一标注。

综合运用【合并区间】(HBQJ)、【增补尺寸】(ZBCC)、【标高检查】(BGJC)等对剖面尺寸标高等进行标注,同时需要对某些表达不清楚的构造部位运用【索引符号】(SYFH)完成索引,使用【图名标注】(TMBZ)添加图名等。最后仔细检查一下,对于绘制的构造线、剖面线等进行必要的添加或者删除。最终的效果如图11-81所示。

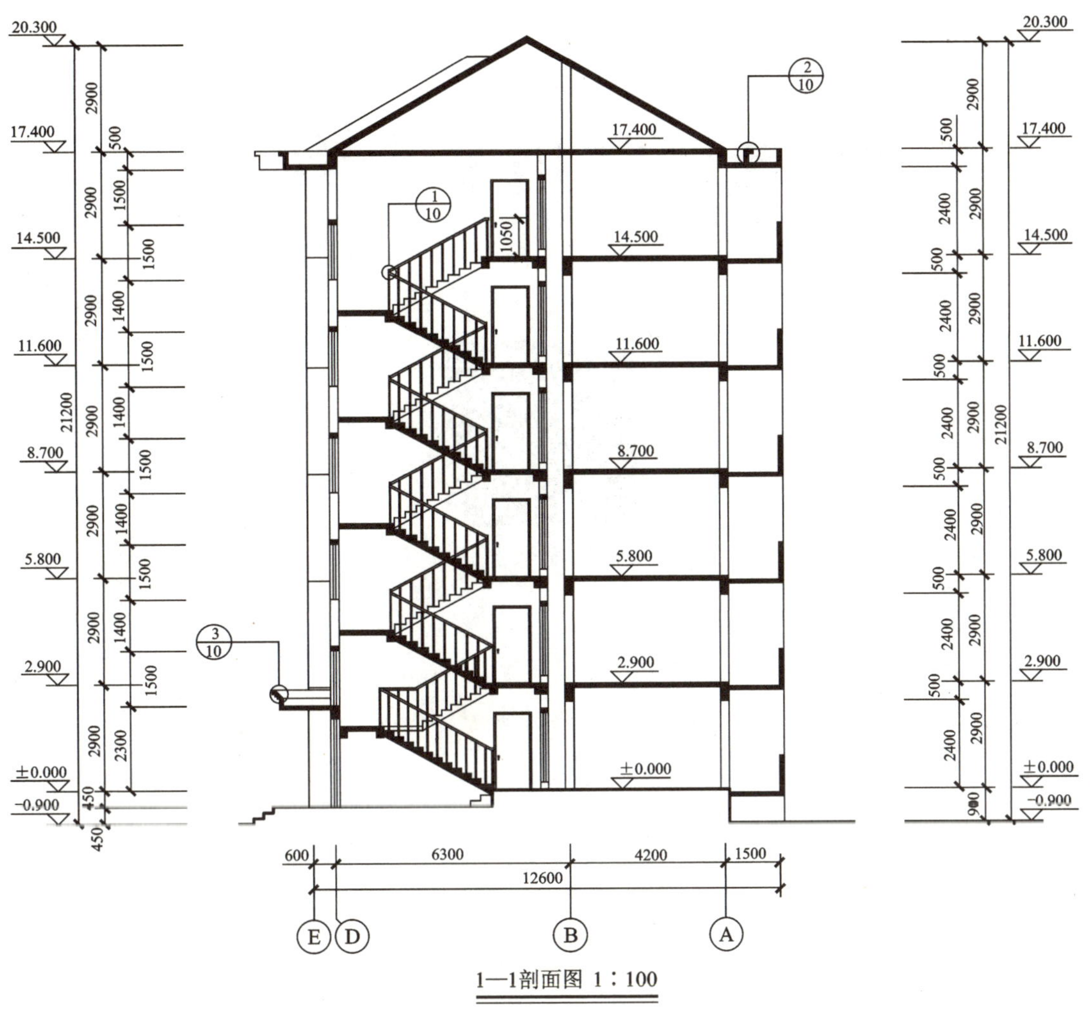

图 11-81 剖面标注

按 Ctrl+S 组合键快速保存，结束本次操作。

附录　常用命令索引

常用命令索引

参考文献

[1]麓山文化. T20-Arch 天正建筑软件标准教程[M]. 北京:机械工业出版社,2016.

[2]李红萍. 天正建筑 TArch 2014 实例教程[M]. 北京:清华大学出版社,2014.

[3]中华人民共和国住房和城乡建设部,中华人民共和国国家质量监督检验检疫总局. GB/T 50104—2010 建筑制图标准[S]. 北京:中国计划出版社,2010.

[4]中华人民共和国住房和城乡建设部,中华人民共和国国家质量监督检验检疫总局. GB/T 50001—2017 房屋建筑制图统一标准[S]. 北京:中国计划出版社,2017.